天津市2023年度哲学社会科学规划重点项目

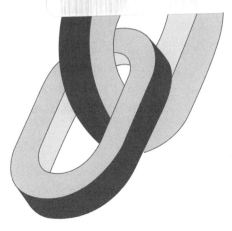

现代职业教育体系的建设与改革

荣长海◎主编

XIANDAI ZHIYE JIAOYU TIXI DE
JIANSHE YU GAIGE

天津社会科学院出版社

图书在版编目（CIP）数据

现代职业教育体系的建设与改革 / 荣长海主编.
天津 ： 天津社会科学院出版社，2024．12． -- ISBN 978-
7-5563-1045-6

Ⅰ．G719.2

中国国家版本馆CIP数据核字第2024JS7702号

现代职业教育体系的建设与改革
XIANDAI ZHIYE JIAOYU TIXI DE JIANSHE YU GAIGE

责任编辑：柳　晔
装帧设计：高馨月
出版发行：天津社会科学院出版社
地　　址：天津市南开区迎水道7号
邮　　编：300191
电　　话：（022）23360165
印　　刷：天津新华印务有限公司
开　　本：787×1092　　1/16
印　　张：27.25
字　　数：420千字
版　　次：2024年12月第 1 版　　2024年12月第 1 次印刷
定　　价：98.00元

本书编纂委员会

主　编：荣长海

副主编：赵丽敏　李维利

编委（以姓氏笔画为序）：

于忠武　于海祥　马忠庚　王立群　王建枝

王维园　王喜华　孔维军　刘　欣　花玉香

李云梅　李清彬　吴宗保　张丹阳　张彦文

赵泽龙　赵爱民　康　宁　韩福勇　魏炳举

目　录

专　论

绪　论

一、关于现代职业教育体系研究的缘起及其界定

党的二十大对职业教育提出了全新的表述和要求,为了贯彻落实这个新精神,中办、国办印发了《关于深化现代职业教育体系建设改革的意见》,中华人民共和国教育部及各地地方政府也提出了配套政策。单从这个文件的标题来看,其字面含义至少包括以下三个方面:一是现代职业教育体系已经建立起来,二是现代职业教育体系还在建设之中,三是现代职业教育体系在建设的同时还要加以改革。其实,如果认定党的二十大对职业教育提出了全新的表述和要求、这个文件的中心或者重心在"改革"二字上、教育部对这项改革列出了 11 项重点任务,那么当下和将来一个时期,各职业院校的工作就是落实这 11 项重点任务。但不能因此将 11 项重点任务完成的实践活动等同于现代职业教育体系建设,考虑到职业教育大发展过程中始终有职业教育体系建设的内容和要求,我们在落实各项职业教育改革任务的时候,不能忘记职业教育体系建设这一根本性问题。因此,对现代职业教育体系有必要进行系统的研究,在梳理我国职业教育发展历程的基础上,提炼我国职业教育发展的规律性特征,才有可能更加准确地把握当前现代职业教育体系的建设与改革问题。

（一）职业教育体系的提出

通过查阅相关文件,最早提出职业教育体系的是 1983 年 5 月 9 日教育部、人事部、财政部、国家计委联合印发的《关于改革城市中等教育结构,发展职业技术教育的意见》,其中指出:"要使职业技术教育逐步发展成为与普通教育并行的体系。"这里不仅提出了职业教育是一个体系,还明确了职业教育体系与普通教育体系是

"并行"的两个体系,这其实是后来将职业教育看作一种教育类型的最初表达。

提出职业教育体系问题,是为了适应当时以大力推进且蓬勃发展的改革开放和现代化建设。该文件开宗明义指出:"发展生产、搞现代化建设不仅需要高级专门人才,而且需要大批初、中级技术、管理人才和大批有文化、有技术知识的劳动后备力量。因此改革中等教育结构,发展职业技术教育既是刻不容缓的任务,又是长期的历史任务。"为此,该文件对整个教育体系(重点是中等教育结构)改革进行了谋划和设计,主要有:实行普通教育与职业技术教育并举,城市高中阶段教育的学制结构和办学形式都要实行多样化,力争到1990年使各类职业技术学校在校生与普通高中在校生的比例大体相当,教育部门要设立职业技术教育机构,计划部门要把职业技术教育列入国民经济和社会发展计划。这些观点和具体设计,在此后40余年以不同的叙述方式得到持续表述,自然其内容得到不断地充实和发展。

从1983年起,1991年出台的《国务院关于大力发展职业技术教育的决定》、1994年印发的《国务院关于〈中国教育改革和发展纲要〉的落实意见》、1996年颁布的《中华人民共和国职业教育法》、2002年国务院发布的《关于大力推进职业教育改革与发展的决定》等重要文件,都提出要形成或建设与普通教育并行的职业教育体系的目标和任务。

(二)现代职业教育体系的建立和建设

"现代职业教育体系"一词的提出,始于2005年10月28日发布的《国务院关于大力发展职业教育的决定》。该决定明确提出,"为了适应全面建设小康社会对高素质劳动者和技能型人才的迫切要求,促进社会主义和谐社会建设""落实科学发展观""全面提高国民素质,把我国巨大人口压力转化为人力资源优势""把发展职业教育作为经济社会发展的重要基础和教育工作的战略重点"。

之所以要将职业教育体系加上"现代"二字,主要是高等职业教育得到了大发展,社会对职业教育人才培养提出了新的要求,即"培养数以亿计的高素质劳动者和数以千万计的高技能专门人才",职业教育还要为提高劳动者职业能力服务,"使职业教育成为终身教育体系的重要环节"。为此,提出到2010年,中等职业教育招生规模与普通高中大体相当,高等职业教育招生规模占高等教育招生规模的一半以上;职业教育改革发展的目标是:"进一步建立和完善适应社会化市场经济体制,满足人民群众终身学习需要,与市场需求和劳动就业深度结合,校企合作、工学结合、结构合理、形式多样、灵活开放、自主发展,有中国特色的现代职业教育体系。"大体上从这份文件开始,职业教育体系前面开始冠以"现代"二字,职业技术教育体系中不再有"技术"二字。

在我国,正像社会主义现代化建设总是与改革相伴随一样,职业教育体系的建立与建设也是与改革相伴随的;随着改革开放和现代化建设不同阶段任务的变化,特别是随着技术变革步伐的加快,现代职业教育体系建设的内容也会及时改变。正因为如此,关于现代职业教育体系的建立与建设的时限,2010 年发布的《国家中长期教育改革和发展规划纲要（2010—2020 年）》和 2014 年国务院印发的《关于加快发展现代职业教育体系的决定》等文件,提出到 2020 年建成;2021 年中办、国办印发的《关于推动现代职业教育高质量发展的意见》则提出:"到 2025 年……现代职业教育体系基本建成。"

（三）现代职业教育体系的建设与改革

无论从现代职业教育体系建设的角度,还是就职业教育发展的阶段划分来看,党的二十大对职业教育的表述和要求具有全新的意义,可以认为它是职业教育进入一个新的阶段的标志性论述。党的二十大报告明确指出:"统筹职业教育、高等教育、继续教育协同创新,推进职普融通、产教融合、科教融汇,优化职业教育类型定位。"相比党的十九大报告对职业教育的论述"完善职业教育和培训体系,深化产教融合、校企合作"这样直接论述职业教育的主要内容而言,党的二十大报告则是从我国整个教育体系建设来论述职业教育的:"统筹职业教育、高等教育、继续教育协同创新。"这一句没有提基础教育,主要是从"协同创新"这个高度讲的;而职业教育中又包括中职学校、专科职院和职业本科学校（自然包括专业研究生教育）,则表明在整个教育体系的资源重组和体制创新方面,必然包括丰富的改革内容和广阔的创新空间。"推进职普融通、产教融合、科教融汇"这一句,则是将两种不同类型的教育,普通教育（自然包括基础教育）和职业教育之间的关系、产业与教育之间的关系、科技与教育之间的关系分别以"融通""融合""融汇"提出要求,直接将我国教育体系内部的关系及其科技创新要求明确加以界定,真正将职业教育置于整个教育体系之中而提出职业教育外部关系的处理原则。"优化职业教育类型定位"这一句则是对前两句表述的一个总结,是点睛之笔,表明做好前述两句的工作,职业教育的类型定位才有意义、才算实现,现代职业教育体系才算是真正具有世界水平、中国特色,并作为教育强国的一个侧面而展现在世界面前。

正因为如此,自党的二十大起,现代职业教育体系建设进入一个全新阶段,这个阶段既有对此前建设的接续推进,更有对此前建设的改革创新。党的二十大以后,国家出台的职业教育的一系列政策,集中体现在《关于深化现代职业教育体系建设改革的意见》之中,主要是在职业教育的关键问题上持续发力,特别是在这些重要问题上加大改革创新力度,使我国职业教育体系在改革中不断完善,真正实现世界水平、中国特色的现代职业教育体系。

对于本书研究具有重要指导意义的是,2024年7月召开的党的二十届三中全会通过的《中共中央关于进一步全面深化改革 推进中国式现代化的决定》中明确提出:"加快构建职普融通、产教融合的职业教育体系。"这里对职业教育体系的界定清楚地表明,职业教育体系除包括产教融合这一核心特征之外,还涉及职普融通的相关内容。也就是说,职业教育体系与整个教育体系的相互关系、职业教育与产业的紧密联系,共同构成我国职业教育体系的内容。

二、教育体系之中的职业教育体系及两个体系之间的相互关系

(一)职业教育体系伴随着自身发展而内容不断得到充实

1983年教育部等发布的发展职业教育的文件,虽然最早提出职业教育是与普通教育并行的教育体系,但并没有阐明这个职业教育体系的内容,而且文件内容仅涉及中等职业教育。

到1991年国务院出台关于大力发展职业教育的决定时,对职业教育体系内容的表述非常丰富:"有中国特色的、从初级到高级、行业配套、结构合理,又能与普通教育相互沟通的职业技术教育体系。"这其中涉及职业教育内部——初高级

层次和合理结构；职业教育外部—是与行业的关系即相互配套，二是与普通教育的关系即相互沟通；职业教育体系的总体特征——中国特色。这个表述的思路和框架，与今天的相关实践和理论阐述大体上一致。1994年国务院印发《中国教育改革和发展纲要》的实施意见时，又提出"大力发展职业教育，逐步形成初等、中等、高等职业教育和普通教育共同发展、相互衔接、比例合理的教育系列"。这里不仅进一步明确了职业教育内部初等、中等、高等三个层级，而且丰富了职业教育与普通教育的关系——共同发展、相互衔接、比例合理。2002年国务院发布关于大力推进职业教育改革和发展的决定时，对职业教育体系的内部不仅重申了中国特色、从初级到高级、行业配套、结构合理等表述，而且增加了"形式多样""与其他教育相互沟通、协调发展"的表述，其中"与其他教育"自然涉及从普通教育扩及到继续教育、终身教育等形式的相互关系。

自现代职业教育体系概念提出之后，其自身内容不仅更加丰富，而且涉及与职业教育相关的诸多因素。2005年国务院发布的关于大力发展职业教育的决定提出："进一步建立和完善适应社会主义市场经济体制，满足人民群众终身学习需要，与市场需求和劳动就业紧密结合，校企合作、工学结合，结构合理、形式多样，灵活开放、自主发展，有中国特色的现代职业教育体系。"这里，关于职业教育内部讲了工学结合、结构合理、形式多样、自主发展，关于与职业教育相关的因素则明确讲了市场经济、终身教育、劳动就业、校企合作，这些都极大丰富了职业教育体系的内容。此后，关于职业教育体系的内容不断扩展，到2022年修订《中华人民共和国职业教育法》时，作出了最为权威和完整的表述："国家建立适应经济社会发展需要、产教深度融合，职业学校教育和职业培训并重，职业教育与普通教育相互融通，不同层次职业教育有效贯通，服务全民终身学习的现代职业教育体系。"

（二）职业教育类型定位急需优化

党的二十大报告明确提出了"优化职业教育类型定位"的新要求，这是从最高层级对职业教育类型定位的第三次表述，也是职业教育中最需要及时加以研究和解决的最大问题。第一次明确提出职业教育类型定位的文件是2019年初国务院印发的《国家职业教育改革实施方案》，该文件的第一句话就是："职业教育与普通教育是两种不同教育类型,具有同等重要的地位。"这句话解决了职业教育界多年的期盼,对职业教育大发展发挥了重要作用。2022 年 4 月通过修订的《中华人民共和国职业教育法》将职业教育类型定位用法律形式加以固定而强化。该法第三条明确规定:"职业教育是与普通教育具有同等重要地位的教育类型,是国民教育体系和人力资源开发的重要组成部分,是培养多样化人才、传承技术技能、促进就业创业的重要途径。"这里明确将职业教育置于国民教育体系之中,这正是本书所要研究的职业教育与整个教育体系的关系。但我们也要认识到,职业教育不会因为有了类型定位而会自动得到相应的发展,这不仅有职业教育的外部环境优化的问题,也有职业教育内部结构不合理的问题,自然也有职业教育与其他教育的相互关系不顺的问题。

1. 职业教育外部环境的优化问题

职业教育外部环境主要有两大部分:一是职业学校离不开的企业其合作积极性不高,二是社会心理上对职业教育的认同度不高。

(1)校企合作因校企双方利益上难以重合而依然停留在号召性政策层面。职业学校要办好,必须把学生培养好并顺利进入企业就业。但学校在专业设置、办学思路上是有一定计划预设的,对产业需求的反应多少有些滞后;企业吸引和使用人才是市场性质的,除极少量的订单式培养外,很难做到职业学校与企业之间对学生的培养对等合作、就业无缝衔接,即使职业学校与企业的主人是同一法人代表,也因为市场变化而难以做到校企合作长期良性运行。

(2)职业院校因先天的办学基础薄弱、生源素质较差而难以培养出高素质且有可持续发展能力的人才,导致职业教育与普通教育的同等重要性在一定时期内只是停留在文件中。除极少数学生个人兴趣在于技能或家族企业需要他学习技术以继承企业等情况,职业学校的学生是在迫不得已的情况下进入职业学校学习,家长和学生自认为低人一等,且社会给予职业学校毕业生待遇不高更加重了这个情况。

以上两者之间又是互为因果的:企业不积极参与人才培养,人才质量自然不高,职业教育声誉也不高;职业教育形象不好,必然影响企业对职业学校的支持与合作,况且企业可以通过培训使其在人才市场上随时找到他所需要的人才并为其所用。

从事职业教育实践和研究的人们早已意识到,国家出台的发展职业教育的政策,要么单从教育方面去提对学校的要求,而缺少从企业、就业的角度去讲解决问题的对策;要么只是一味地从重要性的角度来要求企业做什么,而没有切实的措施解决当下的问题,更没有从营造工业文化、技术文化环境这种长远政策上去发力。从当前实际情况看,这些职业教育的外部环境问题不能解决,职业教育的类型定位就只能停留在字面上。

2. 职业教育内部结构不合理问题

职业教育的内部结构,主要指中职、高职(专科)和职业本科(含专业研究生教育)各部分之间的比例分配。当前的主要问题是中等职业教育的定位飘忽不定,本来它过去长期一直是高级技术工人的培养场所,后来许多基础较好的中职学校升格为高等职业学院(专科)之后,中职学校地位陷入尴尬,使职业教育的"低端"标签更加凸显,加之职普比例的对等划分使高考事实上移至中考,且与就业形势、人口下降等因素相互交织,中职学校虽然定位于就业与升学并重,但实际上一些稍好的中职学校正向以升学教育为主转变,职业教育成分日渐淡薄,导致中职教育的地位相对下降。此外,职业本科教育发展步伐不快,一时难以满足社会的需求和期待,特别是未能在职业本科发展的基础上加快发展职业教育专业硕士和博士的培养,而为高、中职业学校提供专业对口的师资新生力量。目前高、中职的教师仍然基本上来自普通高校的研究生,这些都是不利于职业教育类型定位优化的。

3. 职业教育与其他教育类型的相关关系不顺问题

这方面问题主要表现在高等职业教育(包括专科与本科)与普通高等教育之间的关系。毫无疑问,这两种高等教育类型之间,一直是普通高等教育占上风,高职学校的生源都是普通高校招生时挑剩的学员。与之紧密相关的一个事实是,始于1999年的大学扩招,虽然大大加速了高等教育大众化,并较大幅度满足了社会的需求,但相应增设的普通高等学校自然挤占了高职学校的发展资源,而要将这些新设的应用型普通高校转为职业本科,何其困难。这两种高等教育之间的矛盾必然会影响到基础教育领域,高考在事实上提前到中考是其集中体现。实际上,让一个 15 岁的少年在未来学业和职业的发展上做出抉择,是一件令人不忍而细思极恐的事情,必然形成普遍性的社会焦虑:因只有一半初中生进入高中学习而后才有升入普通本科高校学习的机会必将长期对职业教育形成负面影响。本来早在 1983 年教育部关于发展职业教育的文件中就有这样的要求:"普通高中要有计划的增设职业技术教育课。努力使今后的中学毕业生不仅具有一般的普通文化知识,还能初步掌握一点建设本领。"四十多年过去了,在高考指挥棒下,这个要求没有得到任何形式的落实。

以上三个方面的问题,都对职业教育的健康发展或高质量发展有着重要的消极影响,因而具有解决的紧迫性。这种紧迫性又因问题涉及整个教育体制以及广大学生和家长的切身利益,而应当采取慎之又慎的态度。但无论如何,久拖不决也是十分有害的。

(三)重新界定职业教育体系与整个教育体系的关系

早在 2005 年国务院发出关于大力发展职业教育的决定中即已明确提出:"建立职业教育与其他教育相互沟通和衔接的'立交桥'。"将近 20 年过去了,这座"立交桥"还在施工之中,而且并没有一份可靠的设计图纸。目前,随着职业教育类型定位的提出以及相应的职业院校毕业生待遇不受歧视的具体政策陆续推出,职业学校的"断头教育"诅咒已经解决,但离四通八达、畅通无阻的"立交桥"还有很长的路要走。本书研究现代职业教育体系的建设与改革,主要是从建设思路和改革举措的角度思考问题,并不以设计两个教育体系的关系图为目的,因而在这里只提出一些思路和原则。

1. 在全社会营造浓厚的工业文化和技术文化氛围

在职业教育比较发达的国家(如德国等),从大学层面上讲,综合性大学的学术文化与技术类大学的工业文化是并行不悖、各行其道的,而且建立起有效的职业教育人才培养机制(如双元制)。这种做法在国家工业革命开始时即已实施,即高等教育分为基础性研究大学和应用型科技大学两大部分;职业教育有企业全程参与,其教学的具体内容(如课程、教材、教法等)要始终随着技术的进步和社会的需求而不断更新。特别重要的是,在整个社会分工体系中,各行各业并无高低贵贱之分，职业教育的从业人员和毕业生在待遇上与普通教育同等甚至比其更高。这样的社会条件下，职业教育运行机制健全。反观我国，当前工业化尚未完成，信息化已提上日程，高素质技术技能人才需求持续旺盛，但工业文化及相应的技术文化却非常薄弱，高考指挥棒使整个教育都处在层层选拔（筛选）的单线循环之中，广大学生和家长对职业教育都很陌生或敬而远之。这种氛围下的职业教育，其实只是由低人一等的职教教师和广大应试教育的弱者（高考失利者）共同支撑着，本应作为育人主体之一的企业基本上作为旁观者只是偶尔出手相助一下。从社会整体上看，不仅未能形成浓厚的工业文化，而且尚未形成良性的职业教育运行机制。这种状态是不符合职业教育自身发展需要的，只有从法律、制度、文化各个层面营造浓厚的技能宝贵氛围，才能为职业教育的发展创造基础性条件。

2. 职业教育"从娃娃抓起"并贯穿于整个基础教育阶段

借鉴职业教育发达国家的经验，要在全社会范围内营造浓厚的职业教育氛围，有必要"从娃娃抓起"。要通过统一的课程要求，让幼儿园儿童将生活自理适当向简单的家务劳动延伸，让小学生接触各种生活类技能、中学生通过直接参与劳动和技能而对具体职业产生浓厚兴趣。在中小学教学中加入职业教育内容，可将劳动教育向职业方向引导，中学生更应有适量的职业生涯规划课程，这样才有可能使相当学生"自觉自愿地"加入职业学校学习，从而在生源质量上有效提升职业教育质量。

3. 基础教育阶段实施职普融通才能有效实施职普分流

职普融通在理念上基于教育公平，在实践中有利于职业教育快速高质量发展。职普融通在我国早在上世纪就提出来了，当时主要是在中学阶段，中职学校与普通中学之间实行课程互学（以学业成绩互认方式），实践中也有些有效的具体做法，目的主要是让中学生多知晓职业教育并掌握一定的职业技能，特别是提前获得职教认知，为转入职业学校学习积累知识。但从总体上看，这些实践在覆盖面、所涉内容深度等方面都极为有限，不足以作为职业教育发展的基础性支撑。从当前职业教育的实际需求看，特别是从中高本职业学校的纵向衔接贯通、职业教育与普通教育的横向协同融通的必要性和可行性看，职普融通必须大力推进。这种大力推进必须在设置职业教育技能型课程上下功夫,并在这些技能型课程与高考相协调上做出法定性安排,才能真正达到职普融通的目的,也才能促进职业教育获得基础性进步。

4.在扩大专科层次高等职业教育规模的同时逐步压缩中等职业教育规模直至取消中等职业教育

这是构建现代职业教育体系过程中最难解决而又必须解决的问题,而高考制度的改革是其核心。这方面的论述如果展开将是一篇大文章,本书在这里只能提一些思路性的基本观点。根据构建在职普融通理念下的职业教育"立交桥"的实际需要和可能性看,特别是从国家工业化和信息化全面快速推进的历史趋势看,逐步压缩中等职业教育规模具有必然性。这可以从以下五个方面看:一是总体上,"立交桥"层次过多会影响效率,而当前需要而且可能压缩的是中职学校;二是中职学校很难完成自身应有的定位,特别是其社会需求明显变弱而且以后不会向强的方向转变;三是普及高中甚至将高中教育纳入义务教育在社会上的呼声越来越大,而扩大高等职业教育规模正符合社会需求和人民愿望;四是这种变化是世界上职业教育发达国家和地区已经走过的路,我们有必要加以借鉴并创新;五是做到这些方面目前虽然困难重重,但在确定规划之后逐步推进,不仅职业教育自身能得到快速的高质量发展,还能通过这些举措推动整个教育系统的现代化变革。

5.普通高校普遍开设相当比例的职业技能选修课程并与高等职业院校开展学分互认

从过往的经验和理论分析来看,讲发展职业教育就是因为社会需要数以亿计的高素质技术技能人才,给人印象只有职业学校毕业生才适合这个需求,实际上许多企业也大量吸收了普通高校毕业生(只需对他们进行心理和技能培训),而且在许多普通高校毕业生找不到工作的同时企业出现用工荒,正好证明普通高校有必要从基础性研究定位上下沉一步,最好的也是最现实的办法就是在普通高校普遍开设相当比例的职业技能选修课程,而且这种课程与高等职业学校的相应课程实行学分互认。这样做,有利于人才市场资源重组,有利于普通高校和高职学校各自获得应有的发展,从而有利于现代职业教育体系的建设和健康发展。

6.通过应用型本科学校直接转为职业教育类型而建立起全新的教育体系

从以上分析的逻辑来讲,职业教育的高质量发展,最为理想的局面就是像德国那样形成普通高等教育和职业高等教育的并行发展(可喜的是我国在1983年就提出了职业教育与普通教育"并行"的设想)。只是从目前情况看,这个结局还需要一段时间才能实现。目前职业教育"立交桥"还是多层级、广融通的局面,只有发展到整个庞大的普通高等教育体系中分离出应用型高等学校且加入职业教育体系之中,到那个时候,现代职业教育体系才算真正建立起来,目前还处于边改革边建设的过程之中。其中难度较大的工作,就是高等职业教育(主体是专科)不断提质增效,普通高等教育不断体现职业教育特点,实现这样一种"双向奔赴"。这种"双向奔赴"完全符合社会需求和人民期待,因而在可以预见的将来一定会实现。那时,现代职业教育体系与普通教育体系并行共同构成整个教育体系,体系之中的体系相互关系将非常清晰,建成教育强国的基础将更加坚实。

三、研究思路逻辑

(一)研究依据

1.中办、国办印发《关于深化现代职业教育体系建设改革的意见》

前已指出,党的二十大关于职业教育的论述,是站在整个教育体系看职业教育体系建设与改革的基本依据,自然也是本书全部研究的基本指导思想。而中办、国办在党的二十大之后印发的《关于深化现代职业教育体系建设改革的意见》,则是要求职业教育战线"以习近平新时代中国特色社会主义思想为指导,深入贯彻党的二十大精神,坚持和加强党对职业教育工作的全面领导,把推动现代职业教育高质量发展摆在更加突出的位置,坚持服务学生全面发展和经济社会发展,以提升职业学校关键能力为基础,以深化产教融合为重点,以推动职普融通为关键,以科教融汇为新方向,充分调动各方面积极性,统筹职业教育、高等教育、继续教育协同创新,有序有效推进现代职业教育体系建设改革,切实提高职业教育的质量、适应性和吸引力,培养更多高素质技术技能人才、能工巧匠、大国工匠,为加快建设教育强国、科技强国、人才强国奠定坚实基础。"这些宏观上对职业教育的要求，实际上将党的二十大报告关于教育、科技、人才一体化推进，优化职业教育类型定位的论述进一步展开和细化。

根据上述指导性思想，该文件进一步阐明了当前和今后一个时期我国现代职业教育体系建设与改革的方向："深化职业教育供给侧结构性改革，坚持以人为本、能力为重、质量为要、守正创新，建立健全多形式衔接、多通道成长、可持续发展的梯度职业教育和培训体系，推动职普协调发展、相互融通，让不同禀赋和需要的学生能够多次选择、多样化成才；坚持以教促产、以产助教、产教融合、产学合作，延伸教育链、服务产业链、支撑供应链、打造人才链、提升价值链，推动形成同市场需求相适应、同产业结构相匹配的现代职业教育结构和区域布局。构建央地互动、区域联动，政府、行业、企业、学校协同的发展机制。"

依据上述关于现代职业教育体系建设与改革的总体要求，该文件提出了"一体两翼"的战略任务。其中"一体"是指"探索省域现代职业教育体系建设新模式"，其具体要求是：围绕国家重大战略，国家主导推动，地方创新实施，选择有迫切需要、条件基础和改革探索意义的省级单位，"建立现代职业教育体系建设省部级共同推进机制，在职业学校关键能力建设、产教融合，职普融通、投入机制、制度创新、国际交流合作等方面改革突破，制定支持职业教育的金融、财政、土地、信用、就业和收入分配等激励政策的具体措施，形成一批可复制、可推广的新经验新范式。""两翼"则是指"打造市域产教联合体"和"行业产教融合共同体"，这两个"体"实际是将产教融合区分为两大类："联合体"是以市域为范围、以产业园区为基础、实行实体化运作、政府牵头推动各类主体深度参与职业教育；"共同体"是以行业为线索，由龙头企业、高水平高等学校和职业学校牵头，组建学校、科研机构、上下游企业等共同参与的跨区域产教融合新实体。

该文件还提出了现代职业教育体系建设与改革的重点工作，主要有：提升职业学校关键办学能力、加强"双师型"教师队伍建设、建设开放型区域产教融合实践中心、拓展学生成长成才通道、创新国际交流与合作机制。其中，"关键办学能力"是首次提出，包括核心课程、优质教材、教师团队、实践项目、专业教学资源库、精品在线开放课程、虚拟仿真实训基地等内容,实际上划出了现代职业教育体系建设与改革工作重点;开放型区域产教融合实践中心,则是在实训基地、产业学院等基础上职业教育组织形态的创新,是实现教育、科技、人才一体化发展的新平台。

2.教育部对现代职业教育体系建设与改革的新部署

为落实中办、国办印发的《关于深化现代职业教育体系建设改革的意见》,教育部办公厅印发了《关于加快推进现代职业教育体系建设改革重点任务的通知》,强调对中办、国办文件的落实,重在"加快构建央地互动、区域联动、政行企校协同的职业教育高质量发展新机制"。这个文件虽然把现代职业教育体系建设改革的总体要求、战略任务、重点工作细化为11项重点任务,但其基本要求还是在于"推进机制",即这些任务除少数提法与过去有所不同之外,其所要求的都是我们过去一直在做的事情;不能因此把中办、国办文件的要求简化为11项重点任务,而是要着眼于机制建设:首先是自主建设,将建设方案上传管理平台,自主开展建设接受监督调度;其次是统筹推进,主要是强化省级统筹、综合协调、宏观管理、加强指导、支持经费、改革供给;最后是考核激励,将多地重点任务建设情况作为职业教育发展中多种项目实施分配布局的重要依据。

教育部对推进现代职业教育体系建设与改革的11项重点任务分别作出了具体界定并提出了工作要求。关于区域产教联合体,明确区分了"省级市域产教联合体"和"国家级市域产教联合体",特别强调"发挥政府指导作用,建立政行企校密切配合、协调联动的工作机制",推动联合体"实体化运作",要求"省级教育行政部门负责领导本省行政区域的市域产教联合体建设";关于行业产教融合共同体,其基本要求是"跨区域"的"产教深度融合、服务高效对接、支持行业发展"的共同体,必须"建立健全实体化运行机制",教育部"指导建设一批全国性跨区域行业产教融合共同体,带动地方建设一批赋能区域经济发展、服务地方特色产业的区域性行业产教融合共同体";关于开放型区域产教融合实践中心,提出这种"集实践教学、社会培训、真实生产和技术服务功能为一体"的实践中心,有学校实践中心、企业实践中心和公共实践中心三体形式;关于职业教育专业教学资源库,明确要求"适应职业教育数字化转型趋势和变革要求","构建校省国家三级中职高职本科生全覆盖"的资源库"共建共享体系";关于职业教育信息化标杆学校,明确要求"建设校本大数据中心,建设一体化智能化教学、管理与服务平台";关于职业教育示范性虚拟仿真实训基地建设,一流核心课程建设,优质教材建设,校企合作典型生产实践项目建设,具有国际影响的职业教育标准、资源和装备建设,具有较高国际化水平的职业学校建设等 6 项具体任务,该文件都提出了建设内容和数量要求。

总体上看,教育部提出的 11 项重点任务,较此前相应的工作要求,更加强化了政府主导、实体化运行、分层分级建设、数字化要求,试图在产教融合、校企合作的运行机制方面有所突破。这些设想较此前的政策和实践都有明显的创新,但由教育行政部门牵头施行则显然力度不够,企业作为职业教育主体的激励机制还需要探讨。

3. 教育部和天津市人民政府共同探索中国现代职业教育体系建设改革新模式

中办、国办印发的《关于深化现代职业教育体系建设改革的意见》明确提出:"鼓励支持省(自治区、直辖市)和重点行业结合自身特点和优势,在现代职业教育体系建设改革先行先试、率先突破、示范引领,形成制度供给充分、条件保障有力、产教深度融合的良好生态";"选择有迫切需要、条件基础和改革探索意愿的省(自治区、直辖市),建立现代职业教育体系建设部省协同推进机制,在职业学校关键办学能力建设、产教融合、职普融通、投入机制、制度创新、国际交流合作等方面改革突破,制定支持职业教育的金融、财政、土地、信用、就业和收入分配等激励政策的具体措施,形成有利于职业教育发展的制度环境和生态,形成一批可复制、可推广的新经验新范式。"从中办、国办这份文件的基调上看,新一轮现代职业教育体系建设改革,特别鼓励地区、行业、企业、学校主动创新。换言之,文件中提出的思路和设想,是在已有基础之上提出的新方向,是否能成功还需要用实践证明,如果有的地方和单位率先实验有效,那就更有意义了。于此,2023 年 5 月,教育部和天津市人民政府采取联合行动,"共同探索中国现代职业教育体系建设改革新模式"。

这份部市共建新模式的实施方案,明确提出共建的主要目标:"通过部市共同努力,用 2—3 年时间,建成产教深度融合、职普相互融通,促进全面终身学习,更好服务人的全面发展和经济社会高质量发展的现代职业教育体系。"这里给现代职业教育体系下了一个定义并设置了建成的 2—3 年时限。在其具体内容方面,提出了一系列新思路:关于提升天津职业教育关键能力,提出"创新职业教育特色思政育人模式""建立课程教材产教联合开发机制""探索专业教学装备产业化运营模式""完善工匠之师培养培训体系";关于组建区域产教联合体,提出打造以4 个园区分别牵头的 4 个产教联合体——天津经济技术开发区生物医药、天津港保税区高端装备制造(海洋工程装备)、天津滨海高新技术产业开发区信创、天津东疆综合保税区数字经济产教联合体,但在国家文件中提出的"以教育行政部门推动",在这里写成了"管委会负责人牵头、政府相关部门"等参与;关于组建产业链产教融合共同体,提出先期在高端装备制造、新能源 2 个重点产业链和智能供应链产业领域,逐步推广覆盖到航空航天、轻工业等其他产业链,组建跨区域的产业链产教融合共同体,由产业链市级牵头部门和教育行政主管部门共同具体负责;关于创新职普融通机制,提出"建设高水平职业技术大学和新型产业学院""深化中高职系统化人才培养""创新拔尖技术人才选拔培养机制";关于打造职业教育国际交往中心,提出"持续办好世界职业技术教育发展大会""提升鲁班工坊的品牌内涵和价值""创新职业教育国际交往品牌"。这些设计较为全面地延续了天津职业教育发展已有的领先成果,体现了天津职业教育的鲜明特色。

(二)本书研究的思路设计

本书作为天津市 2023 年度哲学社会科学规划重点课题,以学术研究为主线,主张理论探索与实践创新并重,从国际职业教育的整体把握和天津市职业教育的特色体现的角度开展研究。据此,全书共分四个部分:

第一部分:绪论——对中国现代职业教育体系建设和改革的由来、现代职业教育体系与整个教育体系的相互关系、党的二十大以来职业教育体系建设与改革进入新的发展阶段等重大问题予以明确回答,对现代职业教育体系的内涵和外延提出独到的界定和分析。

第二部分:总论——对现代职业教育体系的若干重要问题开展深入和系统的探讨,包括教育、科技、人才"三位一体"战略,职业教育在中国的发展历程和当代创新,在职普融通、产教融合、科教融汇各重要问题展开深入探讨,对职业教育类型定位做出系统分析并提出具体优化对策。

第三部分:分论——分别对教育部为落实中办、国办《关于深化现代职业教育体系建设改革的意见》而提出的现代职业教育体系建设改革的 11 项重点任务展开系统性研究,即对市域产教联合体建设,行业产教融合共同体建设,开放型区域产教融合实践中心建设,专业教学资源库建设,信息化标杆学校建设,示范性虚拟仿真实训基地建设,一流核心课程建设,优质教材建设,校企合作典型生产实践项目建设,具有国际影响的标准、资源和装备建设,具有较高国际化水平的职业学校建设。这些研究都将在已有实践探索和理论思路的基础上,提出最新的判断,并描述未来的前景。

第四部分:专论——主要研究天津各职业学校(以高职院校为主)在现代职业教育体系建设与改革中的具体创新,这些创新都是在教育部和天津市人民政府联合发布的探索现代职业教育体系改革新模式实施方案的框架之内、结合本校实际而提出的具体项目创新,而且这些内容以天津市职业教育过往的光辉历程为开头,陆续探讨高职院校立德树人根本任务的内容与实践、新时代高职院校文化育人创新、职业教育思政育人模式创新、行业办学背景下企业新型学徒制创新、校企合作共建校内生产性实训基地的模式与机制、智慧能源行业产教融合共同体建设的实践与探索、高端装备制造产教融合共同体建设、智慧感知与能源装备行业产教融合共同体建设、智能供应链产教融合共同体建设、基于"中文 + 职业技能"的职业教育新型数字化教材的探索实践、职普融通机制创新、技师学院学生综合素质和通用能力的培养与评价、技工教育实施专业、教材、教师、一体化教学联动发展的实践与研究等。这些创新研究以相应的理论依据和本校实践为基础,体现出现代职业教育体系建设与改革的行动自觉和勃勃生机。

课题承担单位: 天津市三方现代职业教育发展研究院

主持人和执笔人: 荣长海

课题组成员: 赵丽敏、李维利、房强

总　论

/ 第一章 /

▼

职业教育视角下的教育、科技、人才"三位一体"统筹发展

教育、科技、人才"三位一体"一体化推进是党的二十大首次提出的重大战略决策。在梳理这一战略决策形成过程和已有研究成果的基础上,有必要将其与现代职业教育体系的建设与改革联系起来加以落实。探索职业教育体系的完善与科技创新体系创新的相互作用路径,对职业教育发展具有重要意义。

一、教育、科技、人才"三位一体"一体化推进的提出和研究

（一）有关教育、科技、人才"三位一体"一体化推进的文件精神梳理

党和国家对教育、科技、人才一直同步重视,因而"三位一体"一体化推进是与时俱进中一脉相承的[①]。党的十八大前,教育、科技、人才的部署是为经济建设服务的,强调"科教兴国"。党的十八大提出,把教育和科技创新放在优先发展位置。党的十九大明确了教育强国是中华民族伟大复兴的基础工程,强调创新是第一动力。

2022 年 10 月习近平总书记在党的二十大报告中提出:"教育、科技、人才是全面建设社会主义现代化国家的基础性、战略性支撑。必须坚持科技是第一生产力、人才是第一资源、创新是第一动力,深入实施科教兴国战略、人才强国战略、创新驱动发展战略,开辟发展新领域新赛道,不断塑造发展新动能新优势"[②]。这是首次将教育、科技、人才统筹安排部署,形成"三位一体"融合的"三大战略"。此

[①] 张炜、王良、张维佳:《教育、科技、人才一体化统筹推进中国式现代化的科学内涵与多重逻辑》,《北京教育》（高教）2023 年第 10 期。

[②] 中共中央文献编辑委员会:《习近平著作选读》第 1 卷,人民出版社 2023 年版,第 27—28 页。

后,习近平总书记多次强调教育、科技、人才的统筹推进。

（二）有关教育、科技、人才"三位一体"一体化推进的研究成果综述

党的二十大关于教育、科技、人才的论述一经提出,即成为国内学者研究热点议题。段天宇等提出教育、科技、人才的"循环互促""衔接互补"存在不可分割的关系,为社会主义现代化提供有力支撑[①];陈涛等论述了三者战略的逻辑关系和运行特征[②];李英利提出了"三位一体"布局下深化职业教育改革,要坚持办好人民满意的教育、加强现代职业教育体系建设与创新、完善职业教育经费保障机制、促进职业教育数字化改造升级的新思路[③];张菊霞等阐述了以"三位一体"为依据,高职教育实施科教融汇的逻辑与路径[④];李小球等将"三位一体"发展支持系统归纳为"承载力—支持力—吸引力—延续力—发展力"的 CSAED 模型[⑤];史少杰等阐述了这种一体化发展下职业教育高质量发展从深化产教融合提高产业匹配度、深化科教融汇增强科技成果转化的能力、探索赋能路径、提高中职教育质量夯实基础、深化职普融通优化高层次技术技能人才供给的基本路径[⑥]。

---

① 段从宇、胡礼群、张逸闲:《中国式现代化进程中教育、科技、人才三者关系的科学识辨与正确处理》,《教育科学》2023 年第 2 期。

(2) 陈涛、刘鉴漪:《中国式现代化强国战略:政策特征、逻辑关系及支撑路径——基于教育、科技、人才三合一体系的政策分析》,《重庆高教研究》2023 年第 2 期。

③ 李英利:《在教育、科技、人才"三位一体"战略推进中深化职业教育改革与发展》,《国家教育行政学院学报》2023 年第 7 期。

④ 张菊霞、任君庆、彭振博:《科教融汇视域下高职教育校企协同创新治理的逻辑与路径研究》,《职教论坛》2024 年第 4 期。

⑤ 李小球、宋杰:《教育科技人才"三位一体"发展的内涵特征及其圈层体系构建研究》,《当代教育论坛》2024 年第 3 期。

⑥ 史少杰、郭静:《教育、科技、人才一体化发展视角下职业教育高质量发展的战略任务与基本路径》,《现代教育管理》2024 年第 3 期。

二、教育、科技、人才是中国特色现代化建设的基础

（一）提出教育、科技、人才"三位一体"的深意

1. 内在逻辑

教育、科技、人才是互为依存、深度关联、互相作用的有机整体。教育培养人才，科技发展需要人才，而人才只有在科技创新的过程中才能更好地得到创新素养的培养。这三个方面如果分开单独实践，必然难有大的进步。

2. 系统思维

教育、科技、人才三者有机结合，科教兴国战略、人才强国战略、创新驱动发展战略统筹推进，形成发展中 1+1+1>3 的倍增效应。过去由于三者是分别提及的，虽然也产生了很大的成效，但在发展中受体制的影响，各部门的关系难以协同，使三者的整体的发展效应难以发挥。2023 年 5 月，习近平总书记在政治局第五次集体学习中强调："建设教育强国、科技强国、人才强国具有内在的一致性和相互支撑性，要把三者有机结合起来，一体统筹推进，形成高质量发展的倍增效应。"

3. 历史经验

从人类五次科技革命以及科学中心转移的规律看，教育、科技、人才三者是互为依存，不是分割进行的。教育、科技、人才"三位一体"是中国共产党百年奋斗历程伟大实践的深刻经验总结，是党对于三者的整体性思考与理论创新；预见出开辟发展新领域、新赛道，塑造发展新动能、新优势；指明了未来相当长的时间内，我国教育、科技、人才事业的根本发展方向，要求我们以一体化思维，协同推进三大战略，加强科学认知，并正确理解和处理三者关系。

4. 使命需要

党的二十大报告指出："从现在起，中国共产党的中心任务就是团结带领各族人民全面建成社会主义现代化强国，实现第二个百年奋斗目标，以中国式现代化全面推进中华民族伟大复兴。"为了实现这个使命，必须做到教育、科技、人才三者的统筹推进。

（二）"三位一体"布局下需要职业教育深化改革与发展

教育与科技相结合，称为科教兴国战略；教育与人才结合，称为人才强国战略；科技与人才结合，称为创新驱动发展战略。这三大战略有一个共同的交叉点就是"创新"，或者说都需要创新。所以，创新是"三位一体"的最大公约数。"三位一体"统筹推进，需要教育的高质量发展，建设高质量的教育体系是形成世界人才中心和创新高地的基础，教育主要的目标就是培养人才，以高水平的人才培养来催生高水平的科技自立自强。这就需要在知识传授、提升素质的基础上，加强人才的创造性培养，才能满足经济社会发展的需要。

正确认识三者的辩证统一关系：教育是基础、人才是主体、科技是动力。"三位一体"融合实施"三大战略"，关键在于能实现协同联动。"三位一体"战略不能局限在研究型大学或是专业、课程中，因为多少年来教育、人才、知识创新一直是由研究型大学来做的；而知识创新更需要多专业、多学科的融合，更需要不同部门体制机制间的配合。党的二十大提出"三位一体"，是从更广泛的范围和角度来考虑，包括统筹职业教育、高等教育、继续教育协同推进；跨部门、跨体制、跨专业、跨学科之间的深度合作。从职业教育发展的角度来看，需要深化职业教育体系的改革与发展。

（三）职业教育在教育、科技、人才"三位一体"统筹推进中的作用

1.职业教育在"三位一体"统筹推进中的基础性作用

通过科技手段，职业教育培养符合时代发展与经济社会需要的人才，推动了生产力进步。2023年习近平总书记提出要求加快发展新质生产力，形成产业发展新格局。这需要建设高素质劳动者队伍，强调创新能力、解决问题的能力等的整体提升。职业教育是与企业对接最紧密的教育类型，保障培养高素质技术技能人才的质量，以适应产业现代化、智能化、数字化发展需求，从而体现职业教育在"三位一体"统筹推进中，实现国家高质量发展的基础性作用。

2.职业教育在"三位一体"统筹推进中的战略性作用

职业教育积极推动科技创新与转化。发展新质生产力离不开将科技成果转化为产业应用实际的技能型人才。通过与高新技术企业、科研院所合作，职业教育可

以提供更加实践性和应用性的教育内容,培养具备应用型创新能力和实践经验的高素质人才,从而解决产业核心问题。

职业教育为科技创新保障人才供给结构。职业教育提供的各种专业技术人才通过自身的创新和实践,推动科技的发展和进步。国家发展新质生产力需要优化产业布局,这需要职业教育调整人才供给结构与产业结构发展对接,围绕我国经济发展中重点产业链尤其是制造业,培养一批行业紧缺的高素质技术技能人才,实现职业教育资源的优化配置,满足不同行业和企业的需求,从而推动科技与产业的融合发展。

综上,从发展战略上考虑,要打通产业链、供应链、价值链、创新链、人才链堵点,需要有职业教育的配合,因为高端的设备需要有高技术技能人才操作、维护,高端的科技需要有高技术技能人才落地于生产实践。据统计,2023 年我国高技能人才超过 6000 万人,技能人才总量超过 2 亿人,技能人才在就业人员总量中占比约为 26%,与德国等制造业强国相比,存在不小的差距。这说明我国职业教育任重而道远。也就是说,"三位一体"统筹推进中,需要职业教育提供根本性的人才支撑。

（四）职业教育服务于"三位一体"战略的途径

教育是培养人才、传承文化的重要途径,科技是推动社会进步、提升国家竞争力的关键力量,人才则是实现国家长远发展的核心资源。在现代职业教育体系的建设与改革中,需要充分发挥三者的协同作用,培养具有创新精神及实践能力的高素质人才,推动科技创新与产业升级,为我国现代化建设提供有力支撑。

在"三位一体"统筹推进战略中,职业教育需要发挥人才能力培养的功能。随着产业的不断升级,在培养职业素质、技术技能基础上,对职业教育提出了培养创造能力等更高的要求,这就需要职业教育探寻有效的途径,如创新体制机制、跨界合作、大力协同等多种方式助推"三位一体"实践。从 2022 年 5 月新修订的《中华人民共和国职业教育法》的实施到 2022 年 12 月印发《关于深化现代职业教育体系建设改革的意见》,体现了党和国家对职业教育的高度重视,也表明职业教育在教育体系整体中的分量更重。以"三位一体"统筹推进的宏观视角,深化职业教育体系建设与改革,统筹职业教育、高等教育、继续教育协同创新;推进职普融通、产教融合、科教融汇。这两个方面是职业教育实现教育、科技、人才"三位一体"战略推进的重要途径。

三、统筹"三教"协同推进中提升职业教育服务水平

(一)国家统筹"三教"协同推进的意义与新要求

从统筹"三教"发展的政策演变过程来分析,中华人民共和国成立以来,伴随"三教"关系不断变化,大致呈现出三个阶段特征。

第一阶段:独立发展阶段(中华人民共和国成立至20世纪末),三者发展更多侧重于各自制度的建立健全、各自体系的构建完善,三者间的关系处于各自相对独立发展。在这个长期的独立发展阶段里,职业教育有效地解决了高考"独木桥"单一人才通道过窄的问题,三者快速发展为"三教"关系的演变和深化奠定了基础。

第二阶段:沟通衔接阶段(20世纪末至党的二十大),面对经济高速增长对全面提升劳动者素质的迫切需要,以及人民群众日益增长的受教育需求,"三教"进入沟通衔接阶段。在"沟通衔接"阶段,社会对三类教育的认同度开始出现分化,统筹"三教"发展从要素层面上升到了体系层面。

第三阶段:统筹协同发展阶段(党的二十大以来)。在国家对改革提出系统性、整体性、协同性要求之后。"三教"进入体系化发展新阶段。职业教育在教育体系中的分量更重,作用更加彰显。

经过七十多年的发展,我国建成了世界最大的教育体系,"三教"从"独立发展"到"统筹协调",极具中国特色。国家统筹"三教"进一步要求协同创新,可以满足高质量教育体系建设的要求,满足人民的受教育需求,在协同中提升人才供给结构、提高人力资源质量满足社会经济发展需求。这不仅对促进建设高质量教育体系、建设教育强国意义重大,而且对服务高质量发展、对中国式现代化的支撑引领意义重大。

（二）提出统筹"三教"协同创新要求的缘由

1. 统筹"三教"协同创新发展是教育强国建设的需求

建设教育强国是当前我国各类教育努力发展的方向，这是一项具有长期性、系统性、复杂性的建设工程，需要"三教"发挥各自教育类型的功能，实现强劲的整体发展。教育强国应表现为各类教育的协同发展，促进教育全过程的公平，形成全民良好的社会文化氛围。注重整体发展水平与系统能效，补齐各教育类型短板，发挥各类型教育功能。统筹"三教"协同创新是建设教育强国的重点需求，建设教育强国也为统筹"三教"协同创新提供了动力源。

2. 统筹"三教"协同创新是提升劳动力素质进而建设技能型社会的需要

人口与经济社会结构变化需要教育布局与资源配置的调整，我国高素质技术技能人才队伍与发达国家存在一定差距，同时产业结构转型升级需要与之匹配的创新型的高素质技术技能人才，需要职业教育体系改革在供给侧及时应对。通过发挥高等教育科研优势，结合职业教育应用型类型特色，发挥继续教育培训服务功能，凝聚三者教育类型特色合力，共同引领创新型高素质技术技能人才职前能力培养、职后能力提升，促进教育链、产业链、创新链、人才链的有机融合，进而实现全方位、全过程地培养劳动力市场急需的创新型高素质技术技能人才。

3. 统筹"三教"协同创新发展是实现全民终身学习进而建设学习型社会的需要

建设全民终身学习型社会是我国教育发展的重点任务。公众对教育的多样化需求趋势表现在：一是从学历教育的终结性向终身学习持续性发展；二是从单一教育领域的狭窄型向多元教育领域复合型发展；三是从教育的线下单纯式向线上线下混合式发展。为顺应公众终身学习需求，建立"横向融通、纵向贯通"的现代职教体系，以体制机制保障了学历教育与非学历教育、职前学习和职后专题学习间的衔接沟通，帮助受教育程度不同的学习者成长。通过我国高等教育普及、职业教育地位提升、继续教育功能健全，统筹"三教"协同创新，能满足公众对知识能力的提升与社会可持续发展的需要，是学习型社会建设的内在要求。

（三）职业教育在统筹"三教"协同推进中的职责定位与观念把握

2023 年,习近平总书记在中共中央政治局第五次集体学习时强调:"统筹职业教育、高等教育、继续教育,推进职普融通、产教融合、科教融汇,源源不断培养高素质技术技能人才、大国工匠、能工巧匠。"这里明确提出:源源不断培养高素质技术技能人才、大国工匠、能工巧匠,并不仅仅是职业教育的事情,而是要通过协调"三教""三融"的相互关系才能达到。由此可以推断出职业教育的下一步工作要求。

1. 关注服务人的全面发展

职业教育是输送高质量人才就业的重要途径,但不可将职业教育单纯地理解为就业教育。在强国建设背景下,职业教育的功能定位必须由"就业"转向"人本",即职业教育必须定位于服务人的全面发展。

2. 关注服务经济社会发展

职业教育只有将工作重心由"学校教育"转向"产教融合"才能真正直接服务于经济社会发展。产教融合是现代职业教育的基本特征和最大优势,也是职业教育当下改革的重点和难点。

3. 关注支撑新发展格局

对应新发展格局,职业教育的服务场域必须由"区域"转向"全局"。即从国内国际同时部署职业教育发展,从而形成世界标准、中国特色的职业教育体系。

4. 关注统筹"三教"协同创新

职业教育自身的壮大和发展,既需要坚持类型教育,也需要统筹"三教"。讲职业教育与普通教育是不同的教育类型,是强调二者具有同等的重要地位;不能把类型教育理解为职业教育与其他教育是不相干甚至是对立的。只有统筹"三教"协同创新,各类型教育同向同行,才有职业教育的大发展。

5. 关注社会力量参与办学

无论从历史经验还是现实需求来看,职业教育办学主体必须由"单一"转向"多元",建立健全政、行、企、校协同合作发展机制是职业教育健康发展的必由之路。

四、高质量职业教育体系的完善与科技创新体系创新的相互作用

党的二十大报告提出职普融通、产教融合、科教融汇,其中新意比较突出的是科教融汇。从发展职业教育服务于教育、科技、人才三位一体战略,加强职业教育与科技创新的互动非常重要。

（一）高质量职业教育体系的完善为科技创新提供人才支持

1. 高质量职业教育日益注重培养学生的创新精神和实践能力

在这种教育环境下,学生被鼓励挑战问题、探索未知领域,这种创新精神和实践能力正是科技创新所急需的。在科技迅猛发展的新形势下,职业教育的办学思路必须将培养学生创新精神放在重要位置。

2. 高职院校必须与产业界和研究机构保持紧密合作

高职院校只有主动适应产业和科技发展趋势,调整与需求匹配的教学内容才能培养出最受欢迎的大量优秀人才,在使产业界和研究机构受益的同时,推动科技创新。这种良性的相互促进,正是当下职业教育所需要的局面。

（二）科技创新体系创新促进职业教育体系优化升级

科技创新体系创新对职业教育体系优化升级的促进主要体现在,科技创新体系创新会带来新知识和新技术,促使职业教育体系调整和优化,以适应新的科技发展趋势,培养出具备相应技能的人才。

1. 创新教学方法和手段

科技创新推动教育技术的革新,例如人工智能、大数据、云计算等先进技术的应用,使得个性化教育、智能教育成为可能。这些新技术为职业教育体系提供了更多元、更高效的教学方法与手段。

2. 丰富教学资源和学习工具

科技创新体系创新带给职业院校更加丰富的新教学资源和新学习工具,如数字化教材、在线课程、虚拟实验室、VR、AR、元宇宙等。这些资源工具极大地丰富了教学内容和形式,使学生可以更直观地理解抽象的概念和原理,从而提高学习效率和兴趣。

3. 培养创新型人才

科技创新体系创新需要大批具备创新思维和实践能力的人才。高质量的职业教育体系通过培养学生的创新精神和实践能力,为科技创新提供人才支持。职业院校还可以根据科技创新的需求,调整课程设置和教学模式,培养更具针对性的创新型人才。

4. 优化教育管理和决策

科技创新体系创新为教育管理和决策提供技术支持。例如,通过大数据分析和人工智能技术,可实现对教育资源优化配置、学生学情的实时精准分析和教学质量科学评估等。这些数字化手段可以提高教育管理的效率性、准确性、科学性,实现职业教育体系的优化升级。

(三)高质量职业教育体系的完善与科技创新体系创新两者相互配合共同推动经济社会发展

1. 两者之间的相互配合对于人力资源的优化配置至关重要

高质量的职业教育体系是人力资源优化配置的基础。高质量职业教育体系培养出具备高素质的技术技能人才,能够适应不断变化的工作环境,为科技体系创新提供源源不断的动力。科技体系创新对人力资源的优化配置具有推动作用。随着科技的不断进步和创新,新兴职业领域不断涌现,使人才需求发生变化。职业教育体系要不断调整和优化专业设置和课程内容,以适应新需求变化,从而推动经济社会持续发展。

2. 两者之间的相互配合提高劳动生产率

高质量职业教育体系致力于培养全面发展的人才,提升劳动力素质和技能。这样的劳动力能够更好地适应科技进步和产业升级的要求;科技创新体系创新能够推动科技进步,进而提升生产力。这两个方面的相互配合,可以促进科技成果的转化和应用,使新技术、新工艺、新设备等更好地服务于生产实践,推动劳动生产率获得较大的提高,促进经济持续健康发展。

（四）高质量职业教育体系的完善与科技创新体系创新相互促进的有效路径

1.加强顶层设计,积极推进形成多元主体办学格局

为了充分发挥职业教育的作用,需要坚持守正创新,从顶层设计入手,形成多元主体共同办学格局。企业是职业教育的重要参与者和受益者。积极引进企业参与职业教育,不仅可以为职业教育提供丰富的实践资源和就业渠道,企业作为创新的主战场,可以协同培养所需要的创造性人才,还可以促进企业与学校之间的深度合作,共同培养符合市场需求的高素质技术技能人才。为此,通过政策引导、校企合作等,鼓励企业积极参与职业教育办学,真正形成政府、企业、学校等多主体共同办学的新格局。

2.深化产教融合,创新科教融汇

以市域产教联合体和行业产教融合共同体为载体,合理汇聚产教资源,探寻委托培养、订单培养、学徒制培养模式,开展岗前培训、岗位培训、继续教育,建设技术创新中心、创新实践基地,提升职教服务体系,为区域发展、行业发展提供稳定的人力资源与技术支撑,形成良好的发展生态;形成集创新意识养成、创新能力培养、增加创新实践、促进创新成果转化、增强成果贴近生产实际应用性于一体的实践体系与教学体系,使教育体系与创新体系深入供需耦合。

3.探寻跨域共生的多元协同育人共同体

为构建跨域共生、多元协同育人共同体,需要探索各领域之间互促路径。促进各教育主体的融合,实施“双师型”教师培养,促进教育主体间师资交流、融通课程建设,从而提供多样化教学途径。深化产教融合和校企合作,实现职业教育与科技创新的紧密结合,培养与科技创新、产业升级对接的高素质技术技能人才。同时,加强与科研机构和高等院校的合作,共同开展科技创新活动,推动科技成果转化和应用。为此,需要政、校、企和社多方参与。政府应提供政策支持和资源保障,学校应发挥主体作用,企业应积极参与人才培养过程,社会应营造良好的育人环境。

4.创建利于创新能力培养的场域环境

首先,探索创建产教融合的实践环境,为学生提供岗位情景。这样,学生可接触

到产业最新的技术、设备和工艺流程,从而培养他们的实际操作能力和创新意识。

其次,校企合作建立技术研发中心。校企共同研发新技术、新产品。通过技术成果的转化和应用,不仅可以推动产业升级,还可以为学生提供更多的实践机会和创新动力。共享数字化教育手段,如在线教育、虚拟现实等,为学生提供丰富的学习资源和交互方式。设立创新奖励机制,鼓励师生积极参与科技创新活动,为他们的创新成果提供展示和推广的平台。

5. 提升职业教育关键办学能力

持续强化职业教育内涵建设,深化"三教"改革,提升职业教育关键办学能力。内涵建设是职业教育质量提升的核心,通过优化课程设置、加强师资队伍建设、"三教"改革等,使教学内容更加贴近行业实际需求;改革教学方法,如在线教学、混合式教学等;促进职业教育数字化改造升级;改革教学评价,建立科学的评价体系。这些具体路径,可以有效实现职业教育体系的完善与科技创新体系创新的互促融合。

6. 贯通人才成长通道与形成全民终身学习氛围

通过统筹"三教"协同创新发展,职业教育体系的完善会提供更加灵活的学习方式,开放的学习途径和高认可度的学习证书;科技创新体系创新丰富的学习资源,从而使学习者便捷地实现泛在学习。这样能为终身学习型体系形成和建设学习型社会创造条件,也能贯通人才成长通道,有利于全民整体素质的提升,同时必然利于职业教育体系的完善与科技创新体系创新二者互促融合发展。

课题承担单位: 天津石油职业技术学院

主持人: 韩福勇

执笔人: 韩福勇、王若男

课题组成员: 姜峰、于凯、周永彬、倪攀、王若男、胡延明、赵向、孙晓楠、钱言平、谢红靖

/ 第二章 /

▼

中国特色职业教育的发展和体系建设

中国职业教育的发展有着悠久的历史,但现代意义上的职业教育是从晚清的洋务运动开始的,其发展过程中不断体现中国特色。当前现代职业教育体系的建设与改革,直接依据是党的二十大关于职业教育的重要论述以及党的二十届三中全会关于职业教育体系的直接界定。

一、中国特色职业教育的发展历程

(一)从洋务运动中产生

晚清洋务运动时期兴办的新式工艺专业技术学堂是当代职业教育的雏形。兴办新式工艺专业技术学堂,是洋务派重视学习西方科学技术,主张"师夷制夷",以谋求"自强、致富"的直接行动。当时,大力开办新式教育,兴办农工商实业学堂成为教育发展的新趋势,洋务运动带动掀起一股"教育救国""实业救国"的浪潮。与此同时,西方"职业教育"开始进入中国,维新运动时期新式工艺技术教育开始逐渐拓展至各门类领域。随着变法改革在教育领域的开展,形成了若干以重要改革代表人物为典型的观点主张。例如,郑观应提出工艺技术教育的主张,在其《盛世危言》等著作中论述工匠精神,他认为要改变中国的贫穷落后,必须大力发展技艺教育事业,并通过举办博览会鼓励与褒奖各行各业的工匠们。张之洞积极着手在湖北省推进振兴农业、手工业,鼓励开办民营工厂、促进商业发展的措施。针对"化学非农夫所能解,机器非农家所能办",主张设立农务学堂以"考求新法新器",提出大量兴办农工商学堂的实业教育举措。从1866年左宗棠奏请创办船政学堂,拉开中国近代职业教育的帷幕,到1903年北洋工学院在天津开办,诸多洋务运动、戊戌变法前后近代职业教育改革实践的发展史实,对后来的中国职业教育发展起到了重要的启蒙作用。

总体看,近代是我国职业教育形成与发展的繁荣期、黄金段,对现代职业教育发展有着重要的奠基作用,当代一些职业教育思想和组织形式都源于近代职业教育。从 1866 年我国第一所真正意义上的职业学校——福州马尾船政学堂创办到今天,我国职业教育已经历了 150 余年历程。就完整意义上的国际上近代职业教育的角度看,洋务运动时期我国在各地建立的专科性实业学堂(以福建马尾船政学堂为代表)是中国职业教育的开端,但其使命的单一性决定了难以在全国范围内普遍推行,特别是在我国近代工业发展水平尚未出现对职业教育和职业培训的大量需求的条件下,职业教育不会有大的发展。

(二)黄炎培职教运动

黄炎培是我国近代著名的教育家、实业家,毕生奉献于中国的职业教育事业,为改革脱离社会生活和生产的传统教育、建设中国的职业教育作出重要贡献。黄炎培的职业教育思想是在吸取西方先进国家的教育经验,反思中国自办新教育以来的问题和教训,不断探索中逐步形成的。1913 年,黄炎培在《教育杂志》上发表《学校教育采用实用主义之商榷》,对普通教育发展中的问题作了考察,强调加强学校教育与个人生活和社会需要之间联系的必要性。1917 年黄炎培等人创办中华职业教育社,同时发表《中华职业教育社宣言书》,标志着以黄炎培为代表的职业教育思潮的形成:职业教育不再只是作为学校教育的一部分,而是与社会经济发展紧密相连,应将生活纳入教育;提出"无业者有业、有业者乐业"的办学理念,主张全社会关注和参与职业教育,充分体现出一种职业与教育、与经济社会发展密切关联的"大职业教育观",使近代职业教育发展水平向前迈进了一大步。1926 年,黄炎培提出职业教育办学方针,认为办职业学校须同时加强和一切教育界、职业界的沟通联络,以职业教育为契机参加全社会的运动。黄炎培提出的职业教育社会化,是其"大职业教育观"的集中体现,旨在强调职业教育与社会的沟通,包括以教育为方法、以职业为目标的社会化办学宗旨,培养德技兼修、适应各行业社会化需求的新型人才,符合社会需求和学生需要的社会化的办学组织机构,充分依靠教育界、职业界的各种力量的社会化办学方式。

以黄炎培为代表的民国时期以实用主义为教育宗旨的职业教育,主张"为个人谋生之准备""为个人服务社会之准备""为世界、国家增进生产力之准备",孕育出现代职业教育理念中注重实用性、注重教育与职业关系的新观念。黄炎培职教运动更多地探讨了职业教育内部的规律问题,影响着近现代中国的职业教育实践。但在当时救亡图存是我国社会第一需要的背景下,职业教育与其他事业一样未能得到健康发展。

（三）新中国技工教育

新中国成立后曾经一度实行的半工半读的教育与劳动相结合的教育体制,是适应当时社会需要的对职业教育的一个探索。新中国成立初期,面对百废待兴的局面,国家急需大量技术人才支持社会主义建设。20世纪50年代,政府提出了"以就业为导向"的职业教育方针,中等专业学校、技工学校及各类农业中学迅速兴起,形成了初步的职业教育体系。这一时期的中职教育主要集中在工业、农业、财贸等领域,为国家培养了大批实用技能型人才,对促进国民经济恢复和发展起到了关键作用。1951年,教育部在北京召开第一次全国中等技术教育会议,提出培养国家经济建设需要的技术人才,并将人才培养重点定位为重工业和国防建设需要的中等技术人员。此后,《关于整顿和发展中等技术教育的指示》《中等技术学校暂行实施办法》《关于教育工作的指示》等政策相继出台,建立起以中等专业教育和技工学校教育为主体,包括农业中学和职业中学、各种培训相结合的技工教育制度,并结合国家发展实际,陆续提出依靠工厂、企业、事业单位举办职业学校等新部署新举措,为新中国成立初期技术人才培养和技工教育明确了政策制度依据。应当说,新中国成立以来,以中等专业教育和技工学校教育为代表的中等职业教育(简称"中职教育")经历了多个阶段的演变,其历史沿革与在职教体系中的作用紧密相连,反映了国家经济发展和社会需求的变化。

"文化大革命"期间,职业教育同其他教育领域一样遭受重创,许多学校停办或转制,职业教育体系几近瘫痪。这一时期,中职教育的作用被严重削弱,人才培养断层,对后续经济发展造成了不利影响。"文化大革命"结束后,职业教育在很长时间内以就业教育为主旨,应对了当时社会环境的第一需要。

　　党的十一届三中全会召开后,我国职业教育的发展进入了一个新的历史阶段。进入 20 世纪 80 年代以后,围绕如何大力发展职业中学为目标,我国陆续出台了多个职业教育政策,职业教育的办学模式则基本参照普通中学的模式。随着经济体制的转型和社会对技术技能人才需求的增加,中职教育开始逐步恢复并得到重视。1985 年《中共中央关于教育体制改革的决定》提出大力发展职业技术教育,中职教育进入快速发展期。这一阶段,中职教育体系逐渐完善,专业设置更加贴近市场需求,教学内容和方法也有所创新,为国家工业化和现代化进程输送了大量技术技能人才。同样在此阶段,1986 年国务院转发了国家教育委员会等部门《关于建立职业技术教育委员会的通知》,旨在统筹职业教育发展,正式建立了职业技术教育委员会。同年,第一次全国职业技术教育工作会议召开,提出职业技术教育应逐步形成既便于地方管理,又能调动各业务部门的积极性,使学校拥有较大自主权的管理体制。1987 年,国家层面进一步强调了职业教育重技能训练的教学理念,即职业技能训练必须严格要求,坚决克服和防止重理论轻实践的偏向。到 20 世纪 90 年代,我国职业教育走上了产教结合、校企合作、工学结合的道路,中共中央、国务院层面下发了包括《关于大力发展职业技术教育的决定》《中国教育改革和发展纲要》《面向二十一世纪深化职业教育教学改革的原则意见》等一系列重要文件,提出职业教育必须确立以能力为本位的教学指导思想,要"提倡产教结合,工学结合",明确了职业教育教学应实行产教结合模式,标志着职业教育教学培养模式变革的开始。至 1995 年,第一部专门针对职业教育的法律《中华人民共和国职业教育法》正式出台,该部法律完整而具体地提出了加强职业教育内部建设、深化职业教育教学改革的主张。这一阶段的职业教育政策建设取得了前所未有的成就,职业教育发展初期阶段的法律框架和政策制度构建目标基本完成,在全社会营造出大力发展职业教育的良好制度环境。

　　(四)新世纪职业教育大发展

　　进入 21 世纪以来,党和国家多次召开全国职业教育工作会议,把职业教育作为经济社会发展的重要基础和教育工作的战略重点,提出了一系列推进职业教育改革与发展的政策措施,大力推进我国职业教育的发展,为广大青年发展成才指明路径。2002 年《国务院关于大力推进职业教育改革与发展的决定》提出,力争在"十五"期间初步建立起适应社会主义市场经济体制,与市场需求和劳动就业紧密结合,结构合理、灵活开放、特色鲜明、自主发展的现代职业教育体系。2005 年国务院召开全国职业教育工作会议,第一次提出职业教育要满足人民终身学习的需要。2010 年,中共中央、国务院颁布"国家中长期教育改革与发展规划纲要(2010—2020 年)",明确指出现代职业教育体系的建立需要"体现与经济社会发展的相适应""体现职业教育发展的体系性特征""体现终身教育的开放性"三个重要特征。由此,我国职业教育实现了由发展积累到完善转型的顺利过渡,开始进入构建中国特色现代职业教育体系的新阶段。

党的十八大以来,习近平总书记对职业教育作出了一系列系统而深刻的论述,为中国职业教育快速发展指明了方向。2014 年国务院发布《关于加快发展现代职业教育的决定》,提出到 2020 年形成产学研高度融合、中高职无缝对接、职教与普教相互沟通,且充分体现终身教育理念的现代职业教育体系。2019 年《国家职业教育改革实施方案》发布,提出到 2022 年职业院校教学条件基本达标,一大批普通本科高等学校向应用型转变;建设 50 所高水平高等职业学校和 150 个骨干专业(群)。上述重大决策部署的密集出台表明,新时代我国职业教育工作要有新气派新思路。

经过新实践,新时代我国职业教育发展呈现出一些新特征:一是"大职教"格局。中国的职业教育历来都是各方广泛参与的"大职教"格局。就当前中国的现状来看,职业教育首先是由各级政府主导的,同时动员行业、企业和其他社会组织尽可能地深度参与,因而当前中国职业教育至少有政府、行业、企业、社会组织和职业学校五个方面的主体。二是持续适应性。这主要指职业教育不断适应经济社会发展趋势和新产业、新业态、新职业、新岗位的特性,既包括职业学校在"三教"改革方面的不断进步,更体现在职校学生职业能力的不断提升上。新时代中国经济社会迈向现代化的过程中不断出现新情况,职业教育在培养相应人才方面必须持续表现出适应性。三是突出技术性。职业教育突出技术技能素质培养,从职教发展历史上就一直延续至今。四是坚持"中国特色,世界水平",这将成为我国构建高质量教育体系和中国特色现代职业教育体系的根本准则。与此同时，相关理论研究不断深化，坚持以中国化马克思主义人力资本理论为依据，从中国职业教育的发展实际出发，努力把握好中国职业教育的思想体系、话语体系、政策体系、实践体系等四个方面的内容。

二、党的二十大开辟中国特色职业教育发展的新阶段

（一）关于党的二十大报告对职业教育论述的理论阐释

一是着眼于教育、科技、人才"三位一体"的重要布局。习近平总书记在党的二十大报告中，首次阐述了教育、科技、人才在全面建设社会主义现代化国家中基础性、战略性支撑的新定位，强调"要坚持教育优先发展、科技自立自强、人才引领驱动"。着眼于教育、科技、人才协同支撑社会主义现代化强国建设的新高度，要求对深入实施科教兴国战略、人才强国战略、创新驱动发展战略作出"三位一体"的统筹安排并一同部署。这些重要论述和重大部署极具战略意义和深远影响，为加快建设高质量职业教育体系、办好中国特色职业教育提供了根本遵循。

二是着眼于培养一大批支撑经济社会发展的创新团队、大国工匠和高技能人才的重要使命。职业教育是培养高素质人才、传承技术技能、促进就业创业的重要途径，在国民教育体系和现代化经济体系中发挥显著作用。党的十八大以来，以习近平同志为核心的党中央高度重视职业教育工作，职业教育改革发展取得跨越式进展，我国建成了世界规模最大的职业教育体系。党的二十大报告强调"坚持教育优先发展""统筹职业教育、高等教育、继续教育协同创新"，这表明，在中国式现代化迈上新征程的关键阶段，迫切需要发挥职业教育独特优势，以中国特色职业教育支撑经济转型服务产业升级、支撑民生改善服务终身学习、支撑国家战略服务国内国际。

三是着眼于优化职业教育类型定位。职业教育被定位于类型教育，与普通教育同等重要，这在党的二十大之前的相关文件和法规中已有明确规定。党的二十大报告明确提出"优化职业教育类型定位"，表明这个类型定位在实践中还存在许

多不完善的方面,特别是在与普通教育的比较上,还存在一些不对等的方面,同时,对于职业教育的类型定位,必然涉及职业教育与普通教育、继续教育等教育类别、形式之间的相互关系,这需要在实践探索和理论研究两个方面开展深入的工作。

四是着眼于推进科技强国建设的重要动力。党的二十大报告提出"必须坚持科技是第一生产力、人才是第一资源、创新是第一动力",推进"科教融汇"。这意味着职业教育若要提升档次,一定要跟着科技的步伐,特别是依靠数字化赋能职业教育。当前,新一轮科技革命和产业变革正加速重构世界经济形态、重塑国际竞争新秩序,一大批以 5G、VR、人工智能、大数据、脑科学为代表的先进科技在教育应用中不断深化,为科技赋能职业教育提供了重要技术支撑,同时也推动职业教育更为有力地服务支持国家科技尖端产业,助力企业人力资本提升、产品升级与技术研发,加速科技创新和科技成果应用转化,在全产业链与科技创新链的有机交融中发挥更大效能。

(二)关于中央文件与教育部有关职业教育决策部署的学理分析

党的二十大报告在以往实践基础上创造性提出的职普融通、产教融合、科教融汇、优化职业教育类型定位的决策部署,是对实施科教兴国战略、人才强国战略、创新驱动发展战略的具体要求,也为相关部门制定落实上述部署指明了方向。

一是关于职普融通的要求。职普融通在我国教育实践中早已存在,但主要存在于基础教育与中职教育之间,基本上限于少量的课程内容互换互鉴,不涉及学制、学分等体制机制问题,也不涉及高等教育(普通高校与高职院校之间)。我国近年来在实践中一再强调职业教育是类型教育,同时要搭建职业教育与普通教育之间相互畅通的"立交桥",这就必然涉及整个教育体系的改革问题。此次提出职普融通,相关改革举措会全面推开,必然对整个教育体系产生重大影响。

二是关于产教融合的新要求。产教融合是职业教育发展中的核心问题,自党的十八大以来国家一直都很重视,其间比较重要的文件有:2017 年《国务院办公厅关于深化产教融合的若干意见》、2020 年九部委共同发布的《职业教育提质培优行动计划(2020—2023 年)》、2022 年中办印发的《关于推动现代职业教育高质量发展的意见》、2022 年中办、国办发布的《关于深化现代职业教育体系建设改革的意见》(明确提出"各级党委和政府要将高技能人才工作纳入本地区经济社会发展、人才队伍建设总体部署和考核范围")、2023 年国家发改委等八部门发布《职业教育产教融合赋能提升行动实施方案(2023—2025 年)》、2023 年教育部办公厅发布《关于加快推进现代职业教育体系建设的改革重点任务的通知》等。这后两份文件对实施以"一体两翼"要求提出了迄今最为有力的 . 举措,落实这些方案是职业院校当前实施产教融合的重要任务。

三是关于科教融汇的要求。党的二十大前后,中央和各部委出台的大量政策文件和决策部署中,如《职业教育提质培优行动计划(2020—2023 年)》《关于加强新时代高技能人才队伍建设的意见》《关于推动现代职业教育高质量发展的意见》等,均涵盖科教融汇相关内容规定。在职业教育领域,数字教育和教育资源数字化作为融合汇聚科技和教育的新动能,在服务职业教育教学各环节与科技创新方面应用极为广泛,已成为不断提升职业院校创新能力、促进产学研用深度融合、服务国家科技自立自强的重要引擎。职业院校应抓住科教融汇这一重大契机,一方面推动职业教育聚焦科技创新成果完成专业升级和数字化改造,搭建智慧职业教育平台,把数字资源的静态势能转化为职业教育改革的强大动能,以此构建现代化职业教育体系;另一方面主动对接高校、行业、企业、科研机构,组建产教研用融合联盟,培养更多具备较高科学素质的技术技能人才,促进科技成果转化,形成基础研究、应用开发、成果应用和产业化的完整链条,在服务国家创新驱动发展战略中发挥有力支撑作用。

三、中国特色现代职业教育体系的若干要素分析

党的二十届三中全会提出加快构建职普融通、产教融合的职业教育体系,着力培养造就卓越工程师、大国工匠、高技能人才。这是中央文件最近一次对职业教育体系的清晰表述。它至少表明,中国特色现代职业教育体系是一个多层次、多类型、开放性和灵活性强的教育结构。当前,深化现代职业教育体系建设与改革,并不是要求我们去从学理角度设计出一个封闭性的体系,而可行的、对职业教育实

践有益的做法,就是深入研究与这个体系相关的若干重要要素。

（一）设定探索现代职业教育体系建设与改革的"省域空间"

1. 主动服务国家战略需求,支持地方产业发展。对接重大战略,确保职业教育体系能够主动服务于国家的重大战略部署,如创新驱动发展战略、"一带一路"倡议等。强化地方特色,根据地方产业发展特点和实际需求,制定符合本地情况的职业教育发展方案,发挥地方优势,根据各地区的产业发展现状和未来规划,定制化地培养所需的专业人才,支撑地方经济转型升级。

2. 优化组织方式,创新职业教育体制机制。构建协作网络,建立政府、企业、学校和社会组织之间的合作网络,形成协同育人机制,确保各方资源能够有效整合。推进跨部门合作,鼓励不同政府部门之间加强沟通与合作,共同推进职业教育改革进程,解决跨领域问题。加强校企合作,建立稳定的校企合作平台,让企业在课程设计、实训基地建设和师资培训等方面发挥作用。推进职普融通,建立灵活多样的学习路径,使职业与普通教育之间能够相互转换,为学生提供更多元的选择和发展机会。加强师资队伍建设,采用先进的教学方法和技术手段,创新人才培养模式,探索新的教育理念和实践,如项目制学习、实习实训等,着力培养学生的实际操作能力和创新能力,确保学生能够接受高质量的职业教育。

3. 压实地方政府责任,有效整合教育资源。明确地方政府的责任主体,使之承担起发展职业教育的主要责任,通过制定相应的政策和措施,确保职业教育能够在本区域内得到充分的支持和发展;合理分配财政资金,优先支持职业教育的基础建设、师资队伍建设和课程开发等方面,确保资源的有效利用;完善激励机制,建立一套有效的激励制度,鼓励企业和个人参与职业教育的投资和支持,形成多方共赢的局面。由于这些因素,有可能保证产教融合落到实处。

（二）通过建设产教联合体和产教融合共同体落实产教融合

1. 布局市域产教联合体。在节点性城市或具有重要产业位置的县主动布局市域产教联合体,从地域层面（即"块"上）增强职业教育与地方经济的紧密结合程度,促进当地职业院校与产业界的深度合作,确保教育内容直接反映当地产业的需求和发展趋势。

2. 建设跨区域行业产教融合共同体。聚焦国家重点产业链及重要的主导产业，比如新能源汽车、人工智能、生物医药等领域，有序建设跨区域的行业产教融合共同体，通过建立校企合作平台，确保职业教育课程内容与当地产业的实际需求紧密相关，增强毕业生的就业竞争力，旨在从产业层面（即"条"上）加强职业教育与行业发展需求的适配度。通过跨区域合作，鼓励企业参与到职业教育的过程中，例如通过共建实训基地、提供实习岗位等方式，实现教育与产业的无缝衔接，确保职业教育能够更好地服务于国家的重点产业，从而提高人才培养与产业需求之间的匹配度。

这"两个体"的建设有两个前所未有的新要求：一是实行实体化运作，在产教融合的"度"上达到全新水平，真正落实产教无缝对接；二是要求政府发挥主体作用，这是保证第一个要求落实的最重要、最有效的举措。具体到实践中，这两个方面的真正落实也需要一个过程。

（三）建设具备高水平职业院校并推动职业教育"走出去"

1. 以更加注重"服务好、支撑好"为发展方向，服务地方产业，支持区域战略。高等职业学校应密切跟踪地方产业的发展动态，确保教育内容能够与地方经济需求相匹配，为地方产业发展提供强有力的人才支持，积极融入国家和地区的发展战略，如"一带一路"倡议等，为实现区域发展目标培养所需的高素质技术技能人才。在教育体系内推动职业与普通教育的融合发展，以及产业与教育的深度融合，形成相互支撑、协同发展的格局，通过提供高质量的职业教育，提高民众的生活品质，促进社会公平正义。

2. 推动中国职业教育走向世界。加强国际交流与合作，提升中国职业教育的国际影响力，制定"职教出海"标准规范，研制一套适用于国际推广的职业教育标准和规范，确保中国职业教育能够在海外得到广泛认可。研究职业教育服务大国外交和国际产能合作的布局体系，打造高质量品牌项目，根据不同国家和地区的具体情况，分类分层地推出一批高质量的职业教育合作项目，树立中国职业教育的良好形象。通过职业教育加强与各国的外交关系，支持国际产能合作项目，为中国企业"走出去"提供人才保障。

3.办好世界职业技术教育发展大会。颁布世界职业教育大奖,表彰全球范围内在职业教育领域作出突出贡献的个人、机构和项目,激励全球范围内的职业教育创新发展。联合各国的职业教育机构和相关组织,举办世界职业技术教育展览,共同探讨职业教育的国际合作与发展,展示全球最新的职业教育成果和技术,促进国际的经验交流与资源共享。同时,将全国职业院校技能大赛升级为世界职业院校技能大赛,以举办世界级的职业技能竞赛,提高中国职业教育的国际知名度和竞争力。

(四)从纵向和横向两个维度实现教育链、产业链、人才链、创新链的有机融合和协同发展

在纵向上,首先,教育链作为基础,它不仅包括普通高校和职业学校,还涵盖了从基础教育到高等教育的各个阶段。教育链的内部融通,意味着打破传统教育体系的壁垒,实现教育资源的共享和优化配置,提高教育的适应性和灵活性。通过教育链的改革,可以培养出更多具有创新精神和实践能力的人才,为产业链的发展提供源源不断的智力支持。其次,产业链是职业教育的实践场。它涵盖了从设计研发到生产销售的各个环节,是职业教育与经济社会发展紧密结合的体现。产业链的内部融通,要求职业教育与产业需求紧密结合,通过校企合作、产教融合等方式,实现教育内容与产业需求的无缝对接。再次,人才链是连接教育链和产业链的纽带。它强调人才的培养、使用和发展,是实现教育链和产业链有机衔接的关键。通过人才链的优化,可以更好地发挥人才的创新潜力,推动经济社会的持续发展。最后,创新链是推动整个职业教育体系持续进化的动力。涵盖从原始创新到应用创新的各个环节,是实现职业教育与经济社会发展深度融合的关键。创新链的内部融通,要求建立更加开放、包容的创新环境,鼓励和支持各种形式的创新活动,促进创新成果的转化和应用。

在横向上,各链条之间要相互打通,形成有机的整体。推动教育链、产业链、人才链和创新链之间的紧密联系和相互促进,构建一个全方位、多层次、宽领域的职业教育生态系统。教育链为人才培养提供基础,产业链为人才提供应用场景,人才链作为纽带链接教育与产业,创新链推动整个系统持续进化。这种横向融通,要

求各个链条之间建立更加紧密的联系和协作机制,实现资源共享、优势互补,形成协同发展的良好局面。

(五)通过打造"金专、金课、金师、金地、金教材"而提升教学水平

1. 打造"金专、金课、金师、金地、金教材"。"金专"指建设一批高质量的专业,确保这些专业能够直接对接国家的重大战略需求和地方产业的发展实际,培养出符合市场需求的专业人才。"金课"指开发一系列优质课程,这些课程不仅包含最新的行业知识和技术,还强调实践操作能力和职业技能的培养。"金师"要求建设一支高水平的教师队伍,包括具备丰富行业经验和教学能力的双师型教师,以及能够引领专业发展的领军人才。"金地"包括创建一流的实训基地和实验室,为学生提供与行业接轨的学习环境,确保他们能够在真实的职场环境中锻炼技能。"金教材"要求编写和采用高质量的教材,这些教材不仅要覆盖基础知识,还要包含最新的行业案例和技术进展,以适应不断变化的产业需求。

2. 推动知识图谱向能力图谱的转化。从传统的知识传递模式转变为注重能力培养的模式,从知识传授转向技能培养,改变过去侧重于理论知识传授的教学方式,转而强调实践技能和综合能力的培养,确保学生不仅掌握必要的专业知识,还能发展出解决问题和创新的能力,使学生具备更强的就业竞争力。在实施策略方面可具体涵盖以下几个方面:深化产教融合,加强学校与企业的合作,确保教育内容与行业需求紧密对接,让学生在校期间就能获得实际工作经验;建立更加灵活的教育路径,使职业教育与普通教育之间能够相互转换,为学生提供更多样化的选择和发展机会;探索新的教育理念和实践,如项目制学习、实习实训等,以培养学生的实际操作能力和创新能力。

课题承担单位: 天津市三方现代职业教育发展研究院
主持人和执笔人: 赵泽龙

| 第三章 |

▼

职普融通

职普融通是深化现代职业教育体系建设改革的关键,也是国家近年来教育改革提出的新要求。习近平总书记在党的二十大报告中强调,统筹职业教育、高等教育、继续教育协同创新,推进职普融通、产教融合、科教融汇,优化职业教育类型定位,职普融通逐渐成为教育政策关注的焦点。

一、职普融通的由来、内涵、国内外研究现状和意义

（一）职普融通政策演进过程

职业教育与普通教育之间的关系,自我国改革开放之初便成为教育政策调整的重要议题。[①] 随着时代的变迁和社会的进步,我国对于职业教育与普通教育的关系定位和要求也在不断演变。

改革开放初期,我国面临着从计划经济向市场经济转型的艰巨任务,教育体制也急需改革以适应这一转变。《中共中央关于教育体制改革的决定》在1985年的颁布,标志着我国教育改革正式拉开序幕。该决定明确指出,要大力发展职业技术教育,建立从初中到高中、从中职到高职的完整职业教育体系,并强调职业教育与普通教育之间的沟通与衔接。这一政策的出台,为我国职业教育的发展奠定了坚实的基础。

进入20世纪90年代,随着我国经济社会的快速发展,对人才的需求也日益多样化。《中华人民共和国职业教育法》在1996年的颁布实施,进一步推动了职业教育的规范化和法治化进程。该法强调了职业学校教育与职业培训并举的原则,

---

① 李玉静:《新发展格局下的职普融通:价值与内涵》,《职业技术教育》2021年第4期。

并提出了职业教育与普通教育相互沟通、协调发展的要求。这为职业教育与普通教育的融合发展提供了法律保障。

进入新世纪,我国职业教育迎来了快速发展的黄金时期。2014 年,国务院印发的《关于加快发展现代职业教育的决定》明确提出,到 2020 年要形成适应发展需求、产教深度融合、中职高职衔接、职业教育与普通教育相互沟通的现代职业教育体系。[①] 这一政策的出台,为职业教育的进一步发展指明了方向,也标志着职业教育与普通教育之间的关系已经上升到国家战略层面。

2017 年,教育部等四部门印发的《高中阶段教育普及攻坚计划（2017—2020年）》进一步强调了普通高中和中等职业教育协调发展的重要性,并提出了"实行普职融通,为学生提供更多选择机会"的具体要求。这一政策的实施,为职业教育与普通教育的融合发展提供了更加具体的操作路径。

2020 年,党的十九届五中全会审议通过的《中共中央关于制定国民经济和社会发展第十四个五年规划和二〇三五年远景目标的建议》中,将"深化职普融通、产教融合、校企合作"作为重要任务提出,这是首次在中央文件层面强调职普融通。

2021 年 12 月,中办、国办印发的《关于推动现代职业教育高质量发展的意见》中,更是把"促进不同类型教育横向融通"作为强化职业教育类型特色的核心要求。这一政策的出台,进一步推动了职业教育与普通教育的深度融合,也为我国教育体系的整体协调发展提供了有力支持。

2022 年 5 月 1 日修订施行的《中华人民共和国职业教育法》中,明确指出了职业教育与普通教育的同等重要地位,并强调了职业教育与普通教育的相互融通。这一法律的修订,为我国职业教育与普通教育的融合发展提供了更加坚实的法律保障。

党的二十大报告直接提出了"推进职普融通、产教融合、科教融汇"的战略部署,这不仅是对职业教育与普通教育融合发展的高度肯定,更是对高质量教育体系的追求。

---

① 祁占勇、王佳昕、安莹莹:《我国职业教育政策的变迁逻辑与未来走向》,《华东师范大学学报（教育科学版）》2018 年第 1 期。

　　党的二十大前后多次强调职普融通,实际上是坚持大教育观的体现。大教育观强调教育的整体性、系统性和协调性,旨在通过职业教育与普通教育的深度融合,推动教育体系的整体协调发展。这种融合不仅能够满足社会对多样化人才的需求,还能够促进教育资源的优化配置和高效利用。同时,职普融通还能够为学生提供更加多元化的成长路径和发展机会,帮助他们更好地适应社会和未来的职业发展。因此,推动职业教育与普通教育的深度融合,是新时代我国教育改革和发展的必然要求,也是建成教育强国的重要途径。

　　(二)职普融通的内涵

　　有研究者从实践的角度提出,职普融通也叫职普融合,是指中等职业教育与普通高中教育合作,双方共同设计课程、互派师资,实行学分互认、学籍互转的一种人才培养模式。[①]从融通的含义来看,其是指使学习者在不同类型教育(职业教育和普通教育)以及不同层次教育(高中阶段教育、学徒制及高等教育)之间实现自由流动。职普融通具有三大特征:普通教育与职业教育在平等地位上的融通,基于技术技能人才类型特征的融通,服务培育具有现代素养的社会公民的融通。[②]职普融通的最终目标是为学习者提供更为丰富、更加多元、更多通道的成长机会和路径,实现促进学习者个体全面发展和人生出彩的教育现代化目标[③];职普融通不仅是教育体系的特征,还是一种重要的社会经济现象,具有促进人力资本有效供给、人才流动、公平机会、社会包容等重要功能。

　　从职普融通的形式上来说,在小学、初中学段,学校通过适度增加职业教育课程实现学生职业认知和体验,增强学习和劳动意识;在高中学段,学校探索职普融通的路径,除保留小学、初中学段的模式外,还开设有综合高中或综合高中班来促使普通教育和职业教育互相渗透融合;在高等教育学段,探索职普融通,横向上主要是普通高中与职业院校、普通高校与职业高校的融通培养,纵向上主要是普通

　　① 孙梦琪:《普职融通背景下中职地理教学人地协调观培养研究》,《职业技术教育(资源环境)》2021年第1期。

　　② 李政:《职业教育类型属性下的普职融通:特点、使命与行动》,《职教通讯》2020年第9期。

　　③ 李玉静:《新发展格局下的职普融通:价值与内涵》,《职业技术教育》2021年第10期。

初中与职业院校、普通高中与高职院校、中职学校与普通高校的贯通培养。

（三）职普融通国内外发展现状

早在20世纪80年代,以美国、英国和日本为代表的国家和地区就提出了职普融通的概念。随着我国职普融通实践探索的不断推进,职普融通也受到越来越多人的关注。

1. 职普融通国内研究现状

目前,学界对职普融通的研究主要集中在以下几个方面:一是普通教育和职业教育的关系,特别是两者之间在教学、管理、课程设置以及资源共享等方面的联系;二是两类教育的衔接模式和路径,主要是探讨如何实现职业教育与普通教育的相互沟通、相互借鉴;三是不同层次、不同类型、不同区域之间的职普融通,特别是如何建立科学合理的管理制度和运行机制。这第三种情况尤为复杂。

2. 职普融通在国外的实践现状

国外发达国家如美国、英国等国家都已实现了职普融通,在不同程度上为我国职普融通提供了借鉴。以美国为例,美国的职业教育和普通教育通过各种渠道实现了有效的沟通和合作,学生在高中毕业后有多种选择,既可以选择进入普通高中学习,也可以选择进入大学继续学习。在普职融合方面,美国实行"双轨制",既有普通高中也有职业教育学校,两种学校分别按照各自的规律运行。此外,美国还制定了一系列的政策和管理体制来保障职普融通的顺利进行。例如,在教育行政方面,学校在招生时必须有足够的学生规模;在经费上,由联邦政府提供拨款;在师资方面,从教师的配置到学历结构都有明确要求;在教学方面,学校必须保障学生获得普通教育和职业教育的机会。

（四）推进职普融通的必要性

职普融通旨在尊重两种不同教育类型的个性基础上的等值化发展,通过消除普通教育与职业教育之间的界限,为学生提供平等的发展机会,进一步促进教育公平和社会公平。通过加强普通教育与职业教育之间的横向融合和纵向贯通,可以有效提升职业教育的社会地位和吸引力,从根本上破解和纠正人们对职业教育的歧视和传统认知,吸引更多优秀学生选择职业教育。推进职普融通也是构建中国特色教育理论体系的内在要求,通过整合普通教育和职业教育资源,优化国民教育体系。

二、职普融通的多个层面

（一）中等职业教育与普通基础教育融通

这方面主要是指普通初中与中职学校、普通高中与中职学校的衔接。

1. 创新职普一体化人才培养模式

在普通初中与中职学校的衔接方面,建立科学的入学机制。通过引入职业启蒙课程,引导学生对职业世界产生初步认知,培养其职业兴趣和意识。[1]同时,构建顺畅的升学通道,确保有意愿的学生能够顺利进入中职学校深造,实现初中教育与职业教育的无缝对接。在普通高中与中职学校的衔接方面,建立学分互认制度。普通高中应允许学生选修一定的职业技能课程,并将相关学分纳入中职学校的总学分体系。同时,中职学校应为普通高中学生提供实践机会和职业技能培训,以拓宽其职业视野,为未来的职业规划奠定基础。

2. 构建职普融合的课程体系

普通初中、普通高中与中职学校联合制定分类融通的选修课程体系,确保课程内容既涵盖普通教育的基础知识与技能,又融入职业教育的专业知识与实践能力培养。例如,初中阶段可引入职业启蒙课程,高中阶段则设置职业技能模块或职业体验课程,中职学校则在专业课程中强化文化基础教育。

3. 统一课程标准与评价体系

制定适用于职普融合课程的统一课程标准,明确各课程的知识点、技能要求以及学习成果评估标准。同时,建立学分互认机制,确保学生在不同阶段、不同类型的学校间学习的课程能够得到公正、公平的认可。

---

① 梁静:《基于职业体验教育的小学综合实践活动课程资源的开发策略》,《新课程导学》2021年第5期。

4.共享优质课程资源

利用现代信息技术,搭建职普教育资源共享平台,汇集普通初中、普通高中与中职学校的优质课程资源,包括在线课程、教学视频、实验实训教程、案例库等,实现跨校、跨区域的资源共享。同时,鼓励教师之间的交流与合作,共同研发、更新课程内容,提升教学质量。

5.实施"双导师制"

在试点项目中,引入"学术导师 + 行业导师"的双导师制,学术导师主要负责教授基础知识与理论,行业导师则指导实践操作与职业技能训练,确保学生既能掌握扎实的理论基础,又能获得实际工作所需的技能训练。

6.完善招生与考试制度

改革现有的招生与考试制度,建立更加科学、公平的选拔机制。可以考虑将职业技能测试纳入招生考试中,或者采用综合评价的方式,全面评估学生的能力和潜力。

7.建立信息共享平台

搭建职业教育与普通高等教育之间的信息共享平台,促进双方在教学资源、课程设置、就业需求等方面的信息交流与合作。这有助于双方更好地了解彼此的需求和优势,推动融合教育的深入发展。

8.开展生涯规划指导

在普通中学生中,开展系统的职业生涯规划教育。帮助他们了解各类职业特点、就业前景,引导他们根据个人兴趣、特长及社会发展需求,理性选择升学方向,提前做好职普衔接准备。

以上实践目前尚不系统,急需政府出台相关政策和提供资金硬件条件,特别是完善学籍管理、考试招生等相关制度,确保学生在普通教育与职业教育之间顺畅转轨。

(二)高等职业教育与普通基础教育融通

这是指在幼儿园、小学、初中、高中阶段,趋前开展职业启蒙教育,打下一定的职业教育基础。

1. 加强职业启蒙教育

在幼儿园、小学、初中、高中阶段,应积极探索职普融通的路径,开展职业启蒙教育,主要包括丰富课程内容,如通过实践活动让学生接触不同的职业角色和技能,以及通过故事讲述、角色扮演等方式激发学生对不同职业的兴趣和认知。

2. 在基础教育阶段增加职业教育课程

在基础教育阶段引入基础职业技能、职业体验、生涯规划及创新创业等具体课程,拓宽学生视野,激发其职业兴趣,进而培养学生综合实践能力和素质,为其未来职业发展奠定坚实基础。

3. 强化义务教育阶段劳动技能教育

将劳动教育具体化,特别是加强对学生的劳动技能教育,培养学生的实践能力和创新精神,让学生形成正确的劳动观念,提高学生素养。

4. 实施校际合作与校企合作

加强师资交流,定期举办互访、共同备课及研讨会等活动,促进教师间教学经验的分享与教学方法的更新,从而提升整体教学水平。加强校际间课程互换,增设不同学校间的选修课程,拓宽学生知识视野,助其构建更为完整的知识体系。同时,增加学生互访活动如夏令营等,增强校际间的文化交流,培养学生的团队合作与沟通能力。在校企合作方面,加大实践基地的建设、人才培养的定制及科研合作的开展,促进学校教育与市场需求的有效对接。

5. 采用学分制和构建国家资格框架

通过采用学分制和构建国家资格框架,为学生提供多样化的学习路径和发展机会,这有助于学生根据自己的兴趣和能力选择最适合自己的教育和发展方向。

6. 优化评价标准和方式

改进对普职两类学校办学的评价标准和方式,鼓励和支持学校在职普融通方面的探索和实践。[①]结合学科特点和学生实际,采用课堂表现、实践操作、项目完成等多种形式进行考核;构建多元化评价体系,涵盖学科成绩、职业技能、创新能力

---

① 俞启定:《论普职融通实施的落脚点在普通中小学》,《中国教育学刊》2019 年第 3 期。

及综合素质等多维度指标,以全面反映学生发展水平。

（三）高等职业教育与普通高等教育融通

高等职业教育与普通高等教育的融通更为复杂一些,需要从体制、目标、内容、资源和评价等多个方面进行综合考虑和设计。

1. 加强职普融通顶层设计与责任机制建构

当前,职业教育与普通教育之间存在的管理体制隔阂,阻碍了教育资源的有效整合和利用。[①] 因此,必须重构两类教育的管理体制,重新理顺相关部门的管理职责,确保政策的连贯性和一致性。同时,建立联动的责任机制和多渠道的信息沟通机制,促进职普之间的沟通融合。

2. 统筹兼顾促进升学和促进就业双重教育目标

职业教育注重培养学生的职业素养和实践能力,而普通高等教育则更侧重于学生的综合素质和创新能力。通过融通发展,实现两者的优势互补,培养出既具备学术素养又具备职业技能的复合型人才。

3. 实现文化课程和职业课程教育内容的深度融合

这种整合不是简单的课程叠加,而是基于对学生全面发展需求的深刻理解,对两类教育课程内容的深度融合与重构。

（1）文化课程与职业课程的整合应更加注重知识的系统性和连贯性。一方面,普通高等教育应重视对学生人文素养、科学精神、创新思维等方面的培养,提升学生的综合素质;另一方面,高等职业教育应强调对学生职业技能、职业素养、职业态度等方面的培养,提升学生的就业竞争力。通过文化课程与职业课程的有机结合,实现知识的互补与融合,培养出既具备深厚文化底蕴又具备高超职业技能的高素质人才。

（2）课程整合应注重教学方式的创新。传统的讲授式教学已无法满足现代职业教育的需求,应采用项目式、案例式、实践式等多样化的教学方式,让学生在实践中学习,在探索中成长。同时,利用现代信息技术手段,如在线教育、虚拟仿真等,打破时空限制,实现教育资源的共享和优化配置。

[①] 余彬:《"大职教观"视域下职业教育 1+X 证书制度的实施》,《教育与职业》2020 年第 11 期。

（3）课程整合还需要配套的评价体系的支持。应建立多元化评价体系,将过程性评价与结果性评价相结合,注重对学生综合素质和职业技能的全面评价。同时,引入企业、行业等外部评价主体,使评价更加贴近实际需求,更加具有针对性,全面、客观地评价学生的综合素质和能力水平。

4. 构建职普融通教育资源的共享机制

通过校际合作与校企合作,打破学校之间的壁垒,实现教育资源的优化配置和高效利用。建立统一的课程标准和教学资源库,推动学校间课程互选和学分互认,为学生提供更多学习选择。搭建师资交流平台,促进教师合作与培训,提升教师素养。构建资源共享平台,整合各类教育资源,推动教育数字化、网络化,实现资源快速传播与共享。为确保机制有效实施,还需建立政策体系、加强监管与评估。

（四）高等职业教育与继续教育融通

这方面的职普融通涉及面更宽,难度更大,但社会需要,应当认真研究和实施。

1. 加大政府政策支持

政府应加大对高等职业教育与继续教育融通的政策支持力度,包括资金投入、政策引导等方面,为两者的融通创造良好的环境。如制定与出台全国性终身教育等法规,明确高等职业教育与继续教育融通的法律地位,为两者的融合发展提供坚实的法治保障。

2. 建立健全资历框架与学分银行制度

政策推动建立国家统一的资历框架,明确各类教育的层次和等级,为高等职业教育与继续教育的融通提供制度基础。同时,建立学分银行制度,实现学分的累积、转换和互认,为学习者在不同类型教育之间的灵活转换提供便利。

3. 推动课程与教学资源共享

政策鼓励高等职业教育机构与继续教育机构开展课程合作,共同开发适应行业需求和学习者特点的优质课程。同时,推动教学资源的共享,包括教材、教学设备、实训基地等,提高资源利用效率。

4. 创新教学模式

采用灵活多样的教学方式,如在线教育、混合式教学等,以适应不同学习者的需求。例如,继续教育与高职教育共同开发线上课程平台,相关课程可共同学习。同时,注重实践教学和职业技能培养,高职院校建设开放型职业技能实训中心,同时为高职和继续教育学生提供实训学习平台,提高学习者的实际应用能力。

5. 加强师资队伍建设

政策重视高等职业教育与继续教育师资队伍的建设,鼓励教师跨校、跨领域合作与交流,提升教师的专业素养和教学能力。同时,建立灵活的教师聘任机制,吸引更多具有实践经验和行业背景的人才加入教育队伍。

6. 完善评价与激励机制

政策建立健全高等职业教育与继续教育的评价体系,确保教育质量的稳步提升。同时,建立激励机制,对在融通工作中表现突出的机构和个人给予奖励和支持,激发其积极性和创新性。

三、职普融通的未来趋势

(一)职普融通贯通机制的构建

1. 构建"以人为本"职普融通机制

以学生为中心,尊重每个学生的个体差异和兴趣特长,关注学生的全面发展。构建尊重个体差异、强化实践能力、建立灵活学制、加强师资建设和完善评价体系等多个方面进行深入考虑和实施的,"以人为本"的职普融通机制,实现职业教育与普通教育的有效衔接和融合,为学生的全面发展提供更好的教育环境和条件。

2. 构建"多形式衔接"职普融通机制

构建学制衔接、课程衔接、师资衔接和实践衔接等多种形式衔接的职普融通机制。学制衔接要求建立灵活的学制转换机制,允许学生在不同阶段根据个人兴趣和发展需求选择进入职业教育或普通教育。课程衔接则要求构建相互衔接、互补的课程体系,确保学生在不同教育类型之间能够顺利过渡。师资衔接和实践衔接则强调加强职业教育与普通教育之间的师资交流与合作,以及通过校企合作、实习实训等方式提升学生的实践能力和创新精神。通过这些衔接,实现职业教育与普通教育相互补充、协调发展,为学生提供更加全面、灵活的教育路径和选择机会,打破职业教育与普通教育之间的壁垒,实现教育资源的优化配置和共享。

3. 构建"多通道育人"职普融通机制

以学分制改革为纽带,构建多元化的育人通道,包括升学通道、就业通道、创新创业通道等,通过学分的积累转换服务学生成长成才,为学生提供更加灵活、个性化的教育路径和选择机会;建立尊重学生主体性,鼓励学生根据自己的兴趣、特长和职业规划,自主选择适合自己的教育路径和方式(订单班、学徒制、产业学院、工匠学院、工作坊等),满足学生多元化成长发展需求的职普融通机制,培养学生的综合素质和创新能力,以适应未来社会的需求和挑战。

4. 构建"横纵贯通"职普融通机制

在普通高中教育与职业高中教育、普通高等教育与职业高等教育之间建立横向渗透机制,促进两种教育类型的相互渗透和融合,使两种教育类型能够相互借鉴、共享资源,共同提升教育质量;在不同教育阶段之间建立通道,使学生可以顺畅地从初中、高中、职高、技校、职校到大学等不同阶段进行转换,建立纵向贯通、无缝对接和协调发展的职普融通教育体系,确保学生在不同教育阶段之间能够顺畅过渡和升学,为学生的全面发展提供有力支持。

(二)多元主体的密切协作与深度介入

1. 产业参与学校办学

产业不仅是职普融通体系构建中的重要主体,也是教育资源提供者和教育对象。未来,产业参与职业教育将呈现更加深入和广泛的趋势。各类产业通过校企合作、产教融合、科教融汇等方式,参与到职普融通教育的专业设置、教材开发、人才培养方案制定等环节中,从而更好地满足产业发展的人才需求。企业作为社会经济的重要组成部分,在职业教育和普通教育之间搭建桥梁,为学生提供更多成才的机会的同时,为了培养未来产业发展所需人才,企业作为办学主体加入到职普融通教育体系中的情况也将比较常见。

2. 地方政府支持学校建设

为促进地方经济发展,为区域经济发展提供更多的新质人才,地方政府在职普融通教育资源配置上也会考虑向职业教育或应用技术学校倾斜,在健全政策扶持、经费投入和质量保障体系等方面,也会为职普融通建设提供有力的支持。

3.社会组织参与教育实践改革

社会组织包括非正规的教育机构、文化艺术机构、科研机构以及各类经济、文化组织等。社会组织在推动职普融通中扮演着重要的角色,主要通过团结院校、企业、专家学者以及社会各界人士,共同参与职业教育体系的建设改革,推进职普融通、产教融合和科教融汇等多方面的实践。未来,随着公众对职业教育价值的认识和支持,社会各界参与到职业教育发展中来的热情会有提升,从而使职普融通的实践变得更加丰富。

4.受教育主体推动教育教学质量提升

作为受教育主体的学生在职普融通中承担着学习的任务,学生对所学知识、技能、教学手段等要求以及家长对教学质量的期待,促使职普融通的直接实施者学校在课程设置、教学方法等方面不断调整和创新,适应职普融通的需要。

(三)未来知识模式的融通教育

随着信息科技革命的发展,必将带来世界范围内的互联网、大数据、人工智能、云计算等全方位的科技革命与产业变革,在科学技术与人类社会相互融合的社会形态大背景下,更加注重知识的可应用性、现实性与有效性,职业教育与普通教育的融合倾向也越发明显,构建未来知识模式的融通教育将成为必然发展趋势。

1.教育内容与知识体系的重构

职普融通需要对传统教育内容与知识体系进行深度变革,以构建符合未来社会需求的知识架构。未来的教育内容将强化知识的综合性、应用性和创新性,实现职业教育技能培养与普通教育人文素质培养的有机融合。这要求重新设计课程体系,促进不同学科知识的交叉与融合,形成更为全面、系统的知识框架。

2.教育方式与方法的革新

随着科技的快速发展,教育方式与方法的革新成为职普融通的关键。职普融通将注重学生的个性化学习需求与自主学习能力的培养,借助大数据、人工智能等先进技术,精准分析学生的学习行为,为每位学生提供个性化的学习路径和资源推荐。同时,混合式教学、项目式学习、合作学习等新型教学模式将得到广泛实践,以激发学生学习的主动性与创造性。

3. 教育资源的优化与整合

职普融通要求打破教育资源壁垒,实现资源的优化配置与整合共享。通过与企业、行业、社区等机构的紧密合作,共同开发高质量的教育资源,形成资源共享机制。[①] 同时,利用在线教育平台等现代信息技术手段,实现教育资源的数字化处理与广泛传播,使更多人能够享受到优质的教育资源。

4. 师资力量的提升与发展

职普融通对教师的专业素养与综合能力提出了更高要求。未来的教师需要具备跨学科的知识背景、创新的教学理念与方法,以及与企业、行业等机构的合作能力。因此,需要加强对教师的专业培训与发展,提升其适应职普融通教学需求的能力与水平。

5. 评价与反馈机制的完善与创新

职普融通需要建立科学、全面的评价与反馈机制,以客观评估学生的学习成效与教学质量,为教学改革提供有力支持。借助大数据等技术手段,实现对学生学习过程的实时监控与数据分析,为教师提供精准的反馈与指导。[②] 同时,构建多元化的评价体系,注重学生的综合素质与实践能力的评价,以全面反映学生的发展水平与需求。

课题承担单位: 天津滨海职业学院

主持人: 刘永新

执笔人: 金鑫

课题组成员: 霍国宏、张婷、孟恬、徐公仁、赵塘滨、陆清华、王佳

---

① 王鑫颖:《“政校行企研” 联动模式下高职院校兼职教师队伍建设研究》,《湖北经济学院学报 (人文社会科学版)》2017 年第 1 期。

② 石璞璞:《商务英语智慧课堂交互式学情监控体系研究》,《广州城市职业学院学报》2019 年第 12 期。

/ 第四章 /

▼

产教融合

自 2014 年习近平总书记提出"努力建设中国特色职业教育体系"以来,经过一系列改革举措和项目推进,我国职业教育体系不仅在纵向上形成了中职、高职、本科直至专业硕士和博士的完整层次构建,而且在横向上大大提升了产教融合、学历证书与职业技能等级证书的融通。在中国特色职业教育体系中,"产教融合、校企合作、工学结合、知行合一"是核心内容,而产教融合则是这个核心内容的基础和根本。

一、产教融合的基本概念、类型与内涵分析

(一)基于词源学的"产教融合"概念与特征分析

从词源学角度来看,"产教融合"这一概念可以拆解为"产""教"和"融合"三个关键词进行分析。

"产"即"产业",指具有某种同类属性的经济活动的集合或系统。在传统社会主义经济学理论中,产业主要指经济社会的物质生产部门,一般而言,每个部门都专门生产和制造某种独立的产品,某种意义上每个部门也就成为一个相对独立的产业部门,如"农业""工业""交通运输业"等。结合《国务院关于印发"十三五"国家战略性新兴产业发展规划的通知》《中华人民共和国国民经济和社会发展第十四个五年规划和 2035 年远景目标纲要》《国务院办公厅关于深化产教融合的若干意见》等国家文件的表述,本课题所定义的"产业"指的是在一定区域范围内,以某种生产资料或劳动力为依托,通过特定的生产方式,生产出具有相同或相似使用价值的产品或提供相同或相似服务的经济活动的集合。在《产业结构调整指导目录(2024 年版本)》中,鼓励类行业既包含现代农业、智能制造、高端装备、新一

代信息技术、生物医药、节能环保、新能源、新材料以及研发设计等支柱性产业，也包含家政、健康、养老等社会领域产业。

"教"即指"教育"，广义层面的"教育"指凡是增进人的知识和技能、发展人的智力和体力、影响人的思想和品德的活动都是教育。它包括社会教育、学校教育和家庭教育，可以是有组织的、系统的，也可以是无组织的、零碎的。狭义层面的"教育"主要指学校教育，是教育者根据一定的社会要求，有目的、有计划、有组织地对受教育者施加影响，促使他们朝着所期望的方向发展的活动。这种形式相对于家庭教育和社会教育来说，目的性和计划性更强。本课题在"产教融合"概念下所研究的"教育"是从狭义层面理解的学校教育，是为满足社会各行各业的用人需求，产业对人才素质提出的专业化要求而产生的独立部门。

"融合"可以从多个角度理解。在物理意义上，"融合"指的是两种或多种不同的事物合成一体，类似于熔化或溶解的过程；在生物学意义上，"融合"可以指繁殖过程中的相互结合；在心理意义上，"融合"描述的是不同个体或群体在经历一定程度的接触和交流后，在认知、情感或态度上形成一种协调和统一的状态；在社会意义上，"融合"可以指不同社会阶层、身份地位、文化、性别或代际关系之间的交流和互动，这些差异较大的群体通过融合实现社会和文化上的交流和互动。此外，哲学和价值论的角度看，融合被视为一种目的和理想，它不仅反映了人们的需求和心声，还顺应了历史的发展要求，体现了目的与规律的辩证统一。

综合以上三个关键词的拆解分析，可以从宏观、中观与微观三个层面来理解"产教融合"。在宏观层面上的"产教融合"，是指产业（行业、企业）与教育（主要是学校教育）的融合，主要涉及产业发展与教育发展的协调性问题以及行业主管部门与教育主管部门在产业与专业布局层面的宏观调控与对接问题、国家层面对促进人才培养供给侧和产业需求侧结构要素全方位融合、企业参与产教融合的政策与制度等；在中观层面上，"产教融合"是双育人主体学校与企业，在办学模式、育人机制上的融合，主要涉及课程内容与职业标准对接，两类教学空间和两类师资在配置上的对接；在微观层面上，"产教融合"是指生产、服务一线生产过程与课堂教学实施过程的融合，主要涉及具体生产服务活动与教学组织的对接。

（二）基于教育政策的"产教融合"政策分析

相对而言,产教融合作为一个政策性词语和学术性词语,更高频地出现在职业教育与高等教育领域。2011 年中华人民共和国教育部在职教领域首次提出"产教融合",当时并没有得到普遍的传播。2013 年,党的十八届三中全会决议明确"加快现代职业教育体系建设,深化产教融合、校企合作,培养高素质劳动者和技能型人才",产教融合作为一个概念得到确立。至此,"工学结合、校企合作、产教融合"成为一套层次清晰、结构完整的职业教育发展理念,从教育教学、办学治校、宏观管理三个层面,高度凝练地阐明了发展职业教育的理念和方法——教学层面要工学结合、学做合一,办学层面要校企合作、开门办学,行政管理要产教融合、互促发展[①]。

2017 年底国务院《关于深化产教融合的若干意见》指出:"深化产教融合,促进教育链、人才链与产业链、创新链有机衔接,是当前推进人力资源供给侧结构性改革的迫切要求,对新形势下全面提高教育质量、扩大就业创业、推进经济转型升级、培育经济发展新动能具有重要意义。"提出"构建教育和产业统筹融合发展格局""推进产教融合人才培养改革",并将产教融合的要求扩展至基础教育和高等教育,上升为国家战略。

2018 年,教育部等六部门印发的《职业学校校企合作促进办法》提出"推动形成产教融合、校企合作、工学结合、知行合一的共同育人机制"。2019 年国务院《国家职业教育改革实施方案》提出,建立产教融合型企业认证制度,对进入目录的产教融合型企业给予"金融 + 财政 + 土地 + 信用"的组合式激励,并按规定落实相关税收政策,可按投资额一定比例抵免该企业当年应缴教育费附加和地方教育附加,旨在从宏观层面政策破解产教融合校企合作过程中长期存在的"校热企冷"困境,充分调动企业积极性。

2021 年 4 月,第一次以中共中央、国务院名义召开全国职业教育大会,会后中办、国办印发的《关于推动现代职业教育高质量发展的意见》明确提出:职业教育

---

① 林宇:《关于近年来我国高等职业教育发展行动的思考》,《中国职业技术教育》2022 年第 15 期。

要"坚持立德树人、德技并修""坚持面向人人、因材施教""坚持面向市场、促进就业""坚持产教融合、校企合作""坚持面向实践、强化能力",对职业教育全面画像,强调了"产教融合、校企合作"的办学要求。通过系统总结"职教20条"以来的改革经验,对"完善产教融合办学体制""创新校企合作办学机制"做出更为具体科学的规划和指导,旨在破除职业教育改革发展的深层次体制机制障碍,推动职业教育高质量发展。

2022年新修订的《中华人民共和国职业教育法》第四条在强调了党的领导、社会主义办学方向、国家教育方针后沿用了"产教融合、校企合作"表述;第十四条对现代职业教育体系的描述再次强调了"产教深度融合"。2022年12月,中办、国办印发的《关于深化现代职业教育体系建设改革的意见》提出,要"坚持以教促产、以产助教、产教融合、产学合作"。这标志着职业教育产教融合发展进入纵深推进期,产教融合作为职业教育类型属性被写入法律,职业教育改革重心由"教育"转向"产教",直面产教融合中的堵点问题,创新产教良性互动机制[1];2023年6月国家发改委等八部委联合印发了《职业教育产教融合赋能提升行动实施方案(2023—2025年)》,进一步规划部署在重点行业深度推进产教融合并打造一批区域特色鲜明的产教融合型企业。2023年7月,教育部发布《产教融合共同体建设指南》。由此,行业产教融合共同体逐渐被大众所熟知且稳中有序地拉开了建设大幕[2]。

通过上述教育政策的梳理,可见"产教融合"不仅仅是一种教育模式,是国家对教育事业的宏观要求,是一种最高境界教育理念的描述,它逐步将中观层面的办学模式、微观层面的教学模式包容进来,发展成为一个涵盖所有教育类型突出"应用性""实践性"的大概念。如今,"产教融合"即使作为一个概念在各类文件中被单独使用,但是其实质已被理解为原本"知行合一、工学结合、校企合作、产教融

① 尹玉辉、王纾、陈昕:《推进产教融合纵深发展的经验、挑战与策略——基于深化职业教育产教融合的调研报告》,《职业技术教育》2023年第21期。
② 李梦卿、陈姝伊:《行业产教融合共同体建设的问题防范与推进策略》,《教育发展研究》2024年第1期。

合"四层含义的总和。

（三）基于融合程度的"产教融合"类型分析

依据产业与教育、行业主管部门与教育主管部门、企业与学校的融合程度，可以将产教融合分为三种类型："虚假融合""部分融合"与"完全融合"。

1. 虚假融合型产教融合。校企之间仅仅签订"订单班"协议，二者只是简单的"供需关系"，即学校全程负责培养学生，且学校在培养方案与方式上无差别对待"订单班"，而企业最终只是履行了"招聘"订单班的"需方"职能，这样的产教融合是一种"虚假融合"。

2. 部分融合型产教融合。当校企双方基于彼此需求，通过签订联合培养协议，彼此发挥各自优势，共同全程参与培养过程的合作育人行为，可以称之为"部分融合"，因为这种融合只发生于两个相互有需求的个体之间，尚未形成一种国家层面的制度和气候。2014年起教育部和人社部分别推行的现代学徒制项目和新型学徒制项目，在本质上均属于国家积极倡导氛围下，校企双育人主体各自发挥育人优势，进行部分融合的联合育人实践尝试。

3. 完全融合型产教融合。当一个社会的产业与教育系统能够从宏观到中观与微观三个层面进行系统化的融合，各个层面都形成稳定且持续发展的机制、模式与标准，且各个层面又相互支撑与呼应，最终形成所有参与者的共赢局面，这种产教融合可以称之为"完全融合"，这方面较为典型的是瑞士和德国的双元制职业教育体系。

通过研读分析《国家产教融合建设试点实施方案》《教育部产学合作协同育人项目管理办法》《教育部办公厅关于开展市域产教联合体建设的通知》《职业教育产教融合赋能提升行动实施方案（2023—2025年）》《山东省教育厅等11部门关于印发"金融+财政+土地+信用"产教融合10条激励措施的通知》《自治区发展改革委关于宁夏工商职业技术学院新型工业与现代服务业产教融合基地项目》等国家与地方层面的产教融合相关制度文件，可以确认我国产教融合的深度与质量，正处于从"部分融合"向"完全融合"转变。

二、多层次教育中实施的产教融合

产教融合现在已从职业教育领域外溢至覆盖基础教育和高等教育的教育全领域,下面择其主要方面予以阐述。

（一）中等职业教育层面的产教融合

中等职业教育是与普通高中教育相并列的职业教育层次,兼顾就业与升学,在培养技能型人才方面发挥基础性作用。"产教融合"作为一种指导思想与建设原则,明确体现在《教育部　人力资源和社会保障部　财政部关于实施国家中等职业教育改革发展示范学校建设计划的意见》和近千所国家中等职业教育改革发展示范学校的建设方案中。《职业教育产教融合赋能提升行动实施方案（2023—2025年）》提出要推行产教融合实训基地建设,其中入选的中职院校每所支持额度不超过3000万元。近期国家将启动中职"双优计划",集中力量建成一批在产教融合、校企合作、工学结合办学模式上具有示范引领作用的优质中等职业学校和优质专业。

（二）高等职业教育层面的产教融合

在高等职业教育层面,产教融合取得了显著的成果,高职院校与企业、科研院所联合开展协同创新,共建了重点实验室、工程研究中心、技术创新中心、创业创新中心、企业技术中心等创新平台。这些平台不仅服务了地方中小微企业的技术升级和产品研发,也推动了职业院校在企业设立实习实训基地,以及企业在职业院校建设培育培训基地。近年来,高职院校的校企合作呈现多样化格局,通过产教融合型企业、试点建设产教融合型城市,构建起了以城市为节点、行业为支点、企业为重点的产教融合新模式。

（三）本科教育层面的产教融合

近年来,普通本科院校坚持以经济社会发展需要为导向,主动服务"中国制造2025"等国家战略,紧密对接经济带、城市群、产业链布局,促进人才培养供给侧和产业需求侧结构要素的全方位融合,加快培养各类卓越拔尖人才[①]。

1. 优化本科专业结构,支撑引领产业转型升级。加快培养新兴领域紧缺急需人才,超前部署了一批战略性新兴产业发展相关专业,支持 26 所高校建设示范性微电子学院、支持 7 所高校加快建设世界一流网络安全学院等。下好新一轮科技革命和产业变革的"先手棋",主动应对以新技术、新产业、新业态和新模式为特征的新经济发展迫切需求,2017 年启动新工科建设,改造升级传统工科专业,发展新兴工科专业,主动布局未来战略必争领域人才培养。2017 年审批设置了智能制造工程、智能医学工程、智能建造、大数据管理与应用等新工科专业。

2. 实施"卓越工程师教育培养计划",创新协同育人机制。2010 年,教育部联合 22 个部门和 7 个行业协会共同实施"卓越工程师教育培养计划",推动人才培养与产业需求紧密结合,打造共商、共建、共享的工程教育责任共同体。自 2018 年起实施"卓越工程师教育培养计划"2.0,面向工业界、面向世界、面向未来,持续深化工程教育改革。积极推动国家层面"大学生实习条例"立法进程。深入开展新工科研究与实践,建设一批多主体共建的产业学院和未来技术学院、产业急需的新兴工科专业、体现产业和技术最新发展的新课程等。构建产学合作协同育人项目三级实施体系,持续完善多主体协同育人的长效机制,打造产教融合、校企合作的良好生态。

(四)研究生教育层面的产教融合

在研究生教育层面,产教融合从研究生培养模式创新、工程类专业研究生培养改革、研究生培养"四转化"和专项支持计划等举措进行了改革和突破。

在研究生培养模式创新方面,清华大学等高校强化产教融合育人机制,加强专业学位研究生的实践创新能力培养,鼓励行业产业与培养单位探索建立产教融合育人联盟。这些措施将产教融合培养研究生的成效纳入评估指标体系,推动了研究生教育的创新和发展。

在工程类专业研究生培养改革方面,全国工程专业学位研究生教育指导委员

[①] 参观《普通本科院校深化产教融合、校企合作情况介绍》。

会发布的《工程类博士专业学位研究生培养模式改革方案》明确了工程类博士专业学位研究生可采取全日制或非全日制的校企联合培养方式,培养环节包括课程学习及学位论文工作,采取校企导师组联合指导的方式,强调了学位论文工作应紧密结合相关工程领域的重大、重点工程项目,紧密结合企业的工程实际,培养工程类博士专业学位研究生进行工程技术创新的能力。[①]

科教融汇下的研究生培养"四转化"方面,新时代的研究生教育致力于提升服务国家与社会需求的能力,以科教融汇、产教融合的育人观为指导,实现知识体系创新和理论成果向课堂教学内容的转化,不断提高科技创新的"续航力"。

在专项支持计划实施方面,江苏省教育厅向省属高校下发了"产教融合"研究生专项支持计划,推动江苏大学、扬州大学、南京邮电大学等高校将集萃研究生纳入招生计划,进一步促进了产教融合在研究生教育中的应用和发展。

三、职业教育产教融合的运行形式

(一)基于"半工半读"的产教融合形式

"半工半读"是新中国初期采用的一种工学交替人才培养模式,是产教融合的一种初级形式,旨在将学生的工作与学习结合起来。在《教育大辞典》中,"半工半读"的定义:"部分时间劳动、部分时间学习的办学形式,也是学生参加一定劳动、挣钱读书的求学方式。"在宏观上,它是一种教育制度;在微观上,它是工学结合的一种形式,同时也是现代学徒制的雏形。

1949年,我国各类职业学校加在一起,在校生仅30万人,不适应恢复与发展经济的迫切需要。1957年,刘少奇副主席亲自率队赴多地调研后提出,在学生中应当提倡勤工俭学、开展课余劳动,这不仅可以解决学生们的学习费用,而且可以培养他们艰苦奋斗、勤俭朴实的思想作风。1958年,一种新的教育模式——"半工半读"学校率先在天津国棉一厂出现,很快这种"半天劳动、半天学习"的模式,在城

---

① 参观《工程类博士专业学位研究生培养模式改革方案》。

市和乡村广泛推行。在当时的条件下,这种方式让更多人有了受教育、学技能的机会,扩大了职业教育的覆盖面。1958 年 5 月 30 日,刘少奇正式提出了"两种教育制度"与"两种劳动制度"。由此,我国确定了普通学校与"半工半读"或"半农半读"类型的学校是并行的两种教育制度。

（二）基于"校中厂"的产教融合形式

根据知网检索结果,第一家"校中厂"是黄冈职业技术学院与湖北中嘉光电技术有限公司以"联合育人"为初衷而建立的。在该案例中,黄冈职院提供 1100 平方米的场地面积,该公司将部分生产线建在校内并进行相关的生产经营活动,而学生到企业在校的工厂车间顶岗实习,实习时间最少六个月。对于学生的顶岗实习,校企共同设计方案与教学内容,让学生在工作中学习,充分利用企业在校园建立的真实环境,校企共同实施教学。

一种意见认为"校中厂"是指企业将一部分的生产、销售任务放在学校里完成,按协议为学校提供教学和实训项目。学校出场地等教学资源与企业合作,建立校内企业的生产或销售场所,该场所既是企业的车间或门店,又是学校的实训现场;参与实训的师生既是实训中的教学双方又兼任一线工作人员;企业的员工既是生产者与销售者又兼任学生的实训指导教师。还有一种意见将"校中厂"定义为校内生产性实训与深度校企合作的成熟模式,是集生产经营、"学做一体"教学、职业素质养成、技能训练、技能鉴定、技能大赛、师资培养、社会培训和技术服务等功能于一体的深度校企合作的教学模式。一般来说,"校中厂"是指企业与学校就育人目标和育人内容达成一致意见之后,企业将部分生产实质性放在职业院校用于教学和实训,是我国 2000 年至 2010 年期间职业教育实现产教融合、校企合作、工学结合的一种重要载体。

（三）基于"校企合作、工学结合"的产教融合形式

"校企合作"就是学校和企业双方遵循互利共赢的原则进行优势互补,将学校的教育资源和企业的资源整合,达到职业院校和企业资源共享、共同发展的效果。校企合作主要包括人才培养、师资培训、企业员工进修培训、联合办学、项目开发、产品研发、技术改造、科技攻关和科技创新等所有形式和类型的合作。从合

作主体来看,其主体是多元的,既包括学校、企业,也包括政府、行业和社会组织。"工学结合"主要侧重于在学习过程中工作和学习之间的切换,以此达到更好的学习效果,所以其合作形式主要是为满足具体学习、工作内容上的需要。

从宏观育人层面上看,"工学结合"是"校企合作人才培养机制";从中观教学层面上看,"工学结合"是指"校内理论教学和校外综合实践教学紧密结合";从微观的学生学习层面来看,"工学结合"是"职业院校的学生把学校课堂理论知识和企业顶岗实践紧密结合"。对于"工学结合"的概念,目前学界存在争议。多数学者认为"工学结合"是职业教育的育人模式,是指"学校课堂学习和企业实践工作动态结合的人才培养模式"。此外,还有学者认为工学结合是职业教育的一种教育模式,或是职业教育的课程模式、教学模式、办学模式等。工学结合的形式是"双交叉"的。"工"与"学"的结合是"学习者的劳动行为"与"学习行为"的结合。为促进这两种行为的结合,学校与企业之间的关系应是"零距离"的,但在实践中,学校和企业毕竟在根本目标上不一致,二者真正实现"零距离"是很困难的。

(四)基于"现代学徒制"和"新型学徒制"的产教融合形式

2014年,国务院在《关于加快发展现代职业教育的决定》中首次将现代学徒制作为国家人力资源开发的重要战略。紧随其后,教育部、人社部分别于2014年和2015年从不同的角度启动了"现代学徒制试点项目"和"企业新型学徒试点项目"。整体而言,在两个国家试点项目的框架下,全国绝大多数省级行政区都进行试点,3000余家院校、企业、行业协会、市级政府等,积极开展了五年多实践探索。基于此,2019年初国务院《国家职业教育改革实施方案》提出了"总结和推广现代学徒制和企业新型学徒制试点经验";2020年11月新出炉的《中共中央关于制定国民经济和社会发展第十四个五年规划和二〇三五年远景目标的建议》更是目标明确地指出要"加大人力资本投入,增强职业技术教育适应性,深化职普融通、产教融合、校企合作,探索中国特色学徒制,大力培养技术技能人才"。

作为职业教育"产教融合、校企合作、工学结合、知行合一"育人的高级形态,现代学徒制是一种跨界教育体系,尤其是要突出企业的育人功能。五年全国范围的"现代学徒制试点项目"和"企业新型学徒试点项目"的实践证明,教育部与人社部两个牵头部门应联合起来,共同确定符合中国国情又对接国际标准的现代学徒制定义,从国家层面为地方或校企双主体实施现代学徒制搭建财政、人事、组织等方面的框架条件,统筹双边现有条件和政策,为下一步中国特色学徒制的推行,提供更为明确而有力的环境和制度,形成一整套中国特色学徒制的专属制度和标准,同时通过实践验证和提升学徒制新制度和标准的可行性和科学性。

（五）基于职教集团的产教融合形式

职教集团作为实现职业教育资源整合、融通、共享的一种办学形式,率先出现在浙江、江西两省的专门性教育政策文件中。自 1992 年首家职教集团成立以来,特别是 2005 年《国务院关于大力发展职业教育的决定》和《国家中长期教育改革和发展规划纲要（2010—2020 年）》颁布以后,各地先后组建了一大批职教集团。

2014 年《国务院关于加快发展现代职业教育的决定》提出：鼓励多元主体组建职业教育集团。研究制定院校、行业、企业、科研机构、社会组织等共同组建职业教育集团的支持政策,发挥职业教育集团在促进教育链和产业链有机融合中的重要作用。鼓励中央企业和行业龙头企业牵头组建职业教育集团。探索组建覆盖全产业链的职业教育集团。健全联席会、董事会、理事会等治理结构和决策机制。开展多元投资主体依法共建职业教育集团的改革试点。

职教集团在实践中发挥了集聚教育资源,联合各方力量办学的重要作用,但因产权等因素的限制,职教集团终究难以克服"集而不团"的弱点,在产教融合方面的作用还有待通过体制机制的创新而更好地发挥出来。

（六）基于"产教联合体"的产教融合形式

2022 年 12 月,中办、国办印发的《关于深化现代职业教育体系建设改革的意见》直面产教融合中的堵点问题,提出"省级政府以产业园区为基础,打造兼具人才培养、创新创业、促进产业经济高质量发展功能的市域产教联合体"的战略任务；提出以建立部省协同推进机制为核心,设计央地互动、区域联动、政行企校协同的改革新机制,着力营造制度供给充分、条件保障有力、产教深度融合的新生态。在此基础上，2023 年 4 月，《教育部办公厅关于开展市域产教联合体建设的通知》出台，提出要"坚持以教促产、以产助教，深化产教融合、产学合作，充分发挥政府统筹、产业聚合、企业牵引、学校主体作用，以产业园区为基础，打造一批兼具人才培养、创新创业、促进产业经济高质量发展功能的市域产教联合体"。由此，我国正式启动市域产教联合体建设工作。

2023 年 10 月，教育部正式确定并公布了第一批 28 家国家级市域产教联合体。在各级地方政府的统筹引导下，产业园区、地方院校、企业等主体加强协同合作，以共建市域产教联合体为契机，积极对接市域范围内的特色产业、主导产业、战略性新兴产业等重点领域，严格对照目标任务和建设工作安排，整合各类产教资源要素，大力创新产教融合形式，深入推动多元主体参与职业教育改革。

（七）基于"行业产教融合共同体"的产教融合形式

前述中办、国办印发的关于深化现代职业教育体系建设改革的意见提出，从省域、市域、行业 3 个维度"一体两翼"建设现代职业教育体系：第一个维度抓省域层面，教育部和有关省份共同探索省域现代职业教育建设新模式，"一省一策"，目前已推出 8 个省份新模式改革试点；第二个维度抓市域层面，改革下沉一级到市域，以产业园区为基础，打造市域产教联合体，目前各省份向教育部申报了近百家市域联合体；第三个维度是抓行业层面，"链长"企业牵头，整合上下游资源，联合学校、科研机构，共同建设一批跨区域的行业产教融合共同体。

相比于"产教联合体"以试点城市（产业园）为牵头对象、市政府根据地方经济发展统筹布局教育体系与人才培养，"行业产教融合共同体"则是由行业牵头，将职业教育与行业进步、产业转型捆绑在一起，充分发挥各自优势，创新良性互动机制，破解人才培养供给侧与产业需求侧匹配度不高等问题。与职教集团等由职业院校牵头的产教融合形式相比，由行业牵头的产教融合共同体更加注重由行业龙头企业把握产教融合的主导权，构建以教促产、以产助教生态圈。当下，构建行业产教融合共同体将成为政行企校协同破解一直以来制约产教深度融合的机制性障碍，构建出产教融合新样态。

课题承担单位：天津现代职业技术学院

主持人：康宁

执笔人：易艳明

课题组成员：黄瑞芳、刘远、任骊安

/ 第五章 /

▼

科教融汇

党的二十大报告提出"职普融通、产教融合、科教融汇",实际上对教育改革和高质量发展确定了风向标。其中科教融汇是一个全新的提法,有必要从宏观、中观和微观三个层面加以分析,阐明其重要作用和价值。研究科教融汇对职业院校的意义,可以从创新型人才队伍建设、科研创新平台建设、教学资源协同创新、构建产业支撑平台、多维度教育评价五个方面着手,以利于推动职业教育管理体系创新、加速科技成果转化、培养高素质技能型人才。

一、科教融汇的多个层面

本节主要探讨了科教融汇在宏观、中观、微观三个不同层面的战略协同与实践应用。宏观层面:剖析科教融汇对国家创新发展驱动力的深层次构建作用;中观层面:聚焦如何通过科教融汇有效促进区域经济的转型升级,凸显其在行业及区域发展中的关键角色;微观层面:探索科教融汇在高校内部教学实践中的具体实施策略,包括提升教师科研能力和培养学生创新能力等方面的重要意义和实践路径。

(一)科教融汇的学理探索

1. 科教融汇的概念界定

党的二十大报告提出"科教融汇"这一概念之后,迅速引起学界的热议和思考。董刚等(2023)认为科教融汇的重点是融合汇聚科学研究资源与教育资源,形成一种促进教育发展、支撑科学研究和产业发展的新模式。[①]杨慧(2024)认

---

① 董刚、周建松、王鑫:《深刻把握科教融汇内涵推进职业教育高质量发展(笔谈)》,《中国职业技术教育》2023年第4期。

为,科教融汇是职业教育以提升"育人质量"为目标的社会功能系统,是以"应用情境"为手段的社会沟通系统,是以"场"为中介的社会运作系统。[①] 张思琪等(2023)认为科教融汇的"融"是核心与重点,"汇"是结果。科教融汇是一种教育理念与实践策略,其核心在于打破"科"与"教"的传统界限,强调科学、技术与教育教学活动的深度整合和无缝对接。在职业教育中,这一理念旨在强化科技与人才培养过程的内在联系,确保科学技术成果和研究方法全面渗透到教学全过程,包括学生的学习成长与教师的专业发展,以及学校的整体办学模式之中。具体表现为将科技创新作为驱动学生全面发展的重要引擎,推动科研活动成为教师专业提升的关键途径,并通过优化科教资源配置,提高创新型人才的培养质量。最终目标是实现科技革新力量与育人工作的紧密结合,形成强大的协同效应,以此赋能经济社会向高质量方向发展,并为国家现代化建设提供有力的人才支撑和技术保障。

本研究认为,科教融汇是科学技术与教育在理念、内容、方法和机制等方面的深度融合与交汇,旨在打破传统的学科界限与教学模式,将科学研究活动、科技成果及其转化过程紧密地融入到教育教学体系中,也强调教育对科学技术发展的导向作用和人才培养功能。科教融汇体现在以下四个方面:理念方面,提倡科学精神、科研能力和创新思维培养贯穿于整个教育过程,培养学生的问题发现能力、实验探究能力和知识创新能力;内容方面,确保教育内容与时俱进,及时反映科学技术的最新发展成果,使课程设置与社会需求、科技进步相适应;方法方面,倡导以科技创新为驱动、以问题解决为导向的教学方式,鼓励学生参与科研实践,通过案例分析、实践研究、产学研合作等多元途径实现理论与实践相结合;机制方面,建立高校、科研院所与企业之间的协同育人机制,推动资源共享、平台共建,促进科技成果转化,形成产教融合、校企合作的科教一体化新模式。科教融汇是深化现代职业教育体系建设以及推进教育现代化过程中的一项重要战略举措,旨在构建一个开放、协同、创新的教育生态系统,培养能够适应未来社会发展和科技创新需要的人才。

---

① 杨慧:《社会系统论视角下高职院校科教融汇的内涵、特征与实践路径》,《当代职业教育》2024 年第 1 期。

2.科教融汇的研究价值和创新点

科教融汇的研究价值在于以下三个方面：第一，构建科教融汇研究的多重视角：宏观层面，科教融汇驱动国家创新，助益可持续发展；中观层面，科教融汇促进区域经济转型，增强区域创新能力；微观层面，科教融汇促进教学实践化，教师角色多元化，学生学习主动化。第二，促进教育质量提升：科教融汇增强教师科研与教学能力，对接科技前沿，激发学生创造力，让学生深入参与创新实践，培养创新人才。第三，科教融汇助推经济社会发展：科教融汇推动科技创新，从而促进产业转型升级，推动新质生产力持续发展。

本研究的创新点在于：第一，聚焦科教融汇与新质生产力的相互作用机制，以及如何通过科教融汇的跨界协同开辟出一条促进产业升级，加速科技成果转化的新路径。第二，探索科教融汇战略驱动下如何推动教育、科技、人才"三位一体"协同发展。通过整合教育资源、科技创新与人才培养机制，为促进社会经济转型升级和可持续发展提供新策略。

（二）宏观视角下的科教融汇

1.科教融汇战略设计与国家创新体系构建

科教融汇战略助推科技创新，是提升国家整体创新能力的关键。顶层规划视角下的科教融汇不仅要求教育与科技深度融合，更强调通过政策引导和制度创新，将教育资源与科技创新资源有效对接。科教融汇战略需以国家发展战略为先导，推动科研成果快速转化为教育教学成果，实现教学过程中的知识更新与创新能力培养同步提升，为社会输送具有创新精神和善于解决关键问题的高素质复合型人才。科教融汇作为国家创新体系构建的底层逻辑，从建设现代化教育强国的根本出发，将具备创新能力的元素集结起来，是构建国家创新体系的有力支撑。

2.科教融汇在国家重大发展战略实施中的支撑作用

科教融汇的提出，其意义是通过强化高等教育与科技创新的深度融合与联动效应，实现人才培育与国家战略需求的高度契合。高等教育体系不仅致力于培养具备前瞻视野、深厚专业素养和卓越创新能力的人才队伍，而且能精准对接新兴产业的发展脉络，为新兴技术领域提供源源不断的智力支持，有力推动产业结构优化升级,使传统产业焕发新生,新兴产业蓬勃发展。

科教融汇要求通过发展前沿科技,将科学研究与产业实践紧密结合,有效打通科技成果从实验室走向市场的"最后一公里"。这一机制能够集聚各方优势力量,共同破解制约我国经济社会发展的核心技术难题,特别是在面临全球产业链竞争加剧、核心技术受制于人等严峻挑战时,科教融汇更能展现其独特价值,加速科技成果产业化进程,提升我国在全球产业链、价值链中的话语权和主导地位,从而助力国家在新一轮科技革命和产业变革中抢占先机,实现高质量发展。

3.科教融汇对教育、科技、人才"三位一体"的推进作用

科教融汇的本质是在教育过程中深度融入科学技术元素,通过科学教育与技术教育的有机结合,学生在学习过程中紧跟科技前沿,提高其创新思维能力和实践操作技能,从而提升教育质量;科教融汇通过科研资源和教学资源的有效衔接,高等院校建立云资源公开课等措施,有力推动了科技创新的步伐,科教融汇与教育、科技、人才"三位一体"的推进策略达成了高度契合:即通过实施科教融汇,是为社会输送具备高水平专业素养和创新能力的人才,满足国家和社会发展对多元化、高素质人才的需求,从而真正实现了教育、科技与人才三者的深度融合和协同发展[①]。

(三)中观视角下的科教融汇

1.科教融汇推动区域经济转型升级

科教融汇通过整合教育资源,将科学研究的前沿成果与教育教学活动相结合,同时推动科研创新直接服务于产业需求,从而实现高校、科研院所与企业间的深度合作。科教融汇作为催化剂和纽带,将生产、教学、科研三个环节紧密捆绑起来,是产学研深度融合推动区域经济转型升级、科研成果向先进生产力转化的动力,有效促进区域内产业升级。直接将技术研发和市场需求精准对接,有利于传统产业的转型升级,并催生出新兴产业,进而推动整个区域产业结构向智能化、高端化转型升级。

---

① 匡丽娜、李志峰:《推进教育科技人才"三位一体"良性循环为新质生产力发展提供持续动力》,《重庆日报》2024 年 3 月 28 日第 4 版。

2.科教融汇培育多元创新人才队伍

科教融汇在培养符合产业发展需求的高素质人才方面发挥着关键作用。通过建立大师工作室、产业学院、现代学徒制等校企联合培养模式,不仅能够使教育内容更加贴合实际,提高学生的实践能力和创新能力,还能有效吸引和留住高层次人才,形成人才高地,为区域经济转型升级提供源源不断的智力资源。职普融通、产教融合、科教融汇三者的融合,有利于建立行业尖端人才的培养机制,通过构建分类人才培养体系、畅通人才培养路径、为人才发展营造舒适的空间等措施,多元创新人才队伍的建设才会更加通畅。

3.科教融汇提升区域整体创新能力

科教融汇是构建区域科技创新体系的重要支撑。科教融汇作为产学研一体化的催化剂和纽带,有助于整合各方优势资源,建设共享的科技创新平台,完善科技创新服务体系,加速科技成果转化,进一步强化区域的核心竞争力。科教融汇也有利于拓展区域内高等院校的创新创业途径[①],推动区域内的政策引导和制度创新,如建立线上线下融合发展课程、设立科技成果转化基金、优化知识产权保护机制、每年在校园内开展创新创业比赛等,为区域经济转型升级提供了强有力的创新驱动引擎。

(四)微观视角下的科教融汇

1.教学层面的转化

高校科教融汇实践中,推动科研成果向教学成果的转化是十分重要的环节。企业提供的先进设备与技术资源,为科研到教学转化搭建重要桥梁。构建校企合作机制,促进资源共享与优势互补,极大促进了产业、学院与科研工作的一体结合。教师通过企业实践,掌握最新技术及实战经验,并将这些前沿成果转化为教学内容,不仅丰富了课程体系,也培养了学生的创新思维和实践能力,紧跟社会经济发展的步伐。高校应鼓励教师融合科研成果于课堂教学,持续推动教学内容的创新与时代前沿接轨,为学生铺设接触科学最前沿、提升综合能力的道路。

---

① 伍贤洪、曹婷婷:《高职院校创新创业多元协同育人"五机制五融合"培养体系探索》,《创新创业理论研究与实践》2024年第7卷第10期。

2. 教师层面的转化

微观视角下的科教融汇有效促进了教师角色转变为科研引导者角色。教师在科研探索中将新知识与创新活力带入课堂,实现教学内容的更新。教师不仅传授知识,更依托科研项目,将前沿成果融入教学,促进科研与教学深度融合。教师由传统的知识传授者向科研引导者这一角色的转变,是对教师整体工作能力的重塑,为学生搭建起了从课堂到实验室,再到社会实践的桥梁。教师角色的转变能够有效缩短教育与实际应用之间的距离。

3. 学生层面的转化

科教融汇促使学生从知识接受者转变为探索实践者,积极参与科研,成为创新关键力量。学生不再局限于校内虚拟项目和一般性的岗位实践,而是积极参与到科技发明项目、创新创业竞赛、企业技术问题攻关等多元化平台中,这些经历促使他们学会团队协作,提升问题解决能力和创新思维,在此过程中,学生逐渐转变为科研创新者。这种"学中做,做中学"的模式,极大加速了从知识积累到技术创新的转化链条,为科技成果的快速产出与应用提供了强大动力。

这批兼具专业知识与实践创新能力的学生群体,正是新时代新质生产力的关键构成部分。因此,学生角色的这一深刻转变,不仅是个人成长路径的拓宽,更是对社会整体创新力和竞争力的显著提升,为构建创新型国家和社会持续发展奠定了坚实的基础。

二、科教融汇的学校层面

(一)政策引导与激励机制并举

1. 学校的政策引导

学校作为知识创新和人才培养的主体,需充分认识到政策引导重要性[①]。在学校内部层面推动科教融汇的实施,关键在于从政策引导上探寻有效路径,以实现科

---

① 董袁泉、许礼捷:《高职院校科教融汇机制的探索》,《科教文汇》2024 年第 9 期。

研工作与教育工作的深度整合和高效联动。学校可构建一套科学合理的科教融合政策体系,明确将科研活动有机融入教学过程的具体策略和目标,鼓励教师在日常教学中引入科研实践内容,借助科研项目为学生提供"做中学、学中做"的真实情境学习机会。建立和完善科研与教学的互动机制,让学生直接参与到教师的实际科研项目中去[①],培养其创新思维与实践能力。搭建科研教育资源共享平台,打破部门间的资源壁垒,确保科研成果及时转化为教学内容。通过一系列政策引导,学校有效地促进科研与教育工作的紧密结合,进而推动教育教学质量及人才培养水平不断提升。

2. 学校的激励机制

学校应构建有效的激励机制,系统地建设和优化政策体系。在教师绩效评价体系中实现教学与科研评价的一体化,确保教学与科研在职称评定、年度考核及岗位聘任等方面有更多的激励机制,并鼓励教师将科研实践无缝融入课堂教学与课程设计,并将增加教学改革成果的考核指标权重。建立专门针对科教融汇效果显著的奖励制度,对积极践行并成功实施科教融汇项目的教师给予物质、精神和学术成长等多元化激励,例如优先推荐参加国内外高端学术交流活动等。针对学生群体,设立相应的参与科研活动的激励措施,如通过学分认定、奖学金评选加分等,引导学生参与到教师的科研活动中,培养其科研能力和创新意识。为保障科教融汇项目的顺利开展,学校可设立专项基金,用于支持有效转化科研成果至教学领域的项目以及富含科研元素的教学改革成果与创新性课程开发。学校需建立健全知识产权保护和成果转化收益分配机制,确保科研人员在成果产业化过程中的权益得到保障,激发其投身科教融汇的积极性。例如,合理设定科技成果转化后的收益分配比例,让教师在产业应用中分享到实实在在的利益,减少他们对于成果商业化可能带来的风险顾虑。

---

① 荣辉桂、边耐政、蒋洪波等:《"做中学、学中创"软件工程实践创新能力培养》,《计算机教育》2021 年第 3 期。

（二）人才培养与流动机制的改革

1. 实现人才培养多元化与复合化

学校积极引进具有丰富科研经验和实践能力的专家和技术人才从事教育教学工作。通过开设专题讲座、指导学生项目、联合授课等方式，将前沿科研成果和实践经验融入课堂教学。鼓励外聘企业技术人员与本校专任教师形成良好的互动交流机制，实现双向影响与共同成长。一方面，企业技术人员通过参与课程设计、指导毕业论文以及合作科研项目等形式，帮助本校教师更新教育观念，提升科研水平；另一方面，本校教师也能借鉴企业技术人员的实践经验，改进教学方法，推动科研成果向教学内容的有效转化。学校还可组建交叉创新科研团队，让企业技术人员与本校教师共同开展研究项目，培养具备跨学科技能和创新能力的复合型人才。在此过程中，双方的教学与科研活动得以深度融合，共同推进教育教学改革和人才培养模式创新。

2. 建立灵活高效的人才流动机制

人才不仅是科研工作的动力，更是提升教学质量的根本[①]。建立灵活高效的人才流动机制是深化科教融汇的关键环节，包括鼓励和支持教师在学术研究的同时，参与企业的技术研发和咨询服务，形成"双师型"教师队伍，将最新的产业实践融入教学活动中。

（三）课程体系与科研实践的深度融合

1. 以问题解决为导向的课程体系构建

课程体系与科研实践的深度融合是实现科教融汇、提升人才培养质量的关键环节。课程体系的构建应以解决行业、企业发展面临的实际问题为导向，充分吸收教师团队的科研成果和产业发展的最新动态，打破传统的理论教学与实践操作相分离的局面，将科研内容融入课堂教学，使学生在学习过程中及时了解行业最前沿的知识和技术。

课程体系的构建，应打破传统学科的专业壁垒，促进知识的跨界融合与交叉

---

① 李新彦：《科教融汇视角下职业院校人才培养联盟路径研究》，《知识文库》2024 年第 40 卷第 10 期。

创新。以问题解决为导向的课程体系构建可整合不同学科的知识体系,如将工程技术与社会科学、艺术设计与信息技术等结合,形成跨学科课程模块,使学生能够在多样化的知识结构中寻找灵感和解决方案。也可构建模块化、可定制的课程体系,允许学生根据兴趣和职业规划选择跨学科课程组合,促进个性化学习路径的发展。

2.搭建科研与教育的深度融合平台

学校应深化校企合作,建立多元合作模式,搭建科教深度融合的平台,促进知识创新与人才培养。通过签订战略协议,明确双方责任与目标,共建实训基地,将企业环境和文化融入课程建设,使学生在真实产业情境中了解行业前沿信息,提升实践创新能力。联合企业进行课题研究,发挥学校的科研优势,推广现代学徒制等培养模式,不断增强学生创新精神和职业适应能力。校企共建实验室和实训基地,引入新技术、新工艺,为学生提供更加高效、便捷的科研实践机会,采用项目式教学方法,促进科技创新与教育教学深度融合,并将科研成果进一步转化为教学资源。通过这些措施,学校打破科研与教育的壁垒,形成科研与教育深度融合的平台。

三、科教融汇对职业院校的基本要求

（一）创新型人才队伍建设的要求

科教融汇中的"教"从表义来讲,指的是教育。具体指学校,尤其是高等教育中的教学活动和人才培养过程。从内涵意义上来讲,"教"还包括将科学研究成果融入教育教学过程中,通过科研引领教学改革,提升教学质量,使学生接触到学科前沿知识和技术,并有机会参与实际科研项目,提高其综合素质和创新能力。一方面,高素质的教师队伍是推进科研工作持续创新和新质生产力持续产生的关键动力,他们深入挖掘科学问题、开展前沿探索,并通过科研成果转化推动社会经济发展;另一方面,教师队伍也是实现科教深度融合的基石。在科教融汇理念下,教师队伍不仅要具备独立研究的能力,还应在教学活动中将科研成果有效融入教育内容,激发学生解决问题的兴趣和创新能力,培养符合时代发展需求的复合型人才。创新型教师队伍是发展新质生产力的关键[①],通过融合教育与科研,不仅传授前沿知识,更激发学生创新思维,培养问题解决能力;同时,参与跨学科项目,促进科技成果向教学转化,加速教育内容与方法现代化。

(二)科研创新平台建设的要求

新质生产力强调以科技创新为核心驱动力,而科研创新通过开发新技术、新产品、新服务,直接促进产业升级和经济结构优化。职业教育科研创新平台的建设能够最大程度地推动科研创新成果的落地。职业院校可通过建立开放合作机制,构建跨校、跨界合作平台,促进产业界与政府部门紧密合作,加速知识和技术的交流互换,为新质生产力提供丰富的创新资源与应用场景。也可利用云计算、大数据技术建立科研资源库,实现仪器设备、数据资料、智力成果等资源共享,提高科研效率,降低创新成本,促进新质生产力的快速孵化。学校应主动对接企业需求,开展联合研发项目,将科研成果快速转化为现实生产力,缩短创新周期,推动产业结构升级,提升整体经济效能。也可建立以项目制学习、创新创业教育为核心的培养模式,鼓励学生参与科研项目和创业实践,培养具有创新精神和实践能力的复合型人才。学校应建立健全科研创新激励政策,设立专项基金支持原创性研究和高风险高收益项目。同时,为师生创业提供法律、财务咨询及种子资金,降低创新门槛,激发创新活力。科研创新平台发挥的桥梁和纽带的作用,不仅链接理论与实践、教育与产业,更对于新质生产力的持续性发力有不可估量的价值。

(三)教学资源协同创新的要求

教学资源协同创新平台作为科教融汇的载体,通过集成多元教育资源与科研成果,促进知识共享与跨界合作,加速理论教学与实践创新的融合。这不仅提升了教育质量和学习效率,还催化了新思想、新技术的涌现,直接赋能新质生产力,为社会培养创新能力强、适应未来产业需求的高素质技能型人才,驱动经济转型升级和可持续增长。学校可通过构建开放共享的教学资源协同创新平台:建立线上

---

① 薛宇鑫:《高质量发展背景下我国创新型人才队伍建设研究》,东北师范大学,2023 年。

线下融合的教学资源库,涵盖行业最新标准、技术案例、虚拟仿真软件等,促进校际、校企间的资源共享与合作,为科教融汇奠定基础。① 也可通过实施跨界整合课程体系:根据行业发展趋势,整合学科知识与职业技能,开发跨学科、跨专业的综合课程,鼓励师生参与科研项目和企业实践,将科研成果转化为教学内容,培养符合新质生产力需求的高素质技能型人才。学校更应强化"双师型"教师队伍建设,鼓励教师定期赴企业研修,参与科研活动,提升教师的实践经验和科研能力,同时引进行业专家担任兼职教师,促进科教与产业实践的深度融合。目前,一部分职业院校与企业共建产教融合实习实训基地,采用现代学徒制、工学交替等模式,让学生在真实工作环境中学习,促进知识、技能与创新思维的同步提升,加速新质生产力人才的培养。学校的就业指导部门也应促进创新与创业教育:将创新创业教育纳入教学体系,设立创新工作室、创业孵化器等平台,引导学生参与科研项目孵化和商业化尝试,培养其解决复杂问题的能力和企业家精神。教学资源协同创新平台的数字化转型十分重要,可利用大数据、人工智能等技术优化教学管理,个性化学习路径设计,提升教学效率与质量。同时,鼓励开发智能化教学工具和平台,为科教融汇与新质生产力的提升提供技术支持。

（四）产业支撑平台建设的要求

职业院校建设产业支撑平台的实质,即深化校企合作,建立与企业间的紧密联系,紧密对接市场需求,从而精准赋能新质生产力。职业院校应以市场为风向标,通过行业调研、企业访谈等手段,实时捕捉产业动态与未来趋势,确保教育内容与技能培训紧跟行业步伐。这种以市场需求为导向的教育模式,能够针对性地培养学生的专业技能和创新能力,为新质生产力的发展提供精准的人才供给。职业院校应建立一个以学校为中心,辐射多家企业的合作网络。这不仅能够促进教育资源与企业资源的深度整合,如共享实验室、科研成果转化中心等,还能够通过定期的交流会议、项目合作等形式,增进双方的理解与互动,为学生提供更多元化的实践机会和就业渠道。产业支撑平台的建设,重点在共研共创。依托共研共创平

---

① 黎志东、张仁峰:《数字化转型背景下鲁班工坊教学资源库建设研究》,《职业教育研究》2024 年第 6 期。

台,职业院校可与企业携手针对行业内的关键问题和痛点难点,开展联合研发项目。这种模式不仅能够加速技术难题的攻克与创新产品的孵化,还能让学生在真实的研发环境中学习和成长,提前适应未来职场的需求。通过产学研一体化,直接推动科技成果向现实生产力转化,为新质生产力的生成与发展注入强大动力。

（五）多维度教育评价的要求

实施科教融汇和推动新质生产力发展,必然对学校的多维度教育评价提出更高的要求。教学能力与效果作为基础评价维度,关注教师的专业知识传授和实操技能培养,同行评审和教学成果展示也可作为基础评价维度之一。从科研和产教融合能力方面评价教师,可通过评价教师参与科研活动的频度与质量,特别是在与产业紧密结合的应用研究项目中的贡献。重视教师在促进教学内容与产业需求对接、引导学生参与实际项目的能力。社会服务和校企合作方面,可通过评价教师参与社会服务项目、校企合作的深度与广度,包括技术咨询服务、企业培训、共同研发等,以及由此产生的社会影响力和经济效益来进行多维度考核。

课题承担单位:天津现代职业技术学院

主持人:孟娜

执笔人:沈卓

课题组成员:耿进钊、张清扬、元绍菊

/ 第六章 /

▼

优化职业教育类型定位

我国对职业教育类型定位的认识历经"确认""巩固""优化",目标逐渐清晰、具体。当前优化职业教育类型定位,有利于确认职业教育的重要地位、支撑人才强国战略、促进教育体制改革、构建高质量教育体系以及服务人的全面发展。从长远来看,坚持优化职业教育类型定位,将使高等教育结构日趋合理,逐步形成一个全新教育格局,具有中国特色现代职业教育体系日益完善。

一、职业教育类型定位的由来和内涵

(一)类型教育的历史沿革

进入新世纪以来,党和政府先后出台一系列政策、法律、文件,对职业教育类型定位的认识经历了一个不断明晰、逐渐具体的过程。

早在 2005 年,《国务院关于大力发展职业教育的决定》就提出积极推动职业教育"从传统的升学导向向就业导向转变"。明确说明职业教育的出口主要是就业而非升学,尝试将普通教育与职业教育区别开来,揭示了两者导向不同。这是对职业教育与普通教育属于不同类型的初步探讨。

2014 年,国务院印发的《关于加快发展现代职业教育的决定》提出,"到 2020 年,形成适应发展需求、产教深度融合、中职高职衔接、职业教育与普通教育相互沟通,体现终身教育理念,具有中国特色、世界水平的现代职业教育体系"。同时将高等院校的普通教育与职业教育进行了区分,要求不同类型院校进行分类设置、管理和评价。随后,教育部、国家发展改革委、财政部、人力资源和社会保障部、农业部、国务院扶贫办等 6 部门联合发布《现代职业教育体系建设规划(2014—2020 年)》指出,"应用技术类型高等学校是高等教育体系的重要组成部分,与其

他普通本科学校具有平等地位。"这里实际上强调了高等教育体系中职业教育与普通教育都是高等教育体系的重要组成部分,不仅缺一不可,而且地位平等。

国务院 2019 年 1 月印发的《国家职业教育改革实施方案》明确提出:"职业教育与普通教育是两种不同教育类型,具有同等重要地位",职业教育要"由参照普通教育办学模式向企业社会参与、专业特色鲜明的类型教育转变"。此文件明确提出职业教育是两种不同教育类型之一,并提出"类型教育"的概念,这是首次正式确认了职业教育的类型特征,阐明了职业教育和普通教育两者地位相同、重要性相同,只是属于不同的教育类型。并且进一步说明了职业教育的办学模式要转变,要有自己独特的办学模式,即吸引企业和社会广泛参与,面向需求,产教融合。

2021 年 3 月,《中华人民共和国国民经济和社会发展第十四个五年规划和2035 年远景目标纲要》第四十三章第二节"增强职业技术教育适应性"这一部分指出:"突出职业技术(技工)教育类型特色,深入推进改革创新,优化结构与布局,大力培养技术技能人才。"这是首次将职业教育的类型特色写进经济和社会发展规划,并观照了职业教育供给和需求的适应性问题。

2021 年 10 月,中办、国办印发《关于推动现代职业教育高质量发展的意见》指出,"职业教育是国民教育体系和人力资源开发的重要组成部分,肩负着培养多样化人才、传承技术技能、促进就业创业的重要职责。"提出:"强化职业教育类型特色","切实增强职业教育适应性,加快构建现代职业教育体系,建设技能型社会"。并进一步提出"巩固职业教育类型定位",推进不同层次职业教育纵向贯通,促进不同类型教育横向融通。把职业教育发展目标确定为,职业教育类型特色更加鲜明,现代职业教育体系基本建成,技能型社会建设全面推进。该文件多次强调了职业教育的类型特色,真正确认了职业教育属于类型教育的范畴,并把培育技术技能人才提高到建立技能型社会的高度。

2022 年 5 月 1 日起施行的新修订的《中华人民共和国职业教育法》再次强调:"职业教育是与普通教育具有同等重要地位的教育类型,是国民教育体系和人力资源开发的重要组成部分,是培养多样化人才、传承技术技能、促进就业创业的重要途径。"这是以立法的方式明确了职业教育作为"教育类型"的定位,阐明了推进职业教育、普通教育协调发展是为了优化教育结构,科学配置教育资源,优化人力资源结构,推动教育高质量发展。

2022 年 10 月习近平总书记在党的二十大报告中指出:"统筹职业教育、高等教育、继续教育协同创新,推进职普融通、产教融合、科教融汇,优化职业教育类型定位。"进一步将职业教育与其他类型教育的关系具体化,并将"巩固"职业教育类型定位进一步阐释为"优化"职业教育类型定位。

从上述职业教育类型定位的历史沿革中可以看出,我国对职业教育的认识经历了一个从模糊到清晰、从抽象到具体、从笼统到精准的过程,特别是 2019 年以来,密集出台了有关确认、强化、巩固到优化职业教育类型定位的政策、法律文件,使职业教育改革、职业教育体系的建立、职业教育高质量发展都有了法理、学理和政策支撑。

(二)类型教育的内涵

探讨类型教育,需要对教育、职业教育、类型教育等一系列概念进行深入剖析,厘清其内涵和本质。

关于教育。马克思认为教育必须确保人的全面发展。陶行知先生认为:"生活即教育"。目前学界代表性观点,认为教育是使人社会化、现代化而不断自我完善的基本手段。教育的功能是由内及外产生的,内是本质、外是功用。[1] 有学者将教育的本质与作用概括为三个方面:一是对人类来讲,教育的作用是文化和价值观念的传承与发展;二是对一个国家来说,办教育的目的是提高国民素质,为国家建设提供人力资源保障,增强国家竞争力;三是对受教育者个人而言,接受教育主要是为了追求人生幸福,包括精神的和物质的。

关于职业教育。新修订的《中华人民共和国职业教育法》将职业教育界定为:"为了培养高素质技术技能人才,使受教育者具备从事某种职业或者实现职业发展所需要的职业道德、科学文化与专业知识、技术技能等职业综合素质和行动能力而实施的教育,包括职业学校教育和职业培训。"职业教育,如果从"内是本质、外

---

[1] 马陆亭:《面向第二个百年　教育的社会功用更强》,《光明日报》2021 年 7 月 6 日。

是功用"的视角考察,其本质上是促进人的全面发展,功用上是为产业发展、社会进步服务。目前,学界对职业教育的概念及其内涵与外延的认识并不统一,本研究认为所有面向产业和社会发展需求,培养技术技能型人才为目标的教育类型均为职业教育,包括各级各类应用型普通教育、职业院校教育和各种形式的职业培训。

黄炎培先生在 20 世纪初提出职业教育的目的是:"为个人谋生之预备;为个人服务社会之预备;为世界及国家增进生产能力之预备。"除了这"三个预备",他后又增加了"谋个性之发展","三个预备"是教育之功用,个性之发展才是教育的本质。他认为人要"求生",所以才"求知",求知不过是求生的手段。但"孤生不能,生亦寡趣,乃求群。"人要先"求知"且"求群",而后"求生",满足三者的方式就是职业教育。因此,职业教育目标是求生即就业。

关于类型教育。首先,应该理清"类型教育"与"教育类型"两个概念。在一些搜索引擎,搜关键词"类型教育",一般只能搜出"教育类型",所谓教育类型是根据教育的对象、任务、内容和形式等特征对教育实践所作的划分,依据不同的分类标准可分为不同类型的教育。根据教育实施的场所和渠道不同可分为家庭教育、学校教育和社会教育 3 种;根据教育的存在形态不同又可划分为非形式化教育、形式化教育和制度化教育 3 种。显然,教育类型是将教育以某种标准进行分类,强调教育的种类。

对于类型教育,至今没有确切的概念,学者们通常是根据自己的理解从不同角度进行定义。学界对类型教育的理解还处于各说各话的阶段,没有统一的定义。

黄炎培先生认为,职业教育的本质属性是社会性和跨界性。在教育主体、培养目标、培养方式和培养对象等方面,职业教育都具有与普通教育不同的类型特征,体现出与社会诸方面的广泛联系。"办职业学校,须同时和一切教育界、职业界努力地沟通和联合;提倡职业教育的同时须分一部分精神,参加全社会的运动。"[1] 因此,职业教育既有教育属性又有产业属性,属于跨界教育,能够沟通教育界和产业界,因此具有典型的社会性和开放性,这是对职业教育类型特征的经典诠释。

---

[1] 张建军、崔发周:《黄炎培职业教育思想的本质特征与现代职教体系构建》,《教育与职业》2022 年第 7 期。

在不同社会发展阶段,人们对职业教育的认识、定位或期望不同,将职业教育视为类型教育是近几年才开始的。有学者提出,"理解类型属性应基于以教育经验为基础的理性结构,从国家、社会与个体三重逻辑出发,关注职业教育在促进国家发展能力和国家治理能力建设、以适应社会分工促进社会团结、以适合的教育促进人的全面发展三个基本维度上的核心职能。"① 还有学者提出,技术知识对职业教育的目的和人才培养目标起到了规定性作用,技术知识的本质决定了职业教育在教育体系中的独特性,为职业教育类型定位的确立提供了重要的理论基础。② 有学者分析了职业教育的本质,认为职业教育的本质体现为三个方面,一是对"默会知识"(暗自领会的知识与技能)的生产、表述、使用和迁移;二是对"技术"背后原理性知识的一种生产、表达、使用和迁移;三是学术知识与专业知识、技能融合,这一般指高等教育阶段的职业教育所具有的典型特质。③

综观这些学术观点发现,一个普遍现象是学术界对类型教育的讨论实际上把简单问题复杂化了,类型教育没有那么高深和晦涩难懂。这里的关键在于,教育主要包含两种类型,一是普通教育,二是职业教育,两者在教育体系中地位相同,没有高低贵贱之分。职业教育作为一种教育类型而存在,并非普通教育的补充和兜底,也非普通教育之下的一个层次。严格地说,继续教育不应算作一种教育类型,人们继续接受的也不过是普通教育或职业教育及培训。多年来,职业教育被看成普通教育的一个补充,参与对学生的分流,这种分流以考试成绩为唯一依据,无论中等教育还是高等教育,一定分数以上的接受普通教育,一定分数以下接受职业教育,这种分流形式现在依然存在并持续,所以,职业教育长期以来就是普通教育之外的不得已的出路。但经济社会的发展需要大量高技能劳动者,需要既具有一定的知识储备,又具有一定动手能力的技能人才;需要把理论知识化为实践能力,并在此基础上有所创新创造的人才。在科学技术极大发展

---

① 唐智彬:《理解职业教育类型定位的三重逻辑及其制度调试路径》,《南京师大学报(社会科学版)》2023 年第 1 期。

② 张思琪、匡瑛:《从技术知识论看职业教育的类型属性》,《教育与职业》2023 第 12 期。

③ 孙翠香:《反思与重构:职业教育作为"类型教育"的本质规定性》,《职教发展研究》2023 年第 3 期。

的现代产业体系中,产业工人不再是卖苦力的"蓝领",而是知识与技能兼备的技术精英。因而,职业教育应该得到官方正名和社会认可,所以,才出现类型教育的称谓与分类。定义类型教育,其目的就是为了摆脱"层次教育"的影响,将职业教育与普通教育放在同等重要的地位。对于"层次教育",不同学者有不同的解读,姜大源区分了教育类型和教育层次,认为"所谓教育类型指的是基于相同教育特征的教育种类,而所谓教育层次则指的是基于递进教育结构的教育范畴";[①] 熊丙奇认为"把职业教育作为低于普通教育的一个教育层次"便是"层次教育"。[②]《教育学名词》对层次教育的定义是,构成教育体系各个部分的纵向位阶。因此,职业教育被赋予类型教育的内涵,强调其并非"层次教育",而是与普通教育地位相同。这意味着职业教育也将与普通教育一样,形成完整的教育体系,能够满足学生多种需求,既满足升学需求,又满足就业需求,成为多功能、多层次的教育类型。进一步理解类型教育,普通教育与职业教育两者只是属于不同的人才成长通道,或者说是不同的赛道。

（三）类型教育定位的原因

类型教育定位基于教育适应。教育适应是指教育对已经出现、正在进行或将要发生变化的社会环境和教育对象所作出的反应,是教育不断满足社会发展和人的发展需求的过程。目前,我国正处在由科学、技术、经济、政治、人口及社会结构等方面的发展变化所引起的全方位变迁之中,教育对象也在发展变化。遵循社会发展规律和人的身心发展规律是教育适应的根本之道。当然,教育发展与社会发展、人的发展之间的适应是相对的,而不适应是绝对的,教育改革就是要变不适应为适应。[③] 以类型教育定位和发展职业教育便是基于适应性理论,主要是适应社会、技术、文化、人类自身的发展与变迁。

一是社会变迁。马克思、恩格斯认为生产方式的变革是社会发展的动力,"物

---

① 姜大源:《职业教育:类型与层次辨》,《中国职业技术教育》2008 年第 1 期。

② 熊丙奇:《职业教育改革的突破点:从"层次教育"到"类型教育"》,《行政管理改革》2022 年第 8 期。

③ 顾明远:《教育大辞典》,上海教育出版社 1998 年版。

质生活的生产方式制约着整个社会生活、政治生活和精神生活的过程。"①生产方式的改变促进社会发展,社会发展则影响教育发展。虽然恩格斯认为在社会发展中多种因素起到交互作用和合力作用,但他更强调生产方式、经济条件具有决定意义。不仅职业教育,任何教育都会随着社会发展而发展变化,具有类型教育特征的职业教育就是契合了新的技术革命引发的新的社会变迁。迄今为止,教育经历了从私人化向社会化(规模教育)再向个性化发展,这一发展历程恰恰契合了生产方式变迁和社会发展历程。

二是技术变迁。技术变迁也称技术革命。第一次技术革命是工业革命,也称产业革命,其标志是蒸汽机的使用。工业革命促进了社会生产力的巨大进步,首次凸显了科学技术的生产力功能。第二次技术革命是电力革命,电力、电子、化学、汽车、航空等一大批技术密集型产业兴起,使生产更加依赖科学技术进步,人类进入了电气化时代。第三次技术革命是信息技术革命,以电子计算机、原子能、航天空间技术发展为标志。即将到来的是第四次技术革命,是以人工智能、机器人技术、量子信息技术、清洁能源、可控核聚变、虚拟现实以及生物技术为主的技术革命。②当数字技术完全融入我们的生活和生产时,人类将进入一个全新的智能化时代。任何一次技术革命都具有三个基本特征,一是促进社会生产力极大发展;二是深度改变人们的生产及生活方式;三是使产业结构发生深刻变化,新兴产业不断涌现。每一次技术革命对教育也产生了深远影响,为了适应这种变化,教育从内容到形式都发生了根本改变。数字革命呼唤教育革命并为教育革命提供了技术可能和开辟了道路。

三是文化变迁。随着社会变迁和生产力的极大被创造,社会面貌发生了翻天覆地的变化,文化价值系统和人们的价值观念也在不断被重塑,文化和技艺的传播方式发生了根本改变。为了适应这一变化,教育方式必然发生变化。

四是人类变迁。美国《国家科学院学报》曾刊文称,人类进化速度日益加快,

① 马克思、恩格斯著,中共中央马克思恩格斯列宁斯大林著作编译局编译:《马克思恩格斯选集》(第二卷),人民出版社 1995 年版,第 32 页。

② 陈文杰:《数字经济:引领高质量发展的核心引擎》,《科学 24 小时》2019 年第 7 期。

尤其是最近 5000 年来,进化速度更是比以前快了 100 倍。从基因本质上看,人们变得越来越不一样,而不是像人们通常认为的人类相互融合越来越"同质化"。因此要求教育越来越关照人的个性化和差异化。

基于上述诸领域变迁事实,教育制度和教育体制也应发生改变。教育制度变迁通过两种方式进行:一是自下而上的诱致性制度变迁即需求主导型制度变迁,是由人才需求方倒逼教育制度做出变革,以适应经济社会发展需求;二是自上而下的强制性制度变迁即供给主导型制度变迁,政府主动变革教育制度,以满足人才市场需求。类型教育的推进属于混合型制度变迁。当前,互联网改变了人类社会的信息传递方式,使得人们获取知识的渠道变得更加广阔,教育已经突破了时空限制,新的教育革命正在发生,学生学习的时间、地点、方式更具选择性,个性化、协作化、实践化等新的学习模式已经出现,将使人类以教室讲授式为主的同质化、规模化教育发生革命性变化。适应性变迁理论使职业教育成为不可或缺的教育类型,职业教育不但被确立为类型教育,而且需要不断被强化和优化,优化则体现在不同层次和领域。职业教育本身也将发生颠覆性革命,多主体办学模式、多方式教学与培训模式、混合式学习模式等将应运而生。

(四)优化职业教育类型定位的问题与举措

迄今为止,我国职业教育的"类型"特征尚未完全体现,职业教育类型定位仍未实现"优化"。主要体现在以下几个方面:

第一,职业教育作为"层次教育""兜底教育"的形态依然存在或将持续一段时间,直到真正以学生兴趣爱好而不是以分数进行职普分流的时候。

第二,人才培养定位界限模糊。职业教育与普通教育差异性未充分体现,职业教育的职业性特征未充分发挥出来,教学方式、教育生态与普通教育差别不大。深层次校企合作、产教融合远未达到。

第三,职业教育的社会认可度依然不高。截至目前,职业教育仍未成为学生和家长的主动选择,而是不得已的出路。社会对于职业教育的刻板认知依然存在,职业院校毕业生在升学、就业方面还会面临不公正待遇。

第四,高技能人才培养数量、结构和规格与产业发展需求不相适应。人才培养供给侧与产业需求侧匹配度不高。产业发展的数字化、智能化进程中需要大量高素质技能人才，但目前职业院校培养的技能人才数量上供不应求、结构上供不适求、规格上供不达求，职业教育的适应性有待加强。

第五，职业教育体系不完善，断点、堵点依然存在。最突出的是职业教育结构不合理，职业本科教育不发达，职业本科院校数量少，学生上升空间窄。

2022 年 12 月，中办、国办印发了《关于深化现代职业教育体系建设改革的意见》（以下简称《意见》），时任教育部职业教育与成人教育司司长陈子季表示，此《意见》是在系统总结党的十八大以来职业教育改革发展成就的基础上，着力破解职业教育改革发展方面突出矛盾和问题的重大改革，集中体现了党中央、国务院部署职业教育改革的新主张、新举措、新机制。[①]

事实上，近年来，党的二十大报告和上述《意见》已经给出了不断优化职业教育类型定位的具体举措。二十大报告提出统筹职业教育、高等教育、继续教育协同创新。针对社会上对于职业教育存在的刻板印象，《意见》则强调坚持服务学生全面发展和经济社会发展；针对人才培养供给侧与产业需求侧匹配度不高等问题，《意见》提出打造市域产教联合体和行业产教融合共同体的制度设计，更加注重职业教育服务经济社会发展的功能。此外，优化举措还应包括以下几个方面：

一是生源优化。当务之急是提高职业教育生源质量，可在"双一流"大学设立技能型专业，以减免学费的方式引导优秀学生申报相关专业。研究职业教育长学制，制定大国工匠培育计划。

二是高等教育结构优化。借鉴发达国家职业教育发展经验，结合我国产业发展实际，加大高等教育中职业教育的比重。目前，我国无论中等教育还是高等教育，职业教育无论学校数量还是招生人数远低于普通教育，而在一些发达国家职业教育比重则能够达到 80%—90%。

三是职业教育结构优化。增加职业本科教育，实现政策突破，允许更多职业专科院校升级为本科院校，或者允许职业院校与应用技术类普通院校合并，使职业本

---

① 徐壮：《破解突出问题　优化类型定位——解读〈关于深化现代职业教育体系建设改革的意见〉》，新华社，2022 年 12 月 27 日，https://www.gov.cn/zhengce/2022-12-27/content_5733824.htm。

科成为职业教育的主体。同时,增加专业硕士、博士学位,尽快完善职业教育层次结构,形成科学合理的职业教育结构体系。

四是劳动者社会地位优化。给予技能劳动者、工匠更高的经济地位、政治地位、社会地位,营造一种人人崇尚工匠、人人争当工匠的社会氛围;在考公考编等领域给予职业院校毕业生同等待遇,根本改变人们对职业教育是培养底层技术工人的固化认知。

特别关键的是,改革中职的教育模式,让中职学生具有二次选择和二次学习的机会。针对不同学习意愿的学生,提供多种选择,可以继续升学,也可以就业。构建中职教育多功能、分层次、分类型的教育模式,真正做到因材施教,让所有学生都能找到目标和方向。优化职业教育类型定位应彻底改变原有职普分流的方式和比例,通过制度安排让学生根据自身情况进入不同的成才通道。

二、优化职业教育类型定位的意义

（一）确认职业教育的重要地位

我国现有考试与选拔制度并未给职业教育一个合理定位。中考后的"普职分流",实际上属于"普职分层"。长期以来,我国的职业教育一直是低于普通教育的一个层次。职业教育的定位,实质上是"层次教育"与"兜底教育"。所谓"层次教育",就是把职业教育作为低于普通教育的一个教育层次;所谓"兜底教育",就是通过发展职业教育,让不能接受普通教育的学生有学可上。[①] 职业教育这一定位,使职业教育发展陷入低层次循环的困境,也使我国高技术人才培养数量、结构、质量均与社会需求脱节。类型教育视域下,职业教育是国家教育体系不可或缺的、与普通教育并列的教育类型,职业教育是国家教育体系的重要支撑。《中华人民共和国职业教育法》的修订与实施,就是国家在顶层设计上,以立法的形式给职业教育一个应有的定位,给职业教育一个公平发展和正名的机会。因此,"类型教育"这

---

① 熊丙奇:《职业教育改革的突破点:从"层次教育"到"类型教育"》,《行政管理改革》2022 年第 8 期。

个称谓,就让不同于普通教育的职业教育成了一个与之平等、与之互补的同层次而不同类型的教育模式,确认了职业教育重要地位。

（二）支撑人才强国战略

新时代的人才观是"人人皆可成才、人人尽展其才",这是习近平人才思想的精髓,也是对马克思主义人才观的丰富和发展,具有重大的理论和现实意义。所谓人才观,是关于人才现象和问题的基本观念体系。党的二十大报告确立了新的人才观,决定"加快建设国家战略人才力量,努力培养造就更多大师、战略科学家、一流科技领军人才和创新团队、青年科技人才、卓越工程师、大国工匠、高技能人才",这就明确了人才范畴不仅包括科学家、工程师、科技领军人才,还包括大国工匠、高技能人才,这是人才观的重大突破。而且进一步强调"坚持各方面人才一起抓,建设规模宏大、结构合理、素质优良的人才队伍","努力造就数以亿计的高素质劳动者、数以千万计的专门人才和一大批拔尖创新人才"。新的人才观将人才看做一种战略资源和国家的核心竞争力。作为类型教育的职业教育是培养高素质技术技能人才的主阵地,是使"人人皆可成才"的根本保障,"数以亿计的高素质劳动者"需要经过职业教育或职业培训获得。

（三）促进教育体制改革

造成职业教育发展现状的原因是多方面的,其主要方面,一是职普分流方式。中考按分数进行第一次职普分流,成绩好的进普通高中,成绩差的进职业高中或职业中专;高考按分数进行第二次职普分流,成绩好的进普通高校,成绩差的进职业院校,这样的职普分流方式造成了优秀学生接受普通教育、"劣等生"接受职业教育的社会观念,使职业教育沦为低于普通教育一等的层次教育。二是就业导向。就业唯学历论现象普遍,部分单位明确要求学生的毕业院校和学历,形成不健康的就业导向。近年来报考研究生的人数逐年增加,是这种导向的后果之一。因此,急需系统改革就业机制。依据新修订的《中华人民共和国职业教育法》,落实职业学校毕业生在升学深造、就业创业、职务晋升等方面,与同等学历层次的普通院校毕业生享有平等机会。要通过教育体制改革,从招生、培养、就业等环节给予职业教育应有的关照,以形成更有利于职业教育发展的制度环境。

（四）构建高质量教育体系

我国已建成世界上规模最大的教育体系,但教育供给同经济社会发展需求和人民群众对高质量教育的期待之间还有一定差距。因此,需加快建设高质量教育体系,关键是要做好两个方面的工作:一是人才供给及需求相匹配,二是各类型教育均衡发展。人才供需匹配是指,人才供给的数量、结构和素养与需求相适应。这里所探讨的人才结构主要包括专业结构、知识结构、技能结构;结构合理是指人才供给结构与人才需求结构相适应。人才素养包括知识、技能及道德修养。各类型教育均衡发展主要是指普通教育、职业教育与继续教育协同发展,所培养的各类人才与经济社会发展需要相契合。

高质量教育体系自然涵盖高质量职业教育体系。2014 年 6 月,全国职业教育工作会议决定加快构建中国特色现代职业教育体系,明确了中国特色职业教育体系,是以服务为宗旨,以就业为导向,采用工学结合、顶岗实习培养模式,面向生产和服务一线培养高素质劳动者和技能型人才。职业教育层次结构由中等职业教育、专科层次职业教育、本科层次职业教育、研究生层次职业教育等构成。职业教育是教育子系统与社会大系统合作融合的支点。因此,职业教育是能够利用教育与产业两种资源,发挥学校与企业两大主体积极性的教育类型。长期以来,社会一直秉持狭隘的职业教育观,认为职业教育就是培养蓝领阶层,培养一线工人和体力劳动者,正是这种狭隘的职业教育观让职业教育处于被低估、被矮化的地位,确立职业教育的类型特征就是从根本上解决这一问题。

（五）推进人的全面发展

教育的终极目标是实现人的全面发展,而人的全面发展最根本的是人的劳动能力的全面发展,即人的智力和体力的充分、统一的发展,也包括人的才能、志趣和道德品质的多方面发展。[1]专家解读,职业教育功能定位逐渐由"谋业"转向"人本",更加注重服务学生的全面发展;同时,职业教育也是促进就业的重要途径,因为职业教育是离产业最近、服务产业最直接的教育类型,但绝不是单纯的就业教

---

[1] 季明、李亚彪:《新中国 60 年"人的全面发展"之路》,新华社,2009 年 8 月 26 日,https://news.sina.com.cn/c/2009-08-26/102118514924.shtml。

育；职业教育的定位，最本质的是服务人的全面发展。为此，必须建立健全多形式衔接、多通道成长、可持续发展的梯度职业教育和培训体系，还要推动职普融通，让不同能力禀赋和不同需要的学生能够多次选择、多渠道成长、多样化成才，这对扭转社会对职业教育的刻板印象，消解职普分流带来的社会焦虑意义重大。[①]

三、优化职业教育类型定位的未来发展

职业教育的类型特征，体现在职业教育是一种复合型的需求教育，包括升学和就业，目的是满足不同类型学生的成长与成才需求，实现因材施教。职业教育特殊的生源性质，要求多样的培养模式。突出类型教育特征，职业教育的发展才有方向和灵魂。

事实上，提出职业教育是类型教育，只是试图说明职业教育与普通教育一样，同是教育类型的一种，没有高低贵贱之分，两者共同支撑起国家教育体系，以此促进职业教育的社会认同。职业教育类型定位的未来优化过程，也应当是我国教育、高等教育、职业教育科学合理发展的过程。

（一）高等教育结构日趋合理

合理的高等教育结构，最主要的是类型结构，即确定普通教育与职业教育的比例。应结合国家重大战略布局、现代化产业体系建设布局、经济社会发展的人才需求状况等设计、规划高等教育类型结构。依据我国当前经济社会及产业发展需要，当务之急是加大职业教育比重。在发达国家，职业教育是高等教育的主体。在德国，无论是院校数量，还是在校生人数，应用科技大学在高等教育中均可占到一半以上比重，德国约有60%的工程师、50%的计算机技术人才和企业经营管理人才毕业于应用科技大学，毕业生就业率和就业质量远超其他教育形式。[②]在奥地

[①]《深化现代职业教育体系建设改革，不断优化职业教育类型定位——专访教育部职业教育与成人教育司司长陈子季》，中国职业技术教育（微信公众号），2023年月25日。

[②]张耀嵩：《德、美、英、日四国职业教育本科层次教育比较研究》，《北京劳动保障职业学院学报》2021年第9期。

利,有近 80% 完成九年义务教育的学生选择职业教育,这得益于奥地利完善的职业教育体系,职业院校毕业生在就业、收入、福利及岗位升迁等方面都能享受相应保障。[①]在瑞士,约 60% 以上的适龄青年参与学徒制学习,学徒在企业学习的时间占整个学习时间的 70% 以上。总体来看,发达国家职业教育占高等教育规模比重都较大,有的甚至超过 90%,就是通过职业教育培养经济社会发展需要的人才。其实,任何高校任何专业学生都面临职业选择,任何专业均具有职业指向。我国职业教育发展需要彻底的教育改革,而不是在现有教育格局内修修补补,正是长期的制度安排造成了对职业教育的社会观念。而观念一旦形成不可能轻易改变,这里的关键是要改变招生等制度,现有招生制度造成了"职业的"就是"劣等的"的社会认知,要根本改变这一观念,唯一能做的就是切实体现职业教育的类型特征,改变职普分流方式,根本改变现有的招生制度及就业制度,逐步形成"同市场需求相适应、同产业结构相匹配的教育格局和区域布局",真正按党的二十大要求更加注重统筹职业教育、普通教育、继续教育协同发展,使高等教育结构尽快达到合理状态。

(二)形成一个全新教育格局

最重要的是重新定位职业教育,树立广义职业教育观和人才观,增加应用型高校及职业院校数量,增加职业教育比重,培育更多应用技术人才。第一,职业教育系统化。小学阶段起,加强劳动教育,重视职业启蒙教育。中考以分数分层,但不进行职普分流,高考以兴趣爱好选择高校和专业。大力发展职业本科、专业硕士研究生和博士研究生教育,打通职业教育层次堵点,保障职业院校学生的上升通道。第二,职普融通制度化。落实"深化职普融通,实现职业技术教育与普通教育双向互认、纵向流动"的政策,在每一个学历层次,职业教育与普通教育均能无障碍相互转化。从国家招生就业制度上根本改变职业教育被矮化的现状。第三,产教融合普及化。职业教育最大的特点是沟通产业与教育,产教融合是职业教育的灵魂所在,学生知识的积累与技艺的精进必须在企业生产一线达成。任何一个国家或社

---

① 《新闻链接:职业教育在海外》,人民网,http://edu.people.com.cn/n/2014/0622/c1006-25183258.html。

会,真正的学术人才都只是少数,事实上,所有的高校多数专业均能找到与之对应的产业或职业,产教融合并不仅仅是对职业教育的要求。第四,科教融汇常态化。长期的科教分离使庞大的科研资源没有转化为教育资源和人才培养优势,才出现"为什么我们的学校总是培养不出杰出的科技创新人才"这样的"钱学森之问"。事实上,钱学森已经给出答案,即"现在中国没有完全发展起来,一个重要原因是没有一所大学能够按照培养科学技术发明创造人才的模式去办学"。科教融汇对职业教育意义重大,因为职业教育更加直接地沟通教育与产业,能够近距离接触到生产经营实践中的问题与需要。学习、实践、创新是一脉相承的,所以应摒弃科教二分法,在科学研究过程中培养人才。此外,还要树立正确的教育发展观,构建良好教育生态,不再框定学生学习范围及职业方向,让学生自主学习,自由发展,自由探索,自由创造,多方成才。

（三）构建具有中国特色的现代职业教育体系

依据我国目前的"国情""教情""产情"确立面向时代、面向未来的职业教育制度。通过制度变迁激发职业教育的变革及发展,构建结构合理、层次完善、主体多元、保障有力的具有中国特色的现代职业教育体系。深化职业教育供给侧结构改革,使职业教育结构与产业结构相匹配。落实《关于深化现代职业教育体系建设改革的意见》所确立的改革方向,完善职业教育梯度层次,学历与能力并举,培养大国工匠与能工巧匠,畅通技术技能人才成长通道,增强职业院校学生的期望值与自豪感,把发展职业本科和应用型本科教育作为完善现代职业教育体系的重要举措。同时,增加专业硕士和博士招生规模,培养高素质、复合型、创新型技术技能人才。实现职业教育与普通教育课程互选、学分互认,将职普融通落实落地。建立产业与教育沟通机制,实现"以教促产、以产助教、产教融合、产学合作",打造市域产教联合体、行业产教融合共同体等产教融合新载体并进行实体化运作,实行校企联合招生、共同培养。建设开放型区域产教融合实践中心,供企业和学校进行实习、培训、研发,支撑科教融汇。传承与借鉴国内外职业教育发展的经验,更好地服务于教育强国、人才强国、制造强国、科教兴国、乡村振兴等国家发展战略。

课题承担单位: 天津电子信息职业技术学院

主持人: 李平

执笔人: 蔡志荣

课题组成员: 曹晨宇、屈金星、焦鹏昊、任婧雯

分　论

/ 第七章 /

▼

区域产教联合体建设

区域产教联合体是产教融合在一定区域的整体性形式,是现代职业教育体系建设与改革的主要内容之一。其基本特点是超越以往各种产教融合的做法而表现出新的内涵,有可能在新的历史条件下创出产教融合的新经验。

一、以往产教融合的主要模式及其特点

(一)以往产教融合的基本模式

以往的产教融合,主要表现为职业院校与企业之间的合作,按其内容划分,主要有五种模式:

1. 技术合作模式

这主要是指高职院校与企业开展资源整合优势互补的技术性合作。例如,成立技术研发中心、大师技术技能工作室等,联合开展科技攻关,根据校企合作项目发展的不同阶段和进展程度,对技术研发合理分工以及资源进行合理配置,学校将技术成果输入企业,从而缩短积累周期减轻企业因科研投入不足、专业人才结构不合理而引起的创新滞后等问题,并且学校投入也在一定程度上分担了企业的成本;学校则可以将技术应用于教学而提高教学水平,并与企业形成良好的合作关系。

2. 现代学徒制和企业新型学徒制

现代学徒制是通过学校、企业深度合作,教师、师傅联合传授,对学生以技能培养为主的现代人才培养模式。通过学生、学徒的"双身份",学校、企业的"双主体"来联合培育人才。学校教师与企业老师实行"双导师"制,通过前期学校与企业调研,双方共同确立人才培养方案、课程标准、人才评价体系等,实现校企协同育人的深度融合。相比较而言,企业新型学徒制更加适合企业需求。

3. 职教集团模式

一般由政府机构、行业组织、企业、职业院校、研究机构和社会组织等六大类资源组成的职教集团,围绕地方支柱产业或者特色产业进行优势互补、资源共享、合作发展。职教集团办学模式实质是将产教融合由单一的校企合作层面外溢为将社会上尽可能多的资源聚集起来,为职业院校办学提供有效支持。

4. 校企共建实训基地模式

该模式主要通过学校负责提供实训场地与环境以及部分的设备和资源,企业提供目前生产实践中新型的实训设备或者投入部分经费,在校内共同建设实训基地,以共同完成校企合作的实训项目并开展实践教学。通过实训基地培训的学生能够直接上岗并会使用新型设备,能有效实现教学与就业的对接与贯通。

5. 校企共建混合制学院模式

这个模式是指校企双方经过充分沟通,合作共建专业特色鲜明的二级学院:学校根据企业的实际需要进行与之相匹配的教学环境设计与实施,企业投入部分实训设备并派遣一支常驻学校的企业教师团队,与学校共同负责学院的招生与宣传,并可按照一定比例计提学生学费,学校将企业教师与校内教师进行混编,校内教师负责常规专业的授课,企业教师重点负责专业实训实践课的教授,从而实现校内的双主体育人。

(二)以往产教融合模式存在的问题

以往产教融合实践中存在一个共性的不足,就是职业院校与企业之间的合作基本停留在较为容易做到的表层,一些深层次问题难以解决,产教融合不能走深走实。具体表现为:

其一,企业参与积极性不高:企业在产教融合中的理性选择是,通过付出最小化的成本来获取最大化的收益,导致合作难以深入开展。[①]

其二,学生覆盖面不足:产教融合项目覆盖的学生数量有限,受益面偏窄,且在合作领域和培养层次方面存在局限性。

---

① 李炎炎、方益权、池春阳等:《打造产教融合新空间:市域产教联合体建设的理论基础、原则与优化路径》,《职教论坛》2024 年第 5 期。

其三,缺乏专门机构负责:大多数学校都是院系一级自发推动产教融合工作,缺乏学校层面的顶层设计和系统规划,导致企业优质资源未被充分利用。

其四,质量监控与评价机制缺乏:多数产教融合项目缺乏质量监控与评价机制,导致合作过程中难以产生最佳效果。

二、区域产教联合体的内涵和要素

（一）区域产教联合体的内涵和特点

区域产教联合体是一个以产业资源和教育资源丰富的产业园区为依托,由地方政府、产业园区、企业、学校和科研机构等利益相关者构成的共同体。这个共同体通过产教融合等实践活动,旨在培养人才、推动创新创业、促进产业经济的高质量发展。

区域产教联合体的功能框架包括人才培养、创新创业和促进产业经济高质量发展三个核心功能。这些功能需要各利益相关者根据其资源禀赋和优势,明确各自的角色和职责,共同推动联合体的高效运行。

区域产教联合体具有以下特点。

一是多元主体参与:区域产教联合体的建设需要政府、企业、院校、行业组织等多元主体共同参与,每个主体都扮演着育人和生产的双重角色。

二是资源整合:各主体之间在经济、社会、空间、文化等资源要素方面相互协调,将区域内的人才、技术、经济等各个要素紧密结合,实现整体效益的最大化。

三是实体化运作:这是区别于以往产教融合模式的突出特点,即这种联合体不仅是各个相关单位的合作,更是一个能够进行实体化运作的多元主体合作平台,有效推动各类主体深度参与职业教育。

四是政策支持:政府在联合体建设中起到主导作用,需要出台相应的政策文件,为联合体的建设和运行提供政策引导和支持。

五是人才共培机制:通过链接人力的方式将核心主体整合为资源共用、利益共享的命运共同体,满足学校人才培养的需要,同时为企业输送高端技术技能型人才。

六是共性技术服务机制:打通产品研发、技术创新、成果转移的链条,为园区企业提供技术咨询、技术评估、专利布局等服务。

(二)区域产教联合体的基本要素

1. 宏观层面要素

一是制度建设:包括要素类制度、保障类制度等,明确产教联合体发展目标,规范多元组织建制,整合内外资源赋能快速发展。

二是开放性和系统性:联合体具有开放性,资源要素面向内部开放共享,同时与外部如政府部门、行业协会、社会组织等建立联系。

三是组织治理机制:明确联合体内各主体之间的相互关系及各自权利范围,建立密切配合、协调联动的工作机制。

2. 中观层面要素

一是资源集聚:依托的产业园区总产值在本省份位于前列,以先进制造业、现代服务业、现代农业等为核心主导产业,并涵盖中职、高职等教育机构。

二是人才培养:龙头企业深度参与职业学校专业规划、人才培养标准、教材课程开发等环节,实现校企联合招生、联合培养等。

三是产业发展:建设共享技术服务平台,为园区企业提供技术咨询与服务,促进技术创新、工艺改进、产品升级。

四是保障条件:加大财政经费支持,吸引社会资本、产业资金投入,明确支持职业教育的金融、财政、税费、土地、信用等激励政策。

五是供给服务:联合体以服务产业和教育发展为导向,提供技术研发、生产工艺改良、社会人员培训等服务。

3. 微观层面要素

一是教育功能:通过专业与产业的对接、教学与生产的互动,促进学生知识和技术传承、创新,同时为弱势群体提供技能提升和学历教育。

二是文化功能:作为多主体共建的联合体,其内部治理既是一种制度安排,也是组织文化的反映,具有文化治理的重要作用。[①]

三、区域产教联合体的建设途径

(一)区域产教联合体建设的基本环节

区域产教联合体建设与运行需要经历许多必要环节,可从以下几个阶段中细分出具体节点。

1. 调研和规划阶段

一是市场调研与需求分析:开展区域市场调研,分析产业发展趋势和人才需求;确定区域内重点产业和紧缺人才类型。二是政策环境分析:研究国家和地方相关政策,为产教联合体建设提供政策依据和支持。三是制定战略规划:制定产教联合体的长远发展战略和阶段性目标。四是确定多方利益相关者参与:确定参与主体,包括政府相关部门、园区、教育机构、企业、行业组织等。同时,明确各参与主体的角色、责任和期望成果。

2. 确定各主体相互关系

一是整合资源:确定资源整合的方向和方法,包括资金、技术、人才和设备等。二是确定组织架构与管理体系:设计高效的组织架构,包括决策、执行和监督机构;制定管理体系和运作流程。三是确立合作协议与机制:各参与方共同签订合作协议,明确合作内容、权利和义务。建立合作机制,包括信息交流、利益分配等。

3. 实施人才协同培养

一是人才培养模式创新:结合产业需求,创新人才培养模式,如深化现代学徒制、细化工学交替等。二是确定课程体系与教学内容:更新课程体系,确保教学内容与产业需求对接。引入行业企业专家参与课程开发和教学。三是建设实训基地与实验室:与企业合作建立实训基地和实验室,为学生提供实践操作平台。四是创建技术研发与创新平台:建立技术研发中心,推动技术创新和成果转化。五是共同

---

① 杨小燕:《市域产教联合体:优势、困境与突破》,《教育科学论坛》2024 年第 15 期。

设立产学研合作项目：设计和实施产学研合作项目，达到科教融汇的中观实现。

4. 加强发展过程监控和随时改进

一是建立质量监控与评估体系：建立质量监控体系，定期评估教学和人才培养效果。二是持续改进与动态调整：根据评估结果和市场变化，不断调整和优化联合体建设策略。三是制定风险管理与应对策略：识别建设过程中可能遇到的风险，制定应对策略。

5. 注重品牌建设和可持续发展

一是规划品牌与文化建设：塑造区域产教联合体的品牌形象，建设特色文化。二是拓展国际视野与全球合作：引进国际资源，并创造条件"走出去"，提升国际竞争力。三是坚持服务社会：强化联合体服务社会的能力，承担社会责任。四是开展成果展示与经验分享：定期举办成果展示会，分享成功经验和案例。

（二）区域产教联合体建设的基本原则

区域产教联合体是产教融合治理体系、治理方式、治理效能的重大变革，要求破解职业院校在产教融合、校企合作上的堵点、痛点、关键点和着力点。

1. 疏通堵点

堵点主要体现在企业共建区域产教联合体的内生动力不足，产教联合体内部协调运转机制不畅，产教联合体成员间责、权、利界限不清等方面。企业内生动力不足主要是因为产教融合惠企政策没有得到很好的落实。按照国家相关规定，参与校企合作的企业按照有关规定，享受相关财政、金融、税收和用地等优惠政策。鼓励金融机构为校企合作提供相关信贷和融资支持，但在实际执行中还有许多具体工作难以落实到位。运转机制不畅主要是因为产教联合体没有建立起规范化、实体化运行的组织机构，产教联合体理事会很多时候处于"理"而不"会"或"会"而不"理"的状态。责、权、利界限不清的主要原因在于产教联合体建设没有具有实操性的规范性文件可供参照，各参与主体在产教联合体内的地位、作用发挥实际存在着差异所致。

2. 消除痛点

职业学校只有在整合资源优化布局、加强职业学校基础设施建设、优化职业学校师资队伍建设、改善职业学校教学条件、多渠道筹措办学经费等方面发力,力争达标,使得职业学校"小、散、弱"的发展痛点得以根本性消除,才能在产教联合体建设中占有一席之地,从而体现出自身的内在价值。

3. 紧盯关键点

从职业学校的角度,建设产教联合体是为了学校的发展,但要做到这一点,关键是要提升职业学校的关键办学能力,或者说是增强为产教联合体的服务能力。为此,必须优化专业布局,对应社会紧缺的、国家优先发展的专业进行系统化建设,输出高素质技术技能型人才;结合"智改数转"发展要求,实施智慧教育,实现优质数字化教学资源共享,推动教育教学与评价方式变革;围绕"职教富民"目标,强化技术技能培训的广度与深度,服务全民终身学习和技能型社会的建设。结合校情,针对关键领域提升产教融合工作的质效,为产教联合体建设提供持续的动能;通过产教融合,聚焦教师能力提升,锻造优师队伍;聚焦课堂革命,打造"生态课堂";聚焦创新创业,形成典型工作案例;聚焦国际交流合作,提供职教品牌。

4. 明确着力点

完善区域产教联合体建设的顶层设计,制定科学的建设标准。构建利益共赢机制,联合体成员形成一致的发展愿景,克服人力资源融合度整体水平不高、建设财力资源投入不足、运行体制机制不合理等问题,以命运联合体思维推进产教联合体建设。特别注重形成区域产教联合体的组织文化,通过职教文化的浸润涵养,生成组织的价值观念、精神追求,创新组织成员谋事干事的思维方式。形成组织的知识体系和工作成果以及工作绩效的评价考核机制。通过成效实评、数据综评、网络测评、舆论社评、第三方它评等过程性评价,检验产教联合体建设情况。[①]

四、典型案例介绍

区域产教联合体建设是一个新事物,可以通过典型案例的介绍,进一步明确

---

① 贺伟:《我国现阶段市域产教联合体建设政策文本研究——基于政策工具视角的分析》,《江苏高职教育》2024 年第 24 期。

其建设思路。

深圳市域产教联合体是一个以深圳职业技术大学为牵头学校,华为技术有限公司为牵头企业,深圳市高新技术产业园区为依托园区的联合体,成功入选了国家第一批 28 个市域产教联合体名单。

该联合体的构成十分广泛,涵盖了深圳市的多个政府部门,如科技创新委、发展改革委、工业和信息化局、财政局、人力资源保障局等,以及南山区、宝安区、龙岗区、坪山区、龙华区政府。还包括比亚迪、腾讯等 31 家标杆企业,14 所中、高、本职业院校,10 家研究机构,以及多家行业协会和社会组织。

深圳职业技术大学在产教融合方面不断深化,与华为、比亚迪、大疆等龙头企业合作,建立了 18 所特色产业学院,这些学院在培养技术技能人才方面发挥了重要作用。

未来,深圳市域产教联合体将对接国家重大战略和深圳市"20+8"产业集群,以"国家急需、世界一流、制度先进、贡献突出"为总体要求,探索产教联合体建设模式,力争成为产教融合、科教融汇机制创新的试验田,技术技能人才培养的先行区,突破"卡脖子"技术的示范区,以及深港科教资源融通的桥头堡。

该案例展示了市域产教联合体如何通过校企合作、产学研结合、政策支持和创新机制,实现教育资源与产业需求的有效对接,从而推动区域经济的高质量发展。

课题承担单位:天津海运职业学院

主持人:王皓

执笔人:杜向然

课题组成员:刘楠、石琳、郭立娜、李强、金柳柳

/ 第八章 /

▼

行业产教融合共同体建设

建设行业产教融合共同体,是教育部印发的《关于加快推进现代职业教育体系建设改革重点任务的通知》中明确要求的 11 项重点任务之一,对未来一个时期职业教育的发展具有重要意义。关于行业产教融合共同体的建设和相关研究,已有一些案例和论文。本研究在这些已有实践和研究的基础上,提出行业产教融合共同体建设的思路和要求,助力行业产教融合共同体的健康发展。

一、有关行业产教融合共同体建设的研究成果

通过查阅相关文献,在理论基础与概念界定研究方面,有学者认为,产教融合共同体的理论基础主要涉及共生理论、网络治理理论和协同创新理论。李梦卿等指出,共生理论强调不同主体间的相互依存与互惠共生关系,为产教融合共同体提供了理论支撑。共生理论强调学校、企业和社会的相互合作和互动,通过密切合作和资源共享,为学生提供真实世界的学习环境和实践机会。[1]

在产教融合共同体发展路径方面,汤慧芹等的研究从政策供给和财政支持角度,强调了政府在共同体建设中的引导作用,明确行业企业在共同体发展中的主体功能。[2]丁海昕在其研究中分析了交通运输职业教育产教融合共同体建设的路径,提出了从制度建设、网络平台创建、命运共同体打造、优势互补等方面的建设策略。[3]李玉倩在其研究中强调了产教融合共同体在新质生产力视角下的建设逻辑

---

[1] 李梦卿、陈姝伊:《行业产教融合共同体建设的问题防范与推进策略》,《教育发展研究》2024 年第 1 期。

[2] 汤慧芹、周斌:《产教融合共同体建设:形态演进、现实审视与路径优化》,《中国职业技术教育》2024 年第 3 期。

[3] 丁海昕:《交通运输职业教育产教融合共同体建设路径研究》,《中国水运》2024 年第 2 期。

与路径,认为共同体建设应遵循新质生产力发展的使命,通过技术技能人才培养、技术协同创新平台搭建和产教融合国际化发展,整合创新资源,推进共同体高质量发展。[①]

行业产教融合共同体的研究涉及多个层面,包括理论探讨、政策分析、实践路径和治理结构等。研究者们普遍认为,产教融合共同体的建设对于促进教育链、人才链、产业链、创新链的有机衔接具有重要意义,是新时代职业教育服务经济社会发展战略性路径,也是职业教育供给侧结构性改革的战略性举措。未来研究应进一步深化对产教融合共同体运行机制、政策支持、国际经验借鉴等方面的探讨,以推动产教融合共同体的高质量发展。

二、行业产教融合共同体对以往产教融合体形式的超越

行业产教融合共同体是由龙头企业和高水平高等学校、职业学校牵头,联合行业组织、学校、科研机构、上下游企业等共同组建的,跨区域汇聚产教资源,能够有效促进产教布局高度匹配、服务高效对接、支撑全行业发展的产教融合新型组织形态,它是对传统产教融合模式的一种创新和升级。

(一)传统产教融合发展模式发展的四个时期

1. 校企合作(20世纪五六十年代)

新中国成立以来,我国职业教育始终承担着为社会发展建设输送技术技能人才的重要使命。20世纪五六十年代,国家开始推动校企合作模式,旨在降低职业院校的运营成本、提升学生的职业素质。1958年,时任中共中央副主席刘少奇在《我国应有两种教育制度、两种劳动制度》的讲话中指出:"我们国家应该有两种主要的学校教育制度和工厂农村的劳动制度。一种是现在的全日制学校教育制度和现在工厂里面、机关里面八小时工作的劳动制度。这是主要的。此外,是不是还可以采用一种制度,跟这种制度相并行,也成为主要制度之一,就是半工半读的学校教

---

① 李玉倩:《新质生产力视角下行业产教融合共同体建设逻辑与路径》,《南京社会科学》2023年第12期。

育制度和半工半读的劳动制度。就是说,不论在学校中、工厂中、机关中、农村中,都比较广泛地采用半工半读的办法。"这一理论设想为职业教育的校企合作模式埋下萌芽的种子。随后,校企合作模式在职业教育体制内普遍推广,主要是企业与学校之间的简单合作关系,企业为学校提供资金支持或者建立奖学金,开办厂中校、校中厂、订单班,双方共同开发课程、实习项目等,共同为学生提供更加全面的教育资源和实践机会。这种模式不仅服务于职业院校高质量人才的培养,还要满足企业盈利的本质,但学校和企业均以个体的形式进行合作,合作目标较为单一,具体的合作形式主要是为满足学校的育人需求和企业的用人需求。

2. 借鉴"双元制"教育(20世纪末期)

"双元制"教育是源于德国的一种职业培训模式,距今已有几百年的发展历史,它是指企业和职业学校共同为办学主体的职业教育模式:学生既要在学校学习专业理论知识,同时还要在企业中接受职业技能实践培训,学生在学校和企业之间交替学习,理论教育与技能操作紧密结合,有效解决了理实脱节的教育痛点。其中,企业内的实训场地分为专为培训设置的实习车间和实际的生产车间,受训者在企业接受培训的时间约占整个培训时间的70%左右,企业培训主要使受训者更好地掌握"怎么做"的问题;职业学校以理论教学为主,主要解决受训者在实训技能操作时"为什么这么做"的问题,教学时间约占整个培训时间的30%左右。"双元制"为代表的德国职业教育,是成就德国世界强国地位和保持富裕水平最为重要的手段。19世纪末期德国工业化之时,主要凭借的就是发展职业教育培养的大批高素质的技能人才,使德国在工业化进程远远落后于英法等国的情况下,实现快速赶超并跻身于发达国家行列。

20世纪末期,为学习借鉴德国"双元制"职教经验,我国开始试行"双元制"教育,自1982年起,在无锡、苏州、常州、沙市、芜湖和沈阳六市由国家教委立项进行"双元制"职业教育模式试点。"双元制"职教模式体现了职业技术教育的特点和规律,充分发挥了企业在职业教育过程中的角色作用,明确了职业院校发展中的企业意识,有效促使学校加快从封闭型向开放型转型,促进了教育与经济更加紧密地结合。进入21世纪,我国职业教育发展趋于多元化,具有产业特色、行业特点的办学模式更加适应社会经济发展需求,德国"双元制"教育为我国职业教育发展提供有力的经验支持,但"双元制"教育在我国职业教育推广过程中还是出现水土不服,两国之间的职业教育模式差别、学历认知不同、职业价值观差异等都影响"双元制"教育在我国普及,需要探索具有中国特色的职业教育模式。

3.产学研结合(20世纪末期至21世纪初)

随着科学技术迈向更高水平,互联网技术广泛普及,产业升级对于科技创新需求不断增加,产学研结合开始受到重视。产学研合作,本质上是在共同的利益目标驱动下,企业、高校及科研院所之间通过相互供求关系实现市场中各类创新要素的重新组合与优化配置。在这一过程中,企业、高校及科研院所充分发挥各自在创新方面的资源和能力优势,相互合作,实现创新的协同效应与放大效应。因此,产学研合作是产学研各方在自愿基础上开展的互利合作,各方主体既基于自利的动机主动推动合作,也受到利他的压力积极参与合作,共同形成平等合作、互利共赢的创新联合体和利益共同体。

产学研合作模式在我国主要经历了三个阶段:

(1)探索阶段:1985年《中共中央关于科学技术体制改革的决定》,确立了"经济建设必须依靠科学技术、科学技术工作必须面向经济建设"的战略方针,确定了我国产学研协同创新要面向经济建设的基本原则。1992年,国家经贸委、教育部、中科院联合发起"产学研联合开发工程",致力于构建企业、高校、科研院所之间的合作机制。政策的推动让企业与科研院所和高校积极运作,全国技术交易市场快速增长,许多高校纷纷创办校办企业,产学研协同获得初步发展。在这一阶段,政府对产学研各方的合作发挥着指导、推动和管控的职能,是产学研合作的主导者。

(2)快速发展阶段:中共中央、国务院于1999年印发《关于加强技术创新,发展高新技术,实现产业化的决定》,提出"促进企业成为技术创新的主体,全面提高企业的技术创新能力""加强企业与高等学校、科研机构的联合协作"。2006年,科技部、财政部、教育部等六部门共同成立"推进产学研结合工作协调指导小组",为我国产学研合作提供了更为坚强的政策指引和制度保障。2011年国务院实施"2011 协同创新中心计划",支持一批重点高校联合企业建立面向科学前沿、文化传承创新、行业产业、区域发展的协同创新中心,协同创新的政策体系和运行模式更趋稳定成熟。这一阶段产学研协同创新的突出特点是合作研发逐渐兴起,协同创新的形式呈现多样化。这一阶段产学研合作的主导者更多由高校和科研院所扮演,使得高校成为产学研合作中的积极组织者和直接领导者,并在很大程度上决定着产学研合作的方向和模式。

（3）转型升级阶段:2012 年中共中央、国务院印发《关于深化科技体制改革　加快国家创新体系建设的意见》,明确提出企业在技术创新中的主体地位,要求建立企业主导产业技术研发创新的体制机制,加快建立企业为主体、市场为导向、产学研紧密结合的技术创新体系。在这一背景下,国家级协同创新中心、国家级自主创新示范区、全国重点实验室、国家实验室及各地方政府主导建设的实验室等模式迅速发展,产学研协同创新的载体更加丰富,同时也逐渐明确了企业的主体地位。党的二十大报告提出"加强企业主导的产学研深度融合,强化目标导向,提高科技成果转化和产业化水平"。由此可见,我国产学研合作中企业逐步由主体地位跃升至主导者地位。

产学研合作模式下较好地发挥了教育机构、企业和科研院所的主体功能,在人才培养方面有效利用各方资源优势,促进理论与实践、科研与应用的紧密结合,形成三方共赢的利益共同体。但在项目推进过程中,成果转化、资源共享、利益分配等仍会影响合作关系。

4. 职业教育集团化办学（21 世纪初期）

随着社会生产力提升对于高水平技术技能人才需求与日俱增,与行业产业紧密关联的人才培养模式更加受到用人单位青睐,系统化和组织化的产教融合形式更加符合教育机构与社会发展的共同目标,即由多个教育机构与企业形成联盟或集团,可以共同分享资源和协调教育项目,建立优势互补的课程体系和培训科目,以此来提升教育质量,为行业输送优质的人力资源。

2002 年之后,中央和地方政府开始加强对集团化办学的宏观指导,将集团化办学作为新时期发展区域经济、盘活职业教育资源的重要教育战略。2004 年《教育部等七部门关于进一步加强职业教育工作的若干意见》提出，"要充分发挥骨干职业院校的带动作用，探索以骨干职业院校为龙头、带动其他职业学校和培训机构参加的规模化、集团化、连锁式发展模式"。2005 年，国务院《关于大力发展职业教育的决定》提出"推进公办职业学校资源整合和重组，走规模化、集团化、连锁化办学的路子"。2010 年《国家中长期教育改革和发展规划纲要》提出，支持一批示范性职业教育集团学校建设，促进优质资源开放共享。2015 年《教育部关于深入推进职业教育集团化办学的意见》确立了职业教育校企合作形态，包括订单培养、半工半读、顶岗实习、集团化办学、现代学徒制等。

职业教育集团化办学模式是建立在校企合作、产学研融合基础上的产教融合模式，截至 2021 年 12 月，全国共组建约 1500 个职教集团，吸引约 3 万家企业，覆盖了 90% 以上的高职院校、近 50% 的中职学校，涵盖 100 多个行业部门。在如此大体量的高职院校、中职学校与企业进行集团化联合管理运作过程中，各主体价值诉求与集团整体目的之间、不同主体的利益诉求之间都存在着知与行、建与用、责与利等方面的矛盾。成员体量大，利益共享、风险共担的主观意识有限，各方积极性难以保持热度，在建设过程中容易出现校热企冷，投入与产出失调的情况。

（二）行业产教融合共同体的基本要素

为有效推进现代职业教育体系建设改革，教育部于 2023 年 7 月出台《关于加快推进现代职业教育体系建设改革重点任务的通知》，明确提出要"打造行业产教融合共同体"，进一步明确了行业产教融合的建设模式和运行机制。建设行业产教融合共同体不仅是对前一时期产教合作模式的再优化、再提升，是为了更好地适应经济发展新需求，促进行业高质量发展，满足现代化的人才和技能需求。

1. 共同体合作单位形成目标价值共识

与以往产教融合模式中职业院校占主导地位不同，行业产教融合共同体是在职教领域，由龙头企业、高水平高等学校、职业学校牵头，发挥行业组织的桥梁纽带作用，连接政府、学校、科研机构、上下游企业等，形成多方平等协商、共同参与的跨区域组织。行业主导、多方参与的产教融合共同体能够有效达成目标价值共识，各方参与成员均能够明确融合之目标、建设之方向，各方利益均能够有效实现,各方资源均可以互相共享,从而能够在整体视角下广泛参与共同体工作,避免了华而不实的运行体制。龙头企业在产业建设和社会经济发展中占有重要地位,以其独有的资源优势在产教融合过程中能够提供有力支撑;高等教育与职业教育在我国教育体系中的错层发展,塑造了两者之间不同的建设路径,高等教育的科研创新和职业教育的技能培养在产教融合过程中都是行业产业发展所必备的关键因素。因此,三者牵头建立的共同体能够最大化发挥各自优势,实现多方主动参与、互利共赢的稳定合作关系。

2. 建立责任共担机制的共同体产教互动

产教融合共同体的建设目的在于充分调动成员单位参与产教互动,各单位发挥其所在领域优势为共同体建设注入活力。行业产教融合共同体明确了组织主体,能够有效避免校热企冷、行业反哺教育的利益分担不均等情况。共同体明确各方的责任范围:细化各自在合作过程中的角色、职责和权利,以及可能面临的风险。通过制定详细的合作协议或责任划分表,确保各方对自身的责任有清晰的认识。加强沟通与协作:建立有效的沟通渠道,促进各方之间的信息共享和协作,鼓励各方积极参与决策过程,共同制定合作策略和建设方向。完善法律保障:完善相关法律法规,为责任共担机制提供有力的法律保障,通过制定明确的责任划分、纠纷解决机制以及违约责任等条款,确保各方在合作过程中的权益得到保障。制定风险管理措施:确保在风险发生时能够迅速、有效地应对,这有助于共同体的建设目标更加全面,既承担政府参谋职能,为政府决策提供支撑;又承担行业管理职能,负责行业内部的沟通协调和规范运作;还承担企业服务职能,为企业提供技术、咨询、培训等服务,形成三方互利共赢的良好局面,既支撑高素质技术技能人才培养,又服务行业企业技术改造、工艺改进、产品升级,共同体形成了良性互动关系,从而实现共同目标和利益的最大化。

3. 打造人才共育模式的课程开发与更新

人才培养的目的在于向社会发展输送符合行业产业升级所需的人力资源,在设计培养方案过程中,学校需充分考虑行业发展需求。行业产教融合共同体的建设能够有效解决区域壁垒问题,共同体能够同题共答,龙头企业代表了行业产业发展现状,是技术升级的第一梯队,对于高质量人才培养的需求最为旺盛。学校依托共同体能够多方参与共同制定符合行业需求、产业标准的课程体系,更新旧版的培养内容,切实保证人才培养方向的准确性和有效性,保证了行业发展的人才需求,提高了专业建设水平,增强了毕业生的就业竞争力。

4. 开展针对性强、应用性广的行业技能培训

职业院校办学体制仍以行业办学为主,其优势在于能够紧紧围绕行业需求开展教育教学工作,而行业产教融合共同体能够充分利用学校的教育资源和社会服务功能,为企业现有劳动者开展专业技能培训。学校能够根据产业需求定制化培训包,在此过程中,企业能够充分提高技能人才水平,有效匹配产业升级带来的技术技能要求。另一方面,开展培训的学校师资队伍能够充分了解现阶段的行业发展方向,有助于调研实际生产过程中的教学实例,为在校生开展教学提供工作场景实例,此要素能够提升共同体成员单位的综合实力。

5. 实现共同体优质资源共享

行业产教融合共同体的建设基础在于各成员单位能够积极参与组织建设,充分发挥各自所在领域的优质资源。学校的教育资源如师资队伍、科研场所、实验设备等能够为企业提供技术升级、非学历提升的场所;行业的企业资源如生产设施、实习场所等都能够为人才培养提供有力支撑;跨区域、跨领域、跨学科的资源协同共享,能够有效整合更广阔范围内的行业资源,有助于最大化发挥资源的内涵优势,为产业高质量发展提供动力。

6. 推动技术开发与创新

通过行业产教融合共同体,行业企业在人才培养、技术攻关等方面能够起到主导作用,在组织运行过程中,能够有效联合产业链上下游企业,实现深度合作,组织成员之间能够充分发挥各自优势,联合开展技术攻关。从多个维度进行深化和健全成果利益共享体系,明确共享目标和原则:确保产教融合的成果能够公平、有效地惠及所有参与方,包括企业、学校、行业组织等,确立共享的基本原则,以确保各方利益得到合理保障;识别利益主体和贡献度:识别并明确所有利益主体,评估各主体在产教融合过程中的贡献度;建立合理的利益分配机制:根据各主体的贡

献度和角色定位,建立合理的利益分配机制,确保各方都能从产教融合中获得实际利益。为此,天津市出台的《天津市职业教育产教融合促进条例》以政策为引领,支持和引导学校、行业企业、科研机构围绕产业关键技术、核心工艺开展协同创新。同时明确,职业院校要将企业生产一线实际需求作为工程技术研究选题的重要来源,服务企业技术升级和产品研发,建立协同创新和成果转化的合作机制,促进创新成果和技术产业化。

三、行业产教融合共同体的建设路径

行业产教融合共同体作为新形势下产教融合发展的新思路,捕捉到了教育和行业间紧密的融合和协作动态,为职业教育体系建设提供了更加多元的发展模式,"金专、金课、金师、金地、金教材"就是产教融合共同体要做的五个新时代职业教育和高等教育的新基建任务。

在国家政策支持下,各行业领军企业、高水平教育机构积极推进行业产教融合共同体建设。为提高乡村医疗卫生水平,加强基层医疗卫生队伍建设,华中科技大学、华中科技大学同济医学院附属同济医院、湖北三峡职业技术学院、天津医学高等专科学校牵头组建全国乡村医疗卫生行业产教融合共同体[1],立足乡村医疗卫生领域,开发教学资源,拓宽乡村医疗卫生队伍建设渠道,培养更多的医疗卫生人才;推动产教融合、科普融汇,促进医疗技术的创新与应用;提高乡村医疗卫生服务能力,满足居民基本医疗卫生需求;建立乡村医疗卫生队伍培训转换机制,培养常驻不走的乡村医疗卫生人员;探索人才培养与使用供需平衡机制。与此同时,在全国卫生健康职业教育教学指导委员会指导下,宁波市跨区域汇聚行业龙头企业、高水平大学、职业院校、行业组织的产教资源组建的全国健康养老行业产教融

---

[1] 2024年4月12日,湖北宜昌,全国乡村医疗卫生行业产教融合共同体正式成立,旨在促进人才共育、资源共享、产教融合、科教融汇、职普融通,助推乡村医疗卫生人才培养和质量提升。

合共同体[①],能够有效促进教育链、人才链、产业链和创新链的融合发展,有助于推动健康养老类职业院校和行业企业联合育人,能够为各行业打造优势产教融合共同体提供可借鉴的模式范本。行业产教融合共同体建设,主要节点包括:

一是做好需求分析与定位。共同体建设必须明确行业需求、发展趋势和人才培养目标,找准行业发展与人才培养的作用关系,在建设过程中牢牢锚定建设目标,分析产业发展和教育资源,确定共同体的发展方向和专业领域。以上两个行业产教融合共同体就是瞄准健康产业中的乡村医疗卫生领域和健康养老细分市场,准确识别乡村医疗卫生短板现状以及养老行业万亿级市场需求,其对于乡村医疗人才队伍素养提升的迫切需要、从事养老产业工作的人力资源需求旺盛。共同体跨区域共享教育资源,打造专业资源库,有助于培养适应性强、匹配度高的人才队伍。

二是打造创新人才培养模式。行业产教融合共同体是以服务行业发展为契机,紧紧围绕行业需求推进产教协同。还是以医卫行业为例,老龄化社会面临着巨大的服务缺口,健康养老行业的发展能够有效缓解社会面压力,共同体客观分析行业发展趋势,依托专业群、产业学院创新人才培养模式,采用行业产教融合共同体支撑下的校企"联合招生、联合培养"的现代学徒制模式,加强教学技术融合、科技融合,通过建设专业教学资源库、精品在线开放课程、虚拟仿真实训基地等方式,实现共同培养、共同选题、共同评价育人模式,培养高素质复合型技能人才;联合开展乡村医疗卫生人才培养,共同体内建立人才供需平台,整合企业人才需求数据、学校人才培养数据和社会培训需求数据,实现人才供需的匹配。医疗机构招聘向共同体内学校倾斜,加大临床实习和就业岗位供给,实现教学与基层医疗工作同步、实习与就业联体,推动"五医联动、问题导向、学科融合、健康促进"为主导的人才培养模式的改革与创新。

三是建立成果转化应用服务平台。为更好地服务行业发展,提升技术技能人才培养质量,充分发挥高水平高校科研能力优势和行业成果转化平台功能,共同体

---

① 2023 年 10 月 26 日,浙江宁波,全国健康养老行业产教融合共同体正式成立,旨在坚持健康养老政行企校"共同建设、共同管理、共享成果",实现共同体资源共享和优势互补,促进政校行企深度融合,助推企业行业和科研机构打造一批行业产业领先成果。

建立技术创新中心,全面获取行业领域技术成果和前沿知识,为学生和教师提供有效的学习空间,为教学资源的动态更新提供的数据支撑,同时发挥共同体产学研用的合作机制,开展符合行业发展需求的课题研究,并通过实体转化服务于产业技术应用升级。

四是推动效果评估与运行机制优化。共同体成员单位之间应以《章程》为约束,明确各方的资源投入与合作产出回馈,有效化解政行校企之间的利益壁垒。共同体牵头单位应主动作为,建设过程既是对合作模式的新探索,也是对成员单位发挥作用的新挑战,成员单位应严格履行章程限定义务,积极参与共同体建设;充分发挥教育行政部门和行业归属行政单位的指导作用,定期开展会商研判,了解政策环境,准确把握共同体的建设方向;理事长单位有义务组织评价小组,针对共同体各项任务定期开展运行效果评估和考核,形成客观的考核评价指标体系,建立增补退出机制,从而激发成员单位的积极性。

课题承担单位: 天津医学高等专科学校

主持人: 王洪新

执笔人: 王洪新

课题组成员: 杨静、张婧媛、李昌运、翟炜翔、王钰铭、王德银、张彦文、马菲菲

/ 第九章 /

▼

开放型区域产教融合实践中心建设

建设开放型区域产教融合实践中心是当前职业教育改革的重要着力点,其目标是通过深化产业与教育的融合,促进人才培养与产业需求的精准对接,满足企业对高素质技术技能人才的需求,进而推动区域经济的高质量发展。在各级政府、行业协会、企业和职业院校的共同参与下,目前在全国各地已启动实践中心的建设工作,并初步形成了新的治理结构和运行机制,可望通过未来的探索而不断完善。

一、开放型区域产教融合实践中心的基本问题

（一）开放型区域产教融合实践中心的由来

1.发展历程及政策演变

重视学生职业技能与职业素养的培养是职业教育明显区别于普通教育的重要特征之一。20世纪90年代末,许多职业院校就开始探索与企业共建校外实训基地,营造真实的职业训练环境开展实训课程,这种校企合作共建、双方协同运营,面向在校学生课程实践的校外实训基地是开放型区域产教融合实践中心的雏形。

在很长一段时间里,校外实训基地在提高人才培养质量和促进产业发展、服务国家战略等方面发挥了积极的作用。随着我国经济由高速增长阶段转向高质量发展阶段,职业教育与区域经济动态匹配、互动发展,产业需求与人才培养有机衔接成为现代职业教育体系建设的关键。2014年6月,国务院印发了《关于加快发展现代职业教育的决定》,明确提出了深化产教融合的要求。2017年,习近平总书记在十九大报告中提出"要深化产教融合"。2022年新修订的《中华人民共和国职业教育法》明确规定:"政府应当加强职业教育实习实训基地建设,组织行业主管部门、行业组织、企业等建设高水平、专业化、开放共享的产教融合实习实训基

地。"2022年10月,习近平总书记在二十大报告中提出"统筹职业教育、高等教育、继续教育协同创新,推进职普融通、产教融合、科教融汇,优化职业教育类型定位"。同年,中办、国办印发《关于深化现代职业教育体系建设改革的意见》,首次提出建设开放型区域产教融合实践中心。

2. 开放型区域产教融合实践中心的内涵

《关于深化现代职业教育体系建设改革的意见》,将建设开放型区域产教融合实践中心作为重点建设任务予以强调,对该实践中心的建立提出了明确要求:"对标产业发展前沿,建设集实践教学、社会培训、真实生产和技术服务功能为一体的开放型区域产教融合实践中心。"结合深化职业教育改革、推进职业教育高质量发展的时代要求,目前对于开放型区域产教融合实践中心的定义,相对完善的一种说法可以概括为:对标产业发展前沿,由政府、企业、科研单位、学校多方参与,集实践教学、社会培训、真实生产和技术服务功能于一体,汇集区域产教资源,聚焦行业紧缺高技能人才培养、聚焦生产经营过程中关键问题的协同创新,重视参与过程的共建性和产出成果的共享性,推进教育、科技、人才一体化发展的一种新型职业教育组织形态[①]。

（二）开放型区域产教融合实践中心的类别

根据建设主体不同,开放型区域产教融合实践中心可分为三种建设形态。

1. 公共实践中心

公共实践中心是以政府主导、多渠道筹措资金、吸纳高水平职业院校、行业龙头企业建设的公共实践中心。政府从人才和资源配置者的角度,引导高水平职业院校参与企业技术改造、工艺改进、产品升级,为区域重点行业领域培养适应新技术、新业态、新模式的高素质技术技能人才。

2. 企业实践中心

作为产业发展的主力军,企业更了解市场需求变化,更接近于真实的产业发

[①]《开放型区域产教融合实践中心建设指南》,现代职业教育体系改革管理公共信息服务平台,2023年7月29日,https://zj.chinaafse.cn/c/2023-07-29/1831.shtml。

展需求,也代表着先进的技术技能水平。[①]企业实践中心主要是以企业为主导,一方面要通过整合自身先进的生产实践资源,为职业院校实践教学、其他社会成员的技能培训等提供最真实的生产场景,推进教育链与产业链的有效衔接。为保证实践中心能够长期高效运营,实践中心还要充分利用国家金融政策,并发挥政府统筹协调功能,通过向政府出售服务等方式,提升实践中心育人成效。

3.学校实践中心

学校实践中心是以职业院校为建设主体,通过有效利用国家产教融合相关政策文件,建立灵活多样的利润分成及激励机制,吸引行业、产业龙头企业参与共同建设。通过"校中厂""厂中校""虚拟仿真实训基地"等实践教学组织形式,建立集教学、实训、培训、科研、竞赛、科普等功能于一体的一个实体单位。通过引入企业实际生产,为学生营造真实实训环境,借以整体提升专业建设水平和人才培养质量,有效服务职业学校学生实习实训和企业员工培训、产品中试、工艺改进、技术研发等。

(三)开放型区域产教融合实践中心的特征

开放型区域产教融合实践中心一般具有以下特征:

1.服务面向的区域性

区域性是开放型区域产教融合实践中心的基本特征之一,这源于职业教育服务区域经济发展的属性,产教融合实践中心亦应服务于区域支柱产业、关键领域的发展。也正因如此,产教融合实践中心必须是汇集了区域内的产教资源建设而成的,在政府搭台、政策引领、市场驱动下,将企业、学校、科研单位等多元主体的生产、教育资源与要素集聚在一起进行有效组织与整合,从而提高职业教育对区域经济社会发展的人才支撑能力、知识贡献能力和科技成果转化能力,促进区域经济社会的高质量发展。同时,产教融合实践中心也是市域产教联合体和行业产教融合共同体的一个重要载体。

---

① 王伟、陈正江:《加快建设开放型区域产教融合实践中心》,《人民政协报》2023年6月21日第10版。

2. 参建主体的多元性

政府、学校和行业企业等不同利益主体参与产教融合实践中心的协商、合作、决策和控制,是产教融合实践中心的另一个基本特征[①],也是职业教育多元办学的重要体现。新修订的《中华人民共和国职业教育法》鼓励除教育部门之外的行业主管部门、企业、事业单位等主体以多种形式举办职业教育,尤其是让企业能够发挥办学主体作用。在《开放型区域产教融合实践中心建设指南》中明确了三种开放型产教融合实践中心的建设形态:由政府牵头建设的公共实践中心、由企业牵头建设的企业实践中心、由学校牵头建设的学校实践中心,无论哪一种中心的建设,都需要吸纳其他主体的资金、土地、设施、技术、人员等配置资源,同时也允许参与主体共同参与实践中心的决策制定、管理运行,最终形成多元参与共建共管、成果共享的一体化建设与运行模式。

3. 运行产出的效益性

产生效益、创造价值是开放型区域产教融合实践中心的又一个基本特征。在《开放型区域产教融合实践中心建设指南》中将"提升产出效益"作为实践中心建设的基础条件。为区域的支柱行业和关键领域提供人才、技术服务,协助解决行业生产问题,为行业提供技术创新、研发支持服务的过程中,实践中心必然产生具体的效益或价值;而在运行管理过程中,设备维护更新、基础耗材使用、人力资源经费这些投入也要求实践中心管理机构和制度健全,建立合理的成本分担机制,以便充分调动各类主体参与的积极性,保障可持续发展。

（四）开放型区域产教融合实践中心的基本功能

1. 实践教学

产教融合实践中心建设的核心任务之一,是培养产教融合型高质量的人才。所以实践中心必须依托其实际生产过程,开发实践教学项目,并将开发的典型项目面向区域职业院校学生开展实训教学。

为了真正实现学校培养的学生能够适应当代产业发展,实践中心要密切对接

[①] 雷世平等:《开放型区域产教融合实践中心的基本特征、功能定位与推进路径》,《职教通讯》2024 年第 2 期。

产业,让学生真正了解产业发展趋势和企业需求,增强对产业的认识和适应能力,为未来的就业和创业提供有力支持。并且通过组织实践教学,使学生能够将理论知识与实际操作相结合,提升专业技能水平,达到行业标准和要求。在职业素养的提升上,着重培养学生的团队协作精神、创新意识、安全生产意识和职业道德的综合职业素养,为未来的职业发展奠定坚实基础。

实践中心的建设,除了能够满足日常教育教学的需求外,还应具备引领和模范效应。实践中心首先应具有先进的设备、良好的基础条件,设备数量及实训工位应满足使用要求。这就需要校企深度合作,通过加强职业院校与企业的合作,引入企业先进的设备、技术,为实习实训提供坚实的基础保障。为确保学生专业技能的超前及培养质量,必须组建一支具有丰富实践经验和教学能力的结构化师资队伍,为学生提供专业的指导和帮助。为保证项目高效、可持续发展,还要建立完善的实践教学管理体系,包括人培方案及教学计划制订、教学过程监控、教学质量评价等方面,确保实习实训的质量和效果。

2. 企业真实生产

企业参与产教融合实践中心建设,最直接的目的就是为了更好地培养和储备人才。通过与职业院校的深度合作,企业可以为学生提供实习实训的机会,使学生在校期间就能接触到企业的实际工作环境和业务流程,从而培养出更符合企业需求的高素质技术技能人才。

在实训教学中,通过营造真实的工作场景和生产环境,使学生能够在实际操作中感受工作氛围,提高适应能力和解决问题的能力。为有效提升学生的专业技能,依托实践中心的真实生产项目,结合产业领域和实际生产过程,凝练、总结、设计一系列基于生产过程的实践教学项目,涵盖从原材料加工、产品制造到质量检测等各个环节。同时,为培养学生可持续发展能力,还应注重跨学科知识融合培养,将不同学科的知识和技能进行融合,使学生在实习实训中能够综合运用所学知识,培养综合素质和创新能力。

产教融合实践中心不仅是学生实习实训的场所,也是企业技术创新和研发的重要平台。企业可以借助实践中心这个平台,通过与学校、其他企业的合作,共享资源和技术,共同开展技术研发和创新活动,提升企业的核心竞争力。

参与产教融合实践中心建设的企业,可以在合作过程中展示自身的企业文化、品牌形象和社会责任感,从而提升品牌知名度和影响力。同时,通过与职业院校的合作,企业还可以吸引更多优秀人才的关注和加入。

企业可以通过提供资金和技术支持等方式,参与产教融合实践中心的建设和运营。具体可有以下几种方式:企业出资建设实训场地、购置实训设备,或者提供先进的生产工艺和技术指导,为实践中心提供必要的硬件和软件支持;企业与职业院校共同制订实习实训计划,学校安排学生到企业进行实习实训。在实习过程中,企业为学生提供专业指导和实践机会,帮助学生将理论知识与实际操作相结合,提升实践能力和职业素养。

3. 社会培训

开放型区域产教融合实践中心可通过多种方式满足社会培训需求。一方面,实践中心可以依据社会培训需求,设计涵盖多个领域和专业的培训课程。这些课程可以包括职业技能培训、行业知识更新、管理能力提升等多个方面,以满足不同行业、不同职位人员的培训需求。另一方面,实践中心还可以通过扩大培训服务范围,除了面向在校学生及企业员工,还可以面向社会大众提供培训服务。通过举办公开课、培训班、研讨会等活动,吸引更多人员参与培训,提高实践中心的社会影响力。

实践中心还可以利用现代数智技术和手段,如在线教育、虚拟现实、增强现实等,提供更为生动、直观的培训体验。同时,结合案例分析、模拟操作、角色扮演等教学方法,使培训更加贴近实际工作场景,增强培训效果。

为了确保培训质量,实践中心应建立科学的培训效果评估机制。通过对参训人员的培训前后对比、反馈意见收集等方式,评估培训的实际效果,并根据评估结果不断改进和优化培训课程和教学方法。

4. 技术服务

(1)实践中心通过深度产教融合,实现学校与企业在技术研发方面的紧密合作。这使得实践中心不仅是一个实践教学场所,更是一个技术创新的平台。学校与企业可以共享资源,共同开展技术研发和创新活动,将最新的科研成果转化为实际应用,从而推动产业升级和区域经济发展。

(2)实践中心在技术服务方面发挥着联系校企双方的桥梁作用。它一方面可以为企业提供技术支持和解决方案,帮助企业解决生产中的技术难题,提升企业的技术水平和竞争力;另一方面,实践中心也可以将企业的技术需求和行业趋势反馈给学校,促进学校的教学改革和科研创新,使人才培养更加贴近市场需求。

(3)实践中心还致力于推广和应用新技术。通过与企业合作,实践中心可以接触到最新的行业技术和趋势,将其引入教学和实践中,使学生能够掌握前沿技术,增强就业竞争力。同时,实践中心还可以面向社会提供技术服务和培训,推动新技术的普及和应用。

二、开放型区域产教融合实践中心的建设路径

(一)政府发挥主导作用

在开放型区域产教融合实践中心建设中,政府扮演着规划者、协调者、监管者和推动者的角色,其主导作用的发挥对于实践中心的顺利实施和长远发展至关重要。

1. 规划者与政策制定者

政府负责制定实践中心的发展规划,明确其建设目标、发展方向和预期成果。这包括对区域产业需求的深入分析,以及对教育资源的合理配置。政府需要制定相应的政策框架,为实践中心的建设和运营提供指导和支持。

2. 资金支持者与激励者

政府通过财政资金的投入,为实践中心的基础设施建设、设备采购、人才培养等方面提供必要的资金支持。同时,政府可以通过税收优惠、补贴政策、贷款贴息等方式,激励企业和社会各界参与实践中心的建设和运营。

3. 协调者与合作促进者

政府在实践中心建设中起到协调各方资源和利益的关键作用。政府需要促进

教育、产业、科研等不同领域的机构之间的合作,推动形成产教融合的合作网络。此外,政府还需要协调中央与地方、不同部门之间的政策和资源,确保实践中心的顺利建设和高效运营。

4. 监管者与评估者

政府负责对实践中心的建设和运营进行监管,确保其符合国家教育和产业政策的要求。政府需要建立评估机制,对实践中心的教育质量、服务效果、技术创新能力等进行定期评估,以确保其持续改进和发展。

5. 改革者与创新推动者

政府在推动实践中心建设的同时,还需要不断进行体制改革和机制创新。这包括探索新的教育模式、人才培养机制、技术转移和成果转化机制等。政府应当鼓励实践中心进行创新实践,推动教育和产业的持续发展。

6. 服务提供者

政府还需要为实践中心提供必要的公共服务,如信息服务、技术支持、法律咨询等。政府应当建立服务平台,为实践中心的建设和运营提供便利条件,帮助解决实际问题。

（二）建立效益产出机制

在开放型区域产教融合实践中心的建设和运营过程中,效益产出机制的建立和实施是确保项目成功和可持续发展的关键。

1. 明确效益产出目标

政府在制定支持实践中心的政策时,应明确具体的效益产出目标。这些目标应当与区域经济社会发展的需求紧密结合,确保实践中心的建设和运营能够为社会带来实际的价值和效益。例如:在人才培养目标方面,设定每年培养的技术技能人才数量,以及这些人才在区域就业市场中的占比;在技术创新目标方面,鼓励实践中心进行技术研发和创新,设定每年申请的专利数量、技术成果转化率等指标;在服务企业目标方面,明确实践中心为企业提供技术服务和解决方案的数量,以及帮助企业提升生产效率和产品质量的具体目标。

2. 建立绩效评价体系

为了确保实践中心的运营效果与投入相匹配,政府需要建立一个科学的绩效评价体系。这个体系应当包括一系列的量化指标,用于衡量实践中心在人才培养、技术创新、企业服务等方面的表现。例如:在教育质量指标方面,通过学生就业率、毕业生满意度调查、企业对实习生的评价等指标来评估教育质量;在技术创新指标方面,通过专利申请数量、科研成果转化率、与企业合作项目的数量等指标来衡量技术创新的成效;在企业服务指标方面,通过企业满意度调查、技术服务合同数量、企业生产效率提升等指标来评价服务企业的效果。

3. 合理分配收益

政府应当与实践中心的合作伙伴共同商定一个公平合理的收益分配机制。这个机制应当能够确保所有参与方都能从实践中心的运营中获得相应的回报,以激励他们持续投入资源和优化运营。具体措施可能包括:在利润分配方案方面,根据投资比例、风险承担程度和贡献大小,合理分配实践中心产生的利润;在激励措施方面,对于在人才培养、技术创新、企业服务等方面作出突出贡献的个人或团队,给予奖励或股权激励;在再投资机制方面,将部分收益用于实践中心的设施升级、技术研发和人才培养,确保其长期竞争力和可持续发展。

4. 风险共担

在实践中心的筹资和运营过程中,政府和合作伙伴应共同承担风险。这要求在合作协议中明确风险分担的比例和应对措施,确保在面临挑战时能够共同应对。具体措施可包括:在项目启动前进行详细的风险评估,识别可能的风险点,并制定相应的预防和应对措施;通过购买适当的保险产品,为实践中心的资产、人员和运营提供保障,降低潜在风险的影响;设立应急基金,用于应对突发事件和不可预见的风险,确保实践中心能够快速恢复正常运营。

(三)创新校企合作与共建共享

1. 校企合作模式创新

(1)开放的合作框架。开放的合作框架意味着实践中心不仅限于与特定企业或学校的合作,而是面向所有愿意参与的企业和教育机构。这种开放性鼓励更多的创新和多样性,使得实践中心能够接触到更广泛的技术和市场动态。例如,初创企业可以带来最新的技术理念,而传统企业则能提供市场深度和稳定性。学校也能根据企业的反馈和需求,及时调整教学大纲和研究方向,更好地服务于社会和产业的发展。

（2）动态的资源配置。实践中心需要根据产业发展的趋势和技术进步的步伐,不断调整其资源配置策略。例如,随着智能制造的兴起,实践中心可能需要增加对自动化和机器人技术的投资。同时,随着绿色能源的重视,实践中心可能需要与企业合作开发相关的教育课程和培训项目。这种动态配置确保了实践中心始终处于行业的前沿,能够为学生提供最新的技能培训。

（3）共享的人才培养平台。通过这个平台,企业不仅可以参与到课程的设计和改进中,还可以提供实习和就业机会,让学生在真实的工作环境中学习和成长。学校则可以提供理论研究和实验支持,帮助企业解决实际问题。这种双向互动不仅提高了教育的实用性,也为企业培养了符合需求的人才。

2. 共建共享实施策略

（1）构建联动共同体。联动共同体的构建涉及到政府、行业协会、企业、科研机构和院校等多方的参与。这种多主体的合作模式能够确保实践中心在资源、技术、市场信息等方面获得全面的支持。例如,政府可以提供政策和资金支持,行业协会可以提供行业标准和市场数据,企业可以提供技术和市场需求,科研机构可以提供研发能力和创新思维,院校可以提供人才培养和理论研究。这种多方联动共同体能够形成强大的合力,推动实践中心快速发展。

（2）共同治理的组织结构。共同治理的组织结构要求所有参与方在实践中心的管理和决策中都有一席之地。这种结构有助于确保各方的利益得到平衡和考虑,同时也增加了决策的透明度和公正性。例如,实践中心管理委员会可以由来自不同背景的代表组成,他们共同决定实践中心的发展方向、资源分配和项目选择。这种共同治理模式有助于建立各方的信任和合作,确保实践中心的稳定和可持续发展。

（3）人员优势互补。人员优势互补是通过校企之间的人员交流和合作来实现的。企业的技术专家可以到学校举办讲座和指导,分享他们的经验和知识。学校的教师和研究人员可以到企业进行研究和开发,将最新的科研成果转化为实际应用。这种人员优势互补不仅提高了教育和研究的质量,也加速了企业的技术进步和产品创新。

（4）文化互助合作。这里强调的是不同组织之间的文化交流和相互学习。通过共享各自的文化和价值观,各方可以更好地理解彼此的需求和期望,建立起更紧密的合作关系。例如,企业可以通过参与学校的文化活动和社区服务,加深对学校文化的理解,同时也将企业的文化和价值观传递给学校。这种文化互助合作有助于形成共同的目标和愿景,为在实践中心的长期合作奠定坚实的基础。

（四）保障体系与持续发展

为确保开放型区域产教融合实践中心的持续发展,建立一个全面的质量监控体系至关重要。该体系应包含多个评估维度,如教学质量、学生满意度、企业反馈和就业率等,以确保从不同角度对实践中心的运行情况进行全方位的监控和评价。通过定期的自我评估和第三方评审,实践中心能够及时发现并解决存在的问题,确保教育服务的质量始终保持在高标准。此外,鼓励学生、教师、企业代表和行业专家等多方利益相关者参与到质量评估中,不仅增加了评估的透明度和公正性,还有助于收集多元化的反馈,为实践中心的改进提供更全面的视角。

在持续优化方面,实践中心需要根据评估结果和社会反馈,不断调整和优化其建设策略和运行模式。这意味着实践中心应定期更新课程内容,以紧跟行业发展和技术进步的步伐,确保学生能够学习到最前沿的知识。同时,教师的专业发展同样重要,应鼓励教师参与行业培训和学术交流,以提升他们的教学能力和专业水平。此外,实践中心的设施和设备也应定期进行升级,以保证学生能够在最先进的环境中学习和实践。通过这些措施,实践中心能够不断提高教育质量,满足社会和行业的实际需求,实现持续改进和发展。

（五）开放型区域产教融合实践中心建设案例

以天津滨海新区高端装备产教融合实践中心建设为例,为建设开放型产教融合实践中心提供实践借鉴。

1. 对接产业需求与设定实训方向

紧密结合滨海新区的产业布局,特别是高端装备制造产业的发展需求,确保实训基地的建设和运营与区域经济增长点同步;定期与行业企业沟通,及时掌握最新的产业技术动态,调整和优化实训课程,使之符合企业的实际需求,提升学生的就业竞争力。

2. 整合资源与建设实训平台

充分利用天津滨海职业学院的教育资源优势,结合深之蓝和安卡尔的产业资源,共同投入资金和先进设备,打造集教学、研发、生产于一体的实训平台;建立符合行业标准的实训场地,配置高端装备制造相关的设备,如五轴加工中心、智能焊接机器人等,为学生提供接近真实工作场景的实训环境。

3. 开发实训课程与创新教学方法

与企业合作开发实训课程,将企业的真实项目和案例融入教学中,使学生能够在学习中直接接触到行业前沿技术和工作流程;采用项目导向、任务驱动的教学方法,鼓励学生主动学习,培养其解决复杂工程问题的能力,提高实训效果。

4. 服务社会培训与支持区域发展

利用实践中心的资源,开展面向社会各类人员的职业技能培训,包括但不限于五轴加工技能、智能制造等领域,提升劳动者的技能水平;通过高质量的社会培训服务,满足企业对专业技术人才的迫切需求,促进区域经济的可持续发展。

5. 技术服务与产学研用一体化

成立专门的技术服务团队,积极参与企业的技术改进和产品研发项目,将学校的科研成果转化为实际生产力;通过技术服务活动,加强学校与企业的联系,推动产学研用的深度融合,促进技术创新和产业升级。

6. 建立运营机制与保障持续发展

成立由校企共同参与的理事会,负责实践中心的战略规划和日常管理,确保实践中心的高效运作和质量控制;制定一系列运营管理制度,包括资金管理、项目评审、效果评估等,确保实践中心的长期稳定发展。

7. 监测评估与质量持续提升

定期对实践中心的运行情况进行监测和评估,包括学生实习实训的参与度、社会培训的满意度、技术服务的成果转化等;根据评估结果,不断调整和完善实践中心的运营策略,确保实践中心能够持续提供高质量的教育和服务,满足社会和行业的发展需求。

通过上述方法的实施,天津滨海新区高端装备产教融合实践中心将能够为学生提供高质量的实训机会,为社会提供专业的培训服务,为企业提供技术创新支持,从而实现产教融合的综合效益,推动区域经济和社会的全面发展。

课题承担单位: 天津滨海职业学院

主持人: 王建枝

执笔人: 陈天祥

课题组成员: 孙鑫、王洪彬、曹月、卢金岩、韩少男、贾赢、窦爱玲

/ 第十章 /

▼

职业教育专业教学资源库建设

　　随着信息技术的发展,教学资源库先后在国内外出现并逐渐发展起来。自2006年中央财政支持资源库建设工作开始,专业教学资源库进入发展快车道,并取得了重大成绩。为促使专业教学资源库更好地服务于职业教育的高质量发展,本章以天津商务职业学院为例,阐述职业教育专业教学资源库建设的新要求、新原则、目前存在的不足和未来建设路径,以推动将专业教学资源库建设成为服务终身学习、辅助职业教育教学和促进教育改革的重要工具。

一、职业教育专业教学资源库建设的由来和成效

（一）起源

1. 国外发展历程 [①]

　　国外对教学资源库的建设始于20世纪60年代。随着信息技术的发展,国外大批高校和企业开始涉足教育资源库的开发与建设,取得了诸如美国教育资源信息中心（ERIC）、加拿大的EduSource、澳大利亚的EDNA、欧洲的UBP、英国的JISCIE等一批建设成果。

　　2001年,美国麻省理工学院率先揭开教学资源共享的序幕,被视为教学史上继远程函授之后又一创举。耶鲁、哈佛、剑桥、牛津等世界名校以及财力丰厚的基金会陆续加入,将"公开教育资源"（OER）运动推向正轨。苹果公司在2006年开放了iTUnes U学习频道,把华盛顿大学、杜克大学、密歇根大学和威斯康星大学等多所高校的课程资料集中起来,被视为教学资源库的发展雏形。

---

　　① 李真真:《高等职业院校专业教学资源库建设研究》,硕士学位论文,河北科技师范学院,2012年第7页。

目前,美国、英国、澳大利亚、加拿大等国家的知名大学几乎都出台了无障碍教学资源库计划,要求树立无障碍思想,从硬件设施、教学、网络环境等方面,满足学习者对知识与技能的学习需求,全面推进教学资源库的发展。

2. 国内发展历程 [①]

我国对教学资源的研究和改进最早可以追溯自 20 世纪 30 年代的"视听教育"。受美国视听教育运动的影响,我国教育界开始尝试将电影等媒体作为教学工具,在大学开设电化教育课程。

1978 年后,我国视听教育重新起步。到 80 年代,有专家提出资源库的概念;在计算机网络技术运用于教育后,出现"网络教学资源库"的提法。1998 年,教育部公布《面向 21 世纪教育振兴行动计划》,首次提出要重点建设全国远程教学资源库和教育软件开发生产基地,揭开教学资源库建设序幕。2000 年,国内掀起校园网建设热潮,有专家提出"建网、建库、建队伍"的口号,教学资源库建设被正式纳入教学改革日程。

从 2006 年起,国家将专业教学资源库当作促进职业教育高质量发展的重要举措,不断出台支持政策,推动资源库稳步发展。自启动建设工作以来,我国职业教育专业教学资源库的发展主要经历了以下几个阶段。

（1）"启动建设"阶段（2006—2013 年）

2006 年,教育部、财政部联合印发《关于实施国家示范性高等职业院校建设计划 加快高等职业教育改革和发展的意见》,明确提出"中央财政安排经费支持研制共享型专业教学资源库"。2027 年,《教育部 财政部关于印发〈国家示范性高等职业院校建设计划管理暂行办法〉的通知》指出,"国家示范性高等职业院校建设计划专项资金包括共享型专业教学资源库建设费",解决了专业教学资源库建设的资金问题。2012 年,《教育部关于全面提高高等职业教育质量的若干意见》要求"推进高等职业教育共享型专业教学资源库建设,与行业企业联合建设专业教学资源库"。

---

① 李真真:《高等职业院校专业教学资源库建设研究》,硕士学位论文,河北科技师范学院,2012,第 8 页。

这一时期,教育部、财政部出台财政支持政策,推动国家示范性高等职业院校牵头建设职业教育专业教学资源库,并积极探索与行业企业联建专业教学资源库。

（2）"共建共享"阶段（2014—2016年）

2014年,国务院印发《关于加快发展现代职业教育的决定》,要求"推进职业教育资源跨区域、跨行业共建共享,逐步实现所有专业的数字化资源全覆盖。"同时,《教育部等六部门关于印发〈现代职业教育体系建设规划（2014—2020年）〉的通知》要求,"建立全国职业教育数字资源共建共享联盟,制定职业教育数字资源开发规范和审查认证标准,推动建设面向全社会的优质数字化教学资源库"。2015年,《教育部关于深化职业教育教学改革　全面提高人才培养质量的若干意见》要求,"各地、各职业院校要组织开发一批优质的专业教学资源库、网络课程、模拟仿真实训软件和生产实际教学案例等。"2016年,《教育部关于印发〈教育信息化"十三五"规划〉的通知》提出,"实施职业教育数字资源试点专项,国家示范性职业学校数字化资源共建共享计划,以先建后补方式继续开展'职业教育专业教学资源库'建设,推动职业院校广泛应用"。

这一时期,国务院推动职业教育专业教学资源库由示范性高校牵头建设转向跨地区、跨行业共建共享,扩大优质教育资源的覆盖面,推动在职业院校的广泛应用,发挥教育资源库的辅教功能。

（3）"能学辅教"阶段（2017—2021年）

2017年,《教育部关于进一步推进职业教育信息化发展的指导意见》提出,"继续推进建设国家级职业教育专业教学资源库,引导各地各职业院校根据区域、行业特点建设和完善省级、校级资源库,突出资源库'能学、辅教'的功能定位"。2018年,《教育部关于印发〈教育信息化2.0行动计划〉通知》要求"升级职业教育专业教学资源库建设,丰富职业教育学习资源系统"。2019年,国务院印发的《国家职业教育改革实施方案》要求"健全专业教学资源库,建立共建共享平台的资源认证标准和交易机制,进一步扩大优质资源覆盖面";《教育部等六部门关于印发〈高职扩招专项工作实施方案〉的通知》要求"建好用好职业教育专业教学资源库,促进优质资源共建共享"。2021年,《教育部等六部门关于推进教育新型基

础设施建设　构建高质量教育支撑体系的指导意见》，"支持国家电视空中课堂、职业教育专业教学资源库、高等学校线上一流课程、网络思政课程建设"。

在这一阶段，专业教学资源库被明确了"能学、辅教"的功能定位，并被确定为教育新型基础设施的重要组成部分。通过扩大覆盖面，不断增强专业教学资源库帮助学习者自学和服务社会的能力。

（4）"能学辅教促改"阶段（2022至今）

2022年，中办、国办印发的《关于深化现代职业教育体系建设改革的意见》明确提出："做大做强国家职业教育智慧教育平台，建设职业教育专业教学资源库、精品在线开放课程、虚拟仿真实训基地等重点项目，扩大优质资源共享，推动教育教学与评价方式变革。"2023年，《教育部关于支持建设国家轨道交通装备行业产教融合共同体的通知》提出，"建设一批精品在线课程、专业教学资源库并接入国家职业教育智慧教育平台共享"；《教育部办公厅关于加快推进现代职业教育体系建设改革重点任务的通知》要求，"持续建设职业教育专业教学资源库""加快构建校省国家三级中职高职本科全覆盖的职业教育专业教学资源库共建共享体系""推动各级资源库接入国家或省级职业教育智慧教育平台，主动接受应用情况监测"。

在这个时期，国家将国家职业教育智慧教育平台作为扩大优质资源共享和推动教育教学与评价改革的重要抓手，要求专业教学资源库接入国家职业教育智慧教育平台，并接受应用情况监测。可以预见，专业教学资源库在服务终身学习、辅助教育教学和促进教育教学改革方面发挥着越来越大的作用。

（二）建设成效

1.资源库建设整体情况

在国家政策引领下，职业教育专业资源库建设发展迅速。据教育部2023年《对十四届全国人大一次会议第7751号建议的答复》，自2010年启动职业教育专业教学资源库建设以来，至2023年3月底，国家级立项建设资源库203个，覆盖19个专业大类，高职专业覆盖率25%左右；带动各省级教育行政部门加大资源库建设力度，据不完全统计（各省认定方式不同），已有16个省份正式发文建设省级资源库。

2. 国家职业教育智慧教育平台建设情况（至 2023 年 3 月）[①]

国家大力推进建设的国家职业教育智慧教育平台,于 2022 年 3 月 28 日正式上线。国家职业教育智慧教育平台坚持内容为要、应用为王、育人为本和服务数字化时代技术技能人才培养的工作思路,以"1 个职教大脑·数字驾驶舱系统、2 个二级平台、4 个子系统和 4 个分中心"为主体。

国家职业教育智慧教育平台已上线"专业与课程服务中心""虚拟仿真实训中心""教师能力提升中心""教材资源中心"和德育、体育、美育、劳动教育等模块,面向社会提供职业教育专业教学资源、实训教学、研修交流、教材选用等服务;服务乡村振兴等国家重大战略,开发"乡村振兴与绿色发展"等 6 大类职业教育专业目录谱系图,涉及智慧农业、生态环境治理等各方面。

国家职业教育智慧教育平台累计上线专业教学资源库 1324 个、在线精品课程 7126 门、视频公开课 2403 门;"教材资源中心""虚拟仿真实训中心"和"教师能力提升中心"提供相关教材与课程资源 700 余个;同步接入德育、劳动教育、美育和体育等职教领域教学资源 500 余个。

各类型资源覆盖全部（1468 所）高职院校以及 7000 余所中职学校,支持企业、机构 3200 余家,服务用户 2200 余万人,智慧职教平台总浏览量达到 37.6 亿次,单日最高 3596 万余次。[②]

二、职业教育专业教学资源库建设的新要求和发展现状

（一）职业教育高质量发展对资源库建设的新要求

1. 构建校省国家三级资源库共建共享体系

2023 年,《教育部办公厅关于加快推进现代职业教育体系建设改革重点任务的通知》指出,加快构建校省国家三级中职高职本科全覆盖的职业教育专业教学

---

① 参见《对十四届全国人大一次会议第 7751 号建议的答复》（教职成建议〔2023〕48 号）。
② 参见《对十四届全国人大一次会议第 7751 号建议的答复》（教职成建议〔2023〕48 号）。

资源库共建共享体系；到2025年，建成一批全国性资源库，带动地方建设1000个左右区域性资源库，基本实现职业教育专业全覆盖。同年《职业教育专业教学资源库建设指南》指出，资源库建设要按照"需求牵引、应用为王、服务至上"的基本原则，遵循"一体化设计、结构化课程、颗粒化资源、多场景应用"的建构逻辑。全国性资源库和区域性资源库侧重点也有所不同：全国性资源库主要面向专业布点多、学生数量大、行业企业需求迫切的专业领域，区域性资源库主要面向区域产业需要、具有行业特色的专业领域，避免同质化重复建设和低水平盲目建设。

2. 提供便捷高效的全流程学习服务

2021年10月中办、国办印发的《关于推动现代职业教育高质量发展的意见》提出，积极打造一批高水平国际化的职业学校，推出一批具有国际影响力的专业标准、课程标准、教学资源。教育部副部长吴岩指出要健全终身职业技能培训制度，催生企业新质生产力，提升教育服务高质量发展的能力。要夯实学习型社会数字基座，积极建设集成化、智能化数字平台，汇聚高质量数字学习资源，为学习者提供一站式、全方位、全过程学习服务。教育数字化是教育大国向教育强国转变的重要基础，职业教育也应顺应信息化趋势，积极推进资源库建设。

（二）新背景下职业教育专业教学资源库建设原则

1. 挖掘专业特色，对标企业需求

在专业选择上，资源库建设应围绕一个核心专业展开建设，服务专业不超过五个。在调研产业发展现状和专业发展状况的基础上制定本专业培养目标，对接岗位要求，形成专业特色，利用数字化教学手段重现企业生产流程，结合新技术、新工艺、新规范制作教学资源。

2. 明确建设定位，推进教育改革

职业教育专业教学资源库定位于"能学、辅教、促改"，资源库建设除满足教师教学和学生个性化学习需要功能外，还应发挥引领教育改革创新的作用，推动数字化时代学习方式的变革和课程建设改革，创新更加个性化、精准化、定制化的教学方式。具体而言，学习方式上，发挥信息技术优势，如通过构建虚拟仿真实训基地、引入学习助手等技术手段，激发学生学习兴趣，培养学生自主探究意识，满足学生的个性化学习需要；课程建设上，行企校研多元合作，紧密贴合企业生产实际和产业发展需要，重构课程体系，建设颗粒化资源。

3. 技术创新赋能，引领资源建设

职业教育专业教学资源库建设离不开平台支撑，平台承担资源库资源的上传、存储、传播、运维和更新任务。在功能上，应具备资源库建设、管理、教学、学习、分析、教研等功能，充分发挥大数据在数据收集、挖掘、应用中的作用，推进资源库建设平台智能化，为平台使用者提供精准化、个性化的方案，增强学习者学习体验，为教师课程搭建提供支持。在技术上，平台要能够接入智慧教育平台并纳入运行监测，统一各平台建设标准，便于数据迁移和学习者学习。此外，运行平台还应及时更新维护，出台相应管理措施，确保平台符合网络信息安全要求。

4. 推进资源应用，加快共建共享

资源库建设的重点在于应用，其开发过程应与企业、行业紧密联动，对接国际标准，建设符合企业最新标准的数据资源，形成基于企业岗位工作流程的课程体系。鼓励师生在专业教学、技能竞赛、实习实训中积极使用资源库，积极推进资源库在企业员工培训、技术研发中的应用，探索资源库在国际文化交流、人才培训、项目开发的应用，吸引社会学习者在日常生活中应用。

（三）现有职业教育专业资源库的不足

1. 资源库内容系统性不足

一是课程之间缺乏整体设计。资源库建设本应围绕一个核心专业展开，服务专业不超过 5 个，但已有资源库服务对象定位不清晰，有的资源库建设甚至将整个学校的课程简单堆砌，忽视了课程之间的关联性，导致部分知识点在多门课程中反复出现或者知识点覆盖不足。二是课程设计上，没有体现职业教育类型特点，仍旧按照传统知识点章节的设计展开，与应用场景接轨不足，导致学生知识迁移能力得不到提升。三是内容建设上，大多数资源库仍以服务师生为主，针对社会学习者和企业培训的内容开发不足。在资源的命名上，未按照知识内容或学习情境进行规范命名，如将资源命名为"专家讲座"等模糊名称，不利于学习者的检索，资源构建没有做到颗粒化，资源组合的灵活度较差。

2. 资源库推广应用不足

一是对资源库建设的认识不足,资源库的建设应以应用为主,但有些教师只重视资源库的建设开发,认为资源上传完毕即为完成任务,没认识到资源库建设的根本目的是促进资源的推广和应用。二是缺乏有效的推广手段,部分院校为提高课程的参与率,采用行政手段"强制"学习者参与,未能创设符合学习者的使用场景,使得资源库的应用效果大打折扣。三是资源的内容更新不及时,对岗位的新工艺、新技术、新标准没能及时对接,未能及时更新课程内容。

3. 资源建设的标准不统一

一是教学标准不统一,以财富管理专业为例,已建成的专业教学资源库中,虽专业名称相同,但各院校的教学标准、行业标准千差万别,在此基础上开发出的课程体系也是各自为战,缺乏系统性,存在重复使用的弊端。二是各技术平台不统一,专业教学资源库分布在不同平台,如智慧职教和微知库,各功能开发处在不同阶段导致各模块之间衔接不够,功能不全。尤其在推广阶段,各平台提供技术支持的企业不相同,跨校、跨区域的访问因技术问题而带来不便,难以满足资源库"使用便捷"的要求。

4. 缺乏资源库追踪管理评价指标

专业资源库在开发过程中多重视建设而对资源库应用效果评价重视不够,大部分院校建成资源库后未形成可以量化的追踪评价指标,或评价指标不全面、不智能,仅能记录学习者学习时长、学习成绩等,缺乏对学生学习效果多维度分析并能量化的指标,难以通过数据了解资源库存在问题,对资源库项目做出整体把控。

三、职业教育专业教学资源库建设路径

(一)职业院校专业教学资源库建设思路

1. 成立资源库共建联盟

职业教育专业教学资源库建设应按照教育部校际协同、校企合作、共建共享的指导思想,成立以行业机构、校企合作企业、联盟院校为参与主体的资源库共建

联盟,科学分工,充分发挥多元主体在资源库开发建设中的作用。依托行业协会提供行业信息和企业标准,深入校企合作企业进行专业调研,了解行业岗位职能需求,据此制定人才培养目标。联合其他高职院校参与专业教学资源库建设,通过主持资源库专题会议、外派参与教师赴联建单位指导、培训等形式,确定人才培养方案和课程建设体系。

2. 把握产业需求,重构课程体系

为保证资源库建设的前瞻性、先进性和科学性,资源库的建设应听取院校与行业专家的意见,贯彻教育部重构课程体系的文件精神,根据人才培养方案设计结构化课程。对标产业发展需求和企业岗位能力要求,形成专业群岗位能力结构,构建包含专业基础课、专业核心课、专业拓展课等具有专业特色的课程体系。建设包含标准化课程、微课、核心专业人才培养方案、标准化课程知识图谱、课程教学标准、视频、动画虚拟仿真的课程资源。颗粒化教学资源,按照知识点分类成最小单元,便于用户组课学习。

3. 做好平台支撑,维护信息安全

对资源库平台进行系统结构设计,统筹规划课程资源,确定资源中心,充分利用各平台特色功能优化资源库应用,在各平台定位于用户不同需求实现课程的特色功能,形成一体化应用范式,如在网络平台实现课程互选、日常教学功能,手机端推送行业资讯,信息资讯,了解前沿信息;加强技术应用,发挥平台在信息资源整合的作用,重点开发平台教学分析、教研等智能化功能,以支持学习使用者根据自身需求进行个性化选择;做好资源库的维护,建立安全保障机制,确保资源库运行符合网络安全要求。

4. 多场景应用,促进资源库推广

通过调研了解学生、教师、企业员工和社会学习者四类不同人群的学习需求,满足其自主选择进行系统化、个性化的学习,实现学习目标。

面向教师,资源库提供课程标准、教案、课件、企业案例、虚拟动画、试题库等"颗粒化"素材,为教师教学提供丰富的教学参考,教师可通过自由组课的方式将优质的教学案例应用于课堂教学,借助资源库共建联盟能及时获得来自企业一线的素材、行业最新的动态信息、行业标准、专业调查报告、课程建设与改革信息等资料,从而提升专业能力。

面向学生,资源库为学生提供专业介绍、课程中心、职业资格证书、技能竞赛等丰富的学习资源,学生用户通过资源库平台可以了解专业情况、人才培养方案和职业技能等级标准等相关信息,认知课程与岗位能力之间的关系,了解课程在本专业的性质、作用和地位,通过课程简介和学习指南,对课程的主要内容、重难点有初步认识。此外,为学生推送就业信息,满足实习就业的需要。

面向企业,资源库建设过程中充分挖掘企业员工岗前业务培训和继续教育的学习需求,精准对接岗位能力要求,通过校企合作平台对资源库进行宣传推广。利用实际生产案例、模拟仿真实训平台解决企业员工培训难题。部分企业将资源库平台课程学习纳入员工培训晋升体系,并作为企业文化建设的重要组成部分。企业员工也可以利用资源库开展个性化自主学习,通过资源检索、信息查询、资料下载、教学指导等在线学习,学习新业态、新技术,为实践工作中遇到的疑难问题寻找解决方案和应对措施,不断提升业务工作能力和水平,满足职业岗位任职需求,也可以作为转岗培训的学习渠道。

面向社会学习者,通过新闻媒体宣传、科普知识讲座、展会等方式进行公众性宣传,资源库提供资源检索、信息查询、资料下载、学习指导、学习咨询、讨论答疑、就业支持等服务,以满足社会学习者获取职业技能等级证书、提升业务水平或者其他可持续发展能力相关的学习资源和服务,实现知识的更新和专业技能的提高,提升就业能力和职业生涯发展能力。

(二)职业教育专业教学资源库建设路径

以天津商务职业学院资源库建设为例,坚持职业教育类型特色,适配产业发展,注重信息安全,推进共建共享,加快推广应用,紧密跟踪监控,推动资源库更新完善。通过系统设计、科学分工等方式适应资源库建设的新要求。

在教学标准制定上,立足于服务经济发展的实际,在行指委的指导下,与各高职院校通力合作,参照最新国内国际标准、行业标准,形成专业教学标准,共定人才培养方案。在课程建设上,资源库建设团队充分利用各高职院校已有教育教学改革成果,吸纳各校优质项目资源,以开放共享的资源库平台为载体,不断丰富完善教学资源库。

在课程内容上,紧密贴合企业生产实际和部门实际作业要求,如在关务与外贸服务专业资源库的建设中,在联合主持单位关务行指委的协调下,各地海关特别对资源库拍摄团队开放,允许拍摄各作业环节的全过程,并参加视频脚本的编写和修订。同时,各地海关还委派优秀关员作为授课教师参与微课的拍摄。企业人员参与资源库访谈栏目录制,还积极参与并与建设院校共同完成专业核心课、专业技能课的微课录制,中国报关协会会员企业为关务资源库提供所有案例及配套单证。同时,通过学分互认共享制度将资源库成果惠及更多高职院校。

为促进资源库的应用和推广,天津商务职业学院 2 个职业教育教学资源库结合国家要求建立了可持续监测指标体系,针对资源库建设、应用、更新三个层面的用户、课程、资源等不同维度的数据,让学校及时明确当前的现状与目标的差距以及存在的问题,从而实现对资源库项目整体的实时管控。具体指标如下:

表 10-1　可持续监测指标体系

观测点	观测点内涵
1.1　资源规划	1. 专业人才培养方案能对接职业标准、技术标准和专业教学标准,适应"互联网＋职业教育"发展需求,体现信息化特征
	2. 以用户需求为导向,按专业特点,科学构架课程和资源体系
	3. 专业启动对应的 1+X 证书制度试点,支持学习者通过资源库学习,获取多类职业技能等级证书
	4. 库内资源架构按照素材、积件、模块和课程等分类建设
	5. 库内资源丰富多样,呈现方式得当,文本型演示文稿、图形(图像)类和文本类资源数量占比小于 50%
	6. 建有基本资源、拓展资源以及支持服务的相关内容,库内资源库数量大幅度超出库内提供课程所调用的资源,实现资源冗余
	7. 以学习者为中心制定典型学习方案,突出网络"教"与"学"的特点

续表

观测点	观测点内涵
1.2 资源内容	1. 基本资源涵盖专业教学标准规定的内容,覆盖专业的基本知识点和技能点,颗粒化资源单体结构完整,资源库熟悉标识全面,拓展资源适应产业发展需要和用户的个性化需求,具有特色性和前瞻性
	2. 支持服务内容齐全
	3. 对接《职业教学专业目录(2021年)》新专业目录,及时根据新专业目录,补充新资源
	4. 教学设计、教学实施、教学过程记录、教学评价等各个环境资源搭建完整
	5. 资源使用无知识产权争议,原创资源库要达到占本资源库总数的80%
1.3 质量保证	1. 资源建设团队与企业深度合作,实力较强,任务分工明确
	2. 建立有资源库建设和应用的质量要求相关标准
	3. 能提供监督、记录和评估资源质量活动的执行结果数据
	4. 提交任务书中至少6门的标准化课程质量报告和相应的在线(混合)教学标准(规范)文件
2.1 功能实现	1. 学生、教师、企业员工和社会学习者,均可以方便注册资源库,自主选择进行系统化、个性化学习
	2. 教师可以针对不同的教授对象和教学要求,利用资源库灵活组织教学内容、辅助教学实施
	3. 共享平台框架设计合理、先进、交互性好,界面视觉表现规范、美观、导航清晰,资源库素材或课程能以知识点、技能点以线上系统呈现,平台运行公网上响应速度度快
	4. 使用界面人性化,用户体验好
2.2 基本应用	1. 资源库支持线上教学或线上线下混合教学,促进教与学的改革,探索教与学、教与教、学与学互动的专业教学模式
	2. 教师率先使用,主持院校相应专业教师实名注册比例不低于90%,使用资源库进行专业教学的学时数占专业课总学时的比例达60%以上,参与建设院校该比例达40%以上,课程使用率达100%,题库使用率达60%以上

续表

观测点	观测点内涵
2.2　基本应用	3. 学生广泛使用,主持院校和参与建设院校的本专业学生实名注册比例不低于90%
	4. 各类用户积极使用资源库浏览、下载资源,参与课程学习和线上互动等,实名教师和学生中无活动用户比例不超过 10%
	5. 标准化课程开课不少于 2 期,且教学活动完整,提供完整课程质量报告
	6. 发挥示范效应,辐射带动参与建设的中高职院校其他专业教学改革
2.4　社会服务	1. 企业实质参与资源库规划、建设、应用和推广
	2. 企业为资源库建设提供实际案例和实质技术支持,在资源库平台发布新产品和新技术及相关培训课程
	3. 资源库联合建设行业企业把资源库平台纳入职工继续教育、技能提升培训系统,提供相应文件证明
	4. 各类用户可通过主流搜索引擎查找库内资源
	5. 企业员工和社会学习者应用资源库学习频度较高,累计学习时间较长
	6. 形成服务学习型社会建设的品牌影响力,通过各类活动或媒体进行推广与宣传
2.5　特色与创新	1. 坚持应用驱动,在深化本专业教学改革、提升教学信息化水平、为各类学习者提供个性化服务等方面深入探索,富有成效
	2. 建立健全资源认证标准
	3. 探索基于课程或模块的资源标准认证体系,建立校际课程互选、学分互认机制
	4. 能够利用资源库开展创新创业、精准扶贫等特色应用
3.1　更新机制	1. 持续投入机制
	2. 主持制定院校和参与建设院校在推进资源库建设和应用方面出台的有关制度(含子项目级别认定、教师职称评聘、考核评价等)
3.2　更新效果	1. 有明确的更新经费投入
	2. 资源库内容年更新比例不低于存储总量的 10%
	3. 资源库用户数量每年实现一定比例增长

课题承担单位：天津商务职业学院

主持人：赵红梅

执笔人：靳晶、刘子璇、王志国

课题组成员：靳晶、刘子璇、王志国、张援越

/ 第十一章 /

▼

职业教育信息化标杆学校建设

职业院校开展信息化标杆学校建设一直是国家在信息化条件下推进教学改革的具体抓手。随着信息技术的不断更新,信息化标杆学校建设的标准也会不断提升。本章专门探讨职业院校信息化建设的由来、现状和未来趋势,提出当前信息化标杆学校建设的基本思路。

一、职业院校信息化建设的由来和现状

（一）职业院校信息化建设政策分析

近年来,国家高度重视教育信息化工作,陆续出台了《教育信息化十年发展规划（2011–2020 年）》（2012 年 3 月）、《教育信息化"十三五"规划》（2016 年 6 月）、《教育信息化 2.0 行动计划》（2018 年 4 月）、《加快推进教育现代化实施方案（2018–2022 年）》（2019 年 2 月）等一系列重要文件。这些文件明确提出了国家教育信息化阶段性发展目标、战略任务和重点举措,教育信息化已成为促进教育公平、提高教育品质、推进教育改革的有力抓手和有效手段,是新时代下教育现代化新发展阶段的突出力量、新发展理念的重要实践、新发展格局的创新需求。

"十四五"期间,国务院印发《"十四五"数字经济发展规划》（2022 年 1 月）提出深入推进智慧教育。2022 年 1 月,教育部党组书记、部长怀进鹏在 2022 年全国教育工作会议提出"实施教育数字化战略",加快推进教育数字转型和智能升级,并将实施教育数字化战略行动写入教育部 2022 年工作要点。2024 年 1 月,在 2024 世界数字教育大会上,怀进鹏部长发表主旨演讲《携手推动数字教育应用、共享与创新》,指出中国国家教育数字化战略行动将从联结为先、内容为本、合作为要走向集成化、智能化、国际化,更大规模开展应用示范,放大服务倍增效果,更

高质量开发汇聚资源,建强国家平台,更智能化发展数字技术,服务人的全面发展,更高水平开展国际交流,建设世界数字教育合作平台。

针对职业教育信息化,教育部先后出台了《教育部关于进一步推进职业教育信息化发展的指导意见》(2017 年 9 月)《教育部关于发布职业院校数字校园规划的通知》(2020 年 6 月)等一系列指导文件。2020 年 9 月,教育部等九部门印发的《职业教育提质培优行动计划(2020—2023)》中提出要遴选 300 所左右职业教育信息化标杆学校。2023 年 7 月,《教育部办公厅关于加快推进现代职业教育体系建设改革重点任务的通知》中明确提出,"到 2025 年,建成 300 所左右全国性信息化标杆学校,带动建设 1000 所左右区域性信息化标杆学校,推动信息技术与职业院校办学深度融合",同时发布了《职业教育信息化标杆学校建设指南》。

在这些指导性意见、文件的指引下,职业院校紧密围绕"人才培养"的根本目标,坚持应用驱动和机制创新的基本方针,构建了实体空间与网络空间融合发展的数字化校园,职业院校信息化取得了长足发展,信息化基础设施基本夯实,基于互联网的教育服务新模式正在形成,信息时代教育治理新模式逐步呈现,基于信息技术的新型教育教学模式雏形初现,网络安全保障能力不断完善,新技术应用不断涌现,信息化已然成为职业教育现代化的重要"战略支点"。

(二)职业院校信息化建设发展现状

1. 信息化支撑条件方面

我国当前已有 60% 的职业院校建有校园网,92% 的院校已经建成数据中心机房。在信息化教学环境方面,我国职业院校平均每个专业拥有的多媒体教室数量为 55.9 间,拥有智能教室的平均值为 34.08 间,而处于多媒体教室教学环境下职业院校的专业覆盖率平均值高达 84.86%,智能教室的专业覆盖率达到 66.12%。

2. 信息化管理与服务方面

职业院校信息化管理系统发展现状的调查显示,《职业院校数字校园规范》中提及的 18 个信息化管理系统建设普及率高的系统依次为教务管理系统(95.5%)、教学资源管理系统(94.2%)、学生管理系统(94.2%)、一卡通服务系统(93.3%)、办公自动化系统(93.3%)、财务管理系统(93.2%)和资产设备管理系统（92.8%），而使用频率最高的是教务管理系统（75.5%）、办公自动化系统（74.9%）、学生管理系统（71.4%）、一卡通服务系统（70.2%）、财务管理系统（67.0%）和教学资源管理系统（66.7%）[①]，这些系统对优化管理流程、规范管理制度、提高管理效率具有明显的支持作用，但对于优化资源配置、提高管理决策科学性与决策水平方面的支撑作用尚显薄弱，数据驱动的管理与服务能力亟待提高。

3. 教师信息化教学能力发展方面

当前教师常态化应用水平最高的是多媒体教室，达到这一应用水平的教师占参与调查教师总数的比例为 52.6%；其次是智能教室，常态化应用的教师比例达27%；而常态化应用水平最低的是虚拟仿真实训环境，比例仅为 8.2%。同时，在参与调研的教师中，有 42.2% 的教师从未使用过虚拟仿真实训环境开展教学活动。教师在信息化教学中仍存在"信息化教学设计能力不足""信息化教学实施能力不足""信息化教学评价能力不足""信息化教学所需的高质量数字教学资源不足"以及"有关信息化教学开展的相关培训不足"等问题。

4. 学生学习发展方面

调查显示，信息技术对学习效果、上课氛围、课前预习的正向作用更加显著，对实习实训的支持作用愈发明显，学生信息化技术应用更加熟练，信息化学习平台使用更加自然，参与信息化学习活动更加广泛深入，但硬件问题和自我管理能力不足依旧影响着信息技术支持下的学习效果。信息技术对学习影响最显著的是提升了学生信息素养与技能、学习的愉悦感和满意度、学习兴趣和积极性以及学生专业知识的学习效果；影响不显著的是培养学生学习反思的意识和能力、借助虚拟情境提升自身对真实工作场所任务及环境的认知、激发学生主动提问和主动回答问题等方面。

5. 信息化教学发展方面

（1）信息技术在教学中的应用。在信息化教学中，对于信息技术设备、工具和相关环境的常态化应用主要集中于应用多媒体呈现课程内容、课程资源以及课前

[①] 韩锡斌主编：《职业教育信息化发展报告（2021 版）》，清华大学教育研究院，2022 年 7 月。

点名与课中签到,而应用较少的主要有基于 VA/AR 等技术模拟真实工作环境、开展虚拟仿真实训、促进师生与生生交流等教学环节。从当前网络教学平台的应用现状来看,更多集中于"看学习材料""提交作业"等功能,而很少产生技术支持下的有效教学模式,信息技术在教学中尚缺乏深度应用。

(2)数字教育资源建设与应用情况。我国职业院校省级精品课程建设数量均值为 5.01 门,国家级精品课程建设数量平均值为 2.87 门。在教学过程中,最常用的且最常见的数字化教学资源分别为电子讲稿(课件资源等)、微视频资源(微课)、案例资源、网络课程(在线课程)、试题试卷等五类。数字教育资源在支持学生课外自主学习、教师课堂教授、教师进行学生学习情况评价等方面具有较大帮助。

(三)信息化标杆学校的产生背景及要求

1. 新一代信息技术不断发展

当今世界,信息技术日新月异,以 5G、云计算、物联网、大数据、VR/AR、人工智能为代表的新一代信息技术正以新理念、新架构、新科技全面融入人类社会经济体系和社会结构中,给人们的生产生活带来了全面而持久的变革[①]。新一代信息技术的快速发展,特别是信息领域的创新,为教育信息化提供了强有力的技术支撑。如物联网技术可以实现万物互联,促进教育教学管理向智能化、精细化方向发展;5G 技术的发展使泛在学习成为可能;VR/AR 技术将会通过构建沉浸式的虚拟环境丰富教学资源,提高学习效率;互联网、云计算、大数据等技术的广泛应用使得教育资源的获取、存储、处理和传递变得更加高效、便捷,学生可以随时随地获取优质的教育资源,实现自主学习和终身学习。随着人工智能技术的不断突破,通过智能化系统,可以实现个性化教学、智能评估和反馈,进而提高教育教学的针对性和有效性。新一代信息技术的不断发展正引领教育领域变革和创新浪潮,推动教育理念、教学方式和管理模式创新,重塑职业教育生态,同时也为信息化标杆学校的建设提供了有力的技术支撑和广阔的应用前景。

---

① 邱飞岳:《职业教育数字化转型:内涵、问题与路径》,《职业技术教育》2024 年第 9 期。

2. 数字经济和数字社会对人才需求变化

数字经济和数字社会的发展释放了经济活力，催生了新产业、新业态、新模式、新岗位，它不仅改变了我们的生活方式，也改变了我们的社会结构和经济模式，需要大批具备数字思维、数字化知识结构和动手能力的技术技能人才。

在数字经济时代，数据成为重要的资源，数字技术应用无处不在，因而具备数据分析和利用能力、信息系统运用能力和创新能力的人才需求日益增加。随着数字经济成为经济增长新的动能，快速发展的数字技术深刻影响着人才市场，就业机会、技能需求和收入水平不断被改变，众多数字职业在数字化发展趋势下被催生。

3. 学校信息化建设重建设轻应用

职业院校信息化建设中，存在"重建设、轻应用"等问题，学校更注重基础设施的建设，如购买大量的硬件设备、搭建复杂的网络系统，而忽视了如何将这些基础设施有效应用于教学和管理方面。由于缺乏相应的软件支持和教师培训，先进的硬件设备往往只用于基本的文档处理和上网浏览等简单任务，而没有深入到教学、管理等多个层面。因为忽视信息化在教学内容和教学方法的创新，信息化建设不但不能引领教学改革，反而固化了传统模式，妨碍了教学模式和人才培养方式的改革创新。

二、职业教育信息化标杆学校建设的成效

近年来，教育部开展了职业教育数字校园试点院校建设、信息化标杆院校建设等项目；天津市则不断加速和落地职业教育信息化标杆学校的建设进程，开展了天津市高等学校智慧教育示范校、天津职业教育智慧教育平台试点校等遴选工作，在全国发挥了引领作用。

（一）夯实了职业院校数字基座

通过职业教育信息化标杆学校建设，许多职业院校全维度夯实了新型数字基础设施，推动了职业院校数字化转型。

首先，推进了三网新基建。通过开展基础设施升级和网络服务提升，实现了校

园有线网络 IPv6 部署,优化了校园网策略和上网认证机制,升级了基于 Wi-Fi6 和 5G 无线网络校园全覆盖,实现了人人、时时、处处移动应用接入,建设了校园物联网平台,推进了智能安防、标准化考场摄像头、智能水电表以及温度湿度等环境感知设备联网。

其次,推进了新技术应用,促进了物联网、大数据、人工智能、VR/AR 等新型基础设施和新技术在教育领域的应用,打造了开放互联、智能感知、虚实融合的智慧校园环境,探索了数据中心云平台建设和云服务应用,逐步扩容了算力和存储资源,有效支撑了职业院校数字化转型的需求。

最后,确保了网络与信息安全。以落实"等级保护 2.0"要求为抓手,从安全防护手段、安全运维措施、安全服务事项等层面进行部署,通过"人防、技防、物防"相结合,保障了校园网络与信息安全。

(二)打造了全国职业教育智慧大脑院校中台

为贯彻落实《职业教育提质培优行动计划(2020—2023 年)》,教育部职成司发布了开展职业院校数字校园建设试点的通知,推出了《全国职业教育智慧大脑院校中台(高职 / 中职)数据标准及接口规范(试行)》和《全国职业院校大数据中心建设指南》。试点院校陆续开展了数字校园建设试点工作,全国职业教育智慧大脑院校中台数据对接工作顺利开展。以此为契机,各试点院校结合本校数据中心建设现状,发挥数据要素的驱动作用,探索建立数据标准体系,实施数据治理工程,建立数据质量监控体系,建设职能部门业务覆盖全面、信息数据畅通的全量数据中心,探索从简单数据采集向基于数据标准的数据治理转变,从简单数据应用向基于大数据技术的动态预警、管理决策转变,实现了从数据中心向数智大脑转变。

(三)赋能实现了院校全周期管理治理方式转型

2021 年 7 月教育部等六部门印发的《关于推进教育新型基础设施建设构建高质量教育支撑体系的指导意见》强调,支持全流程、全业务线上办理,普及线上协同办公、移动办公等新形式,同时要求学校建设一体化服务平台,探索全程网上受理、网上办理和网上反馈,这为数字化赋能服务指明了发展方向。职业院校结合自己现有业务系统现状,发挥流程要素的驱动作用,探索从被动响应向基于数据的主动服务转变,从分散业务系统向基于校务服务网的最多跑一次转变,通过业务系统迭代升级和校务服务平台建设,完成了服务流程再造和模式创新,推动了校务服务事项"一网通办",全流程推进了服务模式数字化转型。

（四）应用为王汇聚海量数字资源

我国大力推进教育数字化战略行动,开辟教育发展新赛道,塑造教育发展新优势。教育部以国家智慧教育公共服务平台建设为重要抓手的教育数字化战略行动,已经取得了阶段性成果:广泛汇聚海量资源,优质课程供给能力显著提升;持续推进大规模应用,优质数字资源覆盖面显著提升;不断推进数据整合共享,公共服务水平显著提升;积极扩大合作交流,中国数字教育对世界的贡献力显著提升。

截止 2023 年 2 月,国家智慧教育公共服务平台（职业教育）上线专业教学资源库 1173 个,在线精品课 6700 余门,视频公开课 2200 余门,覆盖专业近 600 个,215 个示范性虚拟仿真实训基地培育项目分布全国。平台让更多人获得了职业发展能力,服务了学生的全面发展和经济社会高质量发展。①

三、职业教育信息化标杆学校建设的新要求

随着信息技术的快速发展,职业教育信息化标杆学校建设已成为推动职业教育创新发展的重要举措。职业院校应结合实际教学及管理情况,在信息化基础设施建设、数字化教学资源建设、信息化教学应用与实践、信息化管理与服务等方面逐步提升和完善。各院校应打破数据孤岛,对接全国职业教育智慧大脑中台,把新一代信息技术,特别是大模型技术融入教育教学过程,精准匹配、智能推荐、差异化教学、个性化培养和管理,实现更加精准化、高效化、智能化、一体化的数字化管理服务平台。

（一）信息化基础设施建设的新要求

信息技术的快速发展已经成为当代教育变革的主要驱动力,其中 IPv6、5G 和

---

① 怀进鹏:《数字变革与教育未来:在世界数字教育大会上的主旨演讲》,2023 年 2 月 13 日。

智能物联技术代表着前沿技术的发展趋势。在职业教育领域,有效整合这些新兴技术不仅可以极大地提升教育资源的可访问性和教学活动的互动性,还能够促进教学方法的创新。因此,职业院校应在未来的信息化建设中形成一个统一的标准来适应这些技术变革,提升校园信息化建设的质量。

1. 建设多网融合的新一代校园网络

职业院校应依托 5G 移动互联技术、新一代 Wi-Fi 技术和 IPv6 网络协议,提升改造现有校园内有线、无线网络,提高互联网出口网速,完善三层网络架构,实现光纤到楼、5G 与 Wi-Fi6 全覆盖。进一步扩大校园内物理感知范围,增加物联网络设备,解决各类网络对接时的瓶颈问题,融合有线、无线、物联、安防多种网络设施,构建多网合一的高速网络体系,提升网络整体性能和吞吐量,实现高负载的空中校园网络全覆盖。

2. 建设全量数据中心

采用现代的主流信息技术和设备,按照适度超前的原则,提升服务器集群性能,扩大存储容量,构建数字校园混合云架构,建设集数据集中存储,提供多种数据计算引擎,支持海量信息数据处理、分析、挖掘的数据中心,进而提高计算和存储的资源利用率,缩短业务上线时间,实现数据中心智能化管理,为校内各类平台提供高性能基础运算服务和数据共享服务。

3. 打造一体化综合安全防护平台

充分发挥人工智能技术优势,加强校园内信息化终端、网络基础架构及数据中心基础设施安全防护,完善网络安全防护功能,建立边界防护、访问控制、入侵检测、行为审计、防毒防护、网站保护全方位的安全防护体系,规范信息系统安全管理制度,提高风险隐患发现、监测预警和突发事件处治能力,确保网络与信息安全。

4. 构建数字校园支撑平台

建设由业务中台和数据中台组成的数字校园支撑平台,连接"烟囱式"系统应用,消灭信息孤岛,完成各业务系统的集群式整合,把分立在各个业务系统中不同功能有效地组织起来,实现业务数字化全联接协同并提供大数据平台服务。

（二）优质教学资源建设的新方向

在当前信息技术迅猛发展的浪潮下，职业教育正站在变革的十字路口，而优质教学资源建设正是教学内容、教学方式变革的重要基石，需要在新的方向上持续发力。

1. 围绕前沿技术不断更新教学资源

职业教育教学资源建设必须在充分了解企业中传统岗位与前沿技术结合的情况下，通过真实项目资源库建设、教学模块快速置换以及资源动态调整机制，确保教学资源能够反映企业岗位真实需求并快速适应前沿技术发展及工具平台演进。

通过不断更新迭代教学资源，不仅可以引入更加多元化的知识体系和前沿技术，还能促进专业与其他学科领域的交叉融合，从而培养出更多具备跨学科知识和创新能力的优秀人才。例如，在医养护理、中医等传统专业中，可以引入人工智能技术、VR/AR 技术等前沿科技，开发出具有创新性的跨学科课程与教学资源，如智能化中医诊断系统、护理虚拟仿真教学实验等，它们不仅能够提升传统专业的教学质量和水平，还能激发学生的学习兴趣和创造力，为他们的未来职业发展奠定坚实基础。

2. 拓展教学资源的应用路径

职业院校应借助教学平台的混合式教学与管理功能，实现教学资源的高效利用与共享。通过平台的课程中心、学习管理系统等工具，教师可以将开发好的教学资源快速发布到教学平台环境中，供学生随时随地进行在线学习。这种灵活的学习方式不仅能够满足学生的个性化需求，还能提升他们的自主学习能力和终身学习能力。

教学资源建设应该充分利用人工智能的自动分类、智能导航、多模态生成、个性化推荐等功能，不断提高教学资源的丰富性和个性化程度，为学生提供个性化的学习路径，同时通过监测学生的学习进度和效果，为教师差异化教学提供精准匹配的教学资源。利用大数据和人工智能技术，可以对学生的学习情况进行分析和评估，及时给出反馈和建议，帮助教师改进教学策略及教学资源。利用数字孪生技术拓宽教学资源类型，可以模拟真实场景，让学生在实践中学习，增强学习的真实感和实用性。利用 VR/AR 技术创新教学资源应用,营造沉浸式虚拟环境,让学生扮演特定的角色,在模拟的情境中通过互动方式解决问题,提升他们的实践能力和团队协作能力。

3. 打造一体化教学资源库

依托新一代信息技术发展,新型教学资源库应定位于"能学、辅教、促改",服务技术技能人才培养培训。按照"需求牵引、应用为王、服务至上"的基本原则,遵循"一体化设计、结构化课程、颗粒化资源、多场景应用"的建构逻辑,满足不同群体用户的多样化学习需要。

新型教学资源库应跨越不同专业之间、不同课程之间、理论学习与实践操作之间、学校教育与社会培训之间的资源瓶颈和技术壁垒,以统一的数字技术标准构建一体化的知识技能树,实现资源的集约共享。以知识技能树为基础,根据知识技能点开发短视频、动画、图片等基本素材,围绕教学点开发教案、微课、案例等教学活动资源,形成可灵活适配的积件资源,实现资源的颗粒化管理,为智能化的教学平台提供生态化的教学资源。在此基础上,开发结构化课程,形成教、学、做密切协同的一体化教学资源库,为仿真职业环境、混合式教学、学生自主学习、在线讨论、在线测验等场景提供个性化、多样化、智能化的生态环境。

(三)人才培养全过程数字化转型的新动能

1. 搭建产教融合办学平台,推进专业数字化转型

基于互联网整合企业资源与职业教育资源,搭建集教学、研发、生产、培训等多种信息于一体的数字化产教融合办学平台,支撑职业院校实施专业对接产业动态调整、就业信息及岗位需求变化分析、项目管理、设备共享、校企共训、顶岗实习、技术服务、双向聘用信息管理等活动。

根据区域产业数字化转型发展及岗位变化情况,综合市场需求和毕业生去向等数据,准确把握企业对数字化技术技能人才的需求,不断优化专业设置。依托数字化产教融合平台,分析专业课程建设与职业岗位要求匹配度,通过动态调整专业人才培养方案和专业课程设置,提升教学内容与岗位实际需求的契合度,从而适应产业数字化转型升级产生的变革影响。

通过信息化建设和产教融合办学平台,深化与企业的合作,校企共同制定数字化专业人才培养方案,共同研发数字化课程及教材资源,共同建设实训基地,共同开展实践教学,形成符合产业需求的数字化专业人才培养体系。

2. 打造智慧教学平台,推动教学过程数字化转型

职业院校应打造支撑教学全过程的智慧教学平台,为每个教师和学生积累多样化的教与学的过程数据。这些数据应以全流程多维度的方式,贯穿课前课中课后,融合线上线下,打通课内课外,全面跟踪教学动态,精准查找存在问题,形成智能、快速、全面的教学评价。教师可利用智慧教学平台挖掘符合学生实际与教学实际的信息,调整、优化教学策略,改进教学过程,完善课程开发,并根据学习者的学习状态和学习特点制定个性化教学方案,组织教学内容,重构教学计划,为不同层次的学生提供差异化教学。

3. 拓展学习空间,推动学习方式数字化转型

依托智慧教学平台,引入数字图书馆资源,开放在线课程,设置学习导航、智能搜索、智慧阅读、自我检测、个性化推送等智能化学习工具,开辟讨论及问答区,开通师生交流通道,提供微课、课件、短视频、虚拟仿真实训等优秀的在线课程资源,打造个性化、智能化网上学习空间,满足学生自主学习需求。学生可以根据自己的兴趣和需求,结合就业择业平台,动态匹配岗位需求,智能化构建合理的就业学习路径,选择适合的方向进行课程学习,从而激发学生学习的积极性和主动性。

4. 构建网上思政学习平台,推动思政教学模式数字化转型

利用智慧教学平台,将分散的思政学习资源整合到一个统一的平台上,研发涵盖从基础理论到实践应用全方位内容的思政在线课程。同时,基于学生的学习进度和社会发展动态,定期开展网上思政学习活动,为他们推荐个性化的学习资源和路径,使学生可以更加深入地了解国家政治、经济、文化等方面的政策和发展动态。

推广线上线下结合的 OMO 教学方式,让学生在线下参与研讨和实践活动,同时在线上进行自主学习和补充。通过引用大量真实的案例来讲授思政理论,让学生在实际情境中分析和解决问题,提升理论联系实践的能力。利用在线讨论、论坛等工具,鼓励学生之间的交流和讨论,培养他们的批判性思维与合作能力。

（四）打造数字基座，开辟管理服务新场景

1. 开展数据治理，实现数据共享

推进学校数据标准建设，理顺数据规划设计思路，提供可行的数据支撑环境建设模式，以促进职业教育数据资源的共享与应用。开展数据治理，统一数据标准，完善数据生产源头，整合数据资源，实现数据采集、清洗、存储、应用全生命周期的闭环管理，打破各部门的信息壁垒，实现数据共享。

2. 汇聚数据资源，建立大数据底座

建设一套可靠的、先进的、可拓展的大数据平台，实现数据汇聚、存储、运算、开发、服务、可视化分析、质量安全管控一体化。以大数据平台为技术支撑，打造支撑学校数字化转型的大数据底座，服务学校教学和管理数字化，助力学校数字化转型。

3. 挖掘数据价值，开辟管理服务新场景

开展数据服务，挖掘数据价值，拓展应用领域，丰富应用场景，变革传统模式，以纵向扁平化管理、横向协同化服务、全域泛在化育人为目标，通过整体优化流程，明确岗位职责，重构业务应用，开辟数字化管理服务新场景，促进学校组织变革以及教育教学和管理服务模式转变。

（五）人工智能赋能职业教育，构建"智能 +"的教育生态

随着人工智能技术的不断发展和应用，职业教育领域正迎来一场深刻的变革。人工智能的引入不仅会重塑职业教育的教学形态，而且会促进职业教育的高质量发展，为构建"智能 +"的教育生态提供强大的技术支持。

1. 探索个性化学习路径

职业院校应充分利用人工智能的分析、预测功能，通过深入分析学生的学习习惯、行为模式以及成绩表现，精心打造一条专属于每位学生的学习路径。这种定制化的学习方案不仅要考虑学生的学习节奏，还要充分融入他们独特的认知风格和学习模式，从而极大地促进知识的深入理解和技能的精准掌握，使学生们能够在适合自己的学习环境中成长，实现个人潜力的最大化。

2. 探索构建智慧化教学新生态

职业院校要进一步拓展线上线下同步、课上课下衔接的智能化教学空间,打造以图像识别、语音识别等为技术特征的智慧课堂和泛在化、个性化、协作化的学习场景,探索通过智能学伴、智慧助教、智能推送、自动评估和反馈等智能化教学手段重构教学模式,实现教学从"师生交互"向"师/生/机交互"转变,推动以教师讲授为中心的"被动式学习"向以学生需求为中心的"自主性学习"转变,形成人机协同的智慧化教学新生态。

3. 探索多元评价方式

职业院校应打破以分数为主的评价机制,强化对学生动态数据的感知、采集、分析和监测,利用人工智能技术绘制学生数字画像并对学生的学情学业、职业倾向、心理状况进行精准分析与预测,实现学生综合素质的多维度、过程性、全方位评价,形成基于大数据的全量化、智能化的教育教学评价体系。

4. 探索数据驱动的决策支持

职业院校应深入挖掘产业发展、人才需求、教育教学、管理服务等方面的数据,借助人工智能强大的分析和预测功能,洞察未来市场的技术技能需求趋势,优化课程内容和教学策略,提高管理决策的科学性,拓展职业教育治理空间,为构建"智能＋"的教育生态提供有效保障。

四、职业教育信息化标杆学校可持续保障机制

为了使职业教育信息化标杆学校建设成果长期稳定地发挥效用,需要构建一个可持续的保障机制,它应该覆盖以下几个方面:

（一）师生发展保障

搭建完整的师生发展数字化平台,为师生提供可持续的学习资源和个性化的发展路径,形成制度化的师生信息技术培训,常态化的校内交流、研讨、比赛,规范化地外出培训、参赛,确保师生在数字化环境下不断成长。

（二）持续进行信息化建设

随着物联网、云计算、VR/AR、人工智能技术的不断发展,需要持续进行信息化建设。为此,应设立专门的信息化改造基金,持续建设一体化、智能化教学、管理与服务平台,不断拓展师生发展、教育教学、实习实训、管理服务等应用场景,定期对信息化设施进行升级、改造,确保其始终处于行业前沿。

（三）数据治理与安全保障

建立完善的数据治理体系,确保数据的准确性和完整性。同时,加强网络安全防护,防止校园信息泄露和遭受网络攻击。为此,需要定期进行安全检查和漏洞修补,提高网络安全意识,确保校园网络的安全稳定运行。

（四）监测与评估机制

建立有效的监测与评估机制,阶段性对职业教育信息化标杆学校建设成果进行定期评估。充分发挥"全国职业教育智慧大脑院校中台"的管理监测作用,通过动态收集和分析数据,客观地了解学校的信息化建设和学校运行情况,及时发现问题并进行改进。同时,将评估结果作为改进和优化信息化标杆学校建设的依据,不断提高职业院校信息化建设的质量和水平。

课题承担单位: 天津医学高等专科学校

主持人: 王慧

执笔人: 王慧

课题组成员: 张彦文、刘玉、袁静、刘洋、刘月娟、李光远、马菲菲、郭焱、王占云、王晓华、刘芳、薛梅、刘冬莹

/ 第十二章 /

▼

示范性虚拟仿真实训基地建设

——以天津工业职业学院相关实践为例

虚拟仿真实训基地因融合了虚拟现实（VR）、增强现实（AR）、混合现实技术（MR）人机交互、数字孪生等诸多虚拟仿真技术,并充分运用到教学中,能有效解决真实场景实训中的"三高三难"问题,改变传统的教学模式,对"三教"改革起到了放大、叠加和倍增的作用,从而赋能职业教育高质量发展。本章以天津工业职业学院相关虚拟仿真实训基地建设为例,探讨基地建设的一般要求和特色之处。

一、示范性虚拟仿真实训基地建设概述

（一）基地建设由来

2019 年 1 月国务院印发的《国家职业教育改革实施方案》提出,加大政策引导力度,充分调动各方面深化职业教育改革创新的积极性,带动各级政府、企业和职业院校建设一批资源共享,集实践教学、社会培训、企业真实生产和社会技术服务于一体的高水平职业教育实训基地。2020 年 9 月,教育部等九部门关于印发《职业教育提质培优行动计划（2020—2023 年）》的通知,提出鼓励职业学校利用现代信息技术推动人才培养模式改革,满足学生的多样化学习需求,大力推进"互联网 +""智能 +"教育新形态,推动教育教学变革创新,遴选 100 个左右示范性虚拟仿真实训基地。由此,国内各高职院校积极承接任务,结合本校专业实际开展虚拟仿真实训基地建设。

（二）基地建设要求

2021 年 9 月,教育部科技发展中心发布《职业教育示范性虚拟仿真实训基地建设指南》明确提出:职业教育示范性虚拟仿真实训基地建设要适应国家战略和

数字经济发展要求,紧盯产业转型升级,融合新《职业教育专业目录》规定,将职业教育示范性虚拟仿真实训基地打造成集教学、实训、培训、科研、竞赛、科普等功能于一体的综合性实训基地、虚拟仿真实训教学资源校企协同开发平台和虚拟仿真实训技术成果展示与应用推广平台;解决实训教学过程中高投入、高损耗、高风险及难实施、难观摩、难再现的"三高三难"痛点和难点;服务新时代复合型技术技能人才培养、服务"双师型"教师队伍建设、服务企业员工和各类人员就业培训、服务区域经济转型升级和乡村振兴、服务行业企业技术创新、服务"一带一路"国家和地区发展;发挥示范、引领、辐射、带动作用,为推动现代职业教育高质量发展增效赋能。同时,对虚拟仿真实训环境建设、虚拟仿真实训资源建设、虚拟仿真实训基地项目团队建设和虚拟仿真实训基地组织管理等方面也提出了具体的建设要求。

（三）基地建设现状

2020 年 9 月,教育部职业教育与成人教育司印发《关于开展职业教育示范性虚拟仿真实训基地建设工作的通知》,直接部署职业教育示范性虚拟仿真实训基地建设工作。2021 年 8 月,教育部职业教育与成人教育司在《关于公布职业教育示范性虚拟仿真实训基地培育项目名单的通知》中,首次公布了 215 个职业教育示范性虚拟仿真实训基地培育项目。这些示范性院校的办学层次包括:高职本科院校 5 所,占比 2.33%;高职专科院校 195 所,占比 90.70%;中职院校 15 所,占比 6.98%。从专业分类看,涵盖了 17 个专业大类,其中排在前三位的是装备制造大类 69 个,占比 32.09%;交通运输大类 37 个,占比 17.21%;土木建筑类 13 个,占比 6.05%。从基地分布看,除港澳台外的 31 个省（自治区、直辖市）和新疆生产建设兵团均有,其中广东省 13 个最多,占比 6.05%;其次是四川省 11 个,占比 5.12%;第三位是河南省、江苏省、山东省、天津市、浙江省,分别有 10 个,各占 4.65%。总预算投入 618538 万元,各院校平均预算投入 2876.92 万元。同年,教育部搭建了基地建设监测平台,组织典型案例的申报,组织虚拟仿真专项课题申报,组织建设国家职业教育智慧平——"虚拟仿真实训中心"。这些数据表明,虚拟仿真实训基地建设进入快速发展时期。

2021年10月19日,由教育部科技发展中心主办的职业教育示范性虚拟仿真实训基地建设工作推进会在南昌召开,南昌也建起首个国家职业教育虚拟仿真实训示范基地。2023年11月9日,教育部高等学校科学研究发展中心在《关于公布2022年度职业教育示范性虚拟仿真实训基地典型案例项目名单的通知》中,又公布了68个职业教育示范性虚拟仿真实训基地典型案例。

（四）基地建设成效

职业教育示范性虚拟仿真实训基地经过多年建设,各院校在经费支出、虚拟仿真资源建设、平台总数、虚拟仿真教材数、虚拟仿真课题数、虚拟仿真大赛获奖总数、解决"三高三难"问题数等指标数据明显提升（如表12-1所示）,建设成效显著,主要表现在:一是从上到下高度重视,全力推进基地建设。从教育部职成司、高等学校科学研究中心的积极组织,顶层设计,到各院校积极申报,认真落实,都体现了对此项工作的高度重视。二是主持院校进展迅速,成效显著。各院校积极修订和完善建设方案和任务书,组织开展论证会、推进会,引入和开发一批虚拟仿真资源,各项效能数据明显提升。三是建设成果有效转化,反哺教育教学。虚拟仿真资源边开发边应用,促进了教学改革,创新了虚实结合、岗课赛证融通的实训教学体系,提升了人才培养的质量。四是资源开发对接产业发展,提升了服务产业的能力。实训基地建设紧跟国家战略部署,贴近国家重点大项目服务区域和产业升级的需求,将基于现代化、智能化的生产性实训基地、真实企业工作场景和技术领域的内容开发成虚拟仿真资源,帮助企业开展职工培训和解决生产难题。以钢铁行业为例,具有生产系统规模庞大、现场工序繁多、技术流程复杂、安全标准高、稳定性要求强的特性,对于一线人员的设备稳定操作和事故响应素质,都要求极为严格。新进员工大部分都是应届大学生,对于设备操作、工艺控制、事故处理等都不熟悉,采用虚拟仿真培训的新模式很好地解决了新员工岗位能力提升的问题。五是强化教师培训,提升教师运用虚拟仿真技术的能力。激励教师参加虚拟仿真技术的培训,组建依托虚拟仿真技术进行教学研究的创新团队,提升教师虚拟仿真资源开发、教材开发、课题研究的能力。基地还可为教师提供专业培训和教学资源,帮助他们掌握虚拟仿真实训设备和软件平台的使用方法和教学技巧。通过教师的引导和指导,学生可以更好地利用虚拟实训资源,提高学习效果和实践能力。

表 12-1　职业教育虚拟仿真实训基地建设和应用情况

建设应用指标	2021 年	2022 年	提升百分比
经费支出	232896.55 万	248669.28 万	6.77%
虚拟仿真资源	11629 个	19085 个	64.12%
平台总数	242 个	335 个	38.4%
虚仿仿真教材数	1624 部	2766 部	70.32%
虚仿仿真课题数	913 个	1815 个	98.8%
虚仿仿真大赛获奖数	1454 个	2707 个	86.2%
解决"三高三难"问题数	1421	1435	0.99%
优化人才培养方案数	1152	1903	65.19%

（五）基地建设中存在的问题

示范性虚拟仿真实训基地的建设和应用虽然成效显著,但也存在一些问题。

1. 实训环境缺乏顶层设计,没有统一管理平台。部分院校虽然建设完成了一批虚拟仿真资源,但是缺乏整体性、系统性设计,许多碎片化的虚拟仿真资源分散建设在不同的物理空间和数据空间,造成建设环境存在场地规划不合理、与设备搭配不科学等问题。未能充分体现"虚实结合"的原则,或没有按照专业人才培养过程或者实训教学体系等一定的逻辑进行顶层设计和统一平台的管理,或者存在一个基地若干管理平台的问题,造成教师和学生调用教学资源不方便、资源使用率低等问题。

2. 资源建设与产业对接不精准,脱离生产实际。虽然建设了一批数量多、种类多的虚拟仿真资源,但是资源建设与当地产业需求的吻合度比较低,服务区域经济转型升级和行业企业技术创新等方面脱节,且虚拟仿真项目过多引入市面上标准化、通用性的资源,缺少与行业企业联合研发的项目,造成相同专业的资源建设同质化严重,缺乏与本区域产业发展相关的个性化资源,无法精准对接产业发展所需要的新技术和新工艺,自然也无法为区域企业提供相适应的高素质技术技能人才。

3. 基地保障机制不完善,资源建设共享程度不高。部分院校基地建设中校企合作体制、机制不完善,与实训基地相关的校企合作的运维管理制度,实训资源和设备管理办法,虚拟仿真实训平台的管理办法,虚拟仿真资源开发管理制度,技术服务与科技研发制度以及激励教师积极参与虚拟仿真实训资源开发、应用的政策不足。虚拟仿真资源共建共享的机制和标准不完善,造成教师使用的虚拟仿真资源共享度不高,很多资源没有进入国家职业教育智慧平台或者院校的统一管理平台,造成资源重复建设。

4. 资源建设必要性论证不足,没有聚焦教学难点痛点问题。部分院校缺乏虚拟仿真资源建设的必要性论证,没有坚持"能实不虚、以实带虚、虚实结合、以虚助实"的原则,为了虚拟仿真而虚拟仿真,引入或者开发的虚拟仿真资源没有聚焦在高投入、高损耗、高风险的教学管理问题上,没有聚焦在教学过程中难实施、难观摩、难再现的难点痛点问题,违背了虚拟仿真实训基地建设的要求和初衷,增加了教学和管理的额外负担,造成了经费和资源的浪费。

5. 教师利用虚拟仿真资源授课能力不足,教学成效不显著。部分院校虚拟仿真资源没有起到优化人才培养方案的作用,没有真正融入课程体系中,在课程标准、教学设计方面也没有体现,在推进"三教"改革和赋能专业化升级方面不够有力,尤其是教师缺乏系统的虚拟仿真技术培训和对虚拟仿真实训教学的研究,教师开发和应用虚拟仿真资源并应用到课堂教学的能力不足,开发的虚拟仿真资源教材和在线公开课程数量与质量不足。[①]

(六)基地建设对策

针对示范性虚拟仿真实训基地建设过程中的问题,以国家示范性虚拟仿真实训基地建设要求为依据,可以得出基地建设的以下对策:强化整体设计,打造"共享云 + 一站式"的实训教学管理平台;对接产业发展,打造"虚实结合 + 岗位场景"的实践教学体系;深化产教融合,建立"开放共享 + 校企协同"的运营保障机制;聚焦痛点难点,构建"以虚助实 + 双线递进"的虚拟仿真资源;推进"三教"改

① 石岱峰、张松、孙玉峰:《高职院校虚拟仿真实训基地建设与应用研究》,《现代职业教育》2024 年第 10 期。

革,培养"信息化+实践化"的专兼职教师团队。

二、示范性虚拟仿真实训基地建设的新要求

（一）基地内涵变化

2023 年 7 月 7 日,为深入贯彻党的二十大精神,落实中办、国办印发的《关于深化现代职业教育体系建设改革的意见》,加快构建央地互动、区域联动、政行企校协同的职业教育高质量发展新机制,教育部办公厅发布《关于加快推进现代职业教育体系建设改革重点任务的通知》,明确把建设职业教育示范性虚拟仿真实训基地作为重点任务提出来,并对建设职业教育示范性虚拟仿真实训基地提出了新的要求,赋予了新的内涵。该通知要求:各校要瞄准专业实训教学中"高投入高难度高风险、难实施难观摩难再现"等现实问题,结合自身实际,建设职业教育虚拟仿真实训基地（以下简称"虚仿基地"）。虚仿基地要有效运用虚拟现实、数字孪生等新一代信息技术,开发资源、升级设备、构建课程、组建团队,革新传统实训模式,有效服务专业实训和社会培训等。各地要加强统筹管理,根据区域产业结构,因地制宜、合理布局建设区域性虚仿基地;引导各虚仿基地共建共享共用虚拟仿真实训资源,积极向国家或省级职业教育智慧教育平台推送优质资源。教育部将在专业实训基础条件好、信息化水平高、应用成效明显的区域性虚仿基地的基础上,有组织地指导建设全国示范性虚仿基地。到 2025 年建成 200 个左右全国示范性虚仿基地,带动各地 1000 个左右区域示范性虚仿基地建设,推动职业院校技术技能人才实训教学模式创新。

（二）基地建设内容及要求

1. 虚拟仿真实训环境建设

基于先进行业企业的生产环境和生产设备,吸收新理念、新技术、新工艺、新规范、新标准,建设与实际职业情境对接的虚拟仿真实训环境,增强实训教学与行业企业岗位实践的吻合度。虚拟仿真实训环境建设须首先满足教育部颁布的《职业院校专业实训教学条件建设标准（职业学校专业仪器设备装备规范）》《职业

院校数字校园建设规范》及具体专业的国家标准和行业标准规定。具体建设内容包括：

（1）虚拟仿真实训教学场所。一般由专业虚拟仿真实训中心、公共虚拟仿真实训中心、虚拟仿真体验中心和虚拟仿真研创中心组成。其中，第一个中心为必建内容，其他三个中心为选建内容。提倡院校因地制宜、充分利用现有实训教学场所，通过功能升级或环境改造等实现综合利用，并尽量按教学组织要求保证一人一工（岗）位，满足学生独立或协同操作的需要。

（2）虚拟仿真实训设施设备。虚拟仿真实训设施设备应达到行业企业前沿技术和新业态所要求的先进水平，并伴随行业企业发展与时俱进地持续更新升级。虚拟仿真实训设施设备还应与实训教学模式及虚拟仿真实训资源的展现形式相匹配。提倡选用不易造成身心不适感的新技术设施设备，比如桌面式操作一体机、沉浸式 LED 大屏、多通道 CAVE 系统、大空间多人协同交互系统、幻影成像系统、全息投影系统等。

（3）虚拟仿真实训教学管理及资源共享平台。用于对虚拟仿真实训教学场所、虚拟仿真实训设施设备和虚拟仿真实训资源进行跨专业、跨院校、跨地域的统筹管理，应具备虚拟仿真实训教学过程的监控分析及虚拟仿真实训资源汇聚分配的管控统计等功能，并尽量满足平台互联要求和采用所推荐的关键技术。

2. 虚拟仿真实训资源建设

要根据先进行业企业岗位职责和技能对职业院校人才培养提出的新要求，结合教育部印发的《职业教育专业目录》《高等职业学校专业教学标准》《中等职业学校专业教学标准》和人社部颁布的《国家职业技能标准》，厘清实训教学过程中的"三高三难"问题，有针对性地开发虚拟仿真实训资源，并随着产业转型升级持续更新升级，切实遵循"以实带虚、以虚助实、虚实结合"原则，避免"为虚而虚"。应发挥不同类型及交互方式虚拟仿真实训资源的优势，按照"三教"改革要求，对传统实训教学模式进行创新再造，实现实训教学的生动性、趣味性、互动性和自主性；还应将立德树人和"三全育人"要求、课程思政和思政课程元素有机地融入其中。

资源类型包括：以实带虚的纯虚拟资源、以虚助实的模块化资源和虚实结合的数字孪生资源。

开发目标：与岗位技能对接、与人才培养方案和职业培训方案对接、与实习实训对接。

开发方式：自主开发、合作开发和委托开发。

3. 虚拟仿真实训基地项目团队建设

职业院校示范性虚拟仿真实训基地建设项目团队应同时具备"虚拟仿真实训教学＋虚拟仿真实训资源开发"的双重功能，是基地建设和持续发展的重要保障。

项目团队成员宜包括：校领导、二级院系和相关职能部门负责人及工作人员，政府、行业企业、院校及科研院所专家，跨专业的"双师型"专业教师和实训指导教师，产教融合、校企合作企业的技术骨干，虚拟现实相关专业和课程的教师，虚拟仿真实训资源开发企业的项目经理和技术人员。要加强项目团队建设和项目团队人员管理，确保项目团队结构的合理性、成员的稳定性和人员的充足性，并做到分工明确、责任到人。

院校应结合基地建设进度计划，制订与之配合的项目团队培养计划以及不同阶段的培养目标，有序开展项目团队培养。

院校可结合教师业绩考核办法、评先评优、职称评聘办法等，将教师参与开发和持续完善虚拟仿真实训资源以及开展虚拟仿真实训教学设计和虚拟仿真实训教学模式研究等纳入教师工作量计算、评优评先、绩效考核和职称评聘等。

4. 虚拟仿真实训基地组织管理

教育部职业教育与成人教育司统筹协调，并会同各省级教育行政部门对职业院校示范性虚拟仿真实训基地建设工作实施宏观管理。

教育部科技发展中心受教育部职业教育与成人教育司委托，负责指导、跟踪、监测各职业院校示范性虚拟仿真实训基地的建设进度和运行情况。在分析各院校的年度建设数据和总结报告以及组织专家实地调研部分院校的基础上，形成和发布全国职业院校示范性虚拟仿真实训基地建设的年度报告，必要时启动实施年度动态调整机制。

各省级教育行政部门要配合教育部职业教育与成人教育司和教育部科技发展中心,对本区域的培育项目给予政策支持,并加强项目监管,定期组织现场检查督导,及时发现问题、研究问题、解决问题。

各院校应成立以校级主要领导为组长的虚仿基地建设领导小组,以及由政府、行业企业、院校及科研院所专家组成的虚拟仿真实训教学及资源开发指导委员会,并根据需要成立子项目建设工作小组,形成有效的工作机制和流程,确保层层压实责任、责任到人。应逐年在"职业院校示范性虚拟仿真实训基地国家监测平台"上填报年度建设数据并提交总结报告。

职业院校示范性虚拟仿真实训基地应首先面向全国的职业本科院校、职业高等院校、职业中等学校(含技工学校)以及社会群体、行业企业和科研院所开放共享,为学生、退役军人、下岗职工、农民工、高素质农民等提供实习实训和就业培训服务,为企业员工、工程技术人员、科研人员等提供技能培训、技能鉴定和技术研发服务。在条件成熟时,还应面向"一带一路"国家和地区开放共享。

(三)天津工业职业学院智能冶金示范性虚拟仿真实训基地建设

天津工业职业学院(以下简称"学院")钢铁智能冶金专业群为深入贯彻和落实党的二十大精神,习近平总书记关于职业教育的重要论述,以及天津市《科教兴市人才强市行动方案》等重要精神,紧密对接天津市"1+3+4"现代化产业体系和12条重点产业链,着力解决专业群实训"三高三难"问题,通过与国内顶尖钢铁集团和一流数字企业合作,在共建共享共用的框架下,打造高水平的智能冶金示范性虚拟仿真实训基地。

学院智能冶金示范性虚拟仿真实训基地的建设思路:一是以"智能+技能"为内核,创建高端钢铁冶金技能人才实训基地。基于京津冀钢铁行业绿色化、智能化、高端化转型升级需求,依托虚拟现实、人工智能、数字孪生、大数据等信息技术,升级改造实训场所,突出感知性、沉浸性、交互性和先进性,进一步提升基地技术水平和服务能力,形成集教学、大赛、考证、培训功能为一体的高水平虚拟仿真实训基地。二是以德技并修为主线,构建虚实结合实训教学体系,依托专业群资源库平台建设冶金文化虚拟展厅、课程思政资源库、软技能资源库,将工匠精神、企业文化、职业素养融入教学内容,开发一批德育教育的虚拟仿真教学资源;基于虚拟仿真实训教学管理平台,创新线上线下混合式虚拟仿真实训教学模式;依托大师工作室,聘请行业领军企业技术骨干,校企协同开发新形态教材,建设虚仿实训课程,修订实训课程标准、实训指导书、教学评价标准,开展课题研究,打造"双师型"虚拟仿真实训教学科研团队。三是以产教融合共同体为平台,构建基地共建共享共用机制。建立京津冀钢铁智能冶金产教融合共同体,联合共同体内行业企业共建虚拟仿真实训基地,充分利用虚仿基地资源,承接技能大赛,开展企业培训,实现行业、企业、院校资源共享、利益共赢。

学院智能冶金示范性虚拟仿真实训基地建成后,实现了从烧结矿生产到金属制品 13 个生产工序的虚拟仿真实训,覆盖了钢铁生产全流程,具有集教学、大赛、考证、培训于一体的多功能、开放型、高水平特点,有效解决了冶金专业群实训教学中"高投入高难度高风险、难实施难观摩难再现"等现实问题,在仿真实训课程创新、虚拟仿真资源开发、团队建设、机制建设等方面达到了区域领先水平。

课题承担单位: 天津工业职业学院

主持人: 林磊

执笔人: 林磊

课题组成员: 林磊、于万松

/ 第十三章 /

▼

示范性虚拟仿真实训基地建设

——以天津轻工职业技术学院相关实践为例

职业学校以社会和市场需求为导向,紧盯产业转型升级,以新一代信息技术为引领,面向高素质技术技能人才培养中的痛点和难点,用新思路、新机制、新模式建设虚拟仿真实训基地,打造集教学、实训、培训、科研、竞赛、科普等功能于一体的综合性实训基地,是新一轮职业教育大发展的重要内容。本章以天津轻工职业技术学院为例,分析基地建设的一般问题和学校特殊专业建设基地的特点。

一、职业教育示范性虚拟仿真实训基地建设的由来和成效

（一）示范性虚拟仿真实训基地建设的政策梳理

2016 年 5 月,中共中央、国务院印发《国家创新驱动发展战略纲要》,强调科技创新是提高社会生产力和综合国力的战略支撑,加快工业化和信息化深度融合,把数字化、网络化、智能化、绿色化作为提升产业竞争力的技术基点,发展新一代信息网络技术,增强经济社会发展的信息化基础。2018 年 4 月,教育部印发《教育信息化 2.0 行动计划》,要求持续推动信息技术与教育深度融合,促进教育信息化从融合应用向创新发展的高阶演进,信息技术和智能技术深度融入教育全过程,推动改进教学、优化管理、提升绩效。2019 年 2 月,中办、国办印发《加快推进教育现代化实施方案（ 2018—2022 年)》,其所列重点任务中明确要大力推进教育信息化,着力构建基于信息技术的新型教育教学模式、教育服务供给方式以及教育治理新模式,促进信息技术与教育教学深度融合,支持学校充分利用信息技术开展人才培养模式和教学方法改革,逐步实现信息化教与学应用师生全覆盖。

2019 年 1 月,国务院印发《国家职业教育改革实施方案》,明确建设一批资源

共享,集实践教学、社会培训、企业真实生产和社会技术服务于一体的高水平职业教育实训基地,建设若干具有辐射引领作用的高水平专业化产教融合实训基地,推动开放共享,辐射区域内学校和企业。2020 年 9 月,教育部等九部门印发《职业教育提质培优行动计划（2020—2023 年）》,要求推动信息技术与教育教学深度融合,以"信息技术 +"升级传统专业,及时发展数字经济催生的新兴专业,大力推进"互联网 +""智能 +"教育新形态,推动教育教学变革创新,遴选 100 个左右示范性虚拟仿真实训基地。2021 年 10 月,中办、国办印发《关于推动现代职业教育高质量发展的意见》,强调推动现代信息技术与教育教学深度融合,提高课堂教学质量。2022 年新修订的《中华人民共和国职业教育法》明确规定：支持运用信息技术和其他现代化教学方式,开发职业教育网络课程等学习资源,创新教学方式和学校管理方式,推动职业教育信息化建设与融合应用。

2020 年 9 月,教育部职业教育与成人教育司印发《关于开展职业教育示范性虚拟仿真实训基地建设工作的通知》,要求基地建设过程中坚持科技引领,虚实结合;育训结合,教学创新;一校一策,共建共享;科学管理,规范考核。2021 年 8 月,教育部科技发展中心发布《职业教育示范性虚拟仿真实训基地建设指南》,明确虚拟仿真实训基地的建设目标,并对基地的环境建设、资源建设团队建设及组织管理提出了明确要求。2023 年 7 月,教育部办公厅印发《关于加快推进现代职业教育体系建设改革重点任务的通知》,要求各校瞄准专业实训教学中"高投入高难度高风险、难实施难观摩难再现"等现实问题,结合自身实际,建设职业教育虚拟仿真实训基地;这种基地要有效运用虚拟现实、数字孪生等新一代信息技术,开发资源、升级设备、构建课程、组建团队,革新传统实训模式,有效服务专业实训和社会培训等。

（二）示范性虚拟仿真实训基地建设相关实践和研究成果综述

近年来,虚拟现实技术在国内外都得到了飞速发展并且逐步走向成熟,该技术融合应用多媒体、传感器、新型显示、互联网和人工智能等多领域技术,拓展了人类感知能力,改变了产品形态和服务模式,在制造、教育、文化、健康、商贸等行业领域都得到了广泛应用,不仅为用户带来更具感染力及沉浸感的体验,而且也给人们的生活方式带来前所未有的变革。如,在智能制造领域被广泛应用于机电设备的设计、安装、调试、维护、培训等诸多领域,产生了积极的成效。通过虚拟现实技术在智能制造领域深入应用,解决"三高三难"实训问题,实现实践教学的数字化、可视化、智能化管理。[①]

教育部早在 2013 年启动了普通本科国家级虚拟仿真实验教学中心的建设工作,已建成国家级虚拟仿真实验教学中心 300 个,覆盖 27 个省、自治区和直辖市。[②]300 个国家级虚拟仿真实验教学中心覆盖了除哲学外的 12 个学科门类,其中理工类 215 个,农林医药类 42 个,人文社科类 43 个。中南大学成立了"机械工程虚拟仿真实验教学中心",将机械工程专业作为基础,以高性能复杂构件装备、复杂曲面制造、微电子制造等学科作为特色,积极探索拓展了学科实验教学的理论深度和知识广度,发挥了与互联网和其他学科融合优势。建立了与"机械工程实验教学中心国家示范实验室"相辅相成、优势互补的综合教学资源,做到了对教学理论实践教学的优质化和补充。大连理工大学依托校内资源"软件工程综合实验教学中心""省级实验教学示范中心",成立了软件工程虚拟仿真实验教学中心,发挥大连理工大学学校软件信息工程实验学科的自身优势,坚持软件教学与实验科研有机结合,将教学科研成果不断创新转化并成为软件实验教学科研资源。同时它还综合利用学校云计算、物联网、多媒体等信息技术,支持其他重点大学、合作教育企业进行联合应用,充分体现了教学资源整合开放、应用技术开放、服务开放的办学特色。[③]

高职院校方面,国内的深圳信息职业技术学院、河南工业职业技术学院、无锡职业技术学院、广州番禺职业技术学院、顺德职业技术学院、天津职业大学、天津医学高等专科学校等众多"双高"院校已初步完成虚拟仿真实训基地的建设,依

---

① 霍丽娟:《虚拟仿真实训基地如何解决"三高三难"》,《光明日报》2023 年 1 月 31 日第 13 版。

②《教育部办公厅关于 2017—2020 年开展示范性虚拟仿真实验教学项目建设的通知》(教高厅〔2017〕4 号)。

③ 蔡志福:《高质量发展视域下高职虚拟仿真实训基地建设路径探索》,《中国机械》2022 年第 22 期。

托虚拟仿真实训基地开展科普教育、普适性教育、专业实训、社会培训。通过虚拟仿真实训基地的建设,可有效降低实验实训教学成本,构建开放式的实验实训教学环境,增强课堂趣味性与学生学习主动性,提高实验实训融合性。通过实训基地的建设与运行,提升了教师的虚拟仿真技术应用研发能力与创新能力,拓展了实践领域,创新了教学模式。同时,各院校虚拟仿真实训基地的运行实践表明,虚拟仿真实训基地在建设过程中要充分考虑跨专业交叉实训和社会培训的不同特点,兼顾实训课程设计的专业性和兼容性,建设与虚拟仿真相适应的实训教学课程体系,合理确定实训教学内容,研究开发实训教学资源,打造高水平教学团队,优化人才培养方案和实训方式,科学安排虚实结合实训体系所需的课程时长、教学要求等。

目前,高职院校的虚拟仿真实训基地建设多数为了解决实训教学中的"高投入、高危险、高耗材,难观摩、难实施、难再现"的"三高三难"问题,比如通过计算机虚拟技术与实践教学深度融合,丰富教学模式,优化教学效果,提升实训教学质量和学生满意度。各高职院校因专业课程设置和专业侧重点不同,涉及实训教学的硬件设备和软件平台也有所区别,考核评价指标也各异。虚拟仿真实训教学软件既需要具有通用性,又要保持一定的定制性,并且虚拟仿真实训教学效果也常常受到各类硬件设备和教师应用的实训教学模式的影响[1]。

国外高校将虚拟仿真技术视为对传统教学进行改革、提升人才培养质量的重要方向和推进现代教育发展的重要引领手段。英国开放大学实验室应用网络、虚拟现实等技术开发了虚拟仪器共享使用项目,能够在线实现所有实验室功能,学生可下载虚拟仪器软件进行在线实验,也可以借助遥控仪器进行远程控制实验。美国新媒体联盟早在 2002 年就开始了对虚拟仿真融入教育领域的规划。耶鲁大学充分发挥学校虚拟仿真实验室的优势,采用智能平板电脑模拟完成分子生物学、细胞生物学、发育生物学等学科课程的虚拟实验。加拿大大学建设了 3D 实验室和人类创客虚拟仿真教学实验室,配备最先进的 3D 扫描仪和打印机、动作传感器以及激光切割机等高科技设备,真正做到"虚实结合、能实不虚"的教学原则。澳大

---

① 蔡志福:《高质量发展视域下高职虚拟仿真实训基地建设路径探索》,《中国机械》2022年第 22 期。

利亚雷德兰兹大学利用智能平板电脑易随身携带、高分辨率大屏显示和智能触摸屏的三大特点,以此替代笨重的科学实验地理仪器、视频广播设备和其他的昂贵教学工具,开展了野外实地体验教学,与在校学生们一起分享地图拍摄全景照片、地图注解、全球地形等图片相关资料,同时收集和整理分享了地球岩石地理数据。

国外高校虚拟仿真实训教学改革的主要方向为:一是加快新兴信息技术在教育教学领域的应用。二是整合教育资源于在线学习、混合式学习和协作学习之中。三是基于信息技术教育教学由理论课程单一教学形态向理论与实践教学相辅相成转变。四是促进学生从以往的课程内容单一消费向创造者和设计者转变。五是重视和加强开放教育资源的建设、使用和维护。六是建设具有完备数字化学习条件和虚拟实验环境的未来教学实验室等。

(三)职业教育虚拟仿真实训基地建设的必要性

随着职业教育稳步向现代化发展,虚拟仿真实训基地建设必然提上议事日程。新技术、新模式促使对传统教育教学手段加以改革,因为虚拟仿真实训基地不仅能够实现教学模式、教学方式的多样化、网络化、智能化、数字化,还能拓展学生混合式学习路径。因此,建设职业学校虚拟仿真实训基地成为当前的新课题[①]。

1. 面向教学实际,解决"三高三难"痛点

职业学校在专业实训教学过程中受限于设备仪器成本与数量、高价值试验耗材消耗、课时分布及真实生产环境难模拟等问题,无法高效、有序开展实训教学。在传统的实验教学环境,如果涉及大型设备、特种设备、操作复杂、实物成本高、消耗能源大等情况下,开展多班次大批量的实验教学极为不便;当涉及高空作业、有毒气体、腐蚀介质、高温高压、爆炸等特殊作业环境,无法进行真实场景实操或重复、针对性训练;针对复杂抽象的知识点与技能点,只用传统的文字、图片、视频使学生理解程度有限,如果进入企业真实现场或还原真实现场,运营管理将面临诸多问题。虚拟仿真实训则是借助信息化和数字化技术以"虚"模拟"实",具有感知性、沉浸性、互动性和构想性,颠覆了传统教学手段,可以有效解决传统实训

[①] 柳洪洁、宋月鹏、马兰婷等:《国内外虚拟仿真教学的发展现状》,《教育教学论坛》2020年第17期。

基地的高投入、高损耗、高风险和难实施、难观摩、难再现等"三高三难"的痛点，克服了职业教育真实生产条件不具备而导致部分实训教学项目"不能做""不敢做""不好做"的问题。[①]

2. 打破场地约束，克服"时空限制"难点[②]

传统的实验教学管理方式存在很大的技术局限性。一般来说，学校实验场地有限，不能提供足够的场地空间以安放综合实验室的设备，且无法容纳数量众多的学生开展综合实验。加上许多精密仪器往往有着昂贵的检修维护费用，无法及时供应学生的日常操作使用。专业人员短缺同样严重限制着高校传统实验教学方式的发展，高技术素质的实验教育人才较为难得，实验教师的职业局限性也不可避免。[③] 虚拟仿真实训基地具有占地小、投资少、见效快、环境好、维护省、更新易等诸多优点，职业学校可充分利用现有实训教学场所，通过功能升级或环境改造等实现综合利用，保证一人一工位，满足学生独立或协同操作。同时，虚拟仿真实训资源可进行跨专业、跨院校、跨地域的统筹管理。同时让教师在实验教学中解放出来，更方便地去了解学生的学习情况。

3. 数字科技赋能，助力深化"三教"改革

虚拟仿真实训基地可推动虚拟现实等现代信息技术在教育教学中的广泛应用，积极推动教师角色的转变和教育理念、教学观念、教学内容、教学方法以及教学评价等方面的改革。教材不再拘泥于纸质版的单一形式，逐渐向智能化、数字化教材资源转变；教学方法也一定程度上摆脱了传统的基本方法，逐步结合虚拟仿真技术和数字化，转向多种交叉、混合式、创新型的教学方法发展；建设智能化教学支持环境，建设能够满足多样化需求的课程资源，创新服务供给模式；通过虚拟仿真实训基地开展教学，必然有利于教师教学能力提升。总之，教学资源数字化、

---

① 侯慧、朱韶华、张清勇等：《国内外高等学校虚拟仿真实验发展综述》，《电气电子教学学报》2020 年第 44 期。

② 贺星岳、高永祥：《提高虚拟仿真实训基地建设有效性的三个"抓手"》，《光明日报》2023 年 1 月 31 日。

③ 高志强、王晓敏、闫晋文等：《我国虚拟仿真实验教学项目建设的现状与挑战》，《实验技术与管理》2020 年第 37 期。

创新教学方法、教师数字能力提升,必然助力"三教"深化改革。

4. 契合产业发展,培养高质量人才

随着人工智能、物联网、大数据等技术的高速发展,产业开始智能化转型升级,如装备制造业的转型主要体现在如何利用数字化手段赋能,即通过数字化手段实现生产的无人化、智能化、自动化,因而对产业工人技术技能需求也发生转变,即由面向单机的操作型人才转为面向系统的、辅助无人车间正常运行的复合型技术技能人才,要求工人能掌握人机工效仿真、生产物流系统仿真、制造企业生产过程执行管理系统、零件流的静态分析与动态分析等知识技能。因此,产业转型升级对复合型技术技能人才的培养提出了更高的要求。由于新型智能化、网络化生产设备价格昂贵、组合方式复杂,职业学校无法按照传统方式在校内实训基地完全复制企业用设备进行实践教学,开发相关的虚拟仿真实训教学系统势在必行。虚拟仿真实训基地建设主要是构建"点面结合、一横一纵"的实训体系,[①]体系内部包含生产流程全部要素,专业模式采用"主修 + 辅修",对学生开展复合能力的培养,调动学生的自主学习积极性,引导学生用工程技术的思维意识进行实践教学和产品的研创,提升学生对复杂工程问题的独立解决能力。

二、职业教育示范性虚拟仿真实训基地建设的新要求

(一)虚拟仿真实训基地建设思路

1. 科技引领,建设智能数字化普适性示范基地

依托虚拟现实(VR)、5G、人工智能、数据库等新一代信息技术以及软硬件系统,着力打造集教学、实训、创作等功能于一体的虚拟仿真实训基地,推进企业参与人才培养过程,对接行业产业生产流程、职业标准、行业标准和岗位规范,将信息技术和教学实训设施深度融合,构建虚拟实训场景,模拟专业群内相关实训内容,以新一代信息技术赋能实习实训,调整实训课程整体架构,更新实训课程内容,

---

① 吴小玲:《高职院校虚拟仿真实训基地建设的实践与探索》,《科技风》2022 年第 22 期。

深化实训课程改革,进一步提高实训基地对人才培养工作的针对性。

2.育训结合,聚焦高端产业校企共建虚拟资源

充分考虑跨专业交叉实训和社会培训的不同特点,兼顾实训课程设计的专业性和兼容性,按照育训结合、长短结合、内外结合的要求,建设与虚拟仿真相适应的实训教学课程体系,研究开发虚拟仿真教学实训资源,积极开展校企联合创新创业培训,打通基于专业的教学、实验实训、创研等各环节,培养创新创业型技术技能人才,促进科研成果孵化,达到"教学研创一体"的效果。

3.分步实施,实现虚拟仿真实训基地共建共享

在基地建设过程中,需通过顶层设计进行分步实施:第一步,专业群通过对学校所在区域产业的调研,修改专业群人才培养方案,梳理课程体系,找出现在教学过程中的痛点和难点;第二步,通过校企合作借助最先进的虚拟仿真技术深挖虚拟技术与专业教学的结合点,校企协同建设虚拟仿真资源;第三步,建设虚拟仿真教学管理平台,将现有虚拟仿真资源和新建资源融入平台,实现资源平台的多面向共享服务;第四步,实训基地建设。通过前期调研与研讨,校企共同完成基地规划与设计,确保场地空间规划、设备布置、网络带宽、信息通信设备满足虚拟仿真实训教学;第五步,实训基地运行及推广。

4.科学管理,利用大数据规范管理运行和考核

基于大数据技术,构建云教学大数据管理系统。通过学校师生使用智能云教学工具 APP 开展互动教学产生的教与学行为大数据,为学校教学管理部门、督导部门和质量评估部门提供实证教学大数据管理系统,通过此管理系统可以轻松全面掌握一线教师、学生开展移动信息化教学的整体情况,以及从学校、院系、教师、学生等不同层面进行数据的汇总、管理、统计、分析、挖掘和预警,进而帮助学校更高效地开展教学管理、教学分析、教学监督、课堂教学质量诊断与评估等工作。

(二)虚拟仿真实训基地建设内容

1.虚拟仿真实训环境建设

基于先进行业企业的生产环境和生产设备,吸收新理念、新技术、新工艺、新规范、新标准,建设与实际职业情境对接的虚拟仿真实训环境,增强实训教学与

行业企业岗位实践的吻合度。虚拟仿真实训教学场所一般由专业虚拟仿真实训中心、公共虚拟仿真实训中心、虚拟仿真体验中心和虚拟仿真研创中心组成。

（1）专业虚拟仿真实训中心。依托院校最具特色和优势的专业群，系统设计实训教学体系，打造若干个专业特色突出的高水平专业虚拟仿真实训中心，每个专业虚拟仿真实训中心下可设若干按一定逻辑组合的虚拟仿真实训室，组合逻辑可选择产业链逻辑、人才培养逻辑、工序工艺逻辑、生产流程逻辑等，且覆盖行业企业前沿技术和新业态。此中心应优先建设最急需和难点、痛点最集中的实训室，确保资金投入产出实效的最大化。

（2）公共虚拟仿真实训中心建设。公共虚拟仿真实训中心利用沉浸式 VR 大屏、多人协同系统等先进虚拟仿真设备与技术开展通识教育课程及可通过通用性设备开展的专业基础课程的虚拟仿真实训，包含：思政教育、安全教育、工匠精神、鲁班工坊、劳育美育、科普体验、党建教育等模块。公共虚拟仿真实训中心以高端的沉浸式硬件设备环境为依托，结合学校专业基础课程设置与虚拟实训软件教学需求，实现尖端技术与虚拟实训软件教学的深度融合。同时，中心链接学校优势专业教学资源库中的精品资源共享课程与虚拟仿真资源，用于科普教育，提升设备利用率及资源共享率。

（3）虚拟仿真体验中心建设。虚拟仿真体验中心主要用于学生活动和参观体验，通过沉浸式 VR 移动便携交互显示系统（设备）开展科普、宣传、社团活动等。结合专业群的虚拟仿真资源，学生可进行技能巩固、分享交流、头脑风暴，满足学生在学习过程中操作能力逐步达到定向、模仿、整合和熟练过程的需求。学生在以小组为单元的实训中进行不同岗位角色的实训，从而形成整个职业群体的相关知识与综合技能。体验中心主要由沉浸式 VR 移动便携交互显示系统（设备）组成。

（4）虚拟仿真研创中心建设。针对虚拟仿真项目普遍存在的"最后一公里"和"一次性工程"问题，要立足于培养"文化＋技能"的"双创型"技术技能人才的长远目标，建设创新研发区，作为对内进行创客培养、教研；对外进行项目合作、开发培训的综合创作型场所，进行新媒体资源自我开发与更新、虚拟仿真资源建设、项目开展实施、VR 工程师培训等内容。创新研发区定位为专业认知、实训开发和资源研创场所,为师生自主设计、自主研发以及应用提供了必要场地与设施。

2. 虚拟仿真实训教学管理及资源共享平台建设

虚拟仿真实训教学管理及资源共享平台包括综合门户子系统、实训基地管理子系统、实训教学管理子系统、实训资源管理子系统、虚拟仿真实训数据分析子系统等五大子系统,实现虚拟仿真教学资源的跨专业、跨院校、跨地域的统筹管理以及虚拟仿真实训教学过程的监控分析和资源的汇聚、分配、管控、统计等功能,同时平台提供标准的数据接口,用于与学校原有的系统进行数据对接,消除信息孤岛,实现各系统的互联互通。

3. 虚拟仿真实训资源建设

根据先进行业企业岗位职责和技能对职业院校人才培养提出的新要求,结合教育部印发的《职业教育专业目录》《高等职业学校专业教学标准》《中等职业学校专业教学标准》和人社部颁布的《国家职业技能标准》,厘清实训教学过程中的"三高三难"问题,有针对性地开发虚拟仿真实训资源,并随着产业转型升级持续更新升级,切实遵循"以实带虚、以虚助实、虚实结合"原则,避免"为虚而虚"。应发挥不同类型及交互方式虚拟仿真实训资源的优势,按照"三教"改革要求,对传统实训教学模式进行创新再造,实现实训教学的生动性、趣味性、互动性和自主性;还应将立德树人和"三全育人"要求、课程思政和思政课程元素有机地融入其中。

4. 虚拟仿真实训基地项目团队建设

(1)项目团队成员。基地项目为"一把手"工程,应由学院院长担任项目负责人,全面主持基地建设、运行及管理工作;教学副院长负责基地的顶层设计与建设方案制定;二级学院负责人负责专业虚拟仿真实训中心的建设与专业虚拟仿真资源的开发;教务处、科研处及其他职能部分负责人负责公共虚拟仿真实训中心、虚拟仿真体验中心与虚拟仿真研创中心的建设、教学管理与资源共享平台的建设与管理;邀请国内行业领先的虚拟仿真企业技术人员与科研院所专家进行虚拟仿真研创技术指导,进行教师虚拟仿真技术培训与资源开发。

(2)项目团队培养。采取"内培"或"外引"的方式遴选和培养虚拟现实技术应用专业带头人和骨干教师,支持和助力虚拟仿真实训资源开发。"内培"既选拔具有丰富实训教学经验的中青年教师（优先选拔技能大师、专业或专业群带头人、实训中心主任或教研室主任），经较全面的虚拟现实软件设计开发培训后，担任虚拟现实技术应用专业带头人或骨干教师；"外引"既从校外引进具有 3 至 5 年以上虚拟现实企业工作经历和丰富虚拟现实软件开发经验的技术骨干（业内高层次领军人才、高级别技术技能人才、技能大师优先）担任虚拟现实技术应用专业带头人或骨干教师。

发挥"内培"虚拟仿真教师的引领带动作用，提升整体教师信息化水平，着力建设一支 VR+ 特色专业课程教学经验丰富、教学技能精湛的师资队伍，对内进行师资培养、教研；对外进行项目合作，以创促教、以创促学，实现"产教共建，产教共享"。

（3）项目团队激励

结合教师业绩考核办法、评先评优、职称评聘办法等，将教师参与开发和持续完善虚拟仿真实训资源以及开展虚拟仿真实训教学设计和虚拟仿真实训教学模式研究等纳入教师工作量计算、评优评先、绩效考核和职称评聘等。

（三）天津轻工职业技术学院的有益实践

天津轻工职业技术学院先进制造与新能源技术专业群在人才培养过程中，针对一些抽象知识点的讲解（能源管理、多连杆机构的运行、成形原理、多轴联动、探伤检测）、高风险的操作（电场设备调试、模具冲压、机床维修）、难以现场演示的内容（风力发电场、排产管理、异形件检测）等无法通过现有的实训设备和资源进行难点突破，校企合作开展虚仿资源建设。

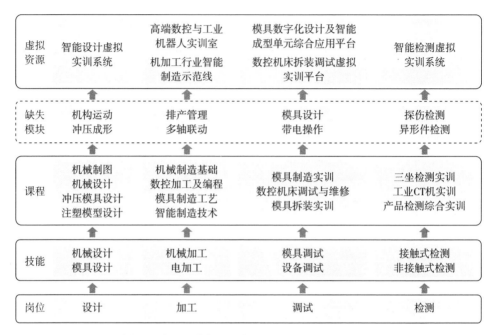

图 13-1　模具设计与制造专业群岗位—技能—课程—资源对应关系图

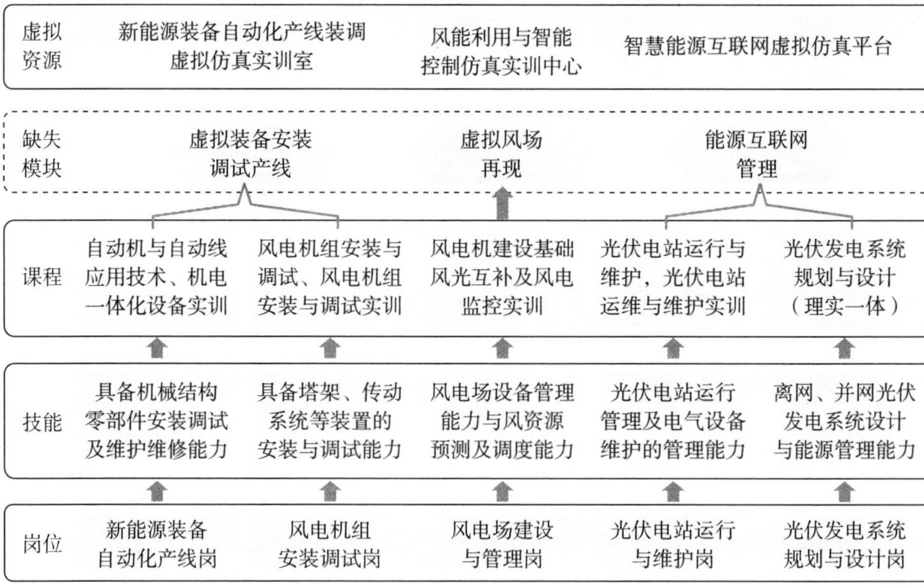

图 13-2　新能源技术专业群岗位—技能—课程—资源对应关系图

（1）以实带虚的纯虚拟资源

遴选自成体系、相对独立、公共性强的实训课程,在实际实训或生产的带动下,将实训课程内容全部转化为线上纯虚拟的仿真实训资源,并与时俱进地更新完善。

（2）以虚助实的模块化资源

针对存在痛点和难点的实训教学环节,开发相应的虚拟仿真实训模块,一一加以取代或补充,通过单纯虚拟仿真实训或先虚拟仿真实训再实操实训的方式助力实训教学全面性、安全性及质量的提升。

（3）虚实结合的数字孪生资源

开发虚拟仿真实训资源时,将虚拟仿真模型与实际设施设备彼此映射,形成一一对应的"数字双胞胎",实现"虚拟的也是真实的""所见即所得""仿真与实际相统一",鼓励加强此类资源的建设。

课题承担单位: 天津轻工职业技术学院

主持人: 刘悦凌

执笔人: 马绪鹏

课题组成员: 冯福财、秦琳、李超、王熙、杨丹丁、李扬、马思宁

/ 第十四章 /

▼

职业教育一流核心课程建设

按照教育部发布的《关于加快推进现代职业教育体系建设改革重点任务的通知》等文件,本研究通过深入分析职业教育一流核心课程建设的由来、成效及新要求,结合实践案例阐述在新要求下建设一流核心课程的方法,为职业教育的改革和发展提供理论支持和实践案例。

一、职业教育一流核心课程建设的由来和现状

（一）职业教育一流核心课程建设的政策背景

为深入贯彻党的二十大精神,落实中办、国办印发的《关于深化现代职业教育体系建设改革的意见》,加快构建央地互动、区域联动、政行企校协同的职业教育高质量发展新机制,有序有效推进现代职业教育体系建设改革,2023 年 7 月印发的《教育部办公厅关于加快推进现代职业教育体系建设改革重点任务的通知》（以下简称《通知》）中,发布了 11 项现代职业教育体系建设改革重点任务,关于其中第七条"要求开展职业教育一流核心课程的建设"的重点任务提出:"支持各地结合区域重点产业发展需求,统筹在线课程和线下课程,推进本地区职业教育一流核心课程建设和实施。到 2025 年,围绕现代化产业体系建设需要,以专业核心课程改革为切入点,面向行业重点领域,建成 1000 门左右课程内容符合岗位工作实际并充分纳入新技术、新工艺、新规范,课程设计符合因材施教规律并充分融入课程思政、教学实施符合以学生为中心理念并充分运用数字技术手段、教学评价充分关注学生全面成长的全国性职业教育一流核心课程,引领职业教育课堂改革,提升关键核心领域技术技能人才培养质量。"

（二）建设职业教育一流核心课程的必要性

1. 满足产业发展的需求，培养高质量的技能型人才

当前，产业和技术的快速发展对技能型人才提出了更高的要求。一流核心课程的建设必然引进企业的新技术、新工艺，因而可以最大限度地确保课程内容与实际工作环境的结合、职业教育的内容与最新的产业趋势和技术进步相吻合，从而培养出高素质技术技能人才，推动经济发展。

2. 促进产教融合与校企合作走深走实，提升职业教育质量

职业教育一流核心课程的建设，可以运用现代化的教学方法，实现与企业共同完成线上线下相结合的教学模式，从而在"教和学""练和做"的过程中进一步完善教学内容，确保评估体系的先进性，使职业教育与普通教育一样具备高质量的教学水平。

3. 促进学生职业能力的培养，提升学生就业竞争力

在一流核心课程的建设中，通常包含以企业任务为驱动的实践教学、项目教学，帮助学生积累实战经验，提升技术能力、团队合作能力和创新能力等，有助于提高学生就业竞争力，对学生的未来职业发展具有重要意义。

4. 增强职业教育的竞争力，推动职业教育国际化与多样化发展

在教育市场和劳动力市场上，职业教育与其他形式的教育竞争日益激烈。在一流课程的建设中，也可以借鉴国内外先进经验，推动职业教育的国际化与多样化发展，促进同行间的交流合作，实现教育"短板"互补，提升院校的核心竞争力，从而满足市场需求，实现职业教育良性循环。

5. 推动职业教育"教、评"体系的改革与创新

一流核心课程的建设过程本身就是对职业教育改革和创新的探索，在产教融合的背景下，由行业企业提供教育质量保障、协助完善教学内容评估，将有助于推动职业教育领域新理念、新技术的应用，确保课程质量，并通过企业反馈和评估不断改进。

（三）职业教育一流核心课程建设的现状

随着国家对职业教育投入的增加，职业教育核心课程建设正逐步走向专业

化、系统化和实用化,越来越多的资源被用于优化和升级核心课程,使其更符合行业需求、更贴近实际工作场景。职业学校积极探索与企业、行业紧密合作,共同开发核心课程,提升职业教育的质量和效率。例如,广东轻工职业技术学院,依托珠三角地区的商贸产业共同体的资源优势,联合多家院校与企业,共建跨境电子商务专业的核心课程,为学生在课内提供真实的职业环境,实质性推动人才培养与产业需求对接、课程内容与职业标准对接。如国际市场推广课程积极引入行业企业资源,引入人工智能技术为课程提升赋能;跨境电商数据分析与应用课程基于 PGSD 能力分析设计课程、按照"岗课赛证"融通的理念进行建设,同时引入行业企业资源,以任务驱动式的教学模式,开展平台账号实操等实训实战教学,完成课程内容的设置,实现了以产助教、岗课融通。[①]综合业内相关案例,职业教育一流核心课程的建设呈现以下特点:

第一,职业教育的标准化发展。2019 年 1 月印发的《国家职业教育改革实施方案》提出,由国务院人社部门制定职业标准、由国务院教育部门依照职业标准牵头组织开发教学标准;同时要求启动 1+X 证书制度工作,鼓励职业院校学生在获得学历证书的同时,取得多类职业技能等级证书。这就要求职业院校在核心课程的内容设置中大力推进"课证融通"的概念,使课程与职业资格或职业技能等级证书的标准挂钩,确保课程与行业需求的一致性,为学生提供更明确的职业发展路径。

第二,深度推进产教融合。教育部 2023 年 4 月发布了《关于开展市域产教联合体建设的通知》(以下简称《通知》),要求坚持以教促产、以产助教,深化产教融合、产学合作,充分发挥政府统筹、产业聚合、企业牵引、学校主体作用,以产业园区为基础,打造一批兼具人才培养、创新创业、促进产业经济高质量发展功能的市域产教联合体。在联合体"政行企校"共同参与人才培养的模式下,行企业可以直接参与核心课程的设计和教学过程,这将有助于课程与实际工作环境接轨,提升学生的实践能力。

第三,双师型教师队伍逐步完善。双师型教师的实践经验对于核心课程建设

①《广东轻工职业技术学院等 5 所院校联合发布跨境电子商务专业核心课程资源》,https://economy.gdqy.edu.cn/info/1030/3891.htm。

至关重要,他们可以将自己的行业经验融入课程设计,确保课程内容更加实用和贴近行业需求,从而提升职业教育的教学质量,增加学生就业竞争力。双师型教师队伍是保障专业一流核心课程质量的关键要素,有利于满足市场对技术技能人才的需求,推动职业教育高质量发展。

二、职业教育一流核心课程建设的新要求

《通知》中指出,鼓励各院校优先针对先进制造业、现代服务业、现代农业等国计民生重点领域,贴近生产实际,建设一批具有专业性、指导性、示范性的一流核心课程,从而推动职业教育课程体系高质量发展。这意味着要确保职业教育与实际生产紧密结合、课程内容与当前和未来的产业发展趋势相一致,这些课程不仅要在内容上具有高度的专业性和针对性,还要在教学方法、教学资源等方面具有示范作用。结合教育部关于职业教育一流核心课程建设指南,一流核心课程的建设将围绕着课程的开发、教学团队的确立、教学实施的保障进行。下文将以天津交通职业学院一流核心课程客户服务与管理课为案例加以阐明。

（一）一流核心课程内容的开发与优化

1. 核心课程的筛选与确定原则

课程筛选与设计皆源于企业岗位需要,例如天津交通职业学院电子商务专业在确定开发一流核心课程之初,通过企业对电商人才专业能力需求的专项调研分析得出,对电商专门人才客户服务能力的需求位列第三,对无岗位经验的应届毕业生需求占比仅为7%,对有1~3年工作经验的从业者需求最多,达到49.4%。因而首先确定开发一流课程客户服务与管理课,并且将课程定位为学徒岗位能力课程,注重理、实结合,理、实并重。

（1）明确筛选标准。通常包括课程的学术价值、行业需求对接程度、学生发展导向性以及教学效果等。我们应关注该课程在专业体系和专业发展中的地位和作用,课程中是否贴近企业实际生产;是否融入了新方法、新技术、新工艺、新标准等能反映所处行业的前沿技术。同时,也要考虑课程是否有助于提升学生的综合

素质和职业能力,以及过去的教学实践中是否取得了良好的教学效果。

（2）深入分析专业课程体系。对现有的专业课程体系进行深入分析,了解各门课程的内容、特点、教学目标以及相互之间的关系,有助于确定哪些课程在专业发展中具有核心地位,哪些课程能够为学生提供关键的知识和技能。

（3）开展调研与咨询。在专业课程体系的构建中,应提前通过调研和咨询的方式,收集行业专家、企业代表、教师以及学生的意见和建议,目的一是了解专业所处行业的动态发展、前沿趋势;二是通过他们对一流核心课程的认识和期待以及当前课程体系中存在的问题和不足,更准确地把握行业需求和学生发展导向,为筛选和确定核心课程提供有力支持。

（4）确定一流核心课程。在以上评估、分析和比较的基础上,结合专业发展的实际需求,以及证、赛的要求,确定一流核心课程的清单,确保这些课程应能够充分体现专业的特色和优势,从而为学生提供全面、深入的知识和技能培养。

（5）动态调整与优化。职业教育一流核心课程的建设并非一蹴而就的过程,需要随着行业发展、技术进步以及学生需求的变化进行动态调整和优化。因此,即使已经完成了筛选和确定,也应该定期对课程进行评估和修订,确保其始终保持在行业前沿,满足学生发展的需求。

2. 一流核心课程的开发

（1）行业需求分析。行业需求分析是关键步骤,包括了解行业的最新动态、发展趋势以及对人才的需求变化。通过与行企业等相关方的沟通,获取行业前沿信息,明确市场对人才的专业知识、技能以及职业素养等方面的具体要求。在需求分析过程中,可以采用SWOT分析法来评估行业的优势、劣势、机会和挑战,以便更准确地把握行业的发展脉络和未来走向。同时,SMART原则也可以用于制定具体的分析目标,确保分析具有明确性、可衡量性、可实现性、相关性和时限性。

（2）课程内容对接。在明确行业企业的岗位（群）需求后,首先应对其进行梳理、序化,与课程原有内容进行对接,对不符或落后于行业发展的新趋势、新要求的内容进行必要的修改和更新。其次,在对接的过程中,需要注重课程的实用性和前瞻性。课程内容应紧密围绕行业的实际需求,注重培养学生的实践能力和创新精神。同时,还应关注行业的新技术、新工艺和新方法,将其融入课程中,使学生能够及时掌握行业的最新动态和技术。最后应考虑学生的个体差异和兴趣特点,通过多样化的教学方法和手段,如案例教学、项目驱动等,激发学生主动学习的兴趣,提高学习效果。同时,注重课程的创新性和前瞻性,以适应不断变化的市场需求和技术发展。

3. 一流核心课程的优化

课程优化可以体现在改进课程内容、改善教学方法、增加实践机会等方面,确保课程的前沿性、实用性与创新性,使其在教育和职业领域中具有竞争力。

在课程内容方面,应注重行企业一线的发展趋势变化,这需要与行企业保持密切联系,参与课程体系及对应课程内容的修订,获取他们对课程内容和教学效果的反馈;其次应关注学生对课程的反馈信息,包括教学质量、课程内容、教学方法和实践机会等,尤其是已经参与实习或就业的学生,这些学生带回的意见可以揭示课程中的问题和改进方向。

在课程的教学方法方面,可以结合行业企业实际,采取项目教学、任务驱动的方式,运用信息化技术优化教学方法,提供电子教材、在线教学,提供虚拟仿真的职业场景,开发数字化与智能化课程,使学生在课程中能有更适合自己学习技能的路径。

例如前文所提到的天津交通职业学院客户服务与管理课程的在线课程,其结构与内容,每个项目均以动画"学徒阿诚上岗记"进行情境导入,项目下的工作任务均以岗位实践、岗位研学、理论知识、职业素养和行业之窗五个板块贯穿,岗位实践纳入店小秘等智能客服应用技术,岗位研学开展客服岗位调研,理论教学重在基本理论和业务方法,职业素养设计了电商人的职业精神、商业价值观等思政案例,行业之窗一览电商行业发展动态。同时配套"练一练""考一考"和"做一做"相关资源。

(二)一流核心课程教学团队的建设

1. 教学团队的结构与素质要求

一流核心课程的成功离不开高水平的教学团队。教学团队的结构与素质要求是确保课程质量和教学效果的关键。优秀的教师不仅需要深厚的理论知识,还要具备丰富的实践经验,以及不断创新的教学方法。

（1）多元化的师资结构。一流核心课程的教学团队应具备多元化的背景,确保课程内容的丰富性和多样性。多元化可以体现为不同学科、不同产业领域的行企校专家、教师,这些专家、教师中应包含具备扎实理论基础的教师,也应具备有丰富行业经验的企业教师、或"双师型"教师。在这样的师资结构中,确保了课程在"教和学"的过程中具备宽且深的理论知识,又能在"练和做"中与产业实际紧密结合,既能满足职业院校的研究能力,又能满足课程对接产业实际的应用要求。

（2）教师的素质要求。教师不仅需要专业知识,还需要卓越的教学能力,这包括课程设计、教学方法、课堂管理手段等,确保教师能够有效地传授知识;在实践经验方面,尤其是在职业教育领域,教师应具备丰富的实践经验,包括参与行企业项目、指导学生实习等,有助于教师在教学中提供案例和经验分享。在构建高水平的教学团队时,还应注重引进和培养相结合的策略,积极引进优秀人才,同时加强对现有教师的培训和提升,打造一支结构合理、素质优良的教师队伍。此外,还可以通过建设教师发展平台、完善教师激励机制等方式,为教师提供良好的发展环境和条件,激发他们的教学热情和创新能力,为一流核心课程的建设提供有力的人才保障。

2. 教师参与一流课程建设的激励机制

（1）绩效评估与晋升。通过绩效评估,了解教师在课程建设、教学质量和学生反馈等方面的表现。基于评估结果,制定激励政策,可与教师的晋升或职称评定挂钩,为教师提供明确的激励方向。

（2）专业发展与学习机会。可以为教师提供专业培训和继续教育、参与学术交流、国际交流合作的机会,内容可以包括教学方法、课程开发、国内外先进经验及行业知识等方面,以提升教师的专业能力、促进教师间的交流合作,拓宽教师视野,激励他们在课程建设中发挥更大作用。

（3）工作环境的支持。教师在一流核心课程的建设和后续进行中,应获得充分的资源与教学工具,包括必要的教学设备、教材和贴近生产实际的仿真实训软件等。这样的工作环境能进一步提高教师的工作表现，增强教师对课程建设的投入和奉献精神，为职业教育一流核心课程建设提供坚实的保障。

（三）一流核心课程教学的实施与保障

1. 实践教学与校企合作机制的建立

当前国家大力推进各地建立产教联合体和行业产教融合共同体，将学校与企业的资源和需求紧密结合，打造教学、实训、科研一体化的教育模式。职业院校在建立校企合作机制之初，可以依托于"产教联合体"的资源，首先与企业签订合作协议，明确合作内容、责任、权益以及信息共享机制，确保合作关系的稳定和长期性；第二步可以与合作企业（一或多家）共同开发课程内容，确保课程与行业需求保持一致；行企业参与课程设计，派驻企业代表作为教师，确保课程内容的前沿性和实用性；第三，在实践教学内容的打造上，可以与企业共同开发多元的、跨专业融合的实践场景，如在智能应用场景较多的专业中，可以与科技公司合作，由企业提供最新的数字化工具和设备（服务器），开发一流的数字化与智能化课程，课程内容与行业发展趋势保持一致，同时还能激发学生的学习兴趣，培养数智化技能和解决实际问题能力。

2. 教学模式与教学方法创新

在教学模式的创新方面，可以借鉴项目式学习的模式。该模式强调以实际项目为载体，让学生在完成项目的过程中，综合运用所学知识，培养解决问题的能力和团队合作精神。通过项目式学习，学生不仅可以深入理解课程内容，还能锻炼实践能力和创新思维；还可以结合"翻转课堂"教学模式。该模式将传统课堂讲授与课后自学进行翻转，让学生在课前先通过观看视频、阅读资料等方式进行自主学习，在课堂上则进行问题讨论、案例分析等互动活动，这种教学模式有助于激发学生的学习兴趣和主动性，提高课堂参与度。

在教学方法的创新方面，可以运用现代信息技术手段，如多媒体教学、线上课程、混合式教学、线上虚拟仿真训练等，丰富教学手段，提高教学效果。例如，利用虚拟仿真的方法可以将抽象的概念和原理以直观、生动的形式呈现给学生，帮助他们更好地理解和掌握；在线课程则为学生提供了更加灵活的学习时间和空间，满足他们个性化学习的需求。还可以采用问题导向教学法、案例教学法等教学方法。

3.教学资源的配置与优化

教学设备与设施中,包括充足的教学设备和设施,例如实验室、实训基地、多媒体教室等。这些设备与设施是实践教学和创新教学的重要基础;随着信息化技术的发展,数字化资源也成为教学的重要组成部分。学校应提供在线学习平台、数字化实验设备、虚拟现实(VR)、增强现实(AR)等数字资源,为教学创新提供支持;在教材部分,应包含电子教材、教学视频、课件、在线课程资源等,其内容应与课程内容紧密结合,并反映行业最新动态。此外,在教学资源的利用上,还可以加强校企间、校际间的合作交流,实现资源的整合与共享,丰富教学内容和形式。

4.教学质量监控与评价体系的建设

(1)评价指标的确定。评价指标应至少包含教学质量和学生学习效果两个维度。在教学质量的指标中,可以制定包括课程内容的完整性、教学方法的有效性、学生参与度、教学资源的利用度等内容;在学生学习效果的指标中,可以包括知识的掌握程度、实践技能的掌握程度、创新能力、实习就业率等,同时,这也是评估教学质量的重要参数之一。

(2)评价体系的构建。评价体系应是多层次的,涵盖内部与外部评价的综合反馈。在层次上,可以从课程、教师、学生、教学管理等多层次评估,这是对教学质量的直观反馈。同时教学管理人员、教师、学生的评价可以成为内部评价的主体,而外部评价则可以邀请行业专家、企业代表或实习学生的校外指导教师,从外部视角进行评估。

(四)案例分析与经验总结

天津交通职业学院是教育部确定的高水平专业群建设单位之一,其中电子商务专业的核心课程客户服务与管理课在建设中,充分体现了"双高计划"下的创新精神,在充分研究并发现了人才供需错位的差异问题后,设定了"岗课评三维空间"的人才培养模型,该培养机制由行企校协同共建,培养方式源于企业岗位需求,旨在人的发展与岗位胜任力的提升。[①]由双方派出的教师组成共同的高水平教学团队,实施校企双元育人模式;同时校企生三方共同签署协议,明确学生(岗位员工)的双重身份,确保三方基本权益。随后学院与企业联盟开展"学徒制"教学项目的结构化合作,学生在学习课程的过程中可以进入企业实习,直接参与企业的实际工作,学徒制合作使学生在做中学、学中做、增强了课程的实践性和实用性;而校企教师组建教学团队后,通过岗位需求分析,明确客户服务与管理课程的学习项目中应包含的工作任务知识、能力和职业素养目标,共同开展核心课程内容的设置、开发与持续优化。

1. 课程内容体系的建设

(1)行业培训资源与自主开发资源。课程团队结合企业的培训资源与自主开发的教学资源,制定完整的课程内容体系。企业的培训资源提供了行业实践中的实际案例和知识,而自主开发的资源则提供了课程的理论基础和学术框架。

(2)课程内容的多元化。课程内容体系包括理论教学、实训教学和企业实践等多种形式。通过多元化的课程内容,学生可以获得全面的学习体验,既有理论基础,又有实践能力。

2. 多元化课程评价方式

(1)课程评价。课程评价方式结合传统考试、实践考核和项目评估等多种方式。课程评价不仅考核学生的理论知识,还重视学生的实践能力和解决问题的能力。

(2)岗位晋级评价。为了与企业岗位需求相符,课程还建立兼顾"课程评价"与"岗位晋级评价"的多元化课程评价方式。学生在完成课程学习后,可以获得与企业岗位晋级相关的评价结果,为未来就业和职业发展提供参考。

3. 教学质量监控与改进

(1)教学质量监控。课程团队建立了教学质量监控机制,通过定期评估课程效果,收集学生和企业反馈,确保课程质量不断提升。

(2)持续优化改进。根据教学质量监控的结果,课程团队会持续改进课程内

---

① 荣瑾:《基于"岗课评三维空间"的高职电子商务专业人才培养实践探索》,《职业教育研究》2022年第6期。

容和教学方法,确保课程与行业需求保持一致,并不断创新。

通过以上途径,天津交通职业学院的客户服务与管理课程在校企合作、课程标准制定、多元化评价方式等方面取得了显著成果,成为一流核心课程建设的成功案例。这些实践经验为其他职业院校提供了借鉴和启示,有助于推动职业教育的高质量发展。

课题承担单位:天津交通职业学院

主持人:刘莎

执笔人:刘莎

课题组成员:刘莎、杨晓娜、荣瑾、秦莹、林阳

/ 第十五章 /

▼

职业教育优质教材建设

　　我国一直重视职业学校的教材建设,并取得了良好成效。在推进现代职业教育体系的建设和改革新形势下,教育部特别提出了"职业教育优质教材建设"的要求。职业教育优质教材建设以规划教材为引领,全面贯彻党的教育方针,落实立德树人根本任务,服务建设中国特色高质量职业教育教材体系。本章主要研究优质教材建设的由来和优质教材建设的新要求两个方面的内容,着重研究规划教材编写要求、建设途径、基本走向和实践案例,以利于充分发挥优质教材的推广作用。

一、职业教育优质教材建设的由来

（一）建设背景

　　党的十八大以来,国家颁发一系列文件提出关于"三教"改革的相关要求,特别注重开发岗位需求的国家优秀"教材",赋能高素质技术技能人才培养。

　　2023 年 7 月,教育部办公厅印发《关于加快推进现代职业教育体系建设改革重点任务的通知》,发布 11 项现代职业教育体系建设改革重点任务,其中第 8 项为开展职业教育优质教材建设。该文件提出:支持各地在"十四五"职业教育国家规划教材范围内建设 2000 种左右全国性职业教育产教融合优质教材。优质教材建设将重点面向战略性新兴产业、先进制造业、现代服务业、现代农业等领域,深化产教融合、协同育人、科学严谨、内容丰富、形态多样、反映行业前沿技术,鼓励行业牵头或行业、企业、学校等共同开发。到 2025 年,通过建设和宣传推介,大幅提升优质教材的影响力和选用比例,有效发挥优质专业课程教材的示范辐射作用。随后,教育部发布《2023 年职业教育优质教材建设指南》,围绕高素质技术技能人才培养,服务专业改革与发展重点,面向专业核心课程,建设由行业（企业）牵头或行业（企业）、学校共同开发,体现协同育人、彰显类型特色的职业教育产教融合优质教材。支持各地在首批"十四五"职业教育国家规划教材范围内,认定首批1000种左右全国性职业教育优质教材。

（二）建设内容

教材内容与体系建设适应新时代职教教学改革发展需要。一是根据国家教材委员会2021年7月印发的《习近平新时代中国特色社会主义思想进课程教材指南》,优质教材重视全面育人培养,进行整体性、系统性、精准性的深度探索,将爱国精神、科学精神、创新精神以及工程伦理与工程思维等课程思政元素有机融入教材内容及体系中。二是优质教材强调行业企业工程实践中的新知识、新技术、新成果等与教材内容的交叉融合。优化教材传统知识讲授性的体系,进一步构建问题需求导向,贯穿知识讲授,注重引导学生分析和解决问题能力的培养,落脚于解决复杂问题和创新能力的培养。三是优质教材避免简单追求课程知识的全面性和内容的广度,而是根据知识图谱重新构建课程模块及学习内容,与专业课程学习进行有机衔接。

优质教材落实中央关于教材建设的重要精神,反映新时代职业教育高质量发展价值导向,重点关注思想政治导向、编写理念、内容结构、编排形式、出版质量、创新突破以及应用成效等方面情况,在政治性、思想性、科学性、专业性、实践性、适用性、创新性等方面表现突出,体现职业教育特点。[①]

1.坚持正确的政治方向和价值导向,注重立德树人

优质教材要牢牢把握正确的政治方向和价值导向,全面贯彻党的教育方针,体现社会主义核心价值观,能根据不同学段、不同专业（学科）特点,立足学生认知特点和教学规律,落实思政课程和课程思政,注重德技并修,贴近学生思想、学习和生活实际,既包含系统的理论知识,又入情入理地回应现实问题,具有说服力、感召力,体现教材坚持党的领导核心地位的阵地作用。

[①] 曾天山、荀莉、刘义国:《职业教育和继续教育精品教材的共同特征由建设重点》,《课程教材教法》2021年第10期。

2.服务国家战略站位高,体现时代要求

优质教材基本覆盖了职业教育所设的专业大类及主流学科领域,覆盖第一、第二、第三产业,许多教材能对接现代农业、先进制造业、现代服务业和战略性新兴产业,融入高端化、数字化、智能化、绿色化发展理念,主动服务产业链优化升级发展需求,及时吸纳新技术、新标准、新工艺、新场景和新模式,充分体现了教材的时代性、创新性和有效性。

3.体现类型教育特色,凸显实践性

优质教材类型特点明显,开发理念先进,开发方法科学,注重将知识、能力和正确价值观的培养有机结合,强化学生职业素养养成和专业技术技能积累。在结构安排上,打破了学科体系设计思路,基于任务导向、能力本位的课程开发模式,注重以真实生产项目、典型工作任务、案例等为载体组织内容,配套数字化资源,能适应翻转课堂、混合式教学、理实一体教学等新型教学模式,支持项目学习、案例学习、模块化学习等不同学习方式要求,有效满足学生实践能力培养要求,在教材建设理论或改革实践的某些方面有较大突破,对深化"三教"改革和提高教育质量发挥重要作用。

4.内容先进适用,编排易教利学

优质教材内容科学合理、框架清晰,先进开放、针对性强。多数教材为再版教材,公共基础课程教材体现学科特点,反映相关学科发展的新成果;专业课程教材强调实践性,反映产业发展最新进展,并以数字资源等多种形式,将产业发展的新知识、新技术、新工艺、新方法纳入教材内容,反映主要岗位群及典型工作任务的职业能力要求,有利于培养学生综合职业能力。在内容编排上,注意遵循职业教育教学规律和技术技能人才成长规律,借鉴国际先进理论,体现教学改革新理念,各章节逻辑清晰、关联性强,教学梯度设计合理、循序渐进;在版式设计上,符合学生认知特点,教材图文并茂,配套资源丰富易得、形式多样,能适应相应学段、不同学生的学习特点,支持线上线下多种教学方式,有效激发学生学习兴趣和创新潜能,体现了教材开放灵活和易教利学的适用性。

5.出版质量较高,使用效果良好

出版与使用是教材建设的两个重要环节。通常出版质量主要以出版单位级别为衡量指标,使用效果主要以版次更新为衡量指标。中央部委主办或大学主办的出版单位,或全国百佳图书出版单位,这些出版社制度健全,有严格规范的教材编写、审查和推广发行制度,教材编写、审校、审核、出版、发行等各环节管理规范;基本形成了政策研读、选题调研、规范编写、审读试用、推广发行、适时修订等编审用机制,通过组建经验丰富、专业能力强的编审团队,确保教材从内容到形式都达到合格教材的要求,多措并举保障教材的科学性、专业性、适用性和有效性。教材版次体现了教材使用成效,使用成效与教材质量、专业稳定性、课程重要性等密切相关。一般而言,版次更新次数越多,使用成效越好。

(三)当前职业教育教材建设中的不足之处 [①]

1.职业教育优质教材建设总体水平偏低

分析首届全国获奖优秀教材、先进个人和先进集体所面向的教育类型和层次发现,职业教育领域教材建设水平与基础教育和高等教育相比,总体相对偏弱。一是从优秀教材奖的分布看,高职与中职的获奖教材合计为 314 项,仅占优秀教材奖总体的 31.4%。二是从先进个人奖来看,200 个奖项中职业教育领域获奖仅 24 人,占比 12%,而普通高校的获奖人数为 153 人,占比高达 76.5%。三是在 100 个先进集体奖中,职业教育相关单位仅 7 个,其中院校获奖数仅为 4 个。上述反映出基层职业院校和地方教育管理部门对职业教育教材建设的重视程度不够,教材建设的成果规模偏少、质量偏低、成效偏弱。可以说,作为"类型教育",职业教育在教材建设方面亟待加强。

2.行业企业作为编写主体参与不足

职业教育的类型教育特征决定企业、行业、研究机构等要充分地参与教材编写,让教材内容更加贴合社会与市场要求。《职业院校教材管理办法》第十六条明确要求,教材编写团队应具有合理的人员结构,应包括相关学科专业领域专家、教

---

① 王启龙、孙佳鹏:《首届全国教材建设奖职业教育获奖教材的特征分析与展望》,《职教通讯》2021 年第 12 期。

科研人员、一线教师、行业企业技术人员和能工巧匠等。从获奖教材来看,尽管编写合作类型较丰富,职业教育的跨界性凸显,但仍然存在"单一性"问题:一是"单一性质"问题,同一性质单位占比71.34%。二是"单一单位"问题,特等奖教材的主要编者所在单位均只有1所职业院校,没有体现出合作特色。三是企业参与编著的比例低,有企业参与的教材仅占11.15%,这与《职业院校教材管理办法》提出的要求之间还有较大差距。这些问题表明职教教材建设亟须强化"双元""多元"合作模式,充分利用多元主体的优势确保教材的"实用性"。

3. 多次再版教材数量偏少

一般而言,优秀教材往往出版时间久远,再版次数多。统计发现,首届国家职教获奖教材绝大多数为3版以内的新教材,再版超过4次(含)的教材总体比例仅为1/4左右。"新教材多、老教材少"这一现象,一方面体现了近年来职业教育在课程教学改革领域的改革力度,开始重视新教材的开发和建设,但另一方面也反映出当前的教材建设思路在某种程度上存在"重开发、轻延续"的问题,对教材使用经验缺少尊重、收集和利用等相关机制,进而导致新教材规模越来越大,而经典教材却难以形成。

二、职业教育优质教材建设的新要求

(一)优质教材编写要求

《"十四五"职业教育规划教材建设实施方案》指出,规划教材编写应遵循教材建设规律和职业教育教学规律、技术技能人才成长规律,紧扣产业升级和数字化改造,满足技术技能人才需求变化,依据职业教育国家教学标准体系,对接职业标准和岗位(群)能力要求。

1. 坚持正确的政治方向和价值导向

坚持马克思主义指导地位,将马克思主义立场、观点、方法贯穿教材始终,体现党的理论创新最新成果特别是习近平新时代中国特色社会主义思想,体现中国和中华民族风格,体现人类文化知识积累和创新成果,全面落实课程思政要求,弘扬劳动光荣、技能宝贵、创造伟大的时代风尚。

2. 遵循职业教育教学规律和人才成长规律

符合学生认知特点,体现先进职业教育理念,鼓励专业课程教材以真实生产项目、典型工作任务等为载体,体现产业发展的新技术、新工艺、新规范、新标准,反映人才培养模式改革方向,将知识、能力和正确价值观的培养有机结合,适应专业建设、课程建设、教学模式与方法改革创新等方面的需要,满足项目学习、案例学习、模块化学习等不同学习方式要求,有效激发学生学习兴趣和创新潜能。

3. 配强编写人员队伍

鼓励职业院校与高水平大学、科研机构、龙头企业联合开发教材。鼓励具有高级职称的专业带头人或资深专家领衔编写教材,支持中青年骨干教师参与教材建设。教材编写和审核专家应具有较高专业水平,无违法违纪记录或师德师风问题。职业教育国家规划教材建设实行主编负责制,主编对教材编写质量负总责。

4. 科学合理编排教材内容

教材内容设计逻辑严谨、梯度明晰,文字表述规范准确流畅,图文并茂、生动活泼、形式新颖;名称、术语、图表规范,编校、装帧、印装质量等符合国家有关技术质量标准和规范;符合国家有关著作权等方面的规定,未发生明显的编校质量问题。

(二)优质教材建设途径

1. 组建开发团队,打好开发基础

教材开发前需组建一支由校企项目负责人、高级工程师、学院教材专家、专业负责人、授课教师以及出版社编辑组成的开发团队,团队成员应分工明确,职责清晰,树立开发国家级、省级规划教材的目标。开发负责人需做好任务分工及开发实施计划,校企双方需做好协调及管理。

2. 分析教材建设逻辑,厘清开发思路

开发团队需明确教材内容的逻辑关系和呈现形式。根据企业岗位需求确定课程目标,教材内容应符合职业教育教学规律、学生成长规律,体现职业教育的职业性。教材开发团队应按照职业教育教材编写要求、编写规范、编写规律全面开展教材编写、教材出版、教材建设指导和监督等工作。

3. 梳理能力清单,明确开发内容

充分调研,对照职业能力标准、岗位能力需求、大赛标准及 1+X 证书标准,梳理能力清单,提炼典型工作任务,确立考核标准,明确课程的知识、技能和素养等目标,形成课程教学模块,注重教材的实用性、适用性、职业性。

4. 依据岗位特点,甄选开发形式

新形态教材要顺应产业转型升级,充分考虑新形态教材的特点、相关院校的资源与特色、地区产业发展情况等,充分利用新一代信息技术,将技能视频、动画、仿真、测试等配套资源以二维码形式插入教材并及时更新,增强教材的时代性与适用性。

5. 明确优质教材建设标准

根据相关文件要求,职业教育优质教材建设标准包括编写理念、编写体例、教材内容、编写团队和教材形态五个方面。

编写理念要点为坚持落实立德树人根本任务,遵循高素质技术技能人才成长规律,遵循教材建设规律和教育教学规律,以专业核心课、专业拓展课、专业实践课为切入点,适应专业建设、课程建设、教学模式与方法改革创新等方面要求;行业企业牵头或行业企业、学校共同开发,企业人员深度参与,突出体现"以学生为中心""做中学,做中教"等职业教育理念和产教融合类型特征。

编写体例的要点为适应理实一体化教学改革需要,注重理论与实践、案例等相结合,既体现学科或专业知识,又融合行业企业场景实例;以真实生产项目、典型工作任务、工程实践案例等为载体,体现项目化、任务式、模块化、基于实际生产工作过程的教材内容体系。

数字教材还应具有一定的交互性,支持资源的动态更新,可供教师和学生对内容进行自主选择和组合,适应在线学习和混合式学习。

教材内容的要点为紧扣专业人才培养能力目标,深度对接行业、企业标准,将实际解决方案、岗位能力要求、标准等有机融入教材内容,反映最新生产技术、工艺、规范和未来技术发展,体现教学改革要求及高素质技术技能人才培养特色。

编写团队的要点为编写团队应包含相关学科专业领域专家、教科研人员、一线教师、行业企业技术人员和能工巧匠等,其中来自行业企业人员不少于1人。第一主编应具有丰富的教学经验、较高的学术造诣或较强的技术水平,具有行业或企业实践经历;行业企业参编人员须为行业企业技术人员,并实质性参与教材建设工作。团队成员无师德师风问题。

教材形态的要点为内容呈现载体或装帧设计形式新颖,提倡采用新型活页式、工作手册式等新形态;融媒体、数字化教材技术先进合理,安全可靠,适用多种主流移动学习终端设备,易于应用,便于标记及注释等互动操作。

6.突出重点建设领域

(1)统筹建设意识形态属性强的课程教材。推进习近平新时代中国特色社会主义思想进教材进课堂进头脑,巩固马克思主义在意识形态领域的指导地位,加强社会主义核心价值观教育,加强中华优秀传统文化、革命文化和社会主义先进文化教育,落实党的领导、劳动教育、总体国家安全观教育等要求,促进学生德技并修。重点在部分公共基础课程和财经商贸、文化艺术、教育体育、新闻出版、广播影视、公安司法、公共管理与服务等专业大类相关专业领域,推进职业教育领域新时代马克思主义理论研究和建设工程教育部重点教材建设。

(2)规范建设公共基础课程教材。完善基于课程标准的职业院校公共基础课程教材编写机制。健全高等职业学校公共基础课程标准,统一规划高等职业学校公共基础课程教材编写和选用工作。通过组织编写、遴选等方式,加强职业院校中华优秀传统文化、劳动教育、职业素养、国家安全教育等方面教材(读本)供给,加强价值引导、提升核心素养,为学生终身发展奠基。

(3)开发服务国家战略和民生需求紧缺领域专业教材。围绕国家重大战略,紧密对接产业升级和技术变革趋势,服务职业教育专业升级和数字化改造,优先规划建设先进制造、新能源、新材料、现代农业、新一代信息技术、生物技术、人工智能等产业领域需要的专业课程教材。服务民生领域急需紧缺行业发展,加快建设学前、托育、护理、康养、家政等领域专业课程教材。改造更新钢铁冶金、化工医药、建筑工程、轻纺、机械制造、会计等领域专业课程教材。推动编写一批适应国家对外开放需要的专业课程教材。

（4）支持建设新兴专业和薄弱专业教材。重点支持《职业教育专业目录（2021年）》中新增和内涵升级明显的专业课程教材。加强长学制专业相应课程教材建设，促进中高职衔接教材、高职专科和高职本科衔接教材建设。遴选建设一批高职本科教材。支持布点较少专业课程教材建设。支持非通用语种外语教材，艺术类、体育类职业教育教材，特殊职业教育教材等的建设。

（5）加快建设新形态教材。适应结构化、模块化专业课程教学和教材出版要求，重点推动相关专业核心课程以真实生产项目、典型工作任务、案例等为载体组织教学单元。结合专业教学改革实际，分批次组织院校和行业企业、教科研机构、出版单位等联合开发深入浅出、图文并茂、形式多样的活页式、工作手册式等新形态教材。开展"岗课赛证"融通教材建设，结合订单培养、学徒制、1+X证书制度等，将岗位技能要求、职业技能竞赛、职业技能等级证书标准有关内容有机融入教材。推动教材配套资源和数字教材建设，探索纸质教材的数字化改造，形成更多可听、可视、可练、可互动的数字化教材。建设一批编排方式科学、配套资源丰富、呈现形式灵活、信息技术应用适当的融媒体教材。

（三）优质教材建设实践案例

天津工业职业学院数控技术团队为满足专业核心课程教学需求，于2011年4月正式出版《数控编程与加工技术》教材。教材落实立德树人，以培养高素质劳动者和技术技能人才为己任，聚焦服务先进制造业，对接数控加工职业标准和岗位要求，以岗位任务为切入点，由一线教师与企业高级工程师"双元"合作完成。教材内容以国家职业资格标准为依据，选用企业实际生产案例，结合零件加工的工作任务，将理论教学和实践教学有机融合于一体。教材紧密对接产业发展趋势和行业人才需求，及时吸收行业发展的新知识、新技术、新工艺、新方法，配套建设丰富的数字化教学资源，包括教师出镜真实场景拍摄的讲课视频、编程指令的二维动画、仿真软件操作屏幕录制、机床实操录像等。2014年7月，经全国职业教育教材审定委员会审定，《数控编程与加工技术》（第2版）被评为"十二五"职业教育国家规划教材。

2018 年 6 月,《数控编程与加工技术》(第 3 版)出版。教材注重培养学生的操作技能、工匠精神、创新思维和可持续发展能力,突出社会责任感、创新精神和实践能力的培养。配套建设网络在线课程,将课堂教学、网络学习、实习实训等学习方式整合为混合式教学模式,实现在线学习、资源共享、基于网络学习平台的多维度多方评价。教材内容实现了以信息网络平台为基础的在线测试功能,便于学生随时随地检验自己的学习效果。教材思想性、科学性、适宜性符合职业教育教学要求,行业特色鲜明,成功申报首届全国教材建设奖全国优秀教材(职业教育与继续教育类),获得二等奖。

2023 年 2 月,《数控编程与加工技术》(第 4 版)出版。该教材贯彻党的二十大精神,深入落实产教融合和职业教育类型定位,推进教学数字化,坚定终身学习理念。教材累计出版发行 3.2 万册,用书单位近百所学校,经过十几年的教育教学实践,其编写理念、编写体例、教材内容、编写团队和教材形态五方面体现了产教融合要求,具有示范推广价值。此外,该教材还有两个特征值得与同行分享:

1. 教材设计思路与内容编排

教材以数控车工、数控铣工国家职业资格标准为依据,根据企业的岗位需求,以典型零件加工的工作过程为主线,以行动导向为特征,创设工作任务。以企业技术标准与合格员工标准为目标,按照"以学生为中心、学习成果为导向、促进自主学习"的思路进行结构开发设计。

教材适时、适量、适用地插入"相关知识""任务实施"和"同步训练",将枯燥的编程理论知识有机地融合在任务完成的过程中,知识相互渗透、显隐结合、多维展开、循环往复、螺旋上升,有利于降低学习难度,提高学习兴趣。

教材在内容编排上按照学生认知规律创设学习模块,融入数控加工工艺员和数控加工编程员岗位技能要求,从数控机床基本知识入手,以数控机床编程及加工为主线,通过指令应用传授知识,仿真软件或数控机床上加工巩固编程,既可以验证程序正确性,又为生产实践打下一定的基础,真正做到了理论与实践相结合、编程与仿真校验相结合、仿真操作与机床实际加工相结合,形成任务驱动式的教学模式。按照数控机床操作难易程度设计了数控车削零件的编程及仿真加工、数控加工中心零件的编程及仿真加工、实际生产加工案例三个模块。前两个模块为专业基础,由浅入深地学习编程指令、方法和技巧及仿真软件操作。企业实际生产案例将理论和实践融合在真实生产现场中,实现培养模式由传统的以学校和课程为中心向以企业和工作为中心的转变,学生更贴近工作岗位,有利于职业素养的养成,具有很强的实用性。

教材在版式设计上采用任务驱动模式,由任务目标、相关知识、任务实施、同步训练和任务评价五大部分组成。

(1)任务目标。由任务描述、知识目标、技能目标和素质目标组成。任务描述对所加工零件的图纸、材料、毛坯、生产要求等进行描述,让学习者明确学习任务。知识和技能目标,根据学习者的认知规律,循环往复、螺旋上升。素质目标对学生的安全意识、质量意识、规范意识、工作态度、劳动精神等方面提出要求,着重培养学生精益求精、勇于创新的工匠精神和职业道德。

(2)相关知识。主要是针对任务的加工工艺、编程知识、仿真加工等方面的知识,概念准确,语言简洁,叙述流畅,表达周密,富有逻辑。

(3)任务实施。包括图样分析、加工工艺方案制定、编制加工程序、仿真加工。图样分析引导学生对加工零件的尺寸进行分析,明确加工要点及与前一任务的区别。加工工艺方案制定包括加工方案、刀具选用、加工工序等内容,根据企业实际编制加工刀具卡、工序卡,让学生贴近工作岗位。在编制加工程序部分,每一段程序都有相应的解释,方便学习者理解。仿真加工部分给出仿真加工流程,并展示仿真加工的效果图,方便学生自检。

(4)同步训练。包括应知训练和应会训练两个部分,其中应知训练采用二维码答题模式,学生通过手机扫描答题,答完自动出现评价结果,方便学生自主学习;应会训练,设置为同类型的学习任务2个,通过举一反三地练习,提高学生的操作技能。

(5)任务评价。每个学习任务设置一个评价表,包括程序编制、仿真操作、职业能力等方面的评价,侧重于对学生学习过程的考核。

2.教材实践应用及推广效果

教材自2011年4月出版至今,先后经过4次修订,使用院校遍布天津市、黑龙江省、安徽省、江西省、河北省等地，主要有天津工业职业学院、哈尔滨职业技术学院、安徽工业经济职业技术学院、合肥职业技术学院、南昌职业大学、石家庄职业技术学院等职业院校。

教材构建的工学结合、教学做一体化的教学模式，采用讲练结合、讨论启发、现场演示等多种教学方法，有机地将理论教学和实践教学融合在了一起，具有极强的互动性，极大地改善了学生的学习效果，具有鲜明的高职特色。

在天津工业职业学院，包括数控技术、机械制造及自动化、机电一体化技术专业在内的连续9届学生受益。在教学实践中，改变传统的教学模式，采用教材中的任务驱动教学，从完成某一"任务"着手，引导学生提出问题，引起学生的兴趣，通过讨论、讲解、操作，完成"任务"，从而学会数控编程、加工的相关理论和技能，解决了学生对理论知识望而生畏的问题，使课堂教学在师生共同研究、讨论和完成任务的过程中实现教学目标。学生实践能力、创新能力得到了极大的提高，在国家级数控技能大赛中获得第四名，在天津市高职高专数控技能大赛、天津市智能制造大赛中获得一等奖10人次，在全国创新创业竞赛上获得一等奖1项、二等奖1项、三等奖1项，在天津市创新创业竞赛上，获得特等奖1项。学生一致认为本教材专业性、实用性很强，为将来的就业打下了良好的基础。

同行院校一致认为，该教材体现了职业教育的特点，符合课程教学大纲要求，注重理论联系实践，系统全面地阐述了课程要求掌握的基本理论知识与技能要求，体系结构合理；教材配套的微课、教案、多媒体课件、手机在线自测系统等资源，方便教师的教学和学生自学。为同类院校数控教学课程优化、教学模式与方法改革创新，提供了实践经验，对同类院校课程建立和完善有着重要的借鉴和示范作用。

课题承担单位：天津工业职业学院

主持人：王晓霞

执笔人：王晓霞

课题组成员：王晓霞、冯艳宏、李焱

/ 第十六章 /

▼

职业教育校企合作典型生产实践项目建设

建设校企合作典型生产实践项目,是新时代职业教育改革的一项重要任务。根据教育部相关文件提出的一般要求,该项目建设已全面展开。天津渤海职业技术学院联合天津渤海化工集团有限公司合作建设甲醇制烯烃生产实践项目,在教学团队建设、人才培养、创新考核评价、科教融汇和文化育人等方面进行了创新实践,可为同类院校的典型生产实践项目建设提供参考。

一、校企合作典型生产实践项目建设的现状

2023 年 7 月印发的《教育部办公厅关于加快推进现代职业教育体系建设改革重点任务的通知》,要求支持各地组织校企共同开发典型生产实践项目,引导学生在真实职业环境中学习专业知识和职业技能,各职业院校迅速开启了基于典型生产实践项目的校企合作的探索。①

石家庄职业技术学院与北京优锘科技股份有限公司共同合作的"智能制造数字孪生规划设计平台开发与应用"项目为典型生产实践项目,从制定针对具体问题的管理办法及实施方案、共同制定工学交替的人才培养方案、联合打造生产实训中心,开发课程资源,共建项目促进"双师"型教师素质提升和创新考核评价标准与评价体系方面对这种校企合作方式进行探索。

徐州工业职业技术学院与徐州徐工基础工程有限公司联合申报旋挖钻机系列底盘智能装配典型生产实践项目。项目以徐州市工程机械与智能装备产教联合体为平台,以服务旋挖钻机系列底盘智能装配等工程机械制造产业转型和学生、

---

① 江苏省和重庆市分别批复了 30 个省内校企合作典型生产实践项目,山西省批复了 22 个省内校企合作典型生产实践项目,湖南省批复了 93 个省内高职校企合作典型生产实践项目。

员工可持续发展为宗旨,秉持工程机械产业链发展需要的"双主体—三进阶—四转变"的建设理念,打造"引进—厚植—输出"的国际化办学模式和"设备＋机手"的员工培训模式,着力标准引领,聚力关键突破,在校企联合现场工程师培养、招生考试评价改革、双师教学团队打造和员工数字技能提升等方面,探索形成工程机械行业现场工程师培养的先进经验、培养标准和育人模式。[①]

重庆公共运输职业学院和重庆通用工业（集团）有限责任公司联合申报、建设的透平装备制造行业生产实践育人项目,围绕透平装备制造行业岗位需求、解决技能实训中难点和痛点、提升人才培养质量等重点,紧扣职业教育工学一体育人体系,将专业课程教学与真实生产任务相结合、将"1+X"证书考评与科研创新实践于一体,构建起具有交互性、增值性的生产实践项目。[②]

现有的典型生产实践项目均能达到校企深度合作,项目充分利用校企的优势资源,以产业学院、校中厂和厂中校等为不同抓手,基于企业真实生产过程,校企共同建设实训基地,基地建设中融入行业新技术、新标准、新工艺和新规范,以及针对企业的人才培养需求,优化教学团队,创新人才培养模式,致力于培养能够深度运用数字技术解决生产问题的数智化技术技能人才。

二、国家关于校企合作典型生产实践项目建设的要求和路径

2023 年 7 月教育部印发的《职业教育校企合作典型生产实践项目建设指南》明确规定:围绕战略性新兴产业、现代制造业及现代服务业等领域,立足产教融合、体现类型特色、适应育人需求的校企合作典型生产实践项目。项目建设要基于企业真实生产过程,及时把新方法、新技术、新工艺、新标准引入教育教学实践,推动校企协同育人,引入企业真实课题和项目,校企共同开发实施实践项目,促进学

---

① 梁建伟:《基于典型生产实践项目的校企合作探索》,《石家庄职业技术学院学报》2024 年第 36 期。

② 透平装备制造行业生产实践育人项目的项目内容和特色来自重庆公共职业运输学院官网。

生在真实职业环境中学习应用知识、技术和技能。扩大优质资源共享,力争形成以企业典型生产实践项目为载体的职业教育教学模式新突破,有效提升人才培养针对性和适应性。

（一）典型生产实践项目的建设要求

根据教育部文件,典型生产实践项目建设要求包括:项目内容、项目的基础条件、项目建设目标和思路、重点任务、预期成果和保障措施。

1. 项目内容

围绕战略性新兴产业、现代制造业及现代服务业等领域,建设以校企合作为基础的生产实践项目。项目应体现产教融合、校企紧密合作的特点,引入企业真实课题和项目,让学生在真实职业环境中学习应用知识、技术和技能。

2. 项目的基础条件

学校基础:项目依托专业（群）建设基础好,师资队伍、实训实验条件等能够满足项目建设需要。国家及省级"双高"计划建设单位优先。企业基础:企业规模能够支撑项目合作;实训场地、实训设备、产业导师等基础条件好。队伍保障:校企各方项目管理人员和双导师团队配备齐备,人员结构及承担教学课时比例合理。

3. 项目建设目标及思路

项目坚持立德树人、德技并修,紧密对接国家、区域重大需求和企业紧缺人才需求,建设目标明确,思路清晰、可操作性强。

4. 重点任务

项目建设过程中要重点完成5大工作任务:签订校企合作协议、校企联合实施人才培养、联合开发课程教学资源、创新考核评价方式和打造双师结构教学团队。

5. 预期成果

项目建设预期成效显著,特色创新鲜明,科学合理,重点突出,可实现、可示范、可推广。

6. 保障措施

企业和学校在校企协同推进机制、项目管理、多元投入机制、政策激励机制、改革发展环境等方面支持项目建设的措施具体、做法得力。

（二）典型生产实践项目的建设路径

典型生产实践项目的建设共分五个阶段开展。

1. 项目策划与准备

明确项目的建设内容和核心目标,选择战略性新兴产业、现代制造业及现代服务业等领域,满足学校基础条件的专业群作为申报单位,选择满足企业基础条件的优质企业作为联合申报单位。

校企签订项目合作协议,组建由职业院校、企业、行业专家等多方参与的项目建设管理团队,共同推进项目。

2. 项目设计与开发

通过市场调研了解行业发展趋势、企业需求以及学生就业情况,紧密对接国家、区域重大需求和企业紧缺人才需求,确定项目的建设目标。

校企围绕项目目标,引入真实的企业课题和生产项目,设计具体的实践项目内容,确保内容贴近企业实际、符合行业规范。

校企联合实施人才培养,包括共同制订人才培养方案、共同构建专业核心课程体系、创新教学组织形式。基于岗位职责和工作过程,校企联合开发岗位培训手册、活页教材、数字化资源等课程教学资源。校企联合设计和创新教学考核评价方式,职业能力考核评价标准,评价主体、评价方式。打造双师结构教学团队,确保企业导师能够深度参与人才培养,承担专业课程教学任务、指导岗位实践教学、与学校专任教师共同开展教学研究。

3. 项目实施与运行

在学校组织教学实施,引入企业导师参与教学,确保学生在真实职业环境中学习应用知识、技术和技能。建立校企共同管理机制,确保项目的顺利实施和有效运行。

4. 项目评估与总结

对项目的实施效果进行评估,包括学生实践成果、企业反馈等方面。总结项目实施过程中的经验和教训,为今后的项目提供参考。将项目成果进行展示和推广,提高项目的社会影响力和知名度。

5.项目推广与复制

将项目成果分享给其他职业院校和企业,促进产教深度融合和资源共享。根据项目的成功经验,探索可复制的模式和路径,推动更多职业院校开展类似项目。根据项目评估结果和市场需求变化,不断优化项目内容和实施方式,提高项目的针对性和实效性。

通过以上五个阶段的实施,可以确保典型生产实践项目的顺利推进和有效实施,促进产教深度融合和人才培养质量的提升。

三、案例分析:甲醇制烯烃生产实践项目的创新与突破

以天津渤海职业技术学院为主体,天津渤海化工集团有限公司深度参与,校企共同建设甲醇制烯烃生产实践项目。该项目服务天津打造万亿级石化化工产业集群需求,以天津渤海化工集团有限公司清洁能源领域的先进甲醇制烯烃技术路线装置为载体,按照现代工业控制中心的模式,建设"甲醇制烯烃数字孪生工厂",将甲醇制烯烃领域的新方法、新技术、新工艺、新标准引入教育教学实践,集成实训教学、教学资源开发、技术创研、企业培训功能,校企团队融合,面向中高职院校人才培养创新、师资专业能力提升等多个维度,开展多类型教培项目攻关,提升教学质量和人才培养水平,形成产教深度融合、校企紧密合作的典型生产实践项目建设范例。

(一)制定专门管理制度保障实践项目顺利推进

为了保障甲醇制烯烃生产实践项目的顺利推进,校企共同制定针对具体问题的管理办法及实施方案。

校企以生产性实践项目为核心工作和切入点,多维度开展共育共培合作,深化产教融合,从顶层设计到执行层面签署两层协议。第一层协议是校企双方签订《校企合作框架协议》和《甲醇制烯烃生产实践项目共建协议》,从整体层面明确合作意向、合作领域、培养规格和工作岗位等内容,是项目的顶层设计。第二层协议为天津渤海化工集团有限公司与天津渤海职业技术学院的各个项目主要执行部

门,协商签署和制定的各种具体指导性文件及执行方案,主要包括:项目内容的具体实施标准、各项工作的执行方案、项目中的权责分配、合作专业、工作岗位、用工人数、岗位职责、关键任务、各方职责与分工、成本分担方式、合作期限、争议解决方式等内容的具体处理方式,是甲醇制烯烃生产实践项目的执行层。

在两层协议的引领下,校企签署了"人才培养模块""师资建设模块""实训基地建设模块""科技服务模块"四模块运行管理制度,明确规定了校企双方的责任和权利,保障项目的顺利运行。

（二）校企共培打造高水平"双栖制"师资团队

1.完善"双栖双聘"制度[①]

完善"双栖双聘"制度,建立院校名师与企业名匠双向流通机制,甲醇制烯烃项目团队人员可同时进入"企业—学校"两个领域,同时适应"生产—教学"两种工作环境,实现人员的双向流动。

根据新技术、新产品、新工艺的产业需求,校企双方通过"双创孵化""产业学院",开展项目创新、教学方法、课程资源开发的培训与教研等活动,多措并举,实现"双栖型"教师标准化、规模化培养。

2.打造高水平教师团队

开展校级、市级、国家级三层次培训体系建设,发扬范旭东、侯德榜等近代实业家、科学家爱国精神,传承自强不息的奋斗基因和企业血脉,培育具有绝技绝艺的技术技能大师,实现专业教师"一师一技一特长",形成一批能够改进企业产品工艺、解决生产技术难题的骨干教师,打造化工职教行业有权威、国际有影响的教师团队。

3.提升团队科研创新能力

实施以名师引领的师资团队科研创新能力提升计划。企业技师与专业教师共同组成结构化团队,以"训、练、赛"和"传、帮、带"培养过程为特色,通过科技特派员入驻企业开展技术服务,企业技师参与学校教科研活动,促进技术研发和成

① 学校教师聘为企业技术人员,企业技术人员聘为学校教师,人事劳动合同关系在原单位签订,在学校和企业交替进行教学、培训、科研与生产活动。

果转化；组织教师参加国内著名高校组织的各类高水平学术研讨班和国际学术会议，加强与国际同类高水平高校的校际沟通与协作；定期开展技能培训、技术交流、学访等活动，提升教师对新技术、新标准、新规范的应用能力，实现教师一专多能发展，全面提升教师科研创新水平。

4. 提升团队社会服务能力

逐步完善社会服务内容体系，开拓化工领域的技能培训、社区环保教育培训、美丽乡村农村生态建设培训、企业员工技能提升培训、西部职业院校师资培训等社会服务渠道，充分利用天津渤海职业技术学院的官网和公众号，最大限度地实现服务信息透明化，为校内外人员提供多样化、个性化的继续教育和再教育服务。

（三）共建共享打造甲醇制烯烃生产实训中心

1. 打造"三位一体"① 真实生产环境实训中心

围绕产业发展需求，校企联合打造甲醇制烯烃生产实训中心。校企合作，选择企业的甲醇制烯烃真实生产项目作为载体，按照"三位一体"建设要求，规划建设包括仿真工厂、工艺仿真、安全演练等主要实训资源。依托实训逻辑和教学大纲要求，开发以甲醇制烯烃工艺为内容的实践实训系列课程，配套相应课程包开发，开展师资培训活动。

通过引入数字孪生技术，根据天津渤海化工集团有限公司下属企业的真实生产项目挖掘产业案例教学资源，搭建多维建模、一一映射、虚实互通、数据驱动的绿色石化智能制造数字孪生产业实训环境，形成绿色石化智能制造领域产教融合的全流程业务教学覆盖，激发学生、教师积极性和创造热情。

2. 创新"三进四变五共"实训中心的运行机制

依托甲醇制烯烃生产实训中心，通过现场工程师项目、学生技能竞赛、育训人才培养改革等载体，实施企业需求进校园、学生实训进现场、生产项目进课堂，促进教师向师傅转变、学生向徒弟转变、作业向作品转变、课堂向车间转变，实现校企间课程共担、基地共建、师资共训、资源共享、人才共育。

---

① 三位一体：教学、技术服务和科技创新。

（四）校企联合实施人才培养

1. 校企联合协同育人

依托甲醇制烯烃生产性实践项目，结合企业的需求，团队不断优化课程设置，引入企业真实实践案例和项目，提升教学质量和学生的实践能力。双方定期开展师资交流与培训，企业技术人员到学校举办讲座或担任客座教师，学校教师到企业进行实地学习，丰富教师的实践经验，提升行业背景。

充分发挥学院集团化办学优势，围绕京津冀协同发展，立足天津"一基地三区"的战略定位，打造"实体化运作、全方位融合、围炉式发展"的校企命运共同体，建立集学生实习、就业、创新创业、技术转移等功能于一体的校企交流平台，为学生和企业提供了更多的交流合作机会。

2. 校企共同确定人才培养目标

校企双方通过市场调研、企业需求分析、校企对接会议等多种方式密切合作，深入了解当前和未来绿色石化化工行业的发展趋势，所需人才的专业能力和素质要求，共同讨论人才培养目标的定位，提供各自的观点和建议，学校和企业共同进行岗位分析和职位描述，明确各个岗位的职责、要求和能力素质，并以此为基础，确定人才培养目标定位。通过校企共建的双向评估机制，学校对学生的培养效果进行评估，企业对毕业生的岗位表现进行评估，以双向评估的结果为依据，及时调整和优化培养目标。

3. 校企联合研制人才培养方案

校企通过对行业、企业的人才培养需求和同类院校的人才培养模式进行广泛调研，发现"甲醇制烯烃生产实践项目"具有行业典型特点，其相关岗位适合智能制造相关行业，培养的人才不再是针对某个企业，而是面向相关行业。学生所掌握的技能具有一定广泛性，又具有特定的专业性。针对"甲醇制烯烃生产实践项目"的项目特点，校企在分析论证绿色化工智能制造数字孪生岗位群对应的专业知识、实践能力和职业素质的基础上，结合产业发展及企业需求制定专业人才培养目标，根据企业的典型工作任务和职业能力要求，共同设计满足岗位用人标准的专业人才培养方案。

（1）创新人才培养模式。由专家、行业领军人物、企业工匠和学校多专业骨干教师联合组成甲醇制烯烃生产实践项目人才培养方案专家委员会，明确需求分析、方案设计、实施计划、评估反馈、优化改进等环节的节点及校企双方责任人，协同研制专业群人才培养方案，完善课程体系，开发教学标准，设计教学项目，组建校企共同参与的师资队伍，共建共享教学资源；专业协同组建课程团队，按照教学项目的知识和技能需求，发挥专业间的知识共享、技能渗透优势，将岗位技能要素全面嵌入教学项目，全面落实"校企协同、专业协同"。将产业要素有机嵌入教学过程，产业岗位能力要求嵌入课程教学标准，产业生产环境嵌入课堂项目情境，产业执业资格标准嵌入教学评价，实施"德技融通、课证融通、产训融通、教赛融通、专创融通"，为产业高质量发展和绿色、智能化转型提供人才支撑。

（2）制定人才培养方案的评估反馈机制。校企共同设计评估体系，包括学生的各项能力和素质的评估标准和方式，设立考核机制，对学生在培养过程中的表现进行评估和反馈。建立导师制度，由企业技术人员担任学生的指导老师，进行指导和培养，提供学生在实践中的指导和支持。确定具体的实施计划，明确培养方案的实施时间、机制、责任人等，确保培养方案能够有效地落实和执行，并由校企双方定期对人才培养方案进行评估和调整，根据培养效果和行业变化进行相应的调整和优化，确保培养方案的适应性和有效性。

4. 校企协同构建课程体系

校企双方通过深入沟通、调研和分析，明确石化化工行业发展的需求和趋势，确定核心课程的内容和方向。校企双方签订合作协议，明确各自的权责和合作方式，确保双方在共同构建核心课程体系的过程中能够互相支持和合作。校企双方组织师资培训课程，提升教师的教学能力和行业实践经验，以保证教学质量和课程的专业性。结合校企合作的特点和学生需求，校企双方共同参与核心课程的设计和开发，确定课程的教学目标、内容和教学方法，并制定课程大纲和教材，开展课程设计和开发。利用校企双方建设的科技研发中心等实训设备、技术资料和行业导师等资源，给学生提供更好的实践机会和行业指导，切实提升学生的专业能力和就业竞争力，实现资源共享。

（1）构建"三维度、六层次"课程体系。围绕天津市绿色石化中下游产业链，对绿色石化岗位工种进行横向分类、职业水平纵向分级，"横纵交错"建立职业岗位能力矩阵。提取典型工作任务，分析能力要求，构建专业基础能力、核心能力和岗证拓展能力"三层次"递进式培养路径；开发工艺、设备、控制、检测、管理和服务"六维度"专业能力项目模块；对接多种职业技能等级证书的能力标准，将证书培训内容转化为综合能力模块，学生自由选择考取不同职业能力等级证书，满足"多方向"人才的培养目标。

（2）校企共建专业课程体系评估反馈机制。校企双方定期进行教学评估和课程调整，保证课程的实效性和持续改进，同时根据学生毕业就业情况和行业反馈进行调整，使课程能够更好地适应社会发展的需要，更好地与行业接轨，提高教学质量和学生就业竞争力，实现校企合作的共赢局面。

5. 校企联合开发课程教学资源

校企共同研讨课程开发所需的教育资源和教学要求，通过线上线下定期沟通，确保双方对课程目标和要求的一致性。校企合作制定课程大纲，明确课程设置和教学目标，共同制订教学进度计划、教学大纲、教材等。校企双方组织教师培训，提升教师的专业素质和实践能力。企业方派出技术专家或技术人员参与教学，为学生提供实践指导和职业导向，对教师开展实践过程培训，让教师们了解企业的生产、工艺流程以及岗位标准与管理等。

聚焦绿色石化产业集群发展需求，专业链对接产业链，对标石化行业标准、头部企业生产运行标准，以石化行业运行岗位工作为逻辑起点，选取典型工作流程，围绕"以生产案例内化专业知识为核心""以关键素养与专业能力习得为核心""以核心岗位任务胜任为核心"，校企联合团队共同开发课程标准、重构课程内容。

着力服务在校生、行业企业技能人员、社会学习者及国际留学生，依据专业群人才培养需求，围绕"锤炼忠诚红、提炼生态绿"开展课程教学资源建设，依托国家职业教育智慧教育平台，采用"平台＋自主资源"开发模式，建设以劳动素质教育、生态文明教育以工匠精神为核心的"底色红"课程资源和环境监测技术、水污染控制技术等"特色绿"专业核心课程资源,实现数字教育资源的实时共享和互联互通,形成课程教学资源纵深融合。

通过对校企合作的课程教学资源进行试运行、定期评估和反馈,使教学资源不断优化和改进。适时开展教学评估,收集学生和企业的反馈意见,随时进行课程内容的调整以提升课程质量。校企双方保持密切的沟通和合作,不断改进和优化教学资源,不断完善课程内容和教学方法,以适应企业的市场需求和学生自身的发展。

6. 开发立体式新形态教材

吸纳绿色石化行业专家、企业高级工程师、产业导师,联合校内名师名匠组建教材编审团队。以问卷、座谈等形式开展教材使用调研,将行业"四新"、思政元素、技能大赛和榜样力量等内容动态更新到教材中。将企业单个典型工作任务以任务单的形式编制成工作手册,用于学生的认知实习。多个工作任务组合编制成活页式教材,用于学生综合实训。开发云教材和双语教材,服务留学生培养。

7. 创新教学组织形式

(1)借助科研中心解决校企合作难题。校企借助科技研发中心,共同研发教学项目,将企业的实际需求和学校的教育资源相结合,培养学生的实践能力和创新意识。校企联合开展的实习项目,使学生在实习过程中接触到真实的工作环境和问题,提高学生的实践能力和创新能力。校企合作进行科研项目,共同解决行业或领域的难题,为学生提供更广阔的学习和研究平台。

(2)师资流动提升校企人员的创新能力。企业可以派驻专业技术人员到学校指导学生的创新项目,通过提供实际案例和指导意见,帮助学生将理论知识应用到实际创新中。学校也可以根据企业的需求,定制适合企业员工培训要求的课程,提高员工的专业素质,提升创新能力。

(3)建设创新实训室推动创新教育发展。校企可以共同建设创新实训室,提供创新实践的场所和设备,供学生和企业人员共同使用。校企在教学过程中互相融合和合作,共同推动创新教育的发展,培养具有创新能力和实践能力的人才。

(五)创新考核评价标准和评价体系

由校内导师和企业导师多主体参与,以企业入岗、定级、定薪标准为依据,以考核学生生产实践能力为重点,按照岗位需求围绕基本能力、专项能力和综合能力三个维度,采用过程性、综合性和增值性三个环节评价。

1.组建评价委员会共建评价体系

校企联合建立项目综合评价委员会,校企双方共同作为评价主体,制定统一的考核评价标准,建立考核评价体系,对培养出的学生进行考核。

2.应用智慧教学平台实现动态评价

应用智慧教学平台全程记录的学生学习情况、校企活动参与度等数据作为评价依据,综合过程性评价、综合评价和增值评价的方式体现学习情况和成长轨迹,形成多元化考核方式、立体化考核结果。

考核方式多样化,既可通过实操、项目成果等方式完成考核,也可使用教学平台,实时统计考核结果,随时查看当前学习状况,全面、客观地评价学生在整个学习过程中的表现以及理论、技能学习掌握情况。还可以通过线上、线下考核相结合的方式完成,考核覆盖课前、课中、课后,整个授课过程,考核成绩计入学生成长档案。

过程性评价:与企业合作确定增值评价的具体指标和标准,确保评价内容与企业对该项目培养学生所需技能和素质的要求相符。围绕设备装配岗、设备调试岗的岗位需求以及职业技能等级标准,结合企业项目实践、问题解决、团队合作、自主学习等学习过程,制定现场工程师联合培养职业能力考核评价标准,着重考核学生的岗位综合素质和综合运用不同学科知识和技能进行设备装配和调试的能力。

综合评价:结合学生工作过程考查学生的综合素质,包括:工作态度、性格与应聘岗位匹配性、表达沟通能力、分析问题能力等。

增值评价:将专业技能认证或参加比赛情况、学生在项目中的贡献和表现等内容作为依据,根据实习生在实际工作中的表现,与企业共同进行增值评价,评估其适应能力和综合素质。开发一体化教学评价平台,从规划设计平台获取学生职业能力、素养方面的数据。一体化教学评价平台除统计课程成绩外,还记录学生奖惩情况、技能大赛等内容,能够进行职业能力测评。以此为依托建立学生成长档案,动态监测其学习过程中能力、素质、态度的发展变化。

3. 全方位考核结果纳入企业考核

考核评价由教师和企业导师共同实施,结合企业岗位特点,以多元性、过程性、可视性为原则,制定考核方案。考核内容结合职业技能标准,以多样化为原则选取考核内容,主要包括专业知识、职业能力、职业素养等方面。

每个学期对学生进行职业能力测评,结合课程成绩,生成阶段性职业能力画像,该画像能够呈现学生的职业能力,有效地与岗位能力对接。根据职业能力画像,学生每个学期期末撰写下学期学习工作计划书,教师进行成绩评定、教学诊改;学生毕业时,以平台生成职业能力画像作为评价结果,企业依据评价结果安排学生入职,定岗定级定薪。

4. 建立毕业生追踪反馈制度

建立毕业生跟踪反馈和社会评价机制,定期对应届生、毕业生和用人单位进行调研。调研结果反馈至人才培养方案专家委员会和综合评价委员会,用于修订人才培养方案和考核评价办法,从而提高人才培养质量。

(六)科教融汇服务企业高质量发展

组建"劳模＋工匠＋技师＋教授＋学生"科技创新团队,依托甲醇制烯烃生产性实践项目,根据企业的个性化需求,建立以"订单式"需求对接、"菜单式"服务为特色的服务体系。

针对企业综合性攻坚克难项目,集中到校内开展研究;针对技术改进型的项目,引入教学体系,校内完成项目的中试运行;针对中小微企业与生产结合紧密的技术改进项目,实施科技特派员入企服务。

面向"天开高教科创园"化工类初创企业,依托甲醇制烯烃生产实训中心,发挥"渤海之翼"科技社团的作用,将创新创业课程、社团活动与专业课程深度融合,提取企业科技难题设计教学任务,安排"专业一对一"的科技创新团队教师进行指导,学生在完成学习任务的过程中实现科研、创新创业能力的提升,实现师生共研共创。

(七)甲醇制烯烃生产实践项目的创新点

1. 教学环境企业化

该项目将教学环境完全企业化:一是教室与车间合一,用企业的生产任务作为教学项目,实现教学与生产合一;二是学生以准员工的身份参加实习,达到学生与员工合一;三是专业教师既传授理论,又指导实训操作,做到教师与师傅合一;四是学生理论学习与实践操作一体进行,实现理论与实践合一;五是学生技能训练,既是提高专业技能的过程,也是创造价值的过程,即育人与创收合一。

2. 创新实践教学体系

校企同行,教随产出,新技术新标准融入课程体系,完善了"校内仿真 + 校内全真 + 校外顶岗"的能力渐次提升的实践教学体系,学生进入企业生产实训过程中,为企业创造效益,同时企业员工利用实践教学体系进行技能提升,提高了企业员工的综合素养,实现了提升企业生产效益、员工素质、企业知名度等全方位效益的目标。

3. 校企双方实现双赢

组建"劳模 + 工匠 + 技师 + 教授 + 学生"科技创新团队,依托甲醇制烯烃生产性实践项目为企业提供菜单式服务,教师将科研成果转化成教学项目,带领学生进行创新创业,实现了解决企业难题和提高教学效果、提升学生创新创业能力的校企双赢。

4. 增强学生的企业认同感

坚持校园文化与企业文化的深度融合,营造一体化化工特色育人氛围。生产性实训基地的真岗实做实现理论与实践、学与做的高度统一,使学生的专业技能和综合素质大为提升。初步实践后,已经有多名毕业生签订了就业意向,实现了高质量精准就业。

课题承担单位: 天津渤海职业技术学院

主持人: 花玉香

主要执笔人: 崔迎、康明艳

课题组成员: 涂郑禹、周博、于欣、李钒、魏文静

/ 第十七章 /

▼

具有国际影响的职业教育标准、资源和装备建设

——以天津渤海职业技术学院为例

2023 年 7 月,教育部办公厅印发的《关于加快推进现代职业教育体系建设改革重点任务的通知》指出,创新职业教育国际交流与合作机制,加快和扩大教育对外开放,持续推动现代职业教育提质培优及高质量发展。支持各地建设和推出一批基础良好、业内领先、具有较高国际影响的职业教育标准、资源和装备。这既是对我国近年来职业教育国际化成绩的肯定,也是对下一步职业教育国际化提出的具体要求。只有在认清现状的基础上,才能提出有效的建设对策。

一、具有国际影响的职业教育标准、资源和装备建设的现状

(一)核心概念界定

1. 教学标准

职业教育的教学标准是国家职业教育标准体系的重要组成部分,也是整个教育标准体系的重要组成部分,更是当前正在建设的现代职业教育体系的重要组成部分。教学标准是指导和管理职业院校教学工作的主要依据,是保证教育教学质量和人才培养规格的基本教学文件。职业教育标准,包括但不限于专业、教学、课程、实习实训、教学条件、师资、培训、校企合作等方面的标准。

2. 教学资源

教学资源是为教学的有效开展提供的素材等各种可被利用的条件,通常包括教材、课程资源、教学项目、案例、培训资源、数字化资源或平台、专业建设一体化解决方案等。

3. 教学装备

教学装备是指用于职业教育教学过程中的各种工具、设备和仪器,包括但不限于设备装备、教辅设备、生产线装备、AI 或 VR 设备。高质量的教学装备能够提供更好的实践机会,使学生能够更好地掌握实际技能。

(二)具有国际影响的职业教育标准、资源和装备建设的价值意蕴

具有国际影响的职业教育标准、资源和装备是职业教育国际交流项目高质量发展的基本要素和重要内容,能够为教师授课提供丰富的资源,同时利用数字技术可以实现对教学资源的开发、存储、管理和检索功能的有效整合,进而打造高质量的国际化课程内容。

1. 有效整合各类教学资源,进而打造高质量专业教学资源库,有利于中外师生进行精准式检索学习资源和实现跟踪式学习。在职业教育国际项目的教学与培训过程中形成的数字化教学资源,即图片、文本、动画、电子课件、视频、微课等以多媒体形式生动形象地展示出来,并进行教学资源的统一管理,以支持学员通过远程教育平台,实时访问教学资源进行学习,进而提高资源利用率。

2. 有利于打造职业教育国际品牌项目。打造职业教育国际品牌项目能够促进中国优秀职教标准、资源、装备在国境外的建设和推广。将优质教学资源与合作方国家共享,以翻转课堂、微课、慕课等形式,将国际元素融入教学内容和教学设计,开发国际通用教学设备,加强国际通用"过程评估、功能评估、素养评估"的整合和渗透,促进职业教育国际交流。

3. 促进合作国职业教育以及经济社会的发展。就具有国际影响的职业教育标准、资源和装备的建设内容而言,依托于数字技术,通过设置包括空中课堂、在线学习和网上知识竞赛等内容,顺应产业行业国际发展趋势,紧密对接合作国的相关产业需求,聚焦核心领域职业岗位群,服务国内职业院校与企业携手参与国际产能合作,适应合作国对高水平装备制造复合型人才的需求。

(三)具有国际影响的职业教育标准、资源和装备建设的现状

1. 职业教育发展与国际接轨程度逐步提高

近年来,随着全球化浪潮的推动,各国间经济、文化、信息的交流日益密切。

在这样的大背景之下,职业教育作为培养经济社会发展所需人才的重要阵地,其发展也呈现出日益国际化的趋势。在课程体系上各国都在努力利用国际上的优秀教学资源和教学理念,改革和完善本国职业教育的课程设定:一方面是向全球最先进的教育体系学习,引入一些新的课程和教育模式;另一方面也在逐步加强对特定领域和特定岗位的教育和培训,充分适应社会和经济发展带来的新需求。在教学方式上各国职业教育都在尝试进行教学方式的创新,如网络教学、远程教学、模拟实验等,使学生能够根据自身的情况选择最适合自己的学习方式。师资队伍建设也是各国职业教育提升国际接轨程度的重要工作之一,不仅要引进全球优秀的教师资源,同时也要注重对本国职业教育教师的培训和引导,使其与时俱进,满足职业教育发展的需要。

2. 日益频繁的国际交流与合作使职业院校多方受益

在全球经济一体化和科技迅速发展的背景下,各级各类职业学校积极开展大量的国际交流与合作。这不仅表现在引进国外优秀的教育资源、提升课程质量和教育教学方法的同时,还通过教师间的交流培训,提升教师队伍的教学水平和对国际职业教育趋势的理解。学校通过国际合作引进了一批国外优秀的教育资源,包括先进的教学方法、目前行业内最新的技术和理论知识,甚至是国际认可的职业技能标准和评价体系。这些丰富的教育资源对于提高学校的教学质量、培养学生应对世界性问题和挑战的能力,以及为全球劳务市场输送更符合国际标准的技能人才具有重要意义。通过国际交流,教师队伍也得到了前所未有的提升,越来越多的教师有机会参与到国际上的教师培训项目,与世界一流的专家进行交流,了解甚至参与国际上的相关先进实践。更重要的是,这些交流使得教师们可以把握职业教育的国际发展趋势,从而做出符合时代要求的教学改革。这些国际交流与合作也使学生从中受益,通过交流项目,他们有机会亲自体验国外的教育模式,突破语言和文化的障碍而更好地适应全球化的挑战。这些国际交流与合作,正在推动我国从职业技能人才的生产者向参与者甚至领导者的身份转变,对于提升我国职业教育整体的国际影响力具有重大意义。

3. 职业教育整体上国际化趋势明显

经济全球化对于职业教育意味着两个重要的机遇。一是全球化提供了世界各地的优质教育资源供职业学校引用和借鉴。通过与国外优秀的教育机构进行交流与合作，职业学校可以取得最新、最有效的理念和教学方法，以此提升自身的教育质量。二是全球化也为职业学校的毕业生提供了更广阔的就业空间。随着各国经济之间的联系日益紧密，技术技能人才的需求正在全球范围内增加。许多职业学校纷纷开设英语或其他外语课程，加强与国际接轨的能力。同时，一些学校还开展了国际交流项目，使得学生有机会到国外学习和就业。更重要的是，随着"一带一路"倡议的推进，我国职业教育逐步走出国门，许多职业学校在国外直接开展教学工作，诸如鲁班工坊、丝路学院等"小而美、惠民生"的项目在各国落地，有的职业学校直接在国外开办职业学校，职业教育标准、资源和装备也相应地呈现出中国特色和国际影响。

（四）具有国际影响的职业教育标准、资源和装备建设存在的问题

1. 职业教育标准还不健全

职业教育是现代社会人才培养的重要环节，它的发展水平与一个国家或地区的经济社会进步密切相关。出于这个原因，各国不断努力提升自己的职业教育水平，寻求参照并对接国际先进的职业教育体系。但是，目前阶段，确实存在着一些影响全球职业教育向前发展的问题，其中之一就是国际上通用且具有影响力的职业教育标准尚未完全确定。职业教育的目标、内容和方法在世界各地有着较大的差异，这使得各国之间的职业教育标准无法直接对等，自然就难以形成一种普遍适用的、全球认可的标准。其次，职业教育的发展也受到社会经济发展、文化背景、教育资源等诸多因素的制约，这些都影响着各国在制定自身的职业教育标准时的自由度和参照性。此外，全球化进程虽然推动了国家间的信息交流，但也在一定程度上加剧了职业教育差异的问题。实际上，职业教育的全球标准化需要兼顾各个国家特定的社会经济环境和文化传统因素，这无疑增加了标准制定的复杂性和难度。因此，这一问题的解决还需要各国职业教育界共同的努力和协作，以期逐渐形成既符合国际共识、又具有一定的灵活性和可操作性的职业教育公认标准。

2. 师资队伍国际化程度较低

职业教育教师队伍的国际化,是指教师队伍在视野开阔度、外语水平、专业知识和技能等多个方面接轨国际的程度。当前,我国的职业教育教师队伍在国际化程度上确实存在较大的提升空间。视野开阔度方面,教师的国际化视野影响着他们的教学方式和内容。如果视野局限于国内框架,那么教授的知识和技能就可能失去与国际接轨的机会,培养出来的学生就可能面临在国际层面上竞争的困难。外语能力方面,我国的职业教育教师大多数外语能力较弱,这将影响他们获取和掌握国际上最新的专业知识和技术,同时也影响了与国际同行进行交流的能力。专业知识和技能方面,随着科技的快速发展,很多专业领域的知识和技术都在不断更新,而我国的教师在这方面的更新能力还较弱。教师的交流访学机会较少,无法获得国外的先进经验和技术,这也限制了他们的国际化程度。为了提高我国职业教育师资队伍的国际化程度,我们需要从多方面努力,提高教师的国际化视野,提升外语能力,加强专业知识和技术的更新,增加与国际同行交流的机会,以此提升我国职业教育的整体质量。

3. 教学资源和设备相对落后

本来,职业教育对设备资源具有高需求性和实践性强,但一些职业学校的设施设备并不完善。相较于理论学习,职业学校更侧重于实践操作,需要充足的实验室、工艺设备等硬件设施。但目前很多职业学校无法为学生提供足够的实训设施,更别提先进的设备。同时,一些学校虽然拥有一定的设施设备,但由于维护不善,长期无人使用,也存在明显的闲置现象。职业教育对教材和教学资源的需求也不容忽视。相比于其他教育形式,职业教育需要更丰富、更新鲜的教育资源来配合教学,而现状是很多职业学校的教材更新迭代速度慢,不能跟上市场需求和技术发展的步伐。此外,除了物质资源外,人力资源也显得捉襟见肘。很多职业学校的师资力量不足,教师的数量和质量无法满足教学需求。许多教师对于最新技术和知识缺乏理解和把握,难以做到因材施教。

二、具有国际影响的职业教育标准、资源和装备建设的对策分析

（一）加快制定和完善职业教育国际化标准

职业教育标准应体现先进职教理念，重点服务"一带一路"倡议，对接我国有国际影响力的行业产业，充分体现相关技术领域先进技术，促进我国人才培养模式、实践训练模式等国际化推广，反映文化交流、技能提升和国际产能合作等情况。当前，大批中资企业响应"一带一路"倡议，走向海外，与世界分享中国物联网发展成果。随之，企业对本土化技术人才需求也愈发迫切。面对企业的实际需求，我们的国际专业应秉持"人类命运共同体"理念，坚持产教融合、校企合作，携手"走出去"企业，共同开发国际化专业教学标准，共建专业课程体系和教学资源。以具有中国特色的国际化专业教学标准引领专业建设，以培养高素质人才助力"走出去"企业，讲好"中国故事"，助推"一带一路"倡议以服务国家重大发展战略。这方面现在主要做了三方面的工作：第一，以学历＋技术培训为依托，培养本土技术技能人才。通过吸纳学生进入鲁班工坊学习、招收留学生来华学习和中短期技术培训等多种形式，培养掌握中国技术、熟悉中国方案、认同中国发展理念的本土化人才。第二，以标准化师资培训为抓手，分享中国职业教育方案。针对合作国实际情况，帮助其开办专业，开展标准化师资培训，使外国老师熟悉、认同并愿意使用中国教学方案。第三，以常态化师生互访为途径，促进国际人文交流合作。每年定期开展交流互访活动，中外师生一起生活，一起学习，加强交流，增进友谊。

（二）着力提升师资队伍国际化水平

随着全球化的推进和技术的快速更新换代，我们需要培养出既具备专业知识技能，又具有全球视野的工作人才。作为这个过程中的主导力量，教师队伍的国际化程度成为关键。我们要清醒认识到，提升师资队伍国际化程度并不仅仅是教师语言能力的提升，而是需要从认知、能力和态度三个层面进行全方位的提升。教师在认知上需要具备全球视野，了解世界各地的教育情况和未来趋势，把握不同文化背景下的教学方法和理念；教师在能力上应该具备跨文化交流的能力，以便在多元文化的环境中进行有效的教学和交流；教师在态度上要保持开放的心态，尊重

和接纳不同文化。

可以通过以下几方面加强教师的国际化培训。首先,设立专门的教师培训项目,为职业教育师资队伍提供国际化教育理念和技能的培训。这些培训可以包括面对面的课程、在线教育平台、激励教师出国研修等多种形式。其次,开设国际教育论坛或研讨会,引导教师实时关注国际职业教育发展趋势,通过交流和分享,提升教师的国际视野和跨文化交流能力。同时,也可以建立与海外教育机构的合作关系,鼓励教师参与海外教学和研究项目。再次,调整教师评价体系,将国际化视野和跨文化交际能力纳入教师的绩效考核中,使得教师有明确的动力去提升自身的国际化程度。最后,需要国家在教育政策层面提供支持,例如提供出国研修的奖学金、优化师资队伍结构,以及建立教师国际交流的平台等。[①]

（三）深耕优质教学资源

教学资源建设要注重描述资源适用的行业产业、主要内容、运用方式、特色等,体现多语言开发、种类丰富、实践性强、便于运用的特征,充分运用数字化和融媒体技术,职业特征鲜明。内容设计方面,课程依据职业标准和岗位要求,融入大赛和证书标准,从真实工程中抽取案例,突出新技术和新方法,涵盖该专业核心岗位关键技能。结构课程是专业核心课。采用项目式教学设计,以教学做一体化、线上线下混合的方式开展教学。各项目按照真实工程建设流程组织,提供完整的视频、动画、仿真、作业、测验等中、英双语资源,服务于教学全过程。

在设计开发时,要遵循职业发展规律。按照"学徒工—技术员—现场工程师"的路径组织内容。学生先进行体验,认识设备和工具,成为学徒工;再逐层开展项目建设,达到技术员标准;最后进行系统分析诊断,提高实战水平,具备现场工程师能力。要符合学习认知规律。每个任务的开头都提供学习指南,让学习有的放矢;项目难度分层递进,强化实践,使学习循序渐进;每个任务均配有测验,检验学习效果,实现温故而知新。要通过一体化设计,形成系统化的完整资源体系,支持线上线下混合教学,可充分满足中外师生教与学的需求。

① 吕景泉:《谈职业院校新教师入岗训练与"双师型"结构团队培养——EPIP 视域下"双师型"教师队伍的培养机制与路径》,《职业教育研究》2022 年第 2 期。

（四）开发先进教学装备

教学设备开发要注重描述装备适用的行业产业，装备的开发思路、运用领域、实现功能、创新及特色等，体现功能全面、适应性强、便于运用等特征，呈现鲜明的校企合作、产教融合特色。内容以专业技术潮流为方向，对接专业课程标准，兼顾大赛和取证书需要，形成"真实与仿真结合、装备与资源一体、线上与线下互补"的教学装备体系。

在设计开发时要应用最新技术，注重名实耦合。教学装备集成大量新领域新技术，覆盖专业从前端到后端的各个领域，突出教学（名）与真实工程（实）之间的联系，形成技术链和知识链的完整闭环。要融合行业案例，凸显真实完整。教学装备遵循"人类命运共同体"发展理念，提供大量可商用落地的行业案例，紧贴真实工程，注重项目完整，彰显中国特色。要统筹规划设计，呈现完整方案。将教学装备与教学标准、教学资源等一体化设计建设，提供一揽子教学解决方案，支撑多专业人才培养。

三、案例分析：一所高职院校的有益尝试

天津渤海职业技术学院（以下简称"渤海职院"）在我国职业院校中第一次在泰国建设鲁班工坊，并开展了学历留学生教育，在职业教育标准、资源和装备的国际化建设中取得了良好业绩，其实践可为具有国际影响的职业教育标准、资源和装备建设提供一定的借鉴和启示。

（一）机电一体化技术专业国际化专业教学标准开发

1. 国际化专业教学标准开发的内容和特点

在鲁班工坊实施过程中，携手"走出去"企业，共同开发国际化专业教学标准，共建专业课程体系和教学资源。助力亚龙智能装备集团股份有限公司等企业的高端装备走出去，促进了玲珑国际轮胎（泰国）有限公司等驻外中资企业招工就业，成为国际产能合作实践的成功案例。随着机电一体化技术标准的应用，使一批批当地青年学子成为熟悉中国技术、了解中国工艺、认可中国产品的技术技能

人才,助力了当地职教发展。

教学标准对接泰国机电设备安装、调试等职业标准和岗位要求,在国家教学标准的基础上,结合专业特色,融入岗课赛证标准。包括:专业名称及专业代码、入学要求、修业年限、职业面向、培养目标与培养规格、主要接续专业、课程设置及学时安排、教学进程总体安排、教学基本条件、取证与毕业要求、质量保障等。教学标准已通过泰国 VEC 认定,纳入泰国国民教育体系。[①]

教学标准为中英双语,校企双方根据现场工程师职业能力成长规律"基础能力→产业能力→岗位能力"形成阶段性能力递进培养的专业课程体系。应用工程实践创新项目教学模式,分享职业教育改革成果。将工程化内涵贯穿整个专业教学标准,按照职业发展规律,强化数字技能、绿色技能培养,使用真实工程项目,体现岗课赛证融通培养,凸显职业教育类型特色。教学标准紧密对接产业发展岗位需求和大赛标准,以"1+X"书证融通为着力点,着力培养学生解决实际问题的能力。融合现场工程师培养理念,重构课程体系。与国际化企业合作,以现场工程师培养目标为出发点,重构专业课程体系。

2. 国际化专业教学标准的应用情况及效益

渤海职院应用国际化专业教学标准开展专业建设,成果显著。从 2017 年至 2021 年,连续 5 年每年从泰国大城技术学院招收 20 多名留学生,来学院学习机电一体化技术国际专业,学制三年。该专业教学标准还指导国内机电一体化技术专业的建设。2016—2023 年,应用课程资源开展机电一体化技术专业国内学生教学14 轮,共计 896 学时,受益 1200 余人。通过学习,使大批中国学生的技能水平显著提高,入职相关企业从事装备制造方面的技术工作。

自 2016 年 6 月首批机电一体化技术专业泰国来华留学生招生到 2018 年第一批泰国留学生取得中泰两国院校毕业证书,实现了国内与国际学历教育和培训教育的双证书相互融通,教材采用学院编写的中英文双语教材,授课采用中英文以及部分泰语的授课方式,授课内容包括数控技术、计算机辅助设计、电脑鼠等多门

①《全国职业教育专业建设案例连载(八十三)天津渤海职业技术学院:亦工亦学　能力递进》,搜狐网,https://www.sohu.com/a/214458983–28449。

实践性很强的课程。经过培训授课，积累了丰富的对泰国学生的培训经验，为后续进一步合作中泰双语教材、开发国际职业资格标准以及为相关的中国企业走出去打下了良好的基础。[①]

（二）机电一体化技术专业双语教学资源建设

1. 双语教学资源库建设基本情况

经过三年建设，建成具有中国特色的数字化、多元化、开放式、国际性、持续改进、共享型鲁班工坊装备制造大类教学资源库，使其成为鲁班工坊合作国优质职业教育资源聚集中心和企业员工培训中心，也是天津市级教学资源库。泰国鲁班工坊机电一体化技术专业教学资源已经成为泰国职业教育委员会（VEC）认定的重大项目，泰国职业教育委员会已多次对泰国大城技术学院提供资金支持，重点建设泰国鲁班工坊的国际专业多元化教学资源及相关数字技能、绿色技能培训中心。

该资源库适用智能制造、工业机器人等产业，服务国际产能合作，助力玲珑轮胎、亚龙集团等多家中国企业"走出去"，以行业人才需求为出发点，满足师生、企业和社会学习者等学习需求，以现代信息技术和手段为保障，开发持续更新的智能、共享、动态的数字化中英泰多语种教学资源，满足专业教学及数字、绿色技能培训。其内容包括教材（双语）、课程资源、数字化资源、资源库平台等，完全满足鲁班工坊专业教学，主要以视频、音频、动画、虚拟仿真、文档、图片等形式应用，课程52门，20本双语教材，素材1008条，素材总量：62.9余G，音视频资源512个。素材资源占比：文本图片PPT占比49%，被标准化课程引用的资源占比46%。采用项目式教学设计，以EPIP教学模式开展教学。按照真实工程建设流程提供完整的中英泰多语种资源，服务教学全过程。

2. 国际化教学资源库应用情况及效益

渤海职院机电一体化技术专业留学生来自泰国、马来西亚等国家，涉及泰国大城技术学院、吉拉达技术学院等众多学校，受益人群辐射"一带一路"国家，累计受益约2000人。同时，利用资源培训学生参加国际、国家技能大赛50多项，取

---

①《全国职业教育专业建设案例连载（八十三）天津渤海职业技术学院：亦工亦学　能力递进》，搜狐网，https://www.sohu.com/a/214458983-28449。

得东盟技能大赛、泰国国王杯技能大赛等取得多项金银牌优异成绩。泰国玲珑轮胎公司、泰国电力公司等通过培训,大约 7500 多名员工在理论和技能上得到了显著提高,为企业技术上的更新、设备产品上的优化改良起到了重要的作用,其中玲珑轮胎公司在旧设备更新迭代中节约 200 多万元,大大降低了生产成本,年产值提高了 5%,年销售额也提高了 1000 余万。泰国电力电信公司每年都派 200 名员工利用该资源库开展学习和培训,大大提高了员工的职业素质和数字技能,使电力故障降低了 2.5%。

该教学资源服务海外师生、企业员工,向"一带一路"国家输出了中国先进教育理念——EPIP 教学模式,加快发展全球数字发展道路,为合作国家培养技术技能人才。同时助力中资企业"走出去",推动鲁班工坊装备制造大类教学资源库教学模式改革,兼顾国内参建院校学习借鉴,构建灵活开放的终身教学体系。其中,搭建专业资源库数字平台,按照"行业—专业—国别、语种(搜索项)"进行检索,实现开放性和动态性国际化课程及资源。该教学资源获得多项专利能全球线上应用。2023 年,课程经过全新改版,运行于国家智慧职教平台,新增仿真操作,完善双语课程资源面向全球师生提供服务。

(三)机电一体化技术国际专业教学实训装备建设

1. 国际专业教学实训装备建设的基本情况

面向智能化的机电实训教学装备。面向制造业数字化、网络化、智能化需求,精准对接机电装备制造业重点领域制造单元集成应用、安装调试与维护维修等岗位的关键技术,以获得泰国 VEC 认定的机电一体化技术国际化专业教学标准为依据,以典型智能制造产线控制与维护为原型,按照"设备自动化 + 生产精益化 + 管理信息化 + 人工高效化"的构建理念,将数控加工设备、工业机器人等典型加工制造设备,结合数字化设计技术、智能化控制技术等"软件"的综合运用,构成机电一体化技术国际专业教学实训装备平台。

虚实一体资源共享的装备体系。以离散型数字化制造企业为蓝本,面向机电行业典型岗位,对接专业课程标准,采用模块化结构设计,搭建开放式信息服务平台,兼顾大赛和取证书需要,形成虚实一体、资源共享的教学装备体系。

以资源开发为牵引分享技能大赛教学设备。一是精准定位：教学装备面向产业发展和岗位需求，集成机电装备新技术，覆盖从硬件到软件的各个领域，形成技术链和知识链的完整闭环。二是统筹规划：依托鲁班工坊教学资源库建设，将教学装备与教学标准、资源等一体化设计建设，提供一揽子教学解决方案，支撑多专业人才培养。三是真实完整：教学装备紧贴真实工程，注重项目完整。

在教学装备的建设过程中，面向教学实际需要，紧随技术发展潮流，不断丰富装备类型，主要经历了三个技术迭代阶段。自动化 2017—2018 年，建设单机自动化、生产自动线为主的机电一体化技术国际化专业教学装备，开发配套资源，服务于机电一体化技术及相关专业的教学；智能化 2019—2022 年，建设视觉检测等数字化、网络化、智能化为核心的机电教学装备，加强中国企业所主导的技术装备的应用，开发相应的教学资源；数字孪生 2022—2023 年，建设数字孪生、虚拟工厂等虚实一体系统，加强工程项目的仿真实现，同时建设线上教学资源，构建虚实结合、线上线下一体的教学装备体系。

2. 国际专业教学实训装备的应用及效益

机电一体化技术国际专业教学装备在真实工程设备的基础上，参考"一带一路"国家制造行业发展建设需要和国际制造企业对人才的能力要求，对接世赛、国赛的竞赛内容和"1+X"职业技能等级证书标准，根据教学需要进行优化，技术路线与工程设备同宗同源，应用场景与真实项目完全一致。教学装备依据 EPIP 教学模式建设，与双语教学资源配套，形成了"项目体验、知识学习、工程实践、提升创新"的中外一体学习路径。

鲁班工坊机电一体化技术国际专业教学装备按照天津市教育委员会倡导的"天津市职业院校教育资源，愿意向包括泰国在内的所有东盟国家的职业院校师生开放"的原则，学院与泰国大城技术学院共同建设了海外师生实践拓展基地。部署在泰国鲁班工坊和国内的 EPIP 体验中心的智能产线、虚拟仿真系统等软件系统接入互联网，面向全球师生提供服务，来自泰国、缅甸、马来西亚、埃塞俄比亚、贝宁、波兰等国家的师生使用教学装备进行学习和训练。

机电一体化技术国际专业教学装备获得多项发明专利和软件著作权，连续入围多届东盟技能大赛,亚龙智能为大赛提供 Industrial Automation 工业自动化赛项、CNCMaintenance 数控维修赛项等多个竞赛平台及技术标准。2022 年首届世界职业院校技能大赛,机电教学装备入围智能产线、工业机器人等多个赛项。2019 年"一带一路"国际技能大赛,机电教学装备助力亚龙获得赞助商奖。

课题承担单位: 天津渤海职业技术学院

主持人: 魏炳举

主要执笔人: 黎志东

课题组成员: 魏炳举、黎志东、张宪、李青青、杨国宾、徐霁堂、郑勇峰、蔡杰、杨迎娣、郭晶

/ 第十八章 /

▼

具有国际影响的职业教育标准、资源和装备建设

——以天津铁道职业技术学院为例

职业教育现代化作为中国式现代化的重要组成部分,建设具有国际影响的职业教育标准、资源和装备是题中应有之义。共建"一带一路"倡议以来,各职业院校在国际化的标准建设、资源开发、装备研发等方面注重品质塑造,已形成多维有为、量质齐升的新格局。也存在供需匹配不够、相关研究不深、系统规划缺乏等问题。本章以天津铁道职业技术学院为例,探讨以聚焦服务需求、体现职教属性和有效推广应用为主线的相应对策。

一、具有国际影响的职业教育标准、资源和装备建设的由来与现状

(一)国内外相关动态和政策解读

1. 国际职业教育标准、资源和装备情况纵览

近年来,联合国教育、科学及文化组织先后出台多个文件,建议各国加强教育国际化,强调"职业教育要促进国际理解和包容,培养具有全球视野和责任意识的公民",倡导加强职业教育国际合作。并于 2021 年 11 月面向全球发布了《共同重新构想我们的未来:一种新的教育社会契约》报告,展望 2050 年,应该继续做什么?应该抛弃什么?需要创新什么?

纵览国际职业教育发展,世界各发达国家均把职业教育国际化作为破"局"的关键一招,如德国政府推出了"职业教育 4.0 框架"、英国政府将职业教育和技能培训融入国家"均衡发展计划"、澳大利亚颁布"职业教育与培训国际参与战略 2025"等。随着全球化的加速推进,职业教育国际化程度不断提高,推进职业教育国际化,在开发具有国际影响的职业教育标准、资源和装备方面,许多国家已走在

前列。诸多发达国家基于自身政治制度、产业发展需要和职业教育特点形成了适合本国国情的职业教育标准,如美国的"生涯与技术教育共同核心标准",英国的"证书依托模式",德国"教育职业"标准等等,这些成熟、实用的标准均强调以能力建设为本位,关注个性差异。正是通过国际化标准引领,建设、研发一批国际化资源和教学装备,才为提升所在国国际化职业教育影响力奠定了坚实基础。

2. 国内职业教育标准、资源和装备政策引领

中国政府将职业教育作为国际交流合作的重要内容,在许多重要国际会议上不断提出职业教育合作新举措,持续加大对职业教育的政策支持力度,一大批"组合性政策"的密集出台,促使现代职业教育体系日臻完善,引起社会广泛关注,对推动职业教育高质量发展具有重大而深远的意义。

2012 年 6 月,教育部借鉴国外职业教育先进经验,组织启动以先进制造业、现代服务业、战略性新兴产业等领域专业为重点的 100 个左右国际水平专业教学标准开发试点工作,并以此推动国内外优质职教标准、资源等的互补与共享。该项工作由上海市与天津市承接,上海市共计开发实施了 60 个专业教学标准,制定了专业职业能力标准,开发修订了 108 个专业近 2000 门课程标准;天津市开发完成了50 个专业教学标准。①

2015 年 5 月,国务院正式印发《中国制造 2025》,其核心是加快推进制造业创新发展、提质增效,实现从制造大国向制造强国转变。《中国制造 2025》不仅为我国制造业转型升级提供了行动指南,也对职业教育人才培养规模、规格、质量提出了新诉求。②

2016 年以来,《新时期教育对外开放工作的若干意见》《推进共建"一带一路"教育行动》《国家职业教育改革实施方案》《关于加快和扩大新时代教育对外开放的意见》等政策性文件相继印发,为推进职业教育国际化提供了政策保障。尤

---

① 唐正玲;娄军委:《"一带一路"视域下高职教育标准"走出去"要义与实践研究——以56 所高水平高职学校为例》,《机械职业教育》2023 年第 4 期。

② 龚添妙:《服务产业发展视域下高职院校实践教学研究》,《长沙航空职业技术学院学报》2016 年第 1 期。

其是 2019 年职业教育类型定位的确立,是中国教育理念的一次重大变革,把职业教育摆在更加突出的位置。2021 年 4 月,全国职业教育大会更是吹响了推进新时代职业教育高质量发展的集结号。随后中办、国办发布的《关于推动现代职业教育高质量发展的意见》,对落实全国职业教育大会精神、加快构建高质量职业教育体系、建设技能型社会作出了一系列重大部署。

2022 年 12 月,中办、国办印发《关于深化现代职业教育体系建设改革的意见》,提出"一体两翼五重点"的工作任务。2023 年 7 月,教育部办公厅印发了《关于加快推进现代职业教育体系建设改革重点任务的通知》,明确提出了现代职业教育体系建设改革的 11 项重点任务、推进机制及时间安排,把职业教育国际化发展提升到前所未有的高度。该文件直击改革痛点,为解决职业教育发展难题提供制度支撑。其中,第十项任务为"开展具有国际影响的职业教育标准、资源和装备建设",提出"支持各地立足区域优势、发展战略和产业需求,秉持'教随产出、产教同行'理念,建设和推出由我国职业学校牵头开发,业内领先、基础良好、产教融合特征显著、具有较高国际影响力和认可度的 30 个左右职业教育标准,100 个左右优质教学资源,20 个左右专业仪器设备装备";到 2025 年,形成一批具有较高国际影响力的职业教育标准、资源和装备体系,持续打造中国职业教育国际化品牌,建立职业教育国际化品牌项目培育、发展和推广机制,提升中国职业教育国际影响力和竞争力。由此可见,开展具有国际影响的职业教育标准、资源和装备的建设、遴选及评价,是持续打造中国职业教育国际化品牌的重要抓手,是提升中国职业教育国际影响力和竞争力的有效路径。

这也表明,我国职业教育国际化已从"单向引进借鉴"走向"双向共建共享",服务国家"一带一路"倡议,服务国际产能合作和中国企业"走出去",推出一批具有国际影响力的教育标准、教学资源和教学装备,逐步形成具有中国特色的现代职业教育国际化发展模式,这既是国家的要求,也是职教的使命。

(二)相关概念辨析和发展现状分析

1.职业教育标准、资源、装备的概念界定

教育标准作为规范和指导教育活动的准则,是评价教育质量的依据。职业教育标准作为职业教育高质量发展的突破口和提升国际化水平的主要载体,发挥着基础性和引领性作用,在国际层面,国际劳工组织承担了劳动力培养和发展的标准制定。[①]各国通常根据本国的经济模式、职业教育治理模式和标准的功能,由政府、行业、企业、学校等不同主体共同开发和应用适合本国的标准。职业教育标准包含专业、课程、实习实训、教学条件、师资、培养培训、校企合作等,具有鲜明的产教融合特征。作为实现职业教育目标而制定的各项规范和技术规定,职业教育标准横跨"职业"和"教育"双重场域,兼顾职业标准和教育标准的核心要义。研制中国特色职业教育标准,建设一套既受国际认可,又具自身特色的职业教育标准,引领和提高合作国技术技能人才培养规格和质量,推动中国特色现代职业教育体系创新发展,可以充分发挥职业教育标准"指南针"和"度量衡"的效能,提升国际影响力。

教学资源是有效开展教学可利用的素材总和,主要指双语或外文教材等教学资源和在线课程、数字化平台等数字化教学资源,以及包含以上各要素的教学资源组合,其涉及范围最广,涵盖要求最多。以标准为引领,加快开发一批满足合作国经济社会发展、"走出去"中资企业需要的具有国际影响力教学资源,是推动职业教育高质量发展的重要保障。

教学装备则始终伴随和推动职业教育的发展,是职业教育活动中支持承载和传递信息的配备物,涉及多个领域和门类,专业性、技术性特点比较突出的范畴和体系,主要是指企业及教学使用的仪器、设备等硬件装备、专业软件装备,以及人工智能、虚拟仿真实训室等软硬件一体化教学装备,是赋能职业教育高质量发展的重要载体和有力支撑。如今,职业教育教学资源和装备因依托数字化而不断丰富其内涵和价值,正重塑职业教育新生态。

2. 职业教育标准、资源、装备国际化发展现状

改革开放以来,我国职业教育标准、资源和装备随着社会生产力的提高而不断发展。共建"一带一路"倡议的提出,使我国职业教育实现从"引进来"逐步发

---

① 李政:《我国职业教育标准化治理:逻辑、困境与出路》,《高等学校文科学术文稿》2023年第3期。

展到"走出去"的巨大变革。德国"双元制"、美国的 CBE、英国的 BTEC、澳大利亚 TAFE 等职业教育模式曾被我们学习借鉴。如今,我国职业教育已日趋成熟,影响日益广泛。职业教育标准、教学资源和教学装备的国际化建设已呈现勃勃生机。

据 2023 年发布的《中国职业教育质量年度报告》显示,全国高职院校在国(境)外开办学校 323 所,开办专业 452 个,在校生 3.1 万人,专任教师赴国(境)外指导和开展培训超过 26.8 万人日。作为提升中国职业教育知名度和影响力的"牛鼻子",2018 年开发并被国(境)外采用的专业教学标准有 595 个、课程标准 3349 个,到 2021 年,被国(境)外采用的专业教学标准突破了 1000 个,课程标准多达 6000 多个。[①]2022 年,全国高等职业学校开发并被境外采用的课程标准 4148 个,较 2021 年 1911 个和 2020 年 1843 个同比增长 117% 和 123.4%。2022 年 6 月,中非职业教育联盟和中非(重庆)职业教育联盟牵手 43 所职业院校为坦桑尼亚开发国家职业标准,这是中国首次大规模整装批量式直接为非洲国家开发和修订职业标准。2022 年 9 月起,中国职业院校受邀陆续为冈比亚、塞拉利昂、毛里求斯和卢旺达等国家开发国家专业标准。这些标准"走出去"是中国方案、中国智慧助力世界职业教育高质量发展的重要体现。

作为教育部和天津市共建新时代职业教育创新发展标杆,天津积极探索具有天津特点、中国特色、世界水平的职业教育发展模式,为中国特色职教创新发展提供了"天津方案"。目前,天津各职业学校已在亚、非、欧三大洲建设了 24 个鲁班工坊,涉及 14 个专业大类 60 个专业。鲁班工坊的成功建设运营,推进了一批具有较高国际影响力的职业教育标准、资源和装备"走出去"。2023 年,天津市评选出"具有国际影响力的职业教育标准"9 所院校 10 个职业教育标准,其中 5 个已推荐国家级;"具有国际影响力的职业教育资源"14 所院校 15 个,其中 10 个已推荐国家级;"具有国际影响力的职业教学装备"10 个,其中 5 个已推荐国家级。在短短几年时间内,天津境外合作办学迅速发展并取得了显著成效,得益于天津始终紧跟职业教育"走出去"的步伐,秉持"教随产出、校企同行、产随教兴"的理念,持续

---

① 白玲;安立魁:《共建"一带一路"倡议十年:高职教育国际化发展的成就、瑕缺与展望》,《教育与职业》2024 年第 2 期。

深化校企合作、产教融合。

按照教育部文件要求,具有国际影响力的职业教育标准、教学资源和教学装备建设周期为 2023 年至 2025 年。至建设期末,形成一批具有较高国际影响力的职业教育标准、资源和装备体系,持续打造中国职业教育国际化品牌,建设职业教育国际化品牌项目培育、发展和推广机制,提升中国职业教育国际影响力和竞争力。从目前各省市推荐国家级具有国际影响力职业教育标准、教学资源和教学装备情况来看,采用我国高职标准的国家,不仅有发达国家,如加拿大、德国、澳大利亚、美国、英国、韩国、新西兰、新加坡,还有发展中国家,如柬埔寨、泰国、南非、马来西亚、印度尼西亚、肯尼亚、老挝、缅甸、巴基斯坦、俄罗斯等;主要涵盖的专业大类有装备制造、财经商贸、电子与信息、土木建筑、交通运输、旅游等。[①]

教育出海,职教先行。职业教育作为对接产业最密切、服务经济最直接的教育类型,职业教育"走出去"已从探索观望到先行先试再到现在的先行示范发展固化阶段,部分院校经过艰辛探索,从之前的追求合作国家、合作项目、合作内容,到如今已形成适合自身专业特色的合作国家(区域)、合作企业、合作模式等特色化境外办学模式,并且具有一定的国际影响力。下一步,我们所要思考和实践的是,如何破除"一带一路"国家技术技能基础薄弱、技能提升缓慢的壁垒,树立中国职业教育良好的国际形象,使职业教育"走出去"实践更加丰富、立体、全面,逐步推进"职教出海"连点成面、灵活多样、特色鲜明、靶向更加精准。

(三)案例分析:一所高职院校的有益尝试

近年来,我国铁路、公路、电力、港口、通信等产业随着"一带一路"倡议的提出而走出国门,开始在全球各地承接对外工程项目。一些职业院校以"出海"为契机服务"走出去"中国企业,在人才培养、师资培训、技能培训、标准制定、资源共建、装备共研、人文交流等方面发挥了积极作用。天津铁道职业技术学院(以下简称"学院")在这方面有一定的代表性。该校始建于 1951 年,是一所行业特色鲜明、历史积淀深厚、国际交流广泛的公办高等职业院校,面向国内外铁路、城市

---

① 唐正玲 娄军委:《"一带一路"视域下高职教育标准"走出去"要义与实践研究——以56 所高水平高职学校为例》,《机械职业教育》2023 年第 4 期。

轨道行业培养高素质技术技能人才。学院始终伴随中国铁路"走出去"的步伐,秉持"中国铁路修到哪儿,铁路技术技能人才培养就跟到哪儿"建设思路,坚持涉外学历教育和培训并举、"引进来"与"走出去"相结合的定位。经过多年的国际化办学建设,已形成"外有鲁班工坊国际品牌,内有高水平就业国内名牌"的新格局。成功建成运营的泰国、吉布提和尼日利亚3个鲁班工坊,成为中国职业教育"走出去"标准、资源和装备的展示窗口,学院争做有效支撑轨道交通"走出去"的先行者,国际化办学取得显著成效。

1. 专业标准获合作国认证

学院围绕"技术技能培养和职业特质培训"两条主线,依托其创建的"三服务三对接五联动"的学历教育模式,构建了"强能重技,乐业敬业"的复合型人才课程体系,重构"六进"教学标准,形成由"学历教育标准"和"职工培训标准"构成的国际化职业教育标准体系;校企共同制定国际化专业教学标准5个得到合作国教育主管部门认证,纳入合作国国民教育体系。

2. 教学资源立体丰富

为健全合作国轨道交通技术技能人才育训体系、破解合作国人才匮乏瓶颈、服务"走出去"企业发展需求,强化国际化"校—企—校"合作、育训结合,以产教融合为基,系统化搭建"四层六维"立体化教学资源,从合作国职业教育现状、轨道交通运营特点及受训体出发,携手中国土木、合作国院校,创设"一基础二主线三转化"课程设计模式,协同构建高水平立体化育训数字教育资源,形成"双元育人、育训一体"的人才培养模式,从而实现了"能教、辅学、促改"效能;针对轨道交通培养培训"三高三难"问题,共同开发建设面向高铁、普铁、城轨全领域,包含"标准+资源+平台+装备"虚实融合的立体化教学资源,建设了中英、中法等多语种文本类教学资源,包括教材64本、课程标准24本、培训课件710个、7个国际化专业人才培养方案等,为亚吉铁路录制通信工、线路工、信号工等8个工种中英双语课程554课时,构建了大量普通岗位"能力化"和少数关键管理岗位"工匠化"的完整育训体系,为"走出去"中资企业国际员工和本土化员工培训3600人次,丰富的教学资源为国际化办学提供坚实保障。

3. 教学装备契合现场需要

学院不断拓展"大企业引领、中小企业跟进、职业院校相随"的国际化产教融合平台,校企共同研发了以高铁标准动车组制动实训装置为核心的系列动车组检修技术专业实训装备,实现了"结构模块分解,可视可练可控可评"功能、标识和人机界面中、英、泰3种语言切换,创新地将核心单元进行了模块化设计,满足了不同国家、不同型号实现分型学习、分层训练、分级考核,致力于培养具有解决高铁制动核心系统能力的国内外卓越"动车医生"。该教学装备获得专利3项、软件著作权4项。目前,该装备已应用于泰国、吉布提、尼日利亚、塞尔维亚等国家的职业院校,为中国教学装备"走出去"提供了"铁院方案"。

二、具有国际影响的职业教育标准、资源和装备建设的思路和措施

(一)当前具有国际影响的职业教育标准、资源和装备建设的不足

相比职业教育发达国家,我国职业教育国际化水平总体还有待加强,职业教育境外品牌偏少,"出海"规模相较于职业教育整体规模还有较大发展空间。深度审视我国职业教育国际化发展历程,我国职业教育标准、资源和装备国际化建设仍存在欠缺。其一是受制度变迁的路径依赖、组织者的信息不对称、跨层级信息传递"失真"等因素的影响,与"走出去"中资企业、合作国经济社会发展需求存在偏差,适应性不强。[1]"走出去"与"引进来"相比存在不足,一体化设计还有待优化。其二是研究不深,部分职业院校对我国职业教育标准、资源和装备建设研究不足,对国际职业教育标准体系对比、国家(区域)教育体系及产业结构的学术研究兴趣不浓。具有国际影响力职业教育标准、资源和装备为专题的研究只是近年来较受重视的研究领域,从CNKI期刊文献检索可以看出,文献屈指可数,多是以各院校的具体做法为主,缺乏宏观层面的论述。其三是以职业院校为主导或参与制定的国际职业教育通行标准、国际资格证书等方面力度不够,向国际社会宣介的

---

① 李政:《我国职业教育标准化治理:逻辑、困境与出路》,《高等学校文科学术文稿》2023年第3期。

渠道不宽、层次不高,尚未形成足够的影响力。[①] 其四是缺乏顶层设计和系统规划。各职业院校制定的标准数量虽逐年提升,但距国际标准的要求不甚明了,未得到省级、国家、国际方面认证,且存在区域不均衡现象。目前,我国主导制定的国际标准仅占国际标准总数的 0.5%,教育标准尤其是职业教育标准亦同样如此。

因此,具有国际影响力的标准、资源和装备不只是在国内现有职教标准、资源和装备基础上进行简单的叠加,而是要根据合作国实际需求,融入获得国际认可的教育教学标准等元素,进行优化整合,得到合作国认证并发挥示范引领作用。

(二)全面提升国际影响力的应对之策

具有国际影响的职业教育标准、教学资源和教学装备不可能一蹴而就,需瞄定国际标准和合作国经济发展需要,多方合力、多维探索、多措并举,持续提升国际影响力。

1. 多方合力,聚焦服务需求提升国际影响力

职业教育标准、教学资源和教学装备是我国职业教育参与全球教育治理、争取国际教育领域话语权的重要抓手。要明确三者建设的方向是服务需求。聚焦服务需求一是要服务"一带一路"建设;二是要服务"走出去"中资企业和合作国经济社会发展需要,以求达到"教随产出、产随教兴"之效;三是要服务院校国际化办学效能的提升。通过持续拓宽国内外政、行、企、校交流合作渠道,可有效提升职业院校"双语双师双能"师资水平,也可有效提升三者的建设质量和合作国的适用度。具有国际影响力的职业教育标准、资源和装备建设需要多方合力,由熟悉标准、资源和装备研究制定的专家、国外职业教育专家、"走出去"行业企业管理人员、一线教师、外事人员等组成标准建设领导小组,统筹完成。各方还需开展国际职业教育标准体系、教学资源、教学装备的对比研究,同时对比合作国的教育体系和产业结构,借鉴西方国家科学的标准、资源和装备的开发方法,总结、提炼出具有普遍性和可复制性的标准要素,将西方发达国家的职业教育标准和理念本土化,确保三者的先进性、适用度和可推广度。

① 汤晓军:《提质培优背景下高职教育国际化面临的挑战与发展路径》,《教育与职业》2022 年第 5 期。

2. 多维探索，聚焦职教属性提升国际影响力

具有国际影响的职业教育标准、资源和装备建设具有鲜明的产教融合特征。三者职教属性需要校企深度合作，一是精准对接合作国产业需求和"走出去"中资企业岗位需求，突出系统性。参照国家或省市级标准、资源建设体系，将传统教学资源与数字化相结合，最大程度满足相关人员个性化、多样化的学习需求；二是关注合作国产业结构，突出产业性。深度调研合作国岗位需求，将国内契合的优质教学资源加以系统分析，以免造成"水土不服"；三是融入合作国职业技能认证体系，突出实效性。契合产业需求，与合作国教育或劳工等主管部门开展职业技能认证，以此建设完善教学资源。

3. 多措并举，聚焦推广应用提升国际影响力

具有国际影响的职业教育标准、资源和装备建设更需构建全方位、多维度、立体化的宣传格局。伴随世界经济全球化和区域经济一体化的时代趋势，国际间职业教育资源要素的聚集、创新与扩散随着国际交流与合作的不断密切而日益增强，建构国际叙事规则，提升国际传播能力是助推三者落地落实的关键。一是要实现多语种化。以合作国官方语言或通用语言为主，需要针对性扩大三者受众市场；二是拓宽推广渠道，积极参加会、赛、盟、展等国际合作平台，加入国际职业教育标准研制机构，参与教育领域国际标准研讨活动，扩大对外推介渠道。尤其是依托鲁班工坊等境外合作品牌项目，推动教育标准融入合作国国民教育体系，教学资源走进课堂，教学装备走入实验、实训室，以点带面形成集聚和示范效应，扩大三者在合作国的应用广度和深度；三是加强顶层设计，开展合作国教育体系、产业结构、法律法规等风险防范研究，为其推广应用提供必要的支持和保障。

（三）案例分析：一所高职院校的"教随产出、双轮驱动、九步推进"新模式

天津铁道职业技术学院（以下简称"学院"）经过多年国际化办学发展，创践的"教随产出、双轮驱动、九步推进"境外合作办学模式，为职业教育国际化提供了"铁院方案"。学院国际化办学之所以取得显著成效，得益于学院明晰的国际化发展思路、完善的管理运行体制机制、持续进行内涵的品质建设和多元化平台的搭建等多种因素耦合联动产生的效能。

1. 教随产出,先行示范

在国际化办学建设运营过程中,注重"产学研"多主体合作,搭建了"1中心2联盟5平台"的层层联动的合作发展机制。其中,"1中心"指非洲鲁班工坊研究与推广中心,致力于对非洲鲁班工坊建设的流程、标准、推广等方面进行调查研究,同时负责天津市鲁班工坊教学资源建设;"2联盟"为鲁班工坊校校合作联盟和校企合作联盟,旨在探索深化"服务'一带一路'建设、助力企业海外发展、拓展学校合作空间"的鲁班工坊国际产教融合发展模式;"5平台"指校企"政政、政校、政企、校校、校企"之间交流合作的平台,以此实现人才共育、资源共建、师资互派、成果共研、信息共享。

2. 双轮驱动,育训一体

学院国际化办学实现学历教育和技能培训的有机结合,一是依托其创建的"三服务三对接五联动"的学历教育模式,构建了"强能重技,乐业敬业"的复合型人才课程体系。二是在本土员工能力建设方面,以"以岗构课、互融共培"的原则为基础,按照"听得懂、用得上、学得会、干得好"的培训目标,以及"分级、分步、分类"的培训路径,构建了大量普通岗位"能力化"和少数关键管理岗位"工匠化"的完整培训体系,为"一带一路"国家搭建技术驿站。

3. 九步推进,成效显著

学院持续深化国际化校企合作,与中国土木、骥腾公司等企业共商、共建、共享"九步走"全流程境外合作办学建设运营新模式,开辟了以"教学标准为引领、专业认证为前提、教学资源为基础、师资培养为保障、实训基地为支撑、项目教学为手段、学徒培养为特色、产教融合为核心、持续发展为目标"的运营发展新路径。

课题承担单位: 天津铁道职业技术学院
主持人: 祖晓东
执笔人: 庞文燕
课题组成员: 于忠武、韩旭、路璟、吕娜玺

/ 第十九章 /

▼

具有较高国际化水平的职业学校建设

我国职业教育历经"引进来"和"走出去"战略,在积极学习发达国家职业教育办学经验的基础上,配合中资企业走出去为合作国和地区培养当地人才,实现互利双赢。探索具有较高国际化水平职业学校建设的实践,是职业教育国际化乃至现代职业教育体系建设的重要内容。

一、具有较高国际化水平职业学校建设的由来和成效

(一)建设的由来

1. 建设的背景

2016 年,教育部发布《推进共建"一带一路"教育行动》,要求各级各类教育机构与"一带一路"国家教育机构,以推进民心相通,开展更大范围、更高水平、更深层次的人文交流。2017 年 6 月,国家主席习近平出席上海合作组织成员国元首理事会第十七次会议并发表重要讲话,强调要"拉紧人文纽带,促进各国民众特别是青年一代心灵相通"。因为民心相通了,共同语言就多了,文化冲突就少了,彼此之间就能够互相欣赏、相互尊重、和谐共处。为促进民心相通,我国通过与相关国家发起互办文化年、旅游年、艺术节等国际文化活动,为各国展现各自民族特色提供舞台,以此增进相互了解,激发文化共鸣,这为职业教育国际化高质量发展奠定了良好的民意基础,走出了民心相通的第一步。

在不断推动构建人类命运共同体的历史进程中,以我国职业教育于实践中积累的宝贵经验为基点,通过职业教育国际交流合作多样化方式,与"一带一路"沿线等国家共同分享、共同合作、共同探索,形成了以"鲁班工坊"为典型依托的

中国式职业教育国际化创新道路。[①] 职业院校举办的国际合作办学、国际师生交流、国际论坛与讲座、国际职教赛事等国际项目带来的文化互融与交流,让世界切实感受到中国文化的博大精深、多姿多彩,从而产生了解中国的兴趣;"鲁班工坊""丝路学堂""中药堂"等"走出去"的教育品牌,传播了中国传统文化与新兴技艺,让世界了解中华优秀传统文化和职业教育实践,为增进民间交往和理解、促进民意相通、加强不同文化间对话提供有力支撑。

2. 相关政策依据

党的二十大报告指出:深入实施人才强国战略中的重要环节,就是要"加强人才国际交流,用好用活各类人才"。从职业教育的角度看,培养高素质技术技能人才,需要开展国际合作和交流。正是在这一基础上,职业教育在国外拓展人才培养渠道,已是历史发展的必然要求。产业经济发展也需要国际化职业学校。2021年中办、国办印发的《关于推动现代职业教育高质量发展的意见》明确提到,要"积极打造一批高水平国际化的职业学校";2022年中办、国办印发的《关于深化现代职业教育体系建设改革的意见》进一步要求:"教随产出、产教同行,建设一批高水平国际化的职业学校"。以鲁班工坊运营实体为例,培养出的人才部分就业于当地的中资企业,服务于当地中资企业的良性发展,其本质也是人才强国。对于这类国际化职业学校办学项目,我国法律也赋予其合法性地位。《中华人民共和国教育法》的第六十七条明确指出:"国家鼓励开展教育对外交流与合作,支持学校及其他教育机构引进优质教育资源,依法开展中外合作办学,发展国际教育服务,培养国际化人才。"

3. 国际化办学实体的价值意蕴

建设国际化职业学校的逻辑起点是人才培养,国际化职业学校就是培养具有国际视野的技术技能人才的有形载体。早在2017年,国办公厅印发的《关于深化产教融合的若干意见》中就指出,要鼓励职业学校"开发符合国情、国际开放的校企合作培养人才和协同创新模式",并"推动一批中外院校和企业结对联合培养国

---

① 吕景泉、戴裕崴、李力等:《鲁班工坊——中国职业教育国际知名品牌》,《中国职业技术教育》2023年第25期。

际化应用型人才""参与配合'一带一路'建设和国际产能合作"。之后,2020 年发布的《职业教育提质培优行动计划》中提到,需"加快培养国际产能合作急需人才",并"推进'中文 + 职业技能'项目,助力中国职业教育走出去,提升国际影响力"。《职业教育提质培优行动计划》为职业学校的国际化办学指明了人才培养方向—服务于国际产能合作,并且还指出了以"中文 + 职业技能"的模式持续推进职业教育国际化。这里的"中文"代表中国优秀文化,"职业技能"是人类得以生存的基本条件,二者的结合则是国际化职业学校办学项目的人才培养特征。

4. 职业学校开展国际合作交流的运行载体

各种国际职业教育的合作交流形式和机制,需要国际化职业学校落实。为加强并保障国际职业学校交流合作,一方面要建立起实质等效的相互间认可机制极为关键。我国持续出台了系列政策文件加以导向,如 2022 年中办、国办印发的《关于加强新时代高技能人才队伍建设的意见》中提到,要"探索开展技能人员职业标准国际互通、证书国际互认工作";2021 年出台的《"技能中国行动"实施方案》指出,要"加强职业资格证书国际互认";此前 2019 年印发的《国家职业教育改革实施方案》所列的具体指标包括要与国际职业教育标准体系接轨,等等。国际化职业学校内涵建设的重要内容就是需联结建立起教学、人才、职业技能等多维度的主体间互认机制,畅通合作渠道。

另一方面,还要建立起以技能交流切磋为主要形式的沟通模式。2022 年中办、国办印发的《关于加强新时代高技能人才队伍建设的意见》还提到,"加强国际交流合作,推动实施技能领域'走出去''引进来'合作项目,支持青年学生、毕业生参与青年国际实习交流计划,推进与各国在技能领域的交流互鉴";2021 年出台的《"技能中国行动"实施方案》指出,要"举办'一带一路'国际技能大赛等""加强技能领域国际交流合作";同年出台的《"十四五"职业技能培训规划》指出,"加强国际合作,推动与各国在职业技能领域交流互鉴""积极举办'一带一路'国际技能大赛等,推动对外技能合作交流"。这些都无疑丰富了职业教育国际化的合作形式,并在政策方面提供了强化日常交流的关键途径。

（二）建设取得的成效和存在的不足

1. 成效显著

2022 年发布的《中国职业教育发展报告 2012—2022》，对我国职业教育国际化成效做了详实总结。报告中提到：我国职业教育伴随中国企业和产品"走出去"、服务共建"一带一路"，与 70 多个国家和国际组织建立了稳定联系，与 19 个国家和地区合作建成 20 家"鲁班工坊"；在 40 多个国家和地区合作开设"中文+职业教育"特色项目。当前，这一数字还在不断稳步上升中。以鲁班工坊经验模式为参照基础，"丝路学院""郑和学院"等一批具有中国鲜明特色的职业教育国际化品牌持续强化着与国外职业院校的合作交流，在培养本土化技术技能人才的同时，稳步增强实质对等合作交流，不断扩大我国职业教育国际影响力和话语权，彰显大国风范与担当。

同时，我国职业教育的国际合作项目充分发挥了世界范围内的桥梁作用，积极响应和参与国际劳工组织、联合国教科文组织、世界银行及 OECD 等国际组织关于职业教育的倡议和活动，促进国际组织间的职业教育多边对话。这也充分体现了我国职业教育在国际化进程中的主观能动作用与牵头带动作用。特别重要的是，我国职业教育国际化在不断拓宽国际合作渠道并搭建国际化交流平台之余，秉承教育部《推进共建"一带一路"教育行动》精神，充分尊重不同国家发展需求，以真实需求为国际化合作项目建设的牵引，是实在运营增效的国际化。[①]

2. 需改进的不足

经过多年的发展，我国职业教育国际化虽然取得了一定的成绩，但依然存在着比较严峻和需要解决的问题。

（1）职业教育国际化意识不强。目前大部分职业院校没有意识到在全球化的大背景下，职业教育进行国际化办学已经成为一种必然趋势，这就严重阻碍了职业教育的国际化发展。从宏观角度，虽然我国职业教育的国际化活动呈现逐年上升趋势，但参与国际化办学的院校相对并不普遍。

---

① 吕景泉、赵文平：《中国职业教育国际话语权的发展形态与提升策略》，《现代教育管理》2023 年第 1 期。

（2）在职业教育国际化进程中，引进国外经验与成果较多，但输出相对较少。近十年来，通过政策对话、合作办学、学生交流、教师交流与培训、合作研究，以及一般性的交流与访问等途径，引进优质教育资源，我国在政府层面和院校层面均进行了不同程度的职业教育国际化活动。但是对于我国近十年来职业教育取得的丰富理论成果和实践经验，对外输出却比较匮乏。

（3）缺乏职业教育国际化的顶层设计。我国职业教育在国际化交流、合作与办学等方面虽然进行了积极努力的探索和尝试，但是由于多方面的原因，尚缺乏系统有效的管理和相配套的顶层设计，导致国际化程度普遍不高。

二、具有较高国际化水平职业学校建设的新要求及新实践

（一）相关政策新要求

近年来，国家层面对职业教育国际化学校建设较为全面的顶层设计文件，是2021 年中办、国办印发的《关于推动现代职业教育高质量发展的意见》。其中，指出要"加强与国际高水平职业教育机构和组织合作，开展学术研究、标准研制、人员交流""探索'中文＋职业技能'的国际化发展模式""积极打造一批高水平国际化的职业学校，推出一批具有国际影响力的专业标准、课程标准、教学资源"。这里从内容、模式、载体等方面对职业教育国际化提出了要求，尤其明确了建设国际化职业学校的目标。

2022 年中办、国办印发的《关于深化现代职业教育体系建设改革的意见》对具有较高国际化水平职业学校建设提出了更为明确的要求：要创新国际交流与合作机制，"立足区域优势、发展战略、支柱产业和人才需求，打造职业教育国际合作平台""教随产出、产教同行，建设一批高水平国际化的职业学校，推出一批具有国际影响力的专业标准、课程标准，开发一批教学资源、教学设备。打造职业教育国际品牌，推进专业化、模块化发展，健全标准规范、创新运维机制""推广'中文＋职业技能'项目，服务国际产能合作和中国企业走出去，培养国际化人才和中资企业急需的本土技术技能人才，提升中国职业教育的国际影响力"。这其中较为具

有原则性的要求,是"教随产出、产教同行"。

《关于深化现代职业教育体系建设改革的意见》提出了新阶段职业教育改革的一系列重大举措,可概括为"一体、两翼、五重点"。第五个重点改革内容即是创新国际交流与合作机制,重点要求"启动高水平国际化职业学校建设项目,遴选一批国际化标杆学校,推出一批具有国际影响力的专业标准、课程标准和优质教学资源"。

2023 年,为落实《关于深化现代职业教育体系建设改革的意见》,教育部办公厅印发了《关于加快推进现代职业教育体系建设改革重点任务的通知》,提出"各地各校要坚持'教随产出、产教同行',立足学校骨干(特色)专业,'走出去'和'引进来'双线发展并有所侧重,引进国外优质职业教育资源,扩大来华留学和培训规模,做强若干中国职业教育国际合作品牌,有组织地打造具有中国特色的职业教育境外办学项目、海外职业技术学院和海外应用技术大学,培养一批适应国际化教学需要的职教师资,培养一批服务中国企业海外发展的本土化技术技能人才,整体提升职业学校国际化水平";同时还要形成一批具有较高国际影响力的职业教育标准、资源和装备体系,如"业内领先、基础良好、产教融合特征显著、具有较高国际影响力和认可度的 30 个左右职业教育标准""100 个左右优质教学资源""20 个左右专业仪器设备装备"。

从政策文件来看,以下三个方面是国际化职业学校建设的关键:一是开发具有国际影响力的专业标准、课程标准、教学资源、教学设备。二是立足于教随产出、产教同行;三是培养适应国际化教学需要的职教师资。

(二)案例分析:一所高职院校的有益尝试

1. 立足国家职业教育改革创新高地,以鲁班工坊建设运营探索国际化职业学校建设实践

天津市职业教育国际化办学实践根植于全国首个国家职业教育改革试验区、唯一的国家职业教育改革创新示范区和国家现代职业教育改革创新示范区。在打造新时代职业教育创新发展标杆的进程中,天津市职业学校的国际化办学水平在扩大职业教育对外开放、扩大国际交流与合作、提高职业教育国际化水平、打造中

国职业教育国际化标准模式的政策要求下不断提升；从借鉴发达国家职业教育模式到借鉴国外先进职业教育办学经验，再到提升国际化综合要素深度融入教育教学再到推进国际化优质示范性职业院校建设的实践方向转变下，以职业教育国际育人项目、国际论坛、技能大赛等为实践载体，形成了以鲁班工坊为核心依托的职业教育国际化育人实体、以世界职业技术教育发展大会及其同期活动为支撑的国际化交流平台。通过开放式的职业教育国际化办学格局，原创于天津的鲁班工坊持续扩大在其他国家和地区的学历教育与技能培训，并已在亚欧非三大洲布局了近30家鲁班工坊。与此同时，职业学校参与建设运营的国际化办学成效也实质性提高，如建设了大量的国际化合作专业以及配套的专业教学标准、课程标准、双语教材、实训装备及其他各种形式的教学资源。

2022年，中办、国办印发的《关于深化现代职业教育体系建设改革的意见》明确要求：创新国际交流与合作机制，持续办好世界职业技术教育发展大会和世界职业院校技能大赛。天津机电职业技术学院（以下简称"学院"）承办了第一届世界职业技术教育发展大会的分论坛以及第一届世界职业院校技能大赛的三个主赛项。按照2023年教育部发布《具有较高国际化水平的职业学校建设指南》所明确要求的具有较高国际化水平的职业学校要有实质运行中的中外合作办学机构或项目，2017—2020年期间，学院先后在印度、葡萄牙、马达加斯加建设了鲁班工坊。2023年，印度和葡萄牙鲁班工坊圆满完成了质量评估，其中葡萄牙鲁班工坊首创实现了海外现场评估、国内外线上线下质量评估新模式。此次评估，正值纪念"一带一路"倡议提出10周年举办第三届"一带一路"国际合作高峰论坛之际，中葡双方成功在葡萄牙塞图巴尔召开以"创新、融合、发展"为主题的"一带一路"职业教育国际合作与发展论坛暨葡萄牙鲁班工坊运营5周年纪念系列活动，来自中葡双方政府官员、专家学者、学校领导、师生代表以及企业家代表共同参加，从政、行、企、校、研多领域、多角度、全方位，对葡萄牙鲁班工坊建设五年来的特色成果、成功经验进行展示和分享。2024年4月，《马达加斯加鲁班工坊运营合作协议》《马达加斯加鲁班工坊订单培养意向书》的签署，马达加斯加EPIP教学研究与应用推广中心、马达加斯加师资培训中心、马达加斯加高技能人才培训基地的揭牌,标志着马达加斯加鲁班工坊作为落实中非合作论坛北京峰会成果,已成为"一带一路"倡议与"马达加斯加振兴倡议"有效对接的"技术驿站"。

2. 立足教随产出、产教同行,提升国际化职业学校赋能增效能力

学院的三个鲁班工坊在建设运营中一直立足于教随产出、产教同行。与中铁十八局集团有限公司、华为技术有限公司、宜科(天津)电子有限公司、浙江天煌科技实业有限公司、长城汽车股份有限公司、F.D.C 未来发展有限公司和内蒙古鹿王羊绒有限公司等多家企业合作,并且与合作院校共同开发了符合实际需求且具有针对性的国际化职业教育标准、教学资源和教学装备等。此外,学院也在持续建立健全国际化工作机制,并稳步打造一支特色鲜明的国际化专业教师队伍。近五年学院接待来华培训团组 10 个,师资培训近百人,先后为 3500 余名学生和企业员工开展技术提升培训,累计超 70000 学时。学院参与的《模式创立、标准研制、资源开发、师资培养——鲁班工坊的创新实践》荣获 2022 年国家级教学成果特等奖,学院智能制造实训基地获批为天津市外国留学生实习实践基地。

学院立足特色专业和区位优势,在各级政府的指导和支持下,按照"目标—渠道—抓手—平台—载体"的思路,围绕产教同行、教随产出、数据赋能、鲁班工坊和标准研发五个重点任务,实施了一系列举措,为我国职业教育国际化办学作出贡献。

(1)以产教同行为目标,助推"一带一路"建设,服务国际产能合作。选取对职业教育国际化办学有较强合作意愿、在行业领域内业绩优秀的企业作为合作伙伴,共同开发人才培养方案和课程教材资源;探索针对性的产教融合治理模式,引导合作企业从人才培养末端走到前端,主动参与到技术技能人才培养全过程中,推动"三教"改革逐步走向深入,建立起一套科学有效、与产业发展同频共振、双向融通的合作模式;开展学历教育和职业培训,分享中国优秀职业教育成果的国际合作新模式,服务我国国际产能合作,培养熟悉中国技术、产品、标准的本土化技术技能人才,助力我国"一带一路"建设。

(2)以教随产出为渠道,提升人才质量,为中资企业发展搭桥筑路。坚持校企合作,实施"走出去"和"引进来"双线战略,带动合作校所在地方政府、海外院校

和行业企业特别是领军企业开展深度合作,尤其紧密携手"头部企业",促进鲁班工坊培养技术技能人才就业的专业匹配,优化形成深度合作、良性互动、优势互补的发展格局。学校结合实际政策和自身需要,争取更多有利政策,促进内生发展,服务区域经济发展,培养大批懂中国技术的当地人,服务中国企业发展的人才储备,从而提升教育援助的效应。

（3）以数据赋能为抓手,坚持可持续发展,做好数字化资源转型升级。搭建数据平台底座,集成数据建立体系,积极打造鲁班工坊职教合作、人文交流、创新创业、项目合作、技能竞赛、标准共建、人才引培"七大国际化建设平台",强化数据赋能,为职业教育国际化人才培养模式和专业教学创新发展提供支持。实施数字化素养培训项目,提升国际化教学团队数字素养,通过培训、课程融合、教师研修、比赛活动等方式,着力提升教育主体应用信息技术的能力,强化数字化教学能力、数字化内容创造、数字化交流协作,帮助教学团队实现资源可持续建设与优化,为境内外合作院校师生开展专业课程讲授和学习奠定基础。

（4）以鲁班工坊为平台,完善知识产权体系,促进中外人文交流与合作。完善鲁班工坊知识产权体系,保证鲁班工坊在建设过程中的原创性与规范化不受侵害;通过制定完善的知识产权合作战略、打通知识产权转化的全链条服务渠道、将知识产权保护理念嵌入到知识产权转化过程,维护鲁班工坊教育教学资源保护与开放之间的平衡,促进鲁班工坊的健康良性持续发展;进一步扩大鲁班工坊项目影响力,依托外国留学生实习实践基地,开展短期参观、短期体验和短期培训项目,为我国留学生提供实践、学习、创业的良好平台,培养国际化、综合型、适用型人才。

（5）以标准研发为载体,推动学历学分互认,与世界分享中国职教改革成果。继续探索并推广具有中国特色的高职教育标准体系。坚持带着标准"走出去",通过标准的"走出去"引领学历学分互认,实现区域内双边多边关联互认。接受国际质量组织的评估,提高国际院校间职业资格认证透明度。打造一套既受国际认可、又具自身特色的高职教育标准,包括行业标准、专业标准和课程标准,满足境外国家对我国的技术、产品、服务和人才需求。

3. 立足机制保障,搭建服务国际化职业学校建设优质平台

（1）谋划发展战略,优化协同推进机制。理清国际化发展思路,在鲁班工坊建设过程中逐渐形成学院自身的国际化发展特色与亮点,与国内企业、海外中资企业建立联盟实现"协同"共赢;实施产业、行业、企业、职业、专业的"五业联动",促进新技术、新功能的开发与推广应用。

（2）明确制度标准,实施项目跟踪管理。实施"规范服务,过程跟踪,制度监控"管理保障体系;完善境外安全风险评估、监测预警、应急处理机制;形成在中外合作办学、留学生管理、国际交流合作进修、职业资格证书认证、学历互认等方面的政策指引和规范。

（3）完善投入机制,满足建设多元需求。强化行政统筹,教学仪器设备等输出形成绿色通道,加大资金引入,扩大师生出访规模,提供一定数量全（差）额奖学金名额;联合龙头企业面向合作国共建院校专业建设需求,对于教学设备购置、教学设计、课程开发、师资培训等给予支持。

（4）围绕合作发展,优化改革发展环境。积极拓展校企合作项目,充分发挥企业在人才培养、师资建设、课程设置、资源开发、资金支持的主体地位;了解国际市场发展,行业企业对接凸显创新性和前瞻性,为企业技术更迭提供动力,进而提升中国企业国际竞争力。

课题承担单位: 天津机电职业技术学院

主持人: 王维园

执笔人: 张蕊

课题组成员: 薛利晨

专　论

/第二十章/

▼

天津职业教育的光辉历程

一百多年前,中国的实业教育在天津首开先河;七十年前,新中国职业教育新学制率先在天津确立;六十年前,社会主义的半工半读教育制度在天津兴起;今天,一场高标准的现代职业教育体系建设运动正在津沽大地蓬勃兴起,并且必将方兴未艾。

一、近代职业教育在天津的兴起和今日职业教育高地的形成

天津是较早系统接受西方工业文明的务实的城市。代表近代工业文明的实业,即机器制造业、化工业、制药业以及金融、商贸业,就在洋务运动中出现并集聚天津。相应地,天津的职业教育在近代中国开创了众多第一。1879 年,中国第一所北洋电报学堂创办于天津。此后,第一所立中国兵船之本的北洋水师学堂、第一所培养近代陆军和铁路人才的北洋武备学堂、第一所培养高级工业技术人才的北洋工业学堂、第一所培养新式财会人才的天津中等商业学堂都诞生于天津。

天津的职业教育在现代中国锻造了自己的特色和辉煌。在 20 世纪 50 年代,半工半读教育日出海河,演绎全国。在改革开放的 20 世纪 90 年代,天津职业教育工学结合,构筑起应用型人才成长立交桥。进入新世纪,一个具有新时代特征和天津特色的高标准现代职业教育体系建设实践,依然走在全国前列。

回首一个多世纪特别是新中国成立以来的风雨历程,我们看到无论工学并举的实业教育思想萌芽,或是半工半读的教育实践,还是今日产教融合、建设现代职业教育体系的新模式,天津职业教育的发展始终贯穿着一条清晰的思想脉络:务实求真,服务社会,传承鼎新,培育英才。

二、新中国成立至改革开放初期天津职业教育发展的简要回顾

（一）面向工农，确立社会主义职业教育新学制（1950—1957 年）

新中国成立至 1957 年，是天津职业教育发展的第一个高潮时期。这一时期，天津通过改造旧职业教育，面向工农建立起了新民主主义职业教育学制，并开始向社会主义职业教育新学制过渡。

1. 改造旧职业教育，面向工农建立新民主主义学制

1949 年 9 月 30 日，中央人民政府发布《共同纲领》，规定"新中国的教育是民族的、科学的、大众的新民主主义教育，它的主要任务是提高人民文化水平，培养国家建设人才，肃清封建的、买办的、法西斯的思想，发展为人民服务的思想。"[1] 为落实《共同纲领》，使工农在文化上获得翻身，中国政府颁布了《工农速成中学实施办法》《工农干部文化补习学校暂行实施办法》等一系列政令。

依照这些政令，天津市把工农速成教育搞得轰轰烈烈，各种业余学校如雨后春笋般地发展起来，到 1950 年，已兴办工农业余学校 172 所。其中，工厂办学 44 所，以中学为主的业余学校 30 所，以小学为主的业余学校 91 所，干部业余学校 7 所。共有初小班 934 个、高小班 243 个、初中班 152 个、高中班 2 个，在校学员 49428 人。[2] 大批速成中学、业余职校的出现，使天津在旧职业教育体系的废墟上，面向工农建立起了新民主主义职业教育学制

2. 改革学制，确立社会主义职业技术教育的基本制度

面对旧中国遗留下来的旧学制，1951 年，政务院颁布《关于改革学制的决定》，确立了新中国的新学制，其中规定职业技术教育分为三个层次：业余初等学校，实施部分职业教育；各类中等专业学校，作为职业技术教育的重点，实施中级职业技术教育；各种专科学校，实施高级职业技术教育。1954 年，教育部颁发《中等专业学校章程》，规定中等专业学校招收初中毕业生，学习 3 至 4 年，培养中级技

①《中国人民政治协商会议共同纲领》。
② 天津成人教育、职业教育史志资料，1989 年。

术和管理人员。①1955 年,劳动部提出技工学校应该贯彻以生产实习为主的方针,培养中级技术人员。②

天津市在完成对旧职业学校的接收工作后,改造和创办了一批新型中等专业学校,开设了新的专业,在校舍建筑、校园占地、图书配备、师资建设等方面都达到了当时的最高标准。同时,明确了职业技术教育的重要性和各类技术学校在整个学校体系中的地位,清理了各种学校之间的关系,使各级技术学校相互衔接,开辟了青年和成年人接受职业教育的途径,从而确立了社会主义职业技术教育的基本制度。

(二)两条腿走路,探索社会主义职业教育的发展之路(1957—1966 年)

随着生产资料所有制的社会主义改造基本完成,我国从新民主主义社会进入了社会主义社会;我国教育的性质也完成了从新民主主义教育向社会主义教育的根本转变。这一时期,天津职业教育结合经济建设的要求,为无产阶级政治服务,与生产劳动相结合,探索社会主义职业教育发展的新路子,开创了半工半读这种新型的教育制度。

1. 贯彻党的教育方针和教育工作方针,培养新型劳动者

1957 年 2 月,毛泽东在《关于正确处理人民内部矛盾的问题》中提出了:"我们的教育方针,应该使受教育者在德育、智育、体育几方面都得到发展,成为有社会主义觉悟的有文化的劳动者。"1958 年 9 月,中共中央发布《关于教育工作的指示》,明确指出:"党的教育工作方针,是教育为无产阶级政治服务,教育与生产劳动相结合。为实现这个方针,教育工作必须由党来领导。"③

为贯彻落实党的教育方针和教育工作方针,天津对新中国成立以来的教育工作进行了分析和思考,对单纯强调学习文化知识,忽视政治,忽视党的领导,脱离生产劳动,影响身心全面发展等偏差进行了纠正;并从学制、专业设置、教学计划、教学方法等方面,检查了学习苏联经验时出现的种种教条主义表现。这种分析和

① 王义智:《海峡两岸职业技术教育》,现代知识出版社 2004 年版,第 3 页。
② 中华人民共和国教育部编:《共和国教育 50 年 1949—1999》北京师范大学 1999 年版。
③ 中华人民共和国教育部编:《共和国教育 50 年 1949—1999》北京师范大学 1999 年版。

思考,对于破除迷信、解放思想具有十分积极的意义,其正反两方面的经验教训,已成为天津职业教育的宝贵财富。

2. 半工半读,试行两种教育制度 [①]

职业教育是与具体生产劳动相结合,为经济发展服务,应社会所需而为的教育形式。新中国成立后,天津经济蒸蒸日上,商贸日益发达,工业基础日渐雄厚。据有关资料统计,上世纪 50 年代,天津商品占全国销售额的 11% 以上,外贸出口额占全国的 22%,全国闻名的轻工业产品三大件,自行车、手表、缝纫机都产生在天津。

为加速培养各行各业急需的人才,1956 年,中共中央提出了"两条腿走路"的办学方针。1957 年 11 月,中共中央副主席刘少奇来到天津调研,并于 1958 年 5 月在中央政治局扩大会议上提出:"我们国家应该有两种主要的学校教育制度和工厂农村的劳动制度。一种是现在的全日制的学校教育制度和现在工厂里面、机关里面八小时工作的劳动制度。这是主要的。此外,是不是还可以采用一种制度,跟这种制度相并行,也成为主要制度之一,就是半工半读的学校教育制度和半工半读的劳动制度。" [②]

1958 年 5 月 27 日,中国第一所半工半读学校在天津国棉一厂诞生。51 名从各车间选调的工人成为首届学员。其后,天津春和织布厂、飞龙橡胶厂等相继开办了半工半读学校。学员们 6 小时生产,2 小时学习,一种亦工亦学的六二制半工半读教育形式产生了。

职业教育初时走入 50 年代的工厂,知识对生产力的激发作用十分明显。据当时报纸报道,春和织布厂开展半工半读半年后,产值和劳动生产率提高了 30%;飞龙橡胶厂实行半工半读后的 1959 年第三季度,比上年同季度提高劳动生产率 60%。

在那个群众运动如火如荼的年代,半工半读有了效果,立刻遍地开花。到 1958 年底,天津市已有各种形式半工半读学校 89 所,学员两万多人。教育部和团中央在全国教育与生产劳动相结合展览会上,专门辟出两个综合馆,展示天津的半工半

---

① 参加《从历史走来——工学并举的天津职业教育》。
② 《刘少奇选集》(下卷),人民出版社 1985 年版。

读成就。1961年,首批半工半读学生经过三年学习劳动,完成学业,市政府特地在天津人民礼堂为他们举行了隆重的毕业典礼。在天津,三年经济困难时期百枯不死的是职业教育。

发端于天津并演绎开来的半工半读教育,走过了一段意气风华的岁月。根据刘少奇指示,1965年曾对2000多名半工半读中专毕业生做过调查,结果表明,虽然文化知识和专业理论知识水平稍低,但他们结合生产实践,学得活、学得深、学得扎实、动手能力强。到20世纪80年代,他们大都成为国企的骨干,对天津的技术进步和生产管理改善发挥了重要作用。

从1958年至1965年,全市举办半工半读学校119所,设18个专业,在校生24400人;半工半读大专院校6所,学员近千人;另有大专班6个,学生985人;全市开办业余大学32所,学员22295人。

（三）改革开放,构筑应用型人才成长立交桥（改革开放20年）

进入改革开放新时期,在邓小平"教育要面向现代化,面向世界,面向未来"教育思想指引下,天津的职业教育进入了新的历史时期,为各行各业培养了百万应用型人才,走出了一条符合中国国情、具有天津特色的发展道路。

1.拨乱反正,恢复职业教育

"文革"十年,天津的职业教育事业遭受了严重的浩劫,大批基础较好的职业技术学校、半工半读学校停办或改办成工厂,大量校舍被占用,教学仪器设备和图书资料损失殆尽,教师员工或下放、或外流。据1976年统计,各类中等职业技术学校在校生的比例,仅占高中阶段学生的1.16%,职业教育与国民经济的发展需要严重脱节。[①]

为拨乱反正,天津从1979年开始多层次、多形式、有计划地恢复和发展职业技术教育。一是从保障教育质量着手,加强师资队伍建设,于1979年建立了天津职业技术师范学院;二是边恢复、边兴办职业教育,截至1982年底,又新办了25所中等专业技术学校;三是采取变招工为招生的政策,鼓励和扶持行业、企业大力

---

① 中华人民共和国教育部编:《共和国教育50年1949—1999》北京师范大学1999年版。

发展技工学校。

2. 全员大培训,强化职工科学文化素质

1982 年 1 月 21 日,全国职工教育管理委员会、教育部、国家劳动总局、中华全国总工会、共青团中央发出《关于切实搞好青壮年职工文化、技术补课的联合通知》。要求不失时机地给青壮年职工补上文化、技术课,使他们成为合格的当班人和四化建设的骨干。

据此,天津市第二教育局对全市职工教育的情况进行了分析。当时全市职工有 240 万人,其中大学程度占 3%,中专和高中程度占 14%,初中程度占 50%,小学程度占 26%,文盲和半文盲约占 7%;有 80% 的职工没有达到初中毕业的实际水平,约有 100 万人是 1968—1980 年毕业的初、高中毕业生;工程技术人员急缺,职工平均技术等级不足三级。

1982 年,天津市人民政府提出了职工"双补"的具体要求,全市掀起了补习文化技术知识的热潮。据《天津日报》1983 年 2 月 21 日报道,截止到 1982 年底,有 18 万人取得了文化补习合格证书,有 21 万人正在补习;技术补课也取得了相应的进展;干部培训也走向正规化。全市涌现出先进集体 83 个,先进教师和先进工作者 249 人,优秀学员 300 人。

3. 调整布局结构和办学体制机制,提升天津职业教育的实力与后劲

在改革开放过程中,天津市委、市政府依据《中华人民共和国劳动法》《中华人民共和国职业教育法》等法律和国家教育战略决策,将职业教育纳入天津市国民经济发展规划中。时任市长张立昌多次强调:"从天津发展看,急需发展和提高职业教育",并指出"要跳出低水平重复的圈子"。在决策层和教育界的共同努力下,天津职业教育开展了大规模布局结构调整,以提升发展的实力与后劲。

按照中央部署,1999 年政府进行机构改革,大部分企业主管部门转制为集团公司,退出政府序列。天津抓住这一改革契机,提出"两不变、一不减、一加强"的原则,即学校依托行业企业管理的体制不变,财政性教育经费的渠道不变,经费额度不减,由教育部门加强统筹规划和宏观管理。此举充分调动了行业企业办学的积极性,改变了国家包办各级各类教育的单一计划型办学体制,形成了以政府办学

为主、公办和民办学校共同发展的新格局。

1999 年,天津成为全国首批"按照新的运行机制和新的管理模式"发展高等职业教育的试点城市,开始探索职业教育不同层次之间,以及与其他类型教育之间的衔接与沟通问题。市教委选取天津职业大学等四所高等院校进行五年一贯制中高等职业教育试点工作,即允许初中毕业生直接报考大专;选取天津轻工职业技术学院模具专业、天津大学计算机专业等 4 所院校进行 3+3 定点专业衔接试点,初步建成了中高等职业教育相互衔接的立交桥,为中职毕业生继续深造打通了渠道。

三、新世纪天津职业教育掀起实验区、示范区等建设热潮

2005 年 8 月,教育部与天津市人民政府决定在天津共建首个"国家职教改革试验区";2010 年 3 月,教育部与天津市人民政府在京签署《关于共建国家职业教育改革创新示范区协议》;2015 年 7 月,教育部与天津市人民政府在津再次签订共建"国家现代职业教育改革创新示范区"协议。经过这一系列的部市共建,天津职业教育在健全职业教育体制机制、创新职业教育模式、完善职业教育制度、建设现代职业教育体系等方面走在全国前列,也走出了一条具有天津特色的发展之路。

(一)试验区建设成效斐然

作为全国首个国家职业教育改革试验区,其开拓性的建设成效有目共睹。

1. 开创部市合作共建先例

部市双方不断完善共建协调机制。双方就共建"滨海新区技能型紧缺人才培养基地"、每年在天津举行"全国职业院校技能大赛"以及推进就业准入制度等 8 项内容达成协议,形成了高度共识和通畅的协调机制,从而保障了各项改革试验顺利实施。

积极实施滨海新区技能型紧缺人才培养基地建设战略。天津职业大学和天津中德职业技术学院被教育部、财政部确定为国家高等职业教育示范校;25 所职业院校被确定为市级示范重点建设单位,27 所职业院校被批准为国家现代制造业和

现代服务业技能型紧缺人才培养基地。75 所国家级、省部级重点中职学校,34 所中职学校成为国家级、市级"半工半读"试点校。天津市第一商业学校和天津市第一轻工业学校成为国家职业教育德育工作实验校。

努力提高"双师型"师资队伍素质。天津高职院校率先在全国开启专业课教师评聘第二专业技术职务的渠道。市教委做出规定:专业教师每年不少于两个月到企业实践,新教师必须到企业实习一年并给予每人 5000 元专项补贴。市政府设立了 500 万元的专项基金,每年推选百名青年骨干教师攻读专业硕士,重点培养400 名骨干教师,40 名高水平、高技能"双师型"专业带头人,并在加拿大、德国设立了职教师资培训基地。

2. 构建集团化发展的现代职业教育体系

全市职业院校普遍建立了产教结合委员会,形成了学校主动依靠企业、企业主动帮助学校的运行机制,形成了优势显著、特色鲜明的专业组群。中职学校开展了"一年学基础、一年在校搞实训、一年到企业顶岗实习"的"三段式"教学改革试验,有效提高了学生的实际操作和岗位适应能力。

依靠行业企业办学,进一步深化职业教育办学体制改革。全市先后组建了"行业组构集团式""企业集团带动式""城市郊区结合式""社区联合组合式""面向农村网络式"等五种模式 16 个职教集团,使单一的职业教育办学、管理和投资体制逐步向多元体制转化。在各个职业教育集团内部,学生培养、职工培训、技能鉴定融为一体,校舍、师资、经费、设备统筹使用,极大提升了教育资源效能。

统筹优质教育资源和资金,合理规划职业教育发展格局。全市在原有 1 所职业大学的基础上,调整重组高职学院 27 所,新增高职专业 194 个,建立具有国际先进水平的实验室和实习车间 7 个、企业实训基地 109 个,整合土地近万亩、校舍200 万平方米、教学仪器 5 亿元,安置企业职工 2000 余人。中职学校由 430 多所调整为 134 所,基本消灭了薄弱校,校生均规模不断扩大,办学效益显著提高。

3. 高水平组织"2008 年全国职业院校技能大赛"

时任教育部部长周济同志指出:"普通教育有高考,职业教育有技能大赛。"举办全国职业院校技能大赛,是我国教育发展战略的重大制度设计,是推动职业教育又好又快发展的重要举措。

作为承办城市,天津市委、市政府将精心办好全国职业院校技能大赛写进了天津市委 2008 年工作要点和政府工作报告,并建立了由市政府办公厅、市教委等23 个单位负责人参加的组织协调委员会,下设 11 个工作组,分别具体负责大赛的宣传、接待、安保、市容、交通等方面工作。

2008 年全国职业院校技能大赛分高职和中职两个组别进行,比赛涵盖 10 个专业类别的 24 个竞赛项目,参赛选手 1862 人。高职组有 30 个省份 147 支代表队参赛,中职组有 37 个省市代表队参赛。大赛组委会授予天津市教育委员会特别贡献奖。天津市人力资源和社会保障局向相关专业的获奖选手颁发了 6 个技师职业资格证书和 35 个高级工职业资格证书。

“中国职业教育改革与发展高峰论坛”同期在津举行,来自全国 200 多所院校和 50 多个国内外著名企业代表 300 余人出席会议。“第六届全国职业教育现代技术装备展览会”也同期在津开幕,展会设展位 700 余个,国内外近 200 家厂商云集津城。

4. 启动海河教育园建设工程

2008 年 8 月,海河教育园建设工程筹备工作启动。海河教育园总体规划占地面积 37 平方公里,一期工程占地面积 10 平方公里,建筑面积 55 万平方米。2009年至 2010 年投资 25.85 亿元,2011 年一期工程建设完工。按照计划,天津中德职业技术学院等 5 所高职学院,天津市机电工业学校等 2 所中职学校先行搬迁至海河教育园。进入园区的职业院校享受政策倾斜,政府支持入园院校结合经济社会发展需求增设新专业;支持入园院校适当扩大招生规模;支持入园院校通过中外合作办学等途径,引入先进的职业教育理念和人才培养模式。

海河教育园主要有三个功能:一是成为集团化职业教育的聚集区;二是成为全国职业院校技能大赛永久性的主赛场;三是成为校企合作、工学结合、顶岗实习、劳动准入等职业教育改革的试验平台。作为国家职业教育改革试验区建设的一个标志性成果,海河教育园已经成为天津市建设高标准、现代化职业教育的窗口。

（二）示范区建设硕果累累

配合天津科教兴市和人才强市战略的实施，为培养百万高素质劳动者大军，服务滨海新区开发开放和全市经济社会发展，天津市的国家职业教育改革创新示范区建设在五年间取得了一系列改革创新成果。除了在建设海河教育园示范窗口，构建教育园区共建共享新体制；探索大赛与示范区建设互动机制，打造全国职业院校技能大赛新名片；坚持政府主导的行业办学，激发集团化办学和院校联盟发展的新活力；强化师资力量，开辟"双师型"教师培养新路径；继续增加政府经费投入，彰显办学体制与财政投入改革新特色；推行"百万福利计划"，建设大众数字化学习型城市新坐标等六大方面持续改革创新以外，天津职业教育还以四大发展亮点令世人瞩目。

1. 启动现代职教体系和应用技术大学建设，设计办学质量和水平新起点

推进现代职业教育体系建设，开辟多元路径打通职业教育学生从中职、高职、本科到研究生的上升通道，搭建人人皆可成才的"立交桥"。这反映了职业教育发展的必然趋势，适应了人民群众的期盼。

围绕构建职业教育类型本科层次院校建设布局，在原有中、高职对接完成专科学历教育的基础上，天津市启动了高职与本科院校3+2"五年分段式联合培养"试点，开展了职业院校与本科院校联合培养技术应用型、高端技能型人才试点：12所职业院校和本科院校在6个联合培养项目、10个联合培养专业中，实现了联合招生、联合培养高端技能型人才。

为适应技术进步和生产方式变化以及社会公共服务的需要，激发职业教育办学活力，加快构建现代职教体系，整体推进天津职业教育领域综合改革，天津市设计了"专业组群式、实体联盟制、遴选开放型"天津应用技术大学发展规划和实施方案，遴选海河教育园区以中德职业技术学院为支柱的5所高职院校的若干优势特色专业，举办本科层次职业教育，并最终获教育部批准，成立天津中德应用技术大学。从此，天津开始逐步构建"中、高、本、硕"有效衔接的现代职业教育学制体系，使天津职业教育发展迈上一个新台阶。

为服务国家战略，支持高端制造业和现代服务业的发展需求，提升职业教育

办学质量和水平,天津市实施了现代职教优势专业群对接优势产业群、全面开展现代职业教育与培训等一系列新举措,着力建设了以重点专业为龙头、相关专业为支撑,不同院校互为错位补充的专业布局。

2. 优化招生考试改革和推行现代学徒制,建立技术技能人才选拔新机制

为进一步优化高等教育结构,从 2008 年起,遵循高职教育人才选拔规律和培养规律,在部分高职院校开始实行自主招生,到 2014 年,全市所有高职院校全部开展了基于高考的"知识 + 技能"自主招生改革试验。

通过招生院校依法自主规定报考资格、自主组织专业考试、自主确定录取标准、自主实施招生录取,选拔不同类型学生到相应高职院校学习,进一步完善了"中职技能大赛获奖选手免试进入高职院校学习""高职院校获奖选手免试升入本科院校学习"的政策,极大地调动了职业院校学生学技能、比本领的积极性和主动性。

通过中高职教育"3+2"对接、面向"三校生"的春季高考、自主招生、专升本等多种途径,天津市初步建立起"人才培养结构完整、内涵衔接紧密、外延联系广泛"的技术技能人才选拔机制与体系。这种中高职系统化培养和高职本科联合培养方式,使天津海鸥表业集团与职业院校产教融合的"海鸥现代学徒制"改革模式叫响全国。

依据现代职教优势专业群对接优势产业群的要求,围绕行业岗位标准,天津市开展了系统化培养高技术技能型人才试点:天津百利机电职业教育集团、天津中环电子信息公司职业教育集团招生近千人,按照现代学徒制进行 5 年系统化培养,为职业教育人才培养模式改革提供了有效的示范。

3. 京津冀协同发展产教对接,探索职业教育发展新平台

2014 年 7 月,天津市教委主动邀请北京市教委、河北省教育厅深入交流,协商制定三地职教战略合作框架。不久,"京津冀协同发展现代职业教育·现代服务业产教对接会"在天津举行,来自京津冀区域的政府、行业、企业、高校、科研机构等140 余家组织机构达成了"五大平台与四项机制"合作共识:

共同建立京津冀协同合作"人力资源需求信息共用共享平台""产教融合校

企合作区域性协作平台""现代服务业创新创业型人才共育平台""师资与学生交流交换平台",共建"现代服务业区域性研究平台"。

共同建设京津冀协同发展"现代职业教育与现代服务业"合作对话机制,"现代服务业区域项目"协同创新机制,"现代服务业科学研究"区域共研机制,"现代服务业校企合作"区域联动机制。

4. 融入国际化专业教学整合要素,开启职业教育国际化发展新进程

为适应天津滨海新区开发开放,天津市以开发国际化专业教学标准为契机,着力加强职业教育国际交流与合作,推进职业教育国际化进程。各职业院校陆续与德国、英国、美国、韩国、新加坡等20余个国家和地区,开展了多层次、多类型、多领域的职业教育交流与合作,极大地提高了天津市职业教育的国际化水平、国际地位和影响力。

2013年,全市各职业院校努力融入国际化专业教学整合要素,顺利完成了50个国际化专业教学标准的开发任务。此后,各院校开始积极推进国际化专业教学标准的试点工作。例如,天津中德职业技术学院以中德、中西、中日政府间合作项目为基础,引进国际化的人力资源和管理模式,学院9个专业组群均配备了国外高端教学专家,以提升教学团队的国际化视野和国际化教学能力及水平。该学院还通过借鉴、吸收、应用、消化和创新国际化教学资源,强化了现代学徒制教学管理,强化了国际通用职业证书标准的嵌入,强化了职业院校国际合作对专业建设的内涵性支撑,促进了职业教育国际先进模式中国化和天津化。

(三)升级版示范区建设推陈出新、开枝散叶

2015年,作为首个国家职教改革试验区、全国唯一的国家职教改革示范区,天津再次华丽升级为国家唯一的"国家现代职教改革创新示范区"。经过五年的发展,天津职业教育取得了一系列可推广、可复制的改革创新成果,已经成为全国现代职业教育制度创新的策源地、现代职业教育体系构建的先行者、高端技术技能人才培养的蓄水池、服务国家重大战略的新高地。

1. 以"天津方案"帮扶兄弟省市

在天津市政府、市教委的领导下,各职业院校纷纷派出专家和骨干教师团队,

奔赴云南、西藏、新疆等省市,为当地的职业教育师资开展专业培训与课程指导,五年中已形成了包含区域系统援建、品牌整体输出、专业结对共建、师资轮岗培训、学生定制培养五大模式的职教帮扶"天津方案"。

高质量帮扶的背后不仅是天津职教人的用心、用情、用力,更有天津职业教育多年来领跑全国的资源优势。透过实验区、示范区建设,天津职业教育聚焦质量发展、内涵发展、创新发展,深度对接产业升级和民生需求,主动服务国家重大发展战略,服务"一基地三区"城市定位,着力打造了具有天津特点、中国特色、世界水平的现代职业教育体系。正是这个现代职业教育体系,成为天津经济发展的技术技能积累、人力支撑和智力支持;也成为天津职业教育帮扶兄弟省市的动力源泉。

2. 打造职教发展成果宣传、研发和转化高地

在五年的升级版示范区建设过程中,全国职业院校技能大赛博物馆、国家中西部地区职业教育师资培训中心、全国职业院校技能大赛成果转化中心、国家职业教育教学资源开发与制作中心、国家职业教育质量发展研究中心等国字号重大项目相继落地。天津市还安排专项资金启动实施职业教育提升办学能力建设项目,支持中职学校完成现代化和国际化、提升实习实训装备水平等7项建设任务;支持高职院校完成骨干优质专业对接优势产业群建设、深化人才培养模式改革等10项建设任务,在服务区域经济社会发展、推动职业教育体系建设、创新职业教育制度和宣传、研发、转化职教发展成果等方面持续走在全国前列。

3. "五业联动"打造产教融合"天津模式"

2018 年,在市教委的支持下,天津轻工职业技术学院与世界知名企业瑞士 GF集团、德国卡尔蔡司公司、天津海鸥手表集团、天津市模具工业协会以及相关企业共建精密模具协同创新中心,为天津海鸥手表集团的民族品牌研发精密模具,并将研发过程转化为教学资源,用于培养创新型技术技能人才进行机制创新。精密模具协同创新中心充分发挥"双高院校"资源优势,聚焦服务高端产业与产业高端,在人才培养、技术积累、技能培训等方面,积极探索产业、行业、企业、职业、专业相互联动、协同发展。这种模式,正是天津职业教育"十三五"期间,推陈出新、大力推进的产业、行业、企业、职业、专业"五业联动"。

也是在这一年,天津职业大学携手林肯(中国),共同成立了"林肯(中国)天津技术培训中心"。学校将企业最新的设备、技术、产品引入教学;双方共同对林肯(中国)经销商员工和在校学生进行教学和技能培训。这是一次职业院校与高端产业、顶级企业,在人才培养、技能培训和技术推广等领域全方位的合作,正是在产教融合理念下,校企双方与多方面沟通合作,不断探索实践"五业联动"的发展新模式,使职业院校的教学和研究成果扩散开来,使职业教育的需求和产出,获得多方面的响应和分享。

4.鲁班工坊为世界贡献职业教育"中国方案"

2016年,天津渤海职业技术学院率先在泰国建设首个鲁班工坊,迈出了职业教育海外之行的第一步。至2023年,天津在亚非欧三大洲20个国家成功设立21个鲁班工坊,已经成为中国职业教育的国际品牌,有效服务"一带一路"的国家行动,多次受到习近平总书记的肯定和表扬。目前,这种"小而美、惠民生"的职教"走出去"建设行动,还在推进之中。

天津还同步推进鲁班工坊的理论研究与实践探索,同步推广建设成果,完善质量与评价体系,设计提出了鲁班工坊建设联盟工作办法,为国内其他院校参与鲁班工坊建设提供标准与示范。同时,配合中国装备"走出去"和国际产能合作,开发配套标准和资源,正在建立起从中等职业学校到高等职业院校再到本科院校,从技术技能培训到学历教育全覆盖的职业教育输出体系,向合作国家提供学历教育和技术技能培训,培养适应当地经济社会发展需要的技术技能人才。

四、新时代天津职业教育高地建设持续推进

进入"十四五"时期,天津仍然坚持职业教育高质量发展大方向,在与教育部共建职业教育高地方面持续推进,继续走在全国职业教育发展前列。

(一)部市共建职业教育创新发展标杆

2021年1月,教育部与天津市人民政府共同签署《关于深化产教城融合 打造新时代职业教育创新发展标杆的意见》明确提出:"发挥职业教育高地优势,以

世界一流职业教育支撑经济转型服务产业升级、支撑民生改善服务终身学习、支撑城市品牌服务国内国际。"其中最大的亮点是"产教城融合"和"职业教育创新发展标杆"两个核心概念。

该文件在具体内容中涉及打造行业企业办学先行典范、打造职业教育技术创新样板、打造职业教育终身学习样板、打造职业教育中国名片、打造全国职业教育科研高地、打造职业教育强基样板、打造世界一流职业教育。同时给予天津一些具体的职教优惠政策,以推进先行先试,取得标杆性成果。

(二)部市共同探索现代职业教育体系建设改革新模式

2022 年党的二十大召开,职业教育在党代会报告中有了全新的表述,其特点是将职业教育放在整个教育体系中,在阐述职业教育与其他教育的相互关系中突出其类型定位:"统筹职业教育、高等教育、继续教育协同创新,推进职普融通、产教融合、科教融汇,优化职业教育类型定位。"这显然是一种新时代的大职业教育观,即在充分肯定并"优化"职业教育类型定位的基础上,将职业教育融入整个教育体系,共同推进国家关于教育、科技、人才一体化发展的大战略,为建设教育强国贡献职业教育特有的力量。

为了贯彻落实这一新的战略要求,中办、国办在 2022 年 12 月印发《关于深化现代职业教育体系建设改革的意见》,对职业教育改革发展提出了纲领性要求。2023 年 7 月,教育部将这些新要求概括为"一体、两翼、五重点"。同时,教育部办公厅发出《关于加快推进现代职业教育体系建设改革重点任务的通知》,对 11 项重点任务作出了具体安排,并提出具体要求。

在这个背景下,教育部继续与天津市人民政府合作,共同制定《关于探索现代职业教育体系建设改革新模式的实施方案》,明确提出该方案是"为天津制造业高质量发展和科技创新高地建设提供技术技能人才支撑,为全国职业教育改革发展发挥引领示范作用,为世界职业教育贡献中国智慧和中国方案",这显然是部市共建的一个新的里程碑,其中规定的重点任务包括:提升天津职业教育关键能力、组建区域产教联合体、组建产业链产教融合共同体、创新职普融通机制、打造职业教育国际交往中心等 7 个方面。目前,这些任务都在稳步推进之中,天津职业教育又迎来一个新的率先发展机遇。

（三）天津首创推进现代职业教育体系建设与改革的省级地方法规

1. 国内首部省级层面的职业教育地方性法规

2023 年 11 月 29 日,天津市第十八届人民代表大会常务委员会第六次会议修订通过《天津市职业教育条例》(以下简称《条例》),自 2024 年 1 月 1 日起施行。这是 2022 年《中华人民共和国职业教育法》修订后的第一个省级层面的职业教育地方性法规。

《条例》共九章、六十条,分别从总则、现代职业教育体系、职业教育的实施、职业学校和职业培训机构、职业教育的教师与受教育者、职业教育的交流与合作、职业教育的保障、法律责任、附则等方面,对天津市职业教育及其发展进行了法律性描述和相应规定,呈现出五个亮点:

一是完善现代职业教育体系。《条例》明确要求建立并完善适应经济社会发展需要,中职、高职专科、职教本科、专业硕士层次职业教育有效贯通,职业教育与普通教育相互融通,职业学校教育与职业培训并重,产教深度融合、对外深入合作,服务全民终身学习的现代职业教育体系。

二是明确了职业教育实施过程中各方的职责和相关制度,要求推行中国特色学徒制,以工学结合的方式探索订单式人才培养;注重发挥技术技能竞赛的作用,促进职业教育教学改革,检验职业教育教学成果;建立适应职业教育特点的质量评价体系,完善职业教育质量年度报告制度,对职业学校的办学水平、质量和效益进行评估;进一步规范职业学校和职业培训机构的设立、教育教学管理、面向社会培训以及推进创新创业工作等方面的内容。

三是要求建设职教师资培养体系。《条例》提出要加强职教师资,尤其是高层次职教师资的培养,同时要支持职业教育师范院校发挥作用,推进本科、硕士、博士一体化职业教育教师培养体系建设,支持具备条件的高等学校联合培养高层次职业教育教师,鼓励行业组织、企业共同参与职业教育教师培养培训。

四是支持职业教育合作与交流,推动京津冀职业教育协同发展共同体建设,推进京津冀职业教育科研、教研联盟建设,推动创立京津冀跨区域资历框架;支持职业学校、职业培训机构与北京市、河北省相关单位依法开展联合办学。

五是提升职业教育国际化水平。《条例》明确了提升职业教育国际化水平的三个重要抓手——鲁班工坊、中外合作办学和世界职业技术教育发展大会，并分别作出了明确规定。

2. 国内首部产教融合地方性职教法规

2024 年 1 月 16 日，天津市第十八届人民代表大会常务委员会第七次会议通过了《天津市职业教育产教融合促进条例》（以下简称《条例》），并自 2024 年 3 月 1 日起施行。

当前，推动职业教育产教融合的新元素正在不断涌现。要想办好职业教育，在宏观层面，产业系统和教育系统要实现融合，即产业界和教育界需要形成有效联动与良性互动，建成行之有效的职业教育产教融合体制机制；在中观层面，职业院校与行业企业要实现合作，即职业院校和企业在人才培养、技术研发、就业创业等方面需要开展充分合作；在微观层面，生产与教学要实现结合，即产业界和教育界的元素、资源要实现优势联结，并在专业建设、课程开发、技术服务等多方面开展具体合作。

产教融合、校企合作是我国职业教育办学的基本特征。在多年的实践探索过程中，天津市积累了大量产教融合、校企合作办学的先进经验和特色做法，主要是产教融合不再停留在理念和思想上，开始转化为制度和实际行动。多年的实践与探索为天津市出台全国首部有关职业教育产教融合的地方性法规奠定了坚实基础，而《条例》则为推动天津市职业教育发展提供了法治支撑。

《条例》共计六章、四十四条，分别从总则、引导和实施、服务和保障、督促和评价、法律责任、附则等方面，对天津市产教融合发展进行了法律性描述和相应规定。这些描述和规定既包括对产教融合的推进和实施路径、保障和评价机制作出的权威、专业、细致的诠释，也包含为天津市职业教育产教融合提供的精准化的指导。

《条例》的出台标志着天津市产教融合有了发展路线图。它不仅使天津市从法律意义上进一步明确了职业教育与产业融合的目标、任务和措施；也将推动职业院校深入了解产业发展趋势，以此调整专业设置和教学内容，培养更符合市场需求的人才；还将通过校企合作，为职业院校引入更多实践资源和先进技术，帮助企业获得更多人才支持和技术创新灵感。

作为全国首部职业教育产教融合地方性法规，《条例》的正式实施，将不仅进一步促进天津市职业教育由校企单一合作转向深度融合，实现院校与企业对接、专业与产业对接、课程与实践对接，还将通过自身的探索和创新，为其他城市提供可借鉴、可复制的范本和经验，为提高我国职业教育质量贡献"天津模式"。

课题承担单位：天津市三方现代职业教育发展研究院
主持人和执笔人：任凯

/ 第二十一章 /

▼

高职院校立德树人根本任务的内容和实践

　　立德树人是中国共产党教育思想的核心内容,是新时代教育的根本任务。本章在对立德树人根本任务确立的演进历程进行梳理和高校立德树人根本任务理论的研究成果进行评述的基础上,分析和把握高校立德树人根本任务的内涵和实质,并进一步分析高职院校立德树人工作特殊性以及立德树人根本任务在高职院校的"职教特色"和在石油化工高职院校的"行业特点"。以此为基础,结合石油化工高职院校立德树人根本任务落实的现状,创造性地提出"铁人式接班人"概念并深入探讨其内涵,重点探讨石油化工高职院校"铁人式接班人"培育的路径。

一、高校立德树人根本任务确立的由来与内涵

　　(一)党和国家关于立德树人根本任务确立的演进历程

　　社会主义建设初期,党和国家在教育上强调德育与智育、体育并重。1957 年 2 月,毛泽东明确提出:"我们的教育方针,应该使受教育者在德育、智育、体育几方面都得到发展,成为有社会主义觉悟的有文化的劳动者"。①1961 年,培养"有社会主义觉悟的有文化的劳动者"作为明确的教育方针被写入《教育部直属高等学校暂行工作条例(草案)》,并于 1978 年正式载入《中华人民共和国宪法》。

　　改革开放和社会主义现代化建设新时期,党和国家对人才培养的要求逐步深化。1985 年 3 月,邓小平在全国科技工作会议上完整提出要培养社会主义"有理想、有道德、有文化、有纪律"的人才。1985 年全国教育大会明确:要造就数以千万计的"有理想、有道德、有文化、有纪律,热爱社会主义祖国和社会主义事业,

---

① 毛泽东:《关于正确处理人民内部矛盾的问题》,人民出版社 1957 年版,第 23 页。

具有为国家富强和人民富裕而艰苦奋斗的献身精神""不断追求新知,具有实事求是、独立思考、勇于创造的科学精神"的人才。[①] 提高青年大学生的思想政治素质与科学文化素质成为这一时期高校立德树人的重点内容。1999 年,江泽民在全国教育大会上首次正式提出"德智体美全面发展",努力造就"有理想、有道德、有文化、有纪律"的建设者和接班人。2010 年胡锦涛在全国教育大会上再次强调德智体美全面发展的总体要求。这一时期高校立德树人的目标是造就德智体美全面发展的社会主义事业的合格建设者和可靠接班人。

随着中国特色社会主义进入新时代,高校立德树人也肩负着新的时代使命。党的十八大以来,以习近平同志为核心的党中央,始终把立德树人作为学校教育的根本任务。党的十八大报告明确提出:"把立德树人作为教育的根本任务,培养造就中国特色社会主义事业的建设者和接班人。"2014 年《教育部关于全面深化课程改革 落实立德树人根本任务的意见》指出:"立德树人是发展中国特色社会主义教育事业的核心所在,是培养德智体美全面发展的社会主义建设者和接班人的本质要求。"在党的十九大报告中,习近平总书记进一步指出:"要全面贯彻党的教育方针,落实立德树人根本任务,发展素质教育,推进教育公平,培养德智体美全面发展的社会主义建设者和接班人。"这里进一步充实了"立德树人"的目标和任务。2018 年 9 月,习近平总书记在全国教育大会上首次提出"培养德智体美劳全面发展的社会主义建设者和接班人",这一理念不仅是新时代对教育工作的全面部署,更是对高校立德树人内容的丰富完善。2021 年 4 月 29 日,十三届全国人大常委会第二十八次会议表决通过对《中华人民共和国教育法》进行修改,其中将"培养德智体美劳全面发展的社会主义建设者和接班人"明确为新时代党的教育方针。党的二十大报告重申了这一教育目标,习近平总书记指出:"全面贯彻党的教育方针,落实立德树人根本任务,培养德智体美劳全面发展的社会主义建设者和接班人。"

---

① 《中共中央关于教育体制改革的决定》,中共中央 1985 年 5 月 27 日发布。

（二）有关立德树人根本任务的理论研究成果综述

关于立德树人的时代背景。周光礼（2018）在《以"九个坚持"为根本遵循扎根中国大地办大学》、徐志宏（2020）在《坚持扎根中国大地办教育》、李旭炎（2014）在《立德树人实践论》中分别从宏观和微观角度对立德树人的时代背景进行研究，表明新时代立德树人研究要立足于我国发展新的历史方位，结合教育实际有针对性地展开。

关于立德树人科学内涵。谢安国（2018）的《习近平立德树人思想的科学内涵和重大意义》和苏国红等学者（2018）的《习近平"立德树人"教育思想的主要内涵及其实践要求》分别从内在本质和外延上理解和解读习近平立德树人教育思想的内涵；王嘉毅、张晋（2020）在《立德树人的科学内涵与实践要求》一文中，则主张从关键要素的分析与综合把握立德树人的时代内涵。

关于"立德树人"实现路径。蓝晓霞（2017）的《立德树人呼唤两个根本转变》、苏国红等（2018）的《习近平"立德树人"教育思想的主要内涵及其实践要求》、张仕英（2020）的《基于"立德树人"目标的师德师能统筹研究》等都有各自的表述，但总体上看，都存在理论探讨有余、实践操作性不足的问题。

（三）全面把握立德树人根本任务的内涵和实质

对于立德树人根本任务的内涵和实质，需要从"立德"与"树人"的关系、立德树人之培养目标、立德树人之教育内容三个层面来理解和把握。

1."立德"与"树人"关系

在立德与树人的关系上，不能把立德与树人分开来看，二者实质上是一体的，立德树人是"立育人之德"与"树有德之人"的有机统一。2018年5月2日，习近平总书记在北京大学师生座谈会上的重要讲话中指出，大学是立德树人、培养人才的地方，要"做到以树人为核心，以立德为根本"。可见，立德是树人的基础，树人是立德的目的，在思考"立什么德"时，首先要考虑"树什么人"，要从"树什么人"开始，追问"立什么德"。"树什么人"的问题是立德树人根本任务的培育目标问题，"立什么德"的问题是立德树人根本任务的教育内容问题。

2.立德树人根本任务之培养目标

立德树人根本任务的培养目标是"树有德之人",也就是培养什么人的问题。习近平总书记在全国教育大会上指出：培养什么人,是教育的首要问题。培养什么人,要结合时代特点,符合时代要求,为时代发展和国家建设大局服务。中国特色社会主义新时代立德树人根本任务的培养目标,必须服务于社会主义现代化建设和中华民族伟大复兴的战略全局。党的十九大报告明确提出：要落实立德树人根本任务,"要以培养担当民族复兴大任的时代新人为着眼点"。这一点在后来的重要文件中得到一再重申。

3.立德树人根本任务之教育内容

习近平总书记在全国高校思想政治工作会议上指出,要坚持把立德树人作为中心环节,把思想政治工作贯穿教育教学全过程,实现全程育人、全方位育人,努力开创我国高等教育事业发展新局面。这就要求我们把立德树人内化到高校建设和管理各领域、各方面、各环节,做到以树人为核心,以立德为根本。基于立德树人根本任务的"德"之内涵是丰富多维的,也就决定了"立德"任务必然是广泛多向的。落实立德树人任务必然是多方协同、同频共振的过程,教师与学生必须"同频",因此"立德"不仅强调立学生之"德",还要首先强调立全体教职员工之"德"。

（1）立教职员工之"德"

实现"全员育人",全体教职员工都要成为"育人者",其一言一行、一举一动都要履行育人之责、产生育人之效,实现育人无不尽责。一方面要提升教职员工的政治素养和人格素养,使教职员工信道与传道兼顾、立己德与树人德兼顾,引导广大教师以德立身、以德立学、以德施教,做党和人民满意的好老师。另一方面要提升教师队伍的专业素养和职业素养,遵循教书育人规律、学生成长规律,因材施教、精耕细作,做到教学与科研兼顾、教书与育人兼顾。另外,还要充分挖掘专业课教师、思想政治理论课教师、公共基础课教师、辅导员、班主任、管理干部等多个岗位的育人要素,将育人职能贯穿其工作始终,实现"教"与"育"、"管"与"育"、"服"与"育"的融会贯通。

（2）立学生之"德"

第一，要立"大德"，主要包括理想信念教育和爱国主义教育，提升学生的政治觉悟和思想水平。理想信念教育，就是引导学生树立共产主义远大理想和中国特色社会主义共同理想，培养"社会主义"建设者和接班人，这是我们对培养什么人的本质规定。爱国主义教育，就是要在厚植爱国主义情怀上下功夫，教育引导学生把自身的理想同祖国的前途、把自己的命运同民族的命运紧密联系在一起，增强爱国意识和爱国情感，增强民族自豪感和自信心，让爱国主义精神在学生心中牢牢扎根，引导学生将爱国和爱党爱社会主义相统一。[1]

第二，要立"公德"，主要包括社会责任感培育和社会主义核心价值观培育。社会责任感的培育是学生实现自我成长的内在要求，通过社会责任感的价值引领，引导学生树立公德意识，促进学生社会公德意识和责任行为养成。通过思想教育、价值引领、校园文化建设等多种途径形成合力引导学生树立并践行社会主义核心价值观，让社会主义核心价值观成为学生的价值自信和行动自觉。

第三，要立"私德"，主要包括道德品质培育和价值观养成。道德品质培育，就是要教育引导学生从做好小事、管好小节开始起步，踏踏实实修好品德，学会感恩、学会助人，学会谦让、学会宽容，学会自省、学会自律，成为有大爱大德大情怀的人。[2]

价值观养成，就是通过有效的价值引领，引导学生在认定事物、辨别是非方面逐渐形成正确的判断能力和价值取向。这就要求我们深入挖掘和阐发中华优秀传统文化中讲仁爱、重民本、守诚信、崇正义、尚和合、求大同的时代价值，转化为学生价值观教育的丰富营养，积淀学生文化底蕴，提升学生文化素养。

二、高职院校立德树人根本任务的特殊性

职业教育作为一种独特的教育类型，不但需要遵循"产教融合、校企合作、工

---

[1] 习近平：《习近平著作选读》第二卷，人民出版社 2023 年版。

[2] 习近平：《习近平著作选读》第二卷，人民出版社 2023 年版。

学结合、知行合一"的基本原则,在专业技能教育中体现职业教育的特征,还需要注重以思想政治工作为核心的立德树人教育工作,探索与之相匹配的职业院校立德树人模式。这就要充分认识到高职院校立德树人工作的特殊性。

(一)立德树人根本任务在高职院校的"职教特色"

早在 2000 年,《教育部关于加强高职高专教育人才培养工作的意见》指出:高职高专教育是我国高等教育的重要组成部分,培养拥护党的基本路线,适应生产、建设、管理、服务第一线需要的,德、智、体、美等方面全面发展的高等技术应用型专门人才。这其实就提出了高职院校落实立德树人根本任务需要探索与之相匹配的独特的立德树人模式。

1. 高职院校立德树人工作具有特殊性

首先,高职院校的教育目标具有特殊性。高职院校的教育目标是培养高等技术应用型专门人才,这一目标要求高职院校立德树人工作更加注重培养学生的专业技能、职业道德、实践能力和创新精神,引导学生积极参与社会实践和创新创业活动,增强学生的社会责任感和创新能力。

其次,高职院校的教育对象具有特殊性。高职院校在高考录取中一般分数线较低,这类学生一方面表现为不擅长理论知识的学习,部分学生存在着学习目的欠缺、自律性不够强等问题;另一方面表现出思想活跃、追求个性发展、热爱新鲜事物、动手能力较强等特征。因此,立德树人在高职院校中需要更加注重学生情感关怀和个性发展,帮助学生树立正确的人生观、价值观和学习观,激发学生的自信心和自我约束力,引导学生树立奋斗意识,积极向上。

最后,高职院校的教育环境具有特殊性。高职院校的教育环境更加注重实践技能的培养,学生需要更多的时间和机会去实践与操作。这种教育环境要求立德树人工作更加注重培养学生的职业道德、职业素养和职业精神,引导学生树立正确的职业观念,增强学生的职业认同感和职业责任感。

2. 立德树人根本任务在高职院校的"职教特色"

基于立德树人在高职院校中的特殊性,高职院校应该根据实际情况和教育目标,制定符合高职院校特点的立德树人方案,形成高职院校的"职教特色"。立德树人根本任务在高职院校的"职教特色"主要体现在以下几个方面：

（1）职业技能培育。《教育部关于加强高职高专教育人才培养工作的意见》强调学生应在具有必备的基础理论知识和专门知识的基础上，重点掌握从事本专业领域实际工作的基本能力和基本技能。与综合性本科大学注重理论素养不同，高职院校更重视对学生进行职业技术和能力培养，从而更好与职业需求对接。

（2）职业道德培养。高职院校注重培养学生的职业道德，尤其是在实践教学中，强调职业操守、诚信、责任心等品德素质，注重行业责任和社会责任，以适应未来职业发展的需要。

（3）职业素养教育。高职院校在教育过程中，注重培养学生的职业素养，如团队合作、奋斗意识、沟通协调能力、解决问题能力等。这些素养在职业生涯中尤为重要，能够帮助学生更好地适应职场环境。

（4）创新创业教育。高职院校鼓励学生积极参与创新创业活动，培养学生的创新创造意识和实践能力。

（5）实践技能培育。高职院校注重实践教学，通过实验、实训、顶岗实习等方式，让学生在实践中学习和掌握专业知识与技能。同时，在实践教学中融入德育元素，让学生在实践中体验职业道德和职业素养的重要性。

（6）校企协同共育。高职院校与企业合作，共同制定人才培养方案，开展课程建设、实践教学等活动。这种模式有利于将企业文化、职业素养等方面的教育融入到高职院校的教育体系中，提高学生的职业适应性和就业竞争力。

（二）立德树人根本任务在石油化工类高职院校的"行业特点"

石油化工行业是推动我国经济持续稳定发展的重要支柱产业，石油化工行业的工作环境和岗位要求有其自身特点，石油化工行业的这种重要性和特殊性，决定了石油化工行业独特的职业道德要求。在石油化工类高职院校落实立德树人的根本任务，必须从行业实际和教育对象特点出发。立德树人根本任务的落实在石油化工类高职院校有其"行业特点"：

1. 奋发图强、兴油报国的责任担当精神

石油化工人自觉把自己的命运和国家的前途紧密联系起来，奋发图强，为国分忧,表现出强烈的主人翁责任感和家国情怀。新时代培养的新一代的石油人,必须坚持兴油报国的行业使命和精神,而这正是石油化工人主人翁责任担当的集中表现。

2.艰苦奋斗、无坚不摧的奋斗精神

石油工业的发展史是一部艰苦奋斗的创业史。在石油化工类高职院校,弘扬艰苦奋斗无坚不摧的奋斗精神,是立德树人工作在石油化工类高职院校开展的"标配"。

3."三老四严"、严细认真的工作作风

石油工业作为现代化的大工业,职工受到组织性、纪律性的严格考验。老一代石油人形成的"当老实人,说老实话,做老实事"和"严格要求、严密组织、严肃态度、严明纪律"的工作作风,必须在石油化工类高职院校的立德树人工作中,加以传承和发扬,以夯实新一代石油人良好的职业道德。

4.团结协作、胸怀全局的高尚风格

石油化工企业特点是工作点多、面广、战线很长,一个油田内部有数十个生产部门,作业面积也往往在方圆数百里以上。如果没有内部的团结一致,协同行动,就难以形成强大的战斗力。在整个石油战线无论是企业内部,还是企业与企业之间,要始终做到休戚与共,手足情牵,一方会战,八方支援。这种顾全大局、团结协作精神也是新一代石油化工人的必备品质。

三、案例分析:一所高职院校以"铁人式接班人"培育落实立德树人根本任务的有益探索

天津石油职业技术学院(以下简称"学院")在落实立德树人根本任务时,注重高职院校的"职教特色"和石油化工类高职院校的"行业特点",既遵循高职院校落实立德树人根本任务的一般性规律,又充分考虑其自身特定要求,在落实立德树人根本任务,培养"铁人式接班人"方面进行了深入探索并取得了切实成效。

（一）充分认识石油化工类高职院校立德树人根本任务落实的现状

通过对石油化工类高职院校立德树人根本任务落实的现状和问题进行充分调查和精准分析，发现石油化工类高职院校立德树人根本任务过程中还存在以下主要问题。

1. 教师队伍综合素养与新时代职业教育发展需求不相适应

职业教育教师队伍存在对职业教育内涵认识不深、教学理念更新滞后、在产业高度融合背景下跨学科专业能力不足以及课程思政育人能力不足的问题。

2. 青年学生品格特质与自我价值实现及企业、国家和社会需要不能良好对接

当前新世纪出生的"00后"高职学生在拼搏奋斗精神、吃苦耐劳品质、科学求实态度等方面明显存在不足，与石油化工行业艰苦工作现状矛盾较为突出，与企业、社会、国家发展的需要都存在一定差距，亟须通过品格特质塑造为自身发展赋能，以更好地适应企业和社会发展需要，进而实现自我价值。

3. 青年学生关键能力和核心素养与新时代行业产业发展要求匹配度不高

新时代产业转型升级加快，在社会需求方面高科技水平与高能力素质并重，石油化工类高职院校学生应该具备适应行业产业快速发展需求的关键能力和核心素养。但是，部分高职学生缺乏清晰的目标规划，对石油化工行业产业发展的现状和前沿要求认识不够，对自己的能力素质发展没有足够的规划和预期，创造性解决问题的能力不强，实践能力和知识迁移能力有待提升，有效应对职业生涯发展过程中的不断出现的问题的可持续发展能力和核心素养与新时代石油化工行业产业发展要求匹配度不高。

针对石油化工类高职院校教育教学现状和现存问题，学院创造性地提出石油化工高职院校以"铁人式接班人"培育有效落实立德树人根本任务的理论和实践创新。

（二）"铁人式接班人"内涵界定

1. "铁人式接班人"的提出与由来

大庆精神、铁人精神是中华民族伟大精神的重要组成部分。新时代建设现代化强国的新征程，需要青年一代传承和弘扬大庆精神、铁人精神，肩负起时代赋予

的重任。但是,新时代的青年学子在就业中表现出占比较多的学生不愿加入石油石化类艰苦行业,且就业后离职率较高,亟须大庆精神、铁人精神育人路径的再探索再创新。正是基于此,学院成立课题组凝练出"铁人式接班人"这一重要的概念创新,并积极推动"铁人式接班人"培养计划的实施落地。

2."铁人式接班人"的内涵

"铁人式接班人"培育,就是要以"铁人"为标杆,大力弘扬"铁人精神",培养能够守"铁人"忠魂、立"铁人"意志、学"铁人"干事、承"铁人"作风的新时代石油学子。"铁人式接班人"是立德树人根本任务的具体化,对其内涵可以从培育目标和教育内容两个层面来把握。(如图21-1)

将立德树人根本任务的培育目标"培养德智体美劳全面发展的社会主义建设者和接班人"具体化,"铁人式接班人"的培育目标定位为培养适应行业发展需求的德智体美劳全面发展的高素质技术技能型社会主义建设者和接班人。

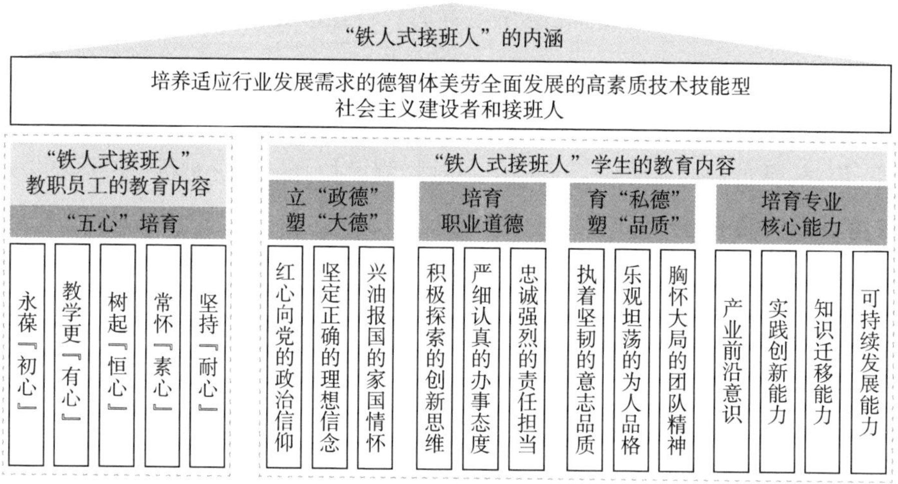

图21-1 "铁人式接班人"的内涵

与石油化工类高职院校办学特色相适应,与"铁人式接班人"培育目标相匹配,"铁人式接班人"的教育内容也应该从教职员工队伍和学生两个维度展开。

(1)"铁人式接班人"培育教职员工的教育内容

秉持培养"铁人式"的高素质技术技能人才必须要有一支高素质的"铁人式"

教师队伍的原则,在广大教师中同步深入开展"五心"培育工作,引导教师永葆为党育人为国育才"初心"、贴近职业教育理念规律实施教学更"有心"、树起从专才成长为通才的"恒心"、常怀甘为人梯永作蜡烛的"素心"、坚持做好育人工作的"耐心",切实承担起育人育才的重要使命。

（2）"铁人式接班人"培育学生的教育内容

"铁人式接班人"培育学生的教育内容是对"德智体美劳"这一一般性内容的具体化和特定化,具体来说主要包括:第一,立"政德"塑"大德":培育红心向党、立场坚定的政治信仰,坚定正确的理想信念,兴油报国、宽广深厚的家国情怀;第二,培育"职业道德":积极探索的创新思维、严细认真的办事态度、忠诚强烈的责任担当等职业精神;第三,育"私德"塑"品质":执着坚韧的意志品质、乐观坦荡的为人品格、胸怀大局的团队精神;第四,培育专业核心能力:产业前沿意识、实践创新能力、知识迁移能力,可持续发展能力。

（三）"铁人式接班人"培育的路径探索

遵循思想政治工作规律、教书育人规律和学生成长规律,结合"铁人式接班人"的培育要求和教育内容,从凝练"铁人式接班人"培育目标、教师队伍"五心"培育、学生"三段递升""六育培养"等几个方面入手探索"铁人式接班人"的培育路径。（如图21-2）

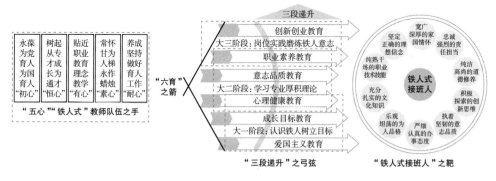

图21-2　"五心六育""三段递升"的"铁人式接班人"培育路径

1.凝练"7个通用+3个专业"培育目标,使"铁人式接班人"培育精准定位与新时代石油化工行业产业发展需求相适应,学院凝练出"铁人式接班人"

的 10 个具体培育目标：坚定正确的理想信念、宽广深厚的家国情怀、忠诚强烈的责任担当、积极探索的创新思维、严细认真的办事态度、执著坚韧的意志品质、乐观坦荡的为人品格等 7 个通用目标，充分扎实的文化知识、纯熟干练的职业技能、产业发展的前沿意识等 3 个专业目标，实现对"铁人式接班人"培育的精准定位。

2. 开展"五心"培育，培养"铁人式"教师队伍新风范

服务于"铁人式接班人"的培育目标，五步育"五心"，打造"铁人式"高素质教师队伍。一是开展"学铁人、做铁人"理想信念教育，引导教师永葆为党育人为国育才"初心"。二是系统开展职教理念教育，引导教师贴近职业教育理念规律实施教学更"有心"。三是规范教师学习培训制度，促使教师积极开展跨学科（专业）学习，树起从专才成长为通才的"恒心"。四是持续深化师德师风教育，引导教师常怀甘当人梯永作蜡烛的"素心"。五是开展思想政治教育和心理疏导技术培训，培养教师做好育人工作的"耐心"。

3. "三段递升"推进"六育"，构建"铁人式接班人"育人新场域

围绕学生成长为"铁人式接班人"培育目标，学生在大学期间每一个学年为一个层次，分层培养、梯度推进。三年三个台阶，构建"铁人式接班人"的育人新场域。第一年在学校，以爱国主义教育、成长目标教育、心理健康教育引导学生认识"铁人"，树立起成长为"铁人式接班人"的职业人生目标；第二年在学校，以专业课程和意志品质教育、职业素养教育，引导学生学专业知识厚积起成长为"铁人式接班人"的专业理论知识和职业发展规划；第三年到企业，通过岗位实践配合学校职业素养教育、创新创业教育，磨练出"铁人式接班人"应有的精神气质、意志品格和产业前沿意识。

（四）石油化工高职院校"铁人式接班人"培育的实践成效

1. 学生综合素养提升显著

学院毕业生在理想信念、家国情怀、责任担当、道德修养、意志品质等方面表现突出。学院 2022 年、2023 年连续两年被评为征兵工作先进单位，征兵人数位列天津市高校前列。学院"铁"字号社团国旗护卫队获得 2023 年天津市学校国旗护卫队展演二等奖，位列天津市学校前十名；其每届参军人数约占学院总参军人数

五分之一；1200 余人次学生赴贫困地区开展支教支农、挂职锻炼。学生责任担当、道德修养水平迈上新台阶。疫情期间，2000 余名学子积极参加抗疫志愿服务，学院收到数十封感谢信，多名同学先进事迹被媒体报道。吃苦耐劳、执着坚韧的意志品质进一步升华。近五年，毕业生赴西部就业人数从 25% 升至 35%，扎根西部奉献西部的学生规模逐年扩大；200 余人获评天津市和华北油田公司各类先进，35 个学生组织获评省部级和厅局级先进，20000 余人次投身志愿服务，志愿服务典型个人和团队被天津市学联、地方政府报道；学生参加省部级及以上职业技能大赛、创新方法大赛、创新创业大赛 300 余项。广大学子积极服务国家战略需求，到西部到基层、到能源行业就业，为能源行业发展转型提供了重要人才支撑，实现了毕业生个人理想追求融入到党和国家事业之中，为党为祖国为人民作出了积极贡献。

2. 企业认可度提升显著

当前能源安全与能源转型在我国经济社会发展全局中的重要性日益凸显。学院坚持铸魂育人引就业、服务国家需求强就业、坚持以人为本促就业。近 5 年，学院毕业 15000 人以上，进入"三桶油"等国有大中型企业和地方石油石化行业就职的超过 35%，企业反馈相比其他同类型高校学生，更能稳得住、用得上，积极上进、乐观豁达、吃苦耐劳表现好、奉献精神强、执行力强、离职率低，很多毕业生成为企业独当一面的技术能手。有一名毕业生在 2021 年全国行业职业技能竞赛——井下作业工技能竞赛排名第一，获得金牌，并荣获"全国技术能手"称号；有两名学院毕业生代表渤海钻探工程有限公司在中国石油天然气集团公司集团公司第二届井下作业工技术技能竞赛中分别斩获个人银牌和铜牌，同时带领团队斩获二等奖。毕业生的良好表现获得企业认可，也促使企业积极争取在学院开设就业专场和开设订单班，2023 年先后开设了中石化胜利石油工程公司订单班、中原石油工程公司国际订单班。

3. 社会效应提升显著

学院"铁人式接班人"育人成果惠及学生、家庭、学校、企业。学生成长成才，成为家庭顶梁柱，成为企业技术技能骨干，也成为学校金字招牌。学子、企业口口相传学油院育人特点，良好口碑成就品牌和特色。毕业生就业率始终处于天津市高校前列,以多渠道的优质就业实现"出口"拉动"入口",实现了 2020、2021、2022 连续三年新生入学连创新高,在校生超过 10000 人规模目标,创下了建校 40 多年来在校生人数的历史之最。学院每年累计献血量在天津市名列前茅,连续多年被评为天津市无偿献血先进单位。学生格桑花公益协会每年奔赴西部助学,足迹遍及青海、甘肃多地,事迹被天津市教育报、天津市学联公众号专题推送。学院连续三年承办中石油化工总控工大赛,学生主动参与大赛服务,文明礼貌,热情周到,赢得集团公司以及各参赛单位高度赞誉。2024 年中国海油与学院签署了"高级技能人才"合作培养协议,共同培养理想信念坚定、知识技能扎实、创新能力突出、作风素质优良的技能人才,成为全国十大签约院校之一。"铁人式接班人"育人成果的社会效益正在进一步凸显。

课题承担单位:天津石油职业技术学院
主持人:赵爱民
执笔人:田新蕊
课题组成员:杨保华、陈丽、魏艳、贾晓鹏、李莎、马军

/ 第二十二章 /

▼

新时代高职院校文化育人创新

近年来,高职院校作为中国特色社会主义文化传承与创新的重要参与者,不断探索文化育人新功能,以更好地落实立德树人根本任务。这需要高职院校牢牢把握文化育人主动权、话语引导权和网络管理主导权,持续推进文化育人体制机制、平台渠道及队伍建设等方面的创新,积极探索文化育人新路径。

一、高校文化育人的提出和相关研究概述

党的十八大以来,文化建设的重要性得到极大的重视,文化育人在高校立德树人工作中的重要性日益凸显。习近平总书记在不同场合多次发表关于文化自信和文化建设的重要论述,强调"坚定文化自信,建设社会主义文化强国"的重要意义,并在全国高校思想政治工作会议上深刻指出:"要更加注重以文化人、以文育人,广泛开展文明校园创建,开展形式多样、健康向上、格调高雅的校园文化活动,广泛开展各类社会实践。"中共中央、国务院印发的《关于加强和改进新形势下高校思想政治工作的意见》,明确要求形成包括文化育人在内的"七育人"长效机制。教育部发布的《高校思想政治工作质量提升工程实施纲要》,提出文化育人质量提升体系,明确要求一体化构建"十大"育人体系,特别强调要深入推进"文化育人",推进中华优秀传统文化教育,挖掘革命文化的育人内涵,开展社会主义先进文化教育,大力繁荣校园文化,牢牢掌握高校意识形态工作领导权,践行和弘扬社会主义核心价值观,以文化滋养师生心灵、涵育师生品行、引领社会风尚,把高校建设成为社会主义精神文明高地。

"文化育人"既是一种富有时代性的教育理念,又是一种意蕴丰富的教育实践,对实现高校的育人使命具有独特功能。当前,对文化育人的研究已有一些成

果,这些成果对于进一步有效开展文化育人实践具有一定的参考作用,也利于在此基础上深化文化育人的理论研究。

通过中国知网（CNKI）进行文献检索,用"高校文化育人"为主题检索,共检索相关文献 573 篇,硕博论文 50 篇。用"高职文化育人"为关键词检索,发表只有1 篇会议论文。这从一个侧面反映出,理论界关于"高职院校文化育人"的研究还比较薄弱。而从实际需求来看,以下各个方面的研究都是具有迫切性意义的:一是高职院校在文化育人方面的基础理论研究;二是探索高职院校立德树人与文化育人的关系;三是高职院校文化育人的特色研究;四是高职院校文化育人的内容及方法研究等。这些问题要从已有研究成果中寻找线索。对于高职院校文化育人的内涵,有学者指出新时代高校文化建设的内涵挖掘与路径在于,文化育人作为高校"三全育人"体系的重要组成,在高校育人体系中发挥着重要作用。要在统筹大学文化"点"与"面"的基础上,构建多维度的高校文化体系,提升高校文化育人的整体效能。[1] 有学者指出,做好文化育人的顶层设计和系统谋划需要在新形势下,高校应确立以文化人、以文育人的价值导向,坚持科学的文化育人原则,做好文化育人顶层设计和系统谋划,以落实好立德树人根本任务。[2] 关于高职院校文化育人的研究内容,有学者认为就是要贯彻党的教育方针、落实立德树人根本任务;就是铸魂育人,引导学生增强中国特色社会主义道路自信、理论自信、制度自信、文化自信的具体途径。[3] 关于高职院校文化育人内容的实践路径,有学者提出高职院校传统的"能力本位"育人模式,强调工具理性至上、"拿来主义"至上、"深奥学问"至上,在一定程度上导致了高职生职业素养不够、就业竞争力下降、人文精神滑坡等问题。基于此,必须实现高职院校育人模式的供给侧改革,实现由"能力本位"向"文化育人"的跃迁。[4]

① 沈丽丹、舒天楚:《新时代高校文化建设的内涵挖掘与路径探索》,《思想理论教育》2021 年第 8 期。

② 罗莎、熊晓琳:《新时代高校文化育人实现理路探赜》,《思想教育研究》2020 年第 4 期。

③ 陶绍兴:《文化育人:高职院校高质量发展的必由之路》,《芜湖职业技术学院学报》2021 年第 2 期。

④ 冯刚、张芳:《新时代高校文化育人的理论与实践探析》,《湖北社会科学》2019 年第 5 期。

国外关于高校文化育人的研究,以美国学者克利福德·格尔茨的《文化的解释》为代表。该书提出文化对于人心理健康程度和智力发育有着重要作用,影响人的身心特征和智力的进化。[①] 这个观点表明,个体的成长与文化涵养具有重要相关性。还有美国学者威拉德·沃勒在其《教育社会学》中提出"校园文化"一词,他认为在学校形成的特殊的文化被称为校园文化。[②]

他的关于"校园文化"的一系列观点为西方校园文化建设研究的开展奠定了理论基础。目前没有检索到国外关于高职院校文化建设的相关文献,但关于高校文化建设的内容还是较多的,国外许多大学文化建设虽有其不同的特征,但大体上包括校园文化模式、设施、理念、行为的塑造,致力于培养学生创造力,主张通过校园文化的建设促进学生个性发展。

从以上相关文献的综述中可以看到,关于高校(普通大学)文化育人的研究和实践,在国内外均有较好的基础,但对高职院校的文化育人研究还很不深入和全面。本书认为,可以借鉴这些关于高校文化育人的研究成果和实践形式,从高职院校的实际出发,探索高职院校文化育人的基本思路和实践途径。

二、相关基本概念界定

(一)高校文化概念

关于高校文化的研究成果很多,对高校文化的界定也是各种各样。大体来说,高校文化一般是指高校在长期的发展过程中,为追求和实现育人目标而逐步创造和形成的文化形式和观念形态的总和,主要包括高校的思想观念、行为准则、规章制度、道德规范、校风校貌、学校精神和学校形象等。高校文化按照内在构成,由内及外,可分为精神文化、制度文化、物质文化和行为文化。

育人是高校文化的目的,这是由高校的属性和文化的功能决定的。高校作为培养人才的重要机构,无论是开展教学、科研还是发展师资、做好卫生和安全等管

---

① 克利福德·格尔茨,韩莉译:《文化的解释》,译林出版社 2024 年版,第 102-103 页。
② 威拉德·沃勒:《教育社会学》,人民教育出版社 2007 年版。

理工作,都是为"育人"服务的。高校育人,不仅要传授给学生知识,更重要的是培养学生的理想信念、世界观、价值观、人生观、道德品质和综合素质,正所谓"育人为本,德育为先"。文化与教育历来有着难以分割的天然联系。在西方,文化可作动词用,它源于拉丁语 cultura,含有耕作、培养之意。我国许多著名学者认为:"文化从其起源说,文化就是"人化";从其功能上说,文化就是"化人"即教化人。可以说,文化的功能之一就是教育。高校既作为人才培养的重要机构,又是文化传承和创造的重地,更应该能动地发挥文化的功能为实现育人的目的而服务。因此,高校文化育人是一个以高校为主体,以文化为载体,以学生为主要对象,以育人为目的的实践过程。

(二)高职院校文化概念

高职院校的文化是指与培养高素质技术技能人才相关的各种精神活动及其产品,拓展开来就是:具有高等职业教育特色的教育方针、教育思想、办学理念、制度体系、组织形态、校园环境、学校活动、教学质量、服务水平、教风学风、社会关系、公众口碑以及承载了文化信息的一些硬件条件等影响高职院校办学和人才培养活动的各种精神的、物质的、制度的、行为的文化因素的总和。

高等职业教育培养生产与服务第一线需要的高级技术人才,既属于职业技术教育,同时又是高等教育的重要组成部分,因而高职院校文化区别于其他社会文化,有着自身鲜明的特色:一是职业性。高职院校的培养目标以市场就业为导向,以职业要求为基准,因此,以适用和够用为原则,培养生产、服务与管理一线的实用型和专门型技术人才。故高职教育在课程设置和教学设计中始终坚持理论教学为基础、实践教学为重点。相比于普通高等教育,高职学生一般都具有明确的职业定位、良好的职业道德和职业素质,其所体现的高职院校文化也具有浓厚的职业性特征。二是行业性。高职教育的人才培养是基于行业标准的一种校企合作、工学结合的人才培养模式,直面行业和市场的需求,培养能够适应行业需要的生产和管理一线的高技术应用型人才,毫无疑问,其院校文化也具有鲜明的行业特色。三是区域性。高职院校往往会依据院校所在区域的经济社会发展状况来统筹规划专业设置、课程结构、教学设计、培训方案、投入—产出机制等,具有较强的区域地方特色,高职院校的文化也必然具有区域性特征。

三、高校文化育人的内涵和高职院校文化育人的特殊性

(一)高校文化育人的内涵

文化引领风气之先,是价值观的基本承载,具有整体性和包容性,并以其渗透性和持久性,塑造人们的心灵、陶冶人们的情操、影响人们的行为。文化育人是高等教育事业的重要组成部分,是立德树人的重要内容。高校文化育人有广义和狭义之分。从广义上讲,高校是文化的高地,是传承文化的主阵地,其所有教学活动,都是文化育人的具体表现。从狭义上讲,除去专业教学和相应管理之外,高校的一切活动都可以归入文化育人范畴。

高校文化育人注重以文化人,就是要将融中华优秀传统文化、革命文化、社会主义先进文化于一体的中国特色社会主义文化体现在大学的各种有形无形的载体上,并且采用符合青年人的趣味和审美的有效形式,真正实现育人目标。

(二)高职院校文化的特殊性

职业教育的目标是服务企业、促进区域经济发展,为国家和地方经济发展培养适应生产、建设、管理、服务第一线需要的大量的应用型高素质人才。这决定了高职院校校园文化必然融入服务就业、服务创业及服务企业等职业特征。

校园文化具有"职业性"。职业教育的特点造就了更加"实用"的校园文化基调,按照"以就业为导向,以服务为宗旨"的教育目标,高职院校加强校园文化与企业文化的有机融合,在物质文化、精神文化、制度文化等方面形成各具特点、百花齐放的以"职业性"为特色的校园文化。

育人内容呈现"专业性"。高职院校的学生在思想上同样趋于定型阶段,校园文化建设突出鲜明的专业特色,有利于巩固和发展学生的专业思想,使学生牢固树立"学好专业技术,振兴地方经济"的职业理想。

实现方式具有"实践性"。高职院校的校园文化建设始终紧贴人才培养目标,既服务于教育教学活动,又要为开展生产实习、经营服务、社会实践等各项活动创

造条件,并把文化和实践贯穿于学校教育之中。

（三）高职院校文化育人的特征

1.依托产教融合,促进区域发展,彰显校园文化的服务性

产教融合是指学校与企业、行业之间的紧密合作,通过资源共享、优势互补、协同育人等方式,实现学校与企业、行业的共同发展。产教融合旨在培养学生的实践能力和创新精神,提高学生的就业竞争力和职业发展能力。高职院校校园文化与产教融合之间存在密切的关系。通过校园文化建设推动产教融合的发展,不仅可以提高学生的职业素养和实践能力,还可以促进学校的科研创新和社会服务能力的提升。因此,高职院校应充分认识到校园文化与产教融合的重要性,积极探索和实践相关策略,推动两者的融合发展。

校园文化是产教融合的重要载体。高职院校校园文化作为学校内部的文化体系,具有引领和推动学校发展的重要作用。通过校园文化建设,可以营造积极向上的教育氛围,激发学生的学习热情和创新精神,提高学生的职业素养和实践能力。这些正是产教融合所追求的目标,因此,校园文化是产教融合的重要载体。

产教融合是校园文化建设的重要推动力量。产教融合为学校提供了与企业、行业紧密合作的机会,使学校能够更好地了解市场需求和产业发展趋势,调整专业设置和课程体系,提高教育质量和就业竞争力。同时,产教融合也为学校带来了更多的资源和机会,促进了学校的科研创新和社会服务能力的提升。这些成果将进一步丰富和深化高职院校的校园文化建设。

2.以就业为导向,以服务为宗旨,展现校园文化的职业性

职业教育的特点造就了更加"实用"的校园文化基调,按照"以就业为导向,以服务为宗旨"的教育目标,高职院校校园文化的职业性特征体现在教育教学、管理服务、学习环境、校园文化活动和职业规划指导等多个方面。这种职业性特征有助于培养学生的职业素养和职业精神,提高他们的就业竞争力和职业发展潜力。

（1）职业化的管理服务。高职院校的校园文化中,管理服务也呈现出职业化的特征。学校的管理机构和服务部门,如就业指导中心、实训中心、学生服务中心等,都致力于为学生提供职业化的服务,帮助学生解决学习和生活中的问题,为他

们的职业发展提供有力支持。

（2）实践性的学习环境。高职院校的校园文化注重实践,强调学生的实践能力培养。学校通过建设先进的实验室、实训室等校内实习实训基地,为学生提供良好的实践平台。同时,学校还积极与企业合作,建立校外实习实训基地,为学生提供更多的实践机会。这种实践性的学习环境有助于学生在实践中发现问题、解决问题,提高职业技能和职业素养。

（3）职业化的校园文化活动。高职院校的校园文化活动也呈现出职业化的特征。学校通过举办各种职业讲座、技能竞赛、创业大赛等活动,营造浓厚的职业氛围,使学生从入学开始就明确自己的职业方向。这些活动不仅有助于提高学生的职业技能和职业素养,还能培养他们的职业精神和团队合作精神。

（4）面向未来的职业规划指导。高职院校的校园文化注重学生的职业规划指导。学校设立专门的职业指导机构,为学生提供个性化的职业咨询、职业规划、就业指导等服务。通过帮助学生明确职业目标、制订职业计划、提升职业技能等方式,提高学生的就业竞争力和职业发展潜力。

3. 突出专业特色,巩固专业思想,凸显校园文化的专业性

高职院校校园文化要体现出鲜明的专业特色,巩固和发展学生的专业思想。高职校园文化活动要以全面提高学生综合素质为目标,其内容应该是既要有传统的校园社团文化,包括校园文化艺术节、各种文艺汇报演出等校园活动,也要包括具有企业文化性质的质量管理、制度建设、素质拓展、模拟职业面试情境、职业生涯规划、创业业绩评比等具有社会化的活动,两者相辅相成,缺一不可。通过开展符合高职院校学生实际需求的文化活动,逐步让学生树立"既要学好专业技术,振兴地方经济,又要具备优秀团队意识和良好职业品德"的职业理想。

创新是高职院校发展战略的必然要求,也是培养高素质技能型人才的需要。校园文化创新可以陶冶学生情操,彰显学生个性,培养学生良好行为的有效举措。一段时间以来,有些高职院校把校园文化与思想政治教育或学生社团活动等同,从而使其局限在思想政治教育和学生管理的层面,而忽视了校园文化所应具有的丰富内涵。新时代的校园文化应该是能使大学生具备一种文化意识和品质的"大

文化"。当他们亲身融入到校园文化形成的浓厚氛围中,无论学生愿意与否,在潜移默化中都会受到校园文化所宣扬的精神、所形成的校园气息的熏陶和感染,并将其融入到日常的专业课程学习过程中。这无疑会对专业教学起到极大的促进作用。因此,校园文化也应赋予其"专业性"这一特点。

4. 紧贴人才培养,服务教学活动,实现校园文化的实践性

如前所述,高职院校的校园文化是一种独特的精神风貌和物质文明的融合体,具有鲜明的职业性、服务性和专业性特征。这种文化以培养学生职业素养为核心,注重提升学生的实践能力和创新精神。在校园文化的构建过程中,高职院校致力于营造积极向上的学术氛围,提供丰富多彩的课外活动,加强师生之间的交流与互动,从而构建出独具特色的校园文化体系。而实习实践在高职教育中具有举足轻重的地位,它是学生将所学理论知识应用于实际工作的桥梁,也是提升学生专业技能和综合素质的重要途径。通过实习实践,学生能够深入了解社会需求,提高解决实际问题的能力,培养团队协作精神,并形成良好的职业道德和职业操守。

优秀的校园文化能够激发学生的实践意识和创新精神,为他们提供实习实践的指导思想和行为准则。校园文化中的职业性、实践性和创新性特征,为学生的实习实践提供了有力的支持。同时,学生的实习实践经历也能为校园文化注入新的活力,推动校园文化的不断发展和完善。学生在实习过程中所形成的职业素养、实践能力和创新精神,会进一步成为校园文化的重要组成部分,从而丰富校园文化的内涵。

这样,高职院校源源不断地培养出更多具备职业素养、实践能力和创新精神的高素质人才,为社会的发展和进步做出更大的贡献。

四、案例分析:一所高职院校的有益探索

近些年,越来越多的高职院校逐渐开始重视文化育人的作用,高职教育理念从"技能本位"转变为"以文化人、以文育人"。在"文化育人"理念引领下,很多高职院校顺应时代发展,开始重视提高学生的人文素质水平,并实施了一系列举措。天津轻工职业技术学院(以下简称"学院")通过深入挖掘天津城市文化与历

史底蕴,开展具有自身特点的文化育人实践,取得了良好成效。

（一）将爱国主义教育与热爱天津教育统一起来

学院将革命传统教育与专业素养教育相结合,持续深化学生爱国主义教育,引导广大学生做热爱家乡、热爱天津、热爱求学城市的人,自愿做天津文化的传承者、传播者,引导学生爱津留津、建设天津。组织在校生、联合培养学生、留学生参观周邓纪念馆、平津战役纪念馆、杨连弟纪念馆、小站练兵园、天开园、安幸生故居、天津金融博物馆、天津邮政博物馆,带领学生领略天津文化底蕴,感悟精神伟力。学院建设的鲁班工坊建设·体验馆获批爱国主义教育基地、天津市劳动教育师资研修培训基地,其秉承班墨文化,传承劳模精神、劳动精神、工匠精神,旨在以多元形式全面呈现鲁班工坊建设成效,为讲好职业教育领域的中国故事,传播现代职业教育体系建设的中国方案提供平台,为培育师生新时代的匠气、匠心、匠技奠定良好基础。

（二）采取多种形式开展职业文化教育

学院坚持德技并修,通过文化素养培育与思想政治教育、专业技术技能培养有机融合,依托自身专业特点,让中华优秀传统文化在校园焕发新活力。组织开展"绘丹青艺术,扬国风文化"主题国画展、携手天津电视台文艺频道《艺品藏拍》栏目举办"探索华夏之瑰宝　走进轻工鉴文物"艺品藏拍全品类鉴定会暨首届中华优秀传统文化进校园大型实践活动、开展校园宫扇绘制展览系列活动、参加"互联网+"大赛等,引领轻工学子们悟匠心、学匠艺、践匠行、怀匠情,培育其专注、精进、乐业的工匠精神。与此同时,大学章程的创建、大学精神和大学文化的培育以及高职院校文化建设视野的扩展,不仅使青年学生在文化的滋养中不断提升自身的科学文化素质、思想道德素质,实现自身的全面发展,同时也使高职院校思想政治教育的文化力量在实践中得以检验。

（三）构建校园文化活动育人体系

学院为解决高职学生阅读兴趣不浓厚、阅读品味不高、图书馆利用率低等问题,以图书馆为平台,积极推进书香校园建设,开展了丰富多彩的读书主题活动,营造了浓厚的阅读氛围,激发了学生的阅读兴趣。通过设计、构建具有职业教育特色的校园文化活动育人体系,提升育人水平。文化活动育人体系首先解决主体性问题,让青年学生在增强文化主体性认知的基础上,不断增进文化自觉、文化自信和文化自强,进而增强青年学生成长发展的内生动力。同时,着力推进高校文化育人创新发展,发挥文化"润物细无声"的特点,让中国特色社会主义文化成为青年价值认知的"导航灯"、认同共识的"凝结剂"、实践养成的"助推器"。而且这一体系的实践,对十大育人体系的研究和实践也产生了积极推动作用。

我们也要看到,学院的文化育人工作存在一些不足。如学生个体存在差异必然影响一般文化育人活动的成效;文化育人的内容还要更加全面,从而拓展育人成效;学生接受文化育人实践略显被动,表明文化育人工作还要有更高层次的设计;文化育人实践合力不足、媒介单一,表明文化育人环境建设还要加强。这些都要求在文化育人方面不断开拓创新,提出更加系统、完善的建设思路。

课题承担单位:天津轻工职业技术学院
主持人:李子铮
执笔人:李子铮
课题组成员:李萍、王柔健、杜书珍、赵紫薇、王妍、吴庆玲、冯宁、黄倩

/ 第二十三章 /

▼

职业教育思政育人模式创新

思政教育和职业教育都是国家非常重视并一再提出新要求的重要领域,但将职业院校的思政教育特殊性提炼出来并开展有效实践,则是新近才引起重视的。这方面的实践已有开展,可以在此基础上探索其规律性特征。

一、有关职业教育思政育人政策的梳理

（一）思想政治教育相关政策的时间分布分析

思想政治教育政策是党和国家为实现思想政治教育目标、完成思想政治教育工作任务而制定的纲领和原则,是推动思想政治教育的关键动力和确保思想政治教育有效实施的制度保障,主要以通知、规定、意见、办法等形式呈现出来。[①]

1987 年 5 月,中共中央《关于改进和加强高等学校思想政治工作的决定》,指出在新形势下,高等学校必须把改进和加强思想政治工作作为自己的重要任务,为青年学生的健康成长创造一个良好的社会环境。随后,一系列相关政策出台,如选拔优秀高校应届毕业生加入到高校思想政治教育工作队伍、增设法律基础课、改革马克思主义理论课（公共课）、聘任高校学生思想政治教育专职教师队伍等。2004 年前后,随着高校思想政治教育工作不断深化,政策颁布数量出现第二次高峰。2004 年 8 月,中共中央、国务院发出《关于进一步加强和改进大学生思想政治教育的意见》,该文件在我国高校思想政治教育发展史上具有里程碑意义的地位,指出加强和改进大学生思想政治教育的重要性、指导思想、基本原则、主要任务,强调课堂教学的主导作用和党团组织的重要作用,鼓励拓展大学生思想政治教育

---

① 周建松:《高等职业教育高质量发展研究》,浙江大学出版社 2020 年版,第 35 页。

的有效途径。随后,国家各部委相继颁布促进学科体系建设、课程体系建设、教材体系建设、共青团建设、师德建设等多方面配套政策。

2013 年,随着高校思想政治教育政策的持续优化,政策颁布数量达到又一个高峰。党的十八大以来,学校思想政治工作得到党和国家的高度重视,习近平总书记围绕培养什么人、怎样培养人、为谁培养人这些根本问题发表了重要论述,为思想政治工作政策的制定和执行提供了根本遵循。有关部门分别从目标指导、资源引入、队伍建设、区域发展、保障机制、落实措施等多方面入手,为贯彻落实立德树人这一根本任务出台一系列相关配套政策。通过自上而下的政策推进,逐渐建构起了较为完善的高校思想政治教育体系。①

2016 年以来,随着国家对思想政治教育工作的不断加强和重视,相关的政策体系已经发展得更为全面和成熟,同时,政策文件发布的数量也在稳步增长。2016 年 12 月 7 日至 8 日,全国高校思想政治工作会议在北京召开。习近平总书记在会议上对加强和改进新形势下高校思想政治工作提出明确要求。他强调,要坚持把立德树人作为中心环节,把思想政治工作贯穿教育教学全过程,实现全程育人、全方位育人,努力开创我国高等教育事业发展新局面。2017 年 2 月,中共中央、国务院印发《关于加强和改进新形势下高校思想政治工作的意见》,首次提出"课程思政"这一关键词。2019 年习近平总书记在学校思想政治理论课教师座谈会上的讲话中指出"思政课是落实立德树人根本任务的关键课程",同时强调思想政治工作的重要地位。近几年来,国家各部委针对高校思想政治工作出台的政策越来越系统化、具体化。通过对新时代我国高校思想政治教育政策文本内容进行统计分析,总结归纳为大中小学思政课一体化、改革创新、教师队伍建设、劳动教育、体育等14 个政策主题关键词。透过这些关键词可以看出,学习贯彻习近平总书记重要讲话和指示精神的政策文本出现频率最高,为 35 次,远远超出以往任何一个历史时期,彰显出新时代高校思想政治教育政策的关键点和侧重点。

---

① 冯琦琳:《高等职业教育可持续发展研究》,复旦大学出版社 2014 年版,第 15 页。

（二）职业教育相关政策的时间分布分析

从进入新世纪以来，国家发布了一系列政策文件，着力推动职业教育快速发展。从 2002 年《国务院关于大力推进职业教育改革与发展的决定》、2005 年《国务院关于大力发展职业教育的决定》、2014 年《国务院关于加快发展现代职业教育的决定》，到 2021 年《关于推动现代职业教育高质量发展的意见》，我国职业教育政策经历了"大力发展""加快发展""高质量发展"等阶段。

2002 年发布的《国务院关于大力推进职业教育改革与发展的决定》，提出了职业教育改革的总体目标，包括扩大招生规模、提高教育质量、加强师资队伍建设、促进产教结合等一系列推动职业教育发展的措施，是中国职业教育改革与发展的一个重要里程碑，也标志着第一个政策颁布的高峰期。2005 年《中华人民共和国职业教育法》进一步修订，明确了职业教育的法律地位，规定了政府、企业、社会和职业学校在职业教育中的职责和权利，为职业教育的健康发展提供了法律保障，促进了职业教育体系的规范化和法治化。2010 年《国家中长期教育改革和发展规划纲要（2010—2020 年）》发布，规划了未来十年中国教育改革和发展的总体目标，包括职业教育在内的教育体系的全面改革，为我国职业教育长远发展提供了战略指导。

2014 年，职业教育政策文件颁布进入又一个高峰期，这一时期政策文件集中关注现代职业教育体系建设和质量提升。2014 年、2015 年先后颁布《现代职业教育体系建设规划（2014—2020 年）》《职业院校管理水平提升行动计划（2015—2019 年）》，提出了建设现代职业教育体系的目标和任务，包括完善职业教育结构、提高教育质量、促进产教融合，通过提升管理水平，增强职业院校的办学活力和教育质量。两份文件的颁布，明确了现代职业教育体系建设的具体措施，促进了职业教育与经济社会需求的紧密结合，推动了职业院校内部管理体制和运行机制的改革，提高了职业教育的整体效率和质量。2020 年《职业教育提质培优行动计划（2020—2023 年）》的发布，标志着职业教育进入了提质培优的新阶段。

2021 年之后，随着《关于推动现代职业教育高质量发展的意见》和《关于深化现代职业教育体系建设改革的意见》等文件的发布，职业教育政策再次进入高峰期,这一时期的政策更加注重职业教育的内涵发展和与经济社会发展的紧密结合。2023年颁布的《教育部办公厅关于加快推进现代职业教育体系建设改革重点任务的通知》,该文件从体系建设、改革重点、产教融合、监督评估几个方面做出要求,为推动职业教育体系的系统性建设,增强职业教育对经济社会变化的适应性和灵活性,促进教育与经济社会协调发展奠定了基础,为现代职业教育体系的建设与改革提出了明确的方向。

二、有关职业教育思政育人研究的关键问题和趋势变化

（一）职业教育思政育人相关文献的时间分布分析

本研究以中国知网为数据库,使用"职业教育思政育人"为检索关键词,导出文献共1984篇,经过去重、去除部分不合格数据后,再经数据清洗后,得到有效的研究数据为1932篇。其中,2007年至2024年平均每年发文数量为120篇。

从2018年开始,文献整体上升速度加快,并且逐年递增。可以大体分为三个阶段,2007年至2016年,这十年为初步探索期,文章增长数量较慢;2017年至2020年为缓慢增长期,这一阶段文章数量明显增多;从2021年开始,随着国家对职业教育的重视和投入不断增加,我国职业教育体系不断完善,社会认可度也不断提高,相关文献研究进入了迅速发展时期。

（二）有关职业教育思政育人研究的演进趋势分析

本研究按照发文数量,将职业教育思政育人的发展过程分为三个阶段,分别研究这三个阶段的论文关键词,从中得出思路和特点。因为关键词是论文中出现频率较高或者具有一定联系的词语集合,反映了论文研究的方向、重点和热点,是文献计量研究的基本要素之一。通过对关键词的词频进行统计分析,可以了解该研究领域最新的研究成果。

第一阶段（2007—2016年）:此阶段关键词较少,共有98个关键词,其中排名前3的关键词为:高职院校、思想政治教育、思想政治理论课。可见本阶段的研究多为对职业教育思政育人基本概念的研究,是对整体思政教育的研究,还没有方

向性和指向性,也没有研究热点的突出体现。

第二阶段（2017—2020 年）：此阶段关键词数量为 991 个,在本阶段开始初步显现研究的热点和重点,可以看出"三全育人"基本概念的提出,为该阶段的研究提供了一定的方向,并且课程思政的育人作用也被更多的专家学者重视,同时对高职学生工匠精神的培育也作为一个研究重点热点在此阶段出现。

第三阶段（2021—2024 年）：此阶段关键词数量为 3072 个,课程思政成为最热门的研究领域,论者致力于研究课程思政在高职院校中起到的思政育人作用,并且深入探究课程思政的育人实践效果,"三全育人"的基本理念和立德树人的根本任务作为关键词出现的频次仍然较高。此外,协同育人、产教融合两个关键词的出现也揭示了职业院校的发展趋势。同时,实践育人这一关键词,虽然没能列入前十,但是呈现出上升的趋势。

通过对三个阶段关键词的分析,可以看出职业教育思政育人的研究呈现出由单一向多元、由简单到复杂转变的特点,也可以看出职业教育思政育人的研究与新政策和培养人才的重点是紧密相关联的。[①]

三、高职院校育人模式的一般分析

（一）高职院校育人模式现状

作为培养高素质技能型人才的重要基地,高职院校的育人模式直接关系到人才培养的质量和效果,对于推动经济社会发展、实现国家创新驱动发展战略具有重要意义。[②] 当前,各高职院校在育人模式的探索与实践上呈现出多样化的特点。一些院校注重理论与实践相结合,通过校企合作、产教融合等方式,让学生在实践中学习、成长；一些院校则强调学生综合素质的培养,通过开设多样化的课程和活

---

① 祁占勇、鄂晓倩：《中国式教育现代化与中国特色现代职业教育体系发展之路》,《职业技术教育》2023 年第 44 期。

② 柯婧秋、高红梅、石伟平：《面向 2035：职业教育现代化探析》,《职业技术教育》2018 年第 39 期。

动,提升学生的创新能力、沟通能力和团队协作能力。这些探索与实践为高职院校育人模式的创新与发展提供了宝贵的经验和启示。然而,我们也要清醒地看到,高职院校育人模式仍存在一些问题和不足。例如,部分院校过于注重专业知识的传授,忽视了学生人文素养和职业道德的培养;一些院校在实践教学环节上投入不足,导致学生实践能力不强;还有的院校在育人模式上缺乏创新,难以适应新时代人才培养的需求。

总体上看,高职院校育人模式呈现出多样化的特点。一方面,传统的课堂教学仍然是高职院校育人的主要方式,通过系统的理论学习和实践操作,培养学生的专业知识和技能;另一方面,随着职业教育的改革和创新,越来越多的高职院校开始注重与企业深入合作,开展校企合作育人模式,通过实习实训、项目合作等方式,让学生在真实的工作环境中学习和成长。当然,校企合作育人模式在实践中还存在一些困难,如企业参与度不高、实习实训安排不合理等。

此外,一些高职院校还积极探索个性化的育人模式,根据学生的兴趣和特长进行课程设置和教学设计,以满足学生的个性化需求。在学生的思想政治教育方式上,各高职类院校不拘一格,百花齐放。这不仅有助于提升学生的思想政治素养,还能为其未来的职业发展和人生规划奠定坚实的基础。各高职类院校育人模式以其鲜明的实践性和创新性,为培养高素质技能型人才提供了有力保障。但高职院校在个性化育人模式方面还需进一步完善,以更好地满足学生的个性化需求。①

（二）高职院校思政育人模式现状

总体而言,高职院校思政育人模式还处于探索初期,大家认识到这一点已属不易,而做好这方面工作还有待时日。这里通过两所高职院校有代表性做法的分析,为相关研究打下一定基础。北京电子科技职业技术学院,坚持德智体美劳"五育"并举,构建"大思政"育人格局,推进"三全"+"双元"育人体系。一是优化顶层设计。健全学生党建和思想政治教育、学籍管理、学生违纪处理、心理健康教育、学业辅导、资助育人、就业指导、创新创业、共青团工作等方面完备的规章制

---

① 郑清松、王波:《中国式职业教育现代化视域下特色学徒制高质量发展探索》,《教育与职业》2023年第23期。

度体系,完善党政齐抓共管、专兼队伍结合、全校紧密配合、家校合力育人的工作体制机制。二是深化思想引领。坚持以理想信念教育为核心,以弘扬社会主义核心价值观为主线,以培育劳动精神和工匠精神为重点,将学生思想政治教育融入人才培养全过程,发挥课堂主渠道作用,推进"思政课程"与"课程思政"协同,开展全培养周期思想政治教育,依托技能竞赛、科技创新、志愿服务提升学生职业素养,教育引导学生秉持匠心筑梦、练就技能报国,全力培养"德技双修、知行合一"的高素质技术技能人才。三是强化养成教育。坚持把学生文明行为养成作为教育管理的关键点,持续深入开展"文明生活　健康成才"主题教育,实施"学生综合素质提升计划",严抓文明行为、课堂纪律、宿舍管理,以严抓"五早"(早睡、早起、早餐、早操、早读)促进学生"五爱"(爱祖国、爱高职、爱学校、爱专业、爱学习),推进美丽和谐平安幸福校园建设。四是细化服务指导。坚持以学业辅导、心理疏导、资助引导、就业指导为载体,不断丰富创新服务指导的内容和形式,细化健全学生成才服务体系,在具体服务中解决学生实际问题,不断渗透和强化思想政治教育的政治属性和政治功能,注重发挥服务指导的价值引领作用,切实增强工作实效性和学生获得感,教育引导学生德智体美劳全面发展。

重庆职业技术学院通过多维协同创新思政育人模式,不断增强思政教育的实效性。一是通过构建大学生思政教育工作机制、构建全员思政教育"岗位"体系、组建课程思政教学指导员队伍,加强体制机制建设,将"三全育人"落到实处。二是不断创新方式方法,深化课程改革让思政课程"红起来"。通过集体备课把握课程标准、提升课程质量,通过翻转课堂、名师在线推荐等方式,创新教学方法;依托"四个三"让课程思政"活起来"。将思政教育内容融入各专业课堂、实践实训和顶岗实习"三环节",试点课堂教学思政教育"三分钟",课程考试"三分值",课外思政融入社团、融入宿舍、融入社会实践活动"三融入",稳步推进"课程思政"全面落实落地;四是依托"互联网+"让网络思政"火起来"。依托"青春重工"APP资源,整合"两微一端"、大屏幕、校刊校报等媒体,建立学校融媒体中心,开展网络思政"每日一课、每日一练""重工国旗班"网络风采展等活动,线上线下协同推进,实现思政教育多维度全覆盖,尤其有效地破解了校外顶岗实习学生思政教育的难题。三是突出文化育人,促进学生可持续发展。根据各年级学生的特点和职业教育规律,形成"踏实为人、用心为事、积极为业理念,与学生习惯养成、知识技能学习、创业就业紧密结合,促进学生可持续发展。构建"三阶递进、四位一体"文化育人模式。制订学校《职业素质教育分年级育人纲要》,将学生职业素质培养分年级、分阶段、分层次设计,形成"三阶递进"式现代工匠培养轨迹,打造"学校人才培养的企业文化"和"企业生产经营的教育文化"育人生态,系统构建以精神文化为核心、以制度文化为保障、以行为文化为载体、以物质文化为基础的"四位一体"文化育人体系,探索培养现代工匠的新模式。三是开展"五个一"育人活动。通过开设"重工幸福课堂"、创建"体育运动俱乐部"等,在学生中全面发展树立一个职业理想、学好一门职业知识、练好一种职业技能、涵养一种艺术品质、热爱一项体育运动的"五个一"活动,把培育和践行社会主义核心价值观融入教书育人全过程,全面提升学生思政教育水平。

四、案例分析:一所高职院校构建思政育人体系的有益探索

天津电子信息职业技术学院(以下简称"学院")以强化立德树人根本任务为价值导向,以理想信念教育为核心,以培育和践行社会主义核心价值观为主线,以思想引领、实践创新、品牌建设为育人路径,将思政育人工作融入"三全育人"大格局,坚持"守正创新、协调发展、提质增效",深化理论研究和实践探索,全方位、多元化打造了具有津·电特色的思政育人体系,全面提升大学生思想政治工作质量。

(一)探索构建育人体系

1. 深挖育人资源,丰富育人载体

创新协同育人路径,打造"五育并举"的育人模式,加强第二课堂建设,重视实践育人,坚持学校教育同广泛的各类社会实践相结合,让学生在亲身参与中认识国情、了解社会,受教育、长才干。组织开展天津市优秀师生巡讲、中华优秀传统文化讲座、阅读之星、防震减灾科普讲解大赛等形式多样的主题育人活动,组

织"新时代·实践行""我和我求学的城市"等社会实践活动。运用网络信息化手段,通过微信、抖音等媒介,扩大思政教育的影响力。聚焦实践育人,激活第二课堂实践活动。深入推进高校第二课堂育人体系建设,因事而化、因时而进、因势而新,培养更多信念坚定、视野开阔的学生,多措并举助力学生成长发展,助力中国式现代化建设。

2.打造思政品牌,拓宽育人路径

学院以理想信念教育为核心,围绕校园思政育人品牌,将思想价值引领贯穿人才培养全过程。打造发挥朋辈育人效能的小辅导员队伍,强化理想信念教育的学生"励志讲堂",纪念成长的毕业季活动、凝聚爱国力量的班班唱,少数民族文化、国防宣传、中华传统文化进宿舍等精品品牌项目。

3.推进一站式社区,打通"最后一公里"

学院充分利用'一站式'学生社区这个重要平台,让思政教育深入学生心田。"一站式"学生社区包括学生事务大厅、打印室、心理咨询室、创新创业孵化中心、就业沟通活动室等,同时把学工、团委、物业等学生服务部门下沉到"一站式"社区办公。通过构建"场景式"全场域育人环境,让学生社区从单一的生活空间向集思政教育、师生交流、文化活动、生活服务等多功能于一体的教育新空间转变。

4.选树先进典型,发挥榜样作用

开展"榜样力量传递"活动,将学生身边的先进典型作为主题教育的鲜活教材,让推荐、选树、宣传、学习身边先进典型的过程成为学生持续受教育的过程,引导学生将榜样力量转化为学专业、强信念、重德行、建新功的生动实践。开展优秀学生、优秀学生干部、先进学生集体、大学生年度人物、自信自强年度人物、感动校园人物评选工作,深挖优秀事迹,多措并举宣传,让榜样力量"入心入行",逐渐形成了"学有榜样、行有示范"的生动局面,让学院学生可学可鉴、可追可及。

(二)打造"535"学生思政育人模式

学院以"汇聚5方力量,打通3个链条,聚焦5大领域"为着力点,构建"535""三全育人"体系,切实担负起培养多样化人才、传承技术技能、促进就业创业的重要职责,为服务区域经济发展提供有力技术和人才支撑。

1.汇聚 5 方力量,实现全员协同联动

为推进协同育人,使所有部门、每位教师都肩负起育人职责,学校以汇聚"领导干部、思政队伍、专任教师、服务队伍、朋辈榜样"5 方力量为重要抓手,持续推进全员育人落实落细。建设"德·艺匠心 +N"育人研究工作室;聘任 144 名教师担任学业班主任,为学生提供个性化服务;每年组建"小辅导员"队伍,参与校园服务和学生管理等工作,全面构建起"领导干部率先垂范育人、思政队伍匠心铸魂育人、专任教师悉心精准育人、服务队伍用情暖心育人、朋辈榜样爱心引航育人"的全员育人体系,为推动学校高质量发展提供有力人才支撑。

2.打通 3 个链条,促进全过程有机衔接

为确保育人工作不缺位、不脱节,学院着眼"从入学到就业、从课上到课下、从技能竞赛到创新创业"的育人全链条,切实把思想政治教育工作贯穿教育教学全过程、学生成长各环节。建立"入学—培养—实习—择业—就业"的全流程跟踪培养评价体系;构建"一核三环五联动"课程思政体系,与天津七一二通信广播有限公司等行业领军企业共建实践基地,积极组织开展大中小幼思政一体化共建活动;建设世界技能大赛研究与训练中心,形成基于日常教学的竞赛训练体系,践行"点、线、面、体""双创"育人模式,搭建"双创"教育教学平台,成立双创社团。学校现已全面打通从入学到就业"全成长链"、从课上到课下"全要素链"、从技能竞赛到创新创业"全输出链"3 个链条,形成持续性、立体化、贯穿式的全过程育人体系。

3.聚焦 5 大领域,达成全方位有效供给

学院以"占领网络育人阵地,构建精准资助机制,拓展心理育人载体,增强管理育人效能,深化校园文化育人"为重点方向,拓展育人场域,创新育人载体,促进育人要素全方位有效供给。完善媒体资源整合,建立"三媒一平台""津电"媒体矩阵;搭建一站式"云资助"信息化服务平台;建立"暖心护航"心理育人专项研究团队,持续打造校园心理健康品牌;形成"1+3+N"议事决策制度体系,

推动"一制三化"改革,部署搭建学校"津电智云"IDC 数据中心和"一站式"网上办事大厅。

课题承担单位:天津电子信息职业技术学院

主持人:黄宁

执笔人:黄宁

课题组成员:黄宁、陈建辉、李莹、李欣、李崇馨

/ 第二十四章 /

▼

行业办学背景下企业新型学徒制的创新

企业新型学徒制作为一种基于企业需求的职业教育模式,能进一步发挥企业的主导作用,拓宽高素质技能型人才培养的途径,对于现代职业教育体系建设具有重要意义。作为行业办学的高职院校开展企业新型学徒制具有天然的优势和独到的途径,可以取得超乎设计的效果。

一、学徒制的演进及特点

学徒制是一种在实际生产过程中以口传身授为主要形式的技能传授方式,是人类文明社会最古老的职业教育模式,起源于古代手工业家庭作坊,指徒弟在师傅的悉心指导下,通过观察、模仿、实践来掌握技能。

学徒制首先是一种制度,是学徒对某项技能进行学习的制度。西方国家所指学徒制是一种职业培训制度,中国的学徒制则是指古代手工业作坊中的一种工匠培养制度。其次,学徒制是一种学习方式,是指学徒向师傅学习从而获得某种技能,是传统的、旧式的学徒学习方式。其三,学徒制是一种学习模式,是职业教育在发展过程中产生的一种(非唯一)能合理适应且能满足经济产业发展需要的学习模式。其四,学徒制是一种身份或者工作时间,是一个新的学习者的身份,是学习者为获得某种技能进行工作的时间。

(一)传统学徒制

我国学徒制源于奴隶社会,在封建社会不断发展壮大,至近现代逐渐式微。作为一种特有的职业教育形式,传统学徒制在发展完善中形成了自己鲜明的特点。

从优点上看:传统学徒制是一种全程教育,可以保障教育过程的完整性,包括专业技能、专业基础知识、文化与综合素养的传授;起于父子传授,后过渡到师徒模式,保障了技术传授的稳定性,也有助于促进师徒关系;便于延续精湛技术,师傅传授技能的主要方式是口传手授,且徒弟不以获取报酬为目的,学习过程可以做到精益求精;学徒目标明确,拜师学艺旨在熟练掌握某一技能,从而实现自己的人生目标。

传统学徒制也有缺点:培养时间长,效率低下;师生比小,培养成本高,效率低下,不适应工业体制需要;手工产品利润价值低,投入与产出不成正比,市场生存空间小;过于依赖人际关系,学徒的依附关系重,夹杂过多个人感情。

（二）现代学徒制

现代学徒制是传统学徒制的延续与发展。

在国外,"20 世纪 80 年代以来,伴随着产业发展对高质量技能工人的需求增加,欧美各国建立了适应本国特色的学徒制度,甚至部分国家形成了配套的法律规章,其中开展学徒制较为典型且成熟的包括德国双元制、英国规范制和美国注册制"[1],以及澳大利亚新学徒制模式（TAFE 模式）和瑞士三元制等。

在国内,校企合作制度提出后,2014 年 5 月,国务院印发《关于加快发展现代职业教育的决定》,提出"开展校企联合招生、联合培养的现代学徒制试点,完善支持政策,推进校企一体化育人",标志现代学徒制成为国家人力资源开发的重要战略。2014 年 8 月,教育部印发《关于开展现代学徒制试点工作的意见》,强调以校企双重主体育人为根本,以"学生""学徒"双重身份为保证,以岗位成才为路径,开创全新的深层次职业教育工学结合人才培养形式。2015 年 8 月至 2018 年 8 月,教育部先后开展了三批现代学徒制试点,涉及地方政府、院校、行业和企业共 562 家单位参与,如上海市强调"校企一体化育人"、山东下拨专款奖励学徒师傅、安徽创建"现代学徒制试点联盟"等。

（三）企业新型学徒制

随着我国产业结构向中高端迈进、增长动力向创新驱动转换的需求日益迫切,高素质大国工匠人才短缺成为制约产业转型升级的关键因素。为适应经济社

---

① 陈志伟:《中国式职业教育现代化学徒制体系的构建》,《贵州师范大学学报》（社会科学版）2023 年第 1 期。

会发展需要,人社部大力推进"企业新型学徒制"探索,构建企业技能人才培养制度与模式。2015 年 7 月,人社部、财政部联合印发《关于开展企业新型学徒制试点工作的通知》,并陆续在全国 22 个省市自治区启动企业新型学徒制试点工作,培养职工学徒近 2 万人。2018 年 10 月,人社部与财政部联合发布《关于全面推行企业新型学徒制的意见》(以下简称《意见》),提出"努力形成政府激励推动、企业加大投入、培训机构积极参与、劳动者踊跃参加的职业技能培训新格局"的战略愿景,按照"政府引导、企业为主、院校参与"的原则,全面推行以'招工即招生、入企即入校、企校双师联合培养'为主要内容的企业新型学徒制培养制度。2019—2020 年,全国实际培养企业新学徒超 80 万人",2021 年起,力争年培训学徒 50 万左右。[①]

1. 企业新型学徒制的内涵

《意见》指出,企业新型学徒制坚持"政府引导、企业为主、院校参与"原则,充分发挥企业主体作用,以与企业签订 1 年以上劳动合同的技能岗位新招用和转岗人员为培养对象,通过企校双师联合带徒、工学交替培养的方式,在 1～2 年内将学徒培养成为满足企业岗位需求的中高级技能人才。资金投入方面,要求完善财政补贴政策,健全企业对学徒培训的投入机制,学徒工资、导师带徒津贴、院校培训费用由企业支付。

2. 企业新型学徒制的特征

企业新型学徒制既是职业培训制度的重大创新,也是一种企业技能人才培养新模式,可视为政府政策引导与财政补贴大力支持下的、企校合作开展的技能人才培养项目。

(1)管理特征。企业新型学徒的实施既涉及企业、院校、学徒、导师等多个相关利益群体,又涉及人才培养、人才评价、劳动雇佣等多个系统间的协调配合,是一项复杂的系统工程。制度层面,国家需提供协调一致的法律及制度保障;在组织层面,企业与院校需共同建立完善双元管理机制;教育层面,企业需为学徒提供具

---

① 许远:《企业新型学徒制技能人才培养模式的中国实践》,《职教论坛》2022 年第 9 期。

有学习价值的岗位；经济层面，各参与主体需达成能够满足各方利益诉求的安排。

（2）教学特征。①企业新型学徒制本质是"基于工作的学习"，目的是为学徒提供真实"工作情形和环境"，即突出"工学结合一体化"，学习内容是工作，通过工作实现学习。②企业新型学徒制的理论基础是情境学习理论，认知主体是在与外界环境的交互过程中完成的，主张让学习者凭借自己的"合法"身份参与到"实践共同体"中，通过完成各种真实的工作活动来提高自身的知识素养、能力水平，实现由初学者到专家的蜕变。③企业新型学徒制是通过某些制度性安排，赋予学徒群体"合法"身份和"边缘性参与"机会，由学徒与导师等组成"实践共同体"，为学徒成长铺设桥梁。

（四）传统学徒制、现代学徒制、企业新型学徒制比较分析

传统学徒制、现代学徒制和企业新型学徒制，三者在基因表征、政策支撑、培养主体、培养方式、投入机制等方面存在不同，企业新型学徒制更具有"新"的特征和优势。

1. 基因表征更加明显

传统学徒制覆盖的职业范围主要是手工和技艺行业，是维系和扩张家庭生产的主要方式，且有长期、稳定的师徒关系，师傅是技艺传授者和雇主；企业新型学徒制主要面向现代产业体系，继承了传统学徒制的行业基因，并将雇佣性的师徒关系转为公共性的师生关系，将单一师傅拓展为双导师。传统学徒制以现场指导为主，通过实际生产传授学徒技艺和知识，通过言传身教影响学徒的为人处世；企业新型学徒制教学方式与之一脉相承，强调校企合作、工学交替，以及理论知识的传授，注重技能培养和职业素养的培养。传统学徒制侧重实践评价，评价主体以师傅为主；企业新型学徒制评价主体与内容更加多元化。

2. 政策支撑更加精准

传统学徒制招收学徒基于个体行为，师招徒的主要目的是寻找帮手，学徒训练时间超长、技能水平提升缓慢，学徒对师傅的人身依附比较严重；现代学徒制产生基础是现代职业教育体系，遵循的是现代教育科学逻辑体系，具有公益性和公共性，目的是培养满足现代企业需要的高素质技术技能人才，是对此前职业院校技术

技能人才培养模式的反思和变革,是学历教育体系中的一种教育模式。而且,企业新型学徒制的推进部门是人力资源和社会保障部及财政部,旨在创新企业职业培训制度,促进企业技能人才培养、壮大发展产业工人队伍,为经济高质量发展提供有力的人才支撑。

3. 培养主体更加多元

传统学徒制培养主体相对单一,主导权在师傅一方;现代学徒制采用学校和企业"双主体"育人模式,学校教师和企业师傅"双导师"教学形式,由职业院校主导,校企共同制订现代学徒招生与招工方案,因企业话语权相对有限,实施过程中呈现"校热企冷"局面;企业新型学徒制培养主体多元,包括企业、职业院校(技工院校)和职业培训机构(企业培训中心)等,由企业主导制定培训目标、培训内容和考核标准等,其他培训机构接受企业委托,承担学徒专业知识及部分技能训练任务。

4. 培养方式更加灵活

现代学徒制以在校学生和企业员工为主要培养对象,多数学员具有全日制学籍,接受的是学历教育;企业新型学徒制培养对象主要是与企业签订一年以上劳动合同的技能岗位新招和转岗人员,属于职业培训和继续教育。而且企业新型学徒制采取"企校双制、工学一体",以工学交替方式培养学徒,培养方式灵活多样,内容以专业理论知识、操作技术、安全生产规范和职业素养等为主,管理中强调过程管理和质量监控,注重学制的弹性和学分的积累,培训结果以获取相应职业资格证书和参加企业自主开展的技能评价来体现。

5. 投入机制更加稳定

传统学徒制学徒培养投入主要依靠师傅或工厂,没有公共财政支持;现代学徒制的扶持政策比较宽泛,主要通过财政资助、政府购买等奖励措施,由政府拨付生均经费,企业支付学徒实习工资,但指导操作作用有限;企业新型学徒制主要采用成本分担的投入机制,企业为主、政府为辅,政策相对具体,操作性较强。而且,企业承担学徒在岗培训内部费用,支付学徒学习期间合法的工资和培训机构培训费用,给予企业导师带徒津贴。政府部门按一定标准给予企业职业培训补贴,制定补贴逐步提升机制,并通过社保补贴政策,对参加学徒培养的应届高校毕业生和就业困难人员给予补贴。

二、行业办学背景下高职院校参与企业新型学徒制的要素分析

企业新型学徒制是中国特色学徒的重要实践,其运行涉及政府部门、企业、培训学校、职业技能鉴定认定机构、学徒、师傅等多个主体,具有培养目标长远化、培养主体双向化、培养内容人文化、培养机制制度化、培养课程企业化、培养方式弹性化的特征。针对高职院校参与企业新型学徒制工作,有关各方开展了广泛研究,包括但不限于对企业新型学徒制的理论基础、内涵特征、法律政策、运行模式、考评体系和实施成效等进行梳理,对发展中存在的问题进行剖析等。

（一）理论基础

企业新型学徒制是一种适应现代企业发展和人才培养需求的职业教育模式,其理论支撑来源于多种学习理论,如建构主义学习理论、情境学习理论等。建构主义学习理论强调学员的主体地位,充分调动学员的积极性、主动性和创造性,使学员在实践中掌握技能,成长为具备创新精神和团队合作能力的高素质人才,并主动参与到知识体系的构建中,从而实现从理论知识到实践能力的转化。情境学习理论强调,学习是在特定情境中进行的一种社会实践活动,学员在真实的工作环境中参与实践,与同事、导师进行互动交流,从而在实际操作中掌握专业技能。此外,企业新型学徒制还借鉴了其他先进的教育理念,如终身学习理念、协同创新理念等。

（二）政策依据

2018 年,国务院将企业新型学徒制纳入《职业技能提升行动方案（2019—2021 年）》。2020 年教育部等九部门联合发布的《职业教育提质培优行动计划（2020—2023 年）》,2021 年,中办、国办颁布的《关于推动现代职业教育高质量发展的意见》,都提到要开展企业新型学徒制,彰显出企业新型学徒制成为职业教育紧密契合当前社会经济发展需求的重要举措。2021 年,人力资源和社会保障部专门印发《关于全面推行中国特色企业新型学徒制加强技能人才培养的指导意见》,提出"以新型学徒制培训为引领,促进企业技能人才培养,不断提升企业技术创新

能力和企业竞争力"。同年中办、国办印发《关于推动现代职业教育高质量发展的意见》、人力资源和社会保障部印发《"技能中国行动"实施方案》，将大力推行企业新型学徒制作为实施"技能强企"政策的重要举措，标志着新型学徒制成为中国特色学徒制的重要组成部分，从试点转入推广，成为国家技能战略的重要组成部分。2022年5月，新修订的《中华人民共和国职业教育法》正式实施，其中，将我国目前实行的现代学徒制和企业新型学徒制，统称为"中国特色学徒制"。中国特色学徒制概念的提出，立足于我国国情，深植于中国工厂学徒制。并遵循中国式政策实验机制。2022年底，人力资源和社会保障部办公厅印发了《加强和改进新时代中国特色企业新型学徒制工作方案》，有力促进企业新型学徒制培训规模和质量的有效提升。

（三）培养模式

我国企业新型学徒制体现中国特色方面具有典型性和代表性方面，主要表现为培养模式上，即突破传统学徒制的局限，探索与现代产业体系、科技创新体系相适应的技能人才培养新机制。关于企业新型学徒制培养模式，有关院校进行了较为深入的探索，如"北京市工贸技师学院的'3+2双向赋能'企业新型学徒制突出学校和企业双主体的人才培养"[①]模式，其主要特点有以下几个方面：

1. 打造校企共同体，实现资源互利共享

坚持校企利益共同体原则，各司其职、互利共赢，建立多方主体联动的育人机制。依托企业和学校的特色专业建设企业新型学徒制示范点，共同制定企业新型学徒制人才培养模式和方案。坚持教师资源、教学资源和基地场域资源共享，为广大学生提供课程培训和技能实训指导，开发和挖掘学生的潜力和创新力，在学习、培训和技能创新方面实现人才共育、责任共担、成果共享。

2. 实行科学培养机制，完善多维考核标准

合理安排理论课程和实训课程，让学生在理论和实践中实现对接，更好地提升理论和技能水平。在理论教学过程中，提醒和告知学生在实践过程中可能出现

---

① 王月月、张惠、王建虎等：《校企双向赋能的企业新型学徒制人才培养模式的构建》，《模具技术》2022年第5期。

的问题,做好心理预判和工作预期;在实践操作阶段,引导学生注意自己的学徒身份,以严谨、负责的态度投入实际工作中,虚心向企业师傅学习和请教。另外,完善多维考核标准,了解学生在培训过程中的学习情况,掌握学生的心态变化和学习反馈,形成综合考核评价体系。

（3）加强基础设施建设,打造多功能培训中心

企业新型学徒制培养模式的运行离不开硬件支持,即校企双方共同建设和完善培训基础设施,打造多功能培训中心。为此,校企双方需要制定培训中心建设方案,明确各方的责任,尽可能为学生提供良好的培训条件。要集中师资力量,完善硬件设施,将学校和企业、校内和校外融为一体,打造一支稳定的师资队伍。

（四）考评体系

企业新型学徒制实施中,由企业、学校共同构建教学质量评价体系,并由双方相关人员组成考核机构,制定科学的指标体系和标准,采用过程性和结果性、定性和定量相结合的评价模式,对整个项目实施过程中的教学质量作出评估,并根据考核结果对相关人员进行奖惩。通过制定有效、客观并具备可操作性的标准,对学徒制试点项目进行多层次、全方位的测评与考核。考核制度建设由企校共同实施,主要包括项目实施与计划的一致性、项目推进进度、项目实施效果等三方面内容（如新型学徒制培养运行机制建设、企校师资教学质量、学员学业水平等）。

三、案例分析:一所行业办学（大型国企办学）背景的高职院校开展企业新型学徒制的有益探索

中国石油天然气集团有限公司（以下简称"集团公司"）是国有重要骨干企业和全球主要的油气生产商和供应商之一,是集油气勘探开发和新能源、炼化销售和新材料、支持和服务等业务于一体的综合性国际能源公司。为深入贯彻落实国家新时期产业工人队伍建设改革方案,落实终身职业技能培训制度有关要求,2020年,集团公司积极与国际劳工组织合作推行优质学徒制培训在中国落地,成为全国唯一优质学徒制合作试点央企单位,以推动开展企业新型学徒制,创新技能人才培养

模式,加快建设知识型、技能型、创新型技能人才队伍,助力企业高质量发展。

　　天津石油职业技术学院(以下简称"学院")是集团公司下辖的两所具有学历教育办学资质的高校之一,也是天津市示范性高职院校、"双高计划"建设院校。作为集团公司所属高职院校和石油行业人才培养基地,具有开展企业新型学徒制实践的天然优势。学院在对中国石油炼化板块各企业人才用工、学徒制培养等情况进行充分调研基础上,向集团公司申请并全程参与企业新型学徒制的各环节,在充分总结吸收借鉴现有企业新型学徒制工作经验的基础上,创新开展"学、训、赛"协同模式,以赛促学、以赛促训、以赛促用,全面推进企业新型学徒工作制实施,取得了明显成效。

　　(一)学院参与集团公司企业新型学徒制的主要内容

　　1.开展企业新型学徒制前期调研

　　学院对集团公司炼化板块各企业人才用工、学徒制培养等情况进行了充分调研,形成相关调研报告后,向集团公司提出开展企业新型学徒制试点工作的建议。集团公司采纳了相关建议,并发布《中国石油天然气集团有限公司企业新型学徒制实施方案》。调研内容主要有:进行企业用工情况分析,调研数据包括年龄、结构和需求等;掌握培训机构总体情况,集团公司有多家职业院校或培训机构,这些院校和机构各工种培训均能够达到100—300人/年,个别能达到500—600人/年的规模;推广企业新型学徒制进行可行性分析。

　　2.开展"中国石油杯"化工总控工职业技能竞赛

　　按照《中国石油天然气集团有限公司企业新型学徒制实施方案》要求,学院于2021—2023年连续组织了3届"中国石油杯"化工总控工职业技能竞赛,目的是贴近石油石化产业发展需要培养技术技能人才,提升石油石化接替人才针对性;深入开展职业教育校企合作,搭建企业录用人才选拔平台,提升一线操作人员补充质量;提升集团公司社会影响力,增强集团公司就业吸引力。

　　竞赛内容由集团公司级技术专家设计,化学工业职业技能鉴定指导中心专家把关,以化工总控工操作岗位技能要求为基础,充分结合集团公司石化企业工艺特点,将石油行业技能人才培训体系和评价标准等融入赛项之中,符合学生未来就业岗位需要。实施过程中,邀请石化企业参与集训选拔工作,通过竞赛提前引进职业院校优秀毕业生;邀请不同石化企业参观交流,加强企业间沟通合作;深化校企合作,在石化人才培养使用方面提出多项可行方案,进一步拓展用工渠道。这三届竞赛取得了圆满成功,参赛选手共计236人,涉及炼化企业20家,新华社客户端《天津日报》《中国石油报》等平台媒体竞相报道,已办成集团公司的品牌活动。

3. 开展企业新型学徒制技能培训

2020年以来,学院积极落实集团公司"人才强企工程"要求,结合化工总控工竞赛,以"提升专业技术技能素质"为主线,以"双能"为目标,强化"以赛促训、以赛促用",加强技能骨干源头培养、精准培养,建立企业新型学徒制人才培养模式。2021年至2023年,学院发挥技能人才培养优势,整合高层次技能人才培训师资和培训基地资源,深入推动企业新型学徒制工作开展,从赛前培训到职前训练营,再到新入职员工培训,形成了具有鲜明特色的企业新型学徒制建设方案。职前训练班开班时,企业派出能工巧匠和工程技术人员与学院专业带头人、骨干教师共同探讨、交流、论证、修订新型学徒制人才培养方案,并根据企业岗位知识、技能、能力需求和人才发展需求,联合确定开设课程及教学内容、项目等。培训工作主要参考国际知名炼化企业岗前培训经验,有针对性地开发职前训练营培训方案,在学情分析、课程设计、课程内容、教学形式、师资组建等方面做到私人定制、成效显著。课程设计时遵循"以学员为中心、以任务为导向、以体验为引领、以能力为目标"四项原则;课程内容基于炼化企业一线操作人员岗位典型工作,源于生产、贴近实际、系统全面;在教学形式上,采用任务化的培训模式,以任务为导向,将实训任务划分为必备应知、操作演示、实训准备、现场实训、监测记录、总结交流等六个部分,形成实操训练六步法;针对仿真操作的特点,将仿真操作任务划分为讲解、演示、练习、反馈、研讨、总结等六个阶段,构成仿真操作六步法。

(二)天津石油职业技术学院开展企业新型学徒制的工作特色

几年来,学院面向企业转岗员工、技能骨干、院校学生开展学徒制培养,着力解决新入职人员、部分转岗人员技能水平与核心技能岗位需求不匹配等矛盾,以契合新技术、新设备迭代更新对员工素质能力提出的新要求,提高新入职员工"入企即上岗、上岗即顶岗"能力。特别是聚焦石化企业主营业务关键岗位（如炼化工种），创新技能人才培养模式，立足建设高素质技能人才队伍，满足产业转型升级、优化调整队伍结构和培育发展新动能需要，形成"五双两定"（五双：理论课堂和实训课堂"双课堂"，脱产和半脱"双学制"，培养和评价"双结合"，院校培训基地和企业实训基地"双基地"，院校导师和企业导师"双导师"；两定：针对转岗人员开展适岗性"定向"培养，针对技能骨干开展储备性"定位"培养）培养模型并应用于实践，在企业新型学徒制的实施管理上进行探索创新。

1. 理论和实训"双课堂"，打造协同育人培养模式

举办职前训练营及"中国石油杯"职业院校化工总控工竞赛是集团公司探索中国特色企业新型学徒制一个重要举措，培训学员（参赛选手）既是职业院校的学生，又是中国石油炼化企业的准员工（已签订就业协议），具有"学生"和"工人"的双重身份。针对以上情况，学院将其作为深化企业新型学徒制人才培养的重要抓手，紧盯石化企业对高技能人才的培养需求，通过打造理论实训"双课堂"，加强理论技能学习，增强实训工作效果。

2. 培养和评价"双结合"，融合教育教学考评体系

创新"学训赛"融合人才培养模式，形成学习、实训、竞赛紧密衔接的人才培养方案。学院培训团队紧贴石油炼化行业生产实际，突出精准赋能，精心设计九大模块培训课程体系，引入情景模拟、仿真训练、设备实操等培训方式，为炼化企业新入职员工开展专业、系统、有针对性的岗前系统学习训练。同时，校企合力搭建竞赛平台，以检验培训效果，竞赛方案坚持行业标准，参照历届竞赛技术标准，并聘请企业技术专家全程指导，通过以赛促学引导职场新人全面提升自身的专业知识、专业技能和综合素养。

3. 培训和实训"双基地"，搭建企校合作保障平台

学院的石油化工技术专业是中央财政支持的重点建设专业，已建成集教学、培训、生产、科研等多项功能于一体的9大类119个校内实训室（场），在石油系统挂牌建设50多个校外学生实习基地，并与部分企业联合成立石化类专业"重点培训基地""产业技工培养基地"等，获评"中国石油集团公司直属培训基地""中国特色

企业新型学徒制试点单位"等。积极搭建校企合作平台,与企业共同制定新型学徒制育人培养目标和标准、共同改革课程体系和教学内容、共同编写教材、共同建设师资队伍、共同实施实践教学方案,采取轮岗制和项目制培养模式,在校企双方实践基地进行专项实训。此外,学院成立新型学徒制工作领导小组,全面统筹协调企业和院校的教学工作,校企定期召开专题会议,共同谋划实施新型学徒制各项工作。

4. 院校和企业"双导师",组建层级分明教师团队

针对职前培训实际,与中国石油和化学工业联合会、中石油集团公司等合作探索行业、企业、院校"三位一体"联合培养技能人才新模式和技能竞赛新模式。构建多层次教师团队,选聘高校教师、专业培训师和一线企业家,形成助教负责、讲师专业、专家认可的教师团队。其中,培训师主要选聘高校教师、专业培训队伍和一线企业专家;助教主要来自院校教师,具有较强的理论基础和多年的教学改革实践,负责配合讲师做好培训考核评价和技术支持;讲师多来自化工行业专业培训机构,由具有多年企业一线生产经验和职业培训经验、专业知识扎实、授课思路清晰的专家担任。

5. 技能和素质"双提升",培育德技兼备优秀技能人才

岗前培训和技能竞赛中,注重学员政治素质的培养,授课内容增加学习贯彻党的二十大精神和石油精神(大庆精神、铁人精神、苦干实干、三老四严)等内容。企业优秀导师全程跟培跟训,以身作则、言传身教,指导竞赛和培训的每个环节。同时,培训过程中以企业为基本单位进行小组 PK,切实培养学员对企业的认同感和荣誉感。

(三)天津石油职业技术学院开展企业新型学徒制的创新经验

1. 需求导向:从"把脉问诊"到"精准匹配"

从满足一线生产用工实际需求出发,精准对接石化企业,按照转岗定向培养、储备定位培养、院校订单培养开展企业新型学徒制培养工作。培训团队深入开展"企业大走访"等调研活动,梳理企业多样化、个性化培训需求,形成问题清单、需求清单。针对石化企业用工需求,有针对性地开设对口专业,采用"企业 + 院校"的新型学徒制办学培养模式,培养符合能源产业发展战略和石化企业产业发展需

求的高技能人才。同时,基于一线操作人员岗位典型工作分析提取六大炼化岗位操作能力,构建八大模块课程体系,让培训内容源于生产、贴近实际、系统全面;建立技能人才需求动态服务机制,对技能人才需求量大的石化企业定点定向"把脉问诊",精准指导、匹配培训项目清单,提供给企业自主点单。

2. 分级推进:从"统筹部署"到"梯次推动"

按照"集团建模式,校企为主导"方式开展企业新型学徒制培养,签订校、企、学生三方协议,形成企业负责、学校配合、学员用心的培训管理模式。集团公司层面开设示范培训,学院与企业搭建平台,统一培训标准,建立培养模式。学院、企业和教育培训机构,按照培养模式联合开展新型学徒制培养。校企双方在学员服务管理、师资队伍建设、培训方案设计、培训组织实施、培训效果跟踪等方面开发培训体系,为集团公司企业高质量发展提供坚实的技术技能人才保障。

3. 市场运作:从"单地试点"到"多地联动"

坚持"公开、平等、竞争、择优"原则,广泛开展企校间、企业间新型学徒制培养合作。从第一届总控工大赛承办地为天津,到2022年,实现天津、新疆、锦州三地联动,共同承办竞赛活动,并在前期准备、课程设置、总结交流等各个阶段,互通有无、相互借鉴、共同提高,为石化企业开展大型培训活动奠定良好基础。

4. 保障有力:"重实效、树品牌"扎实做好服务

学院成立以主要领导为组长、分管领导负责、相关部门协调运行的工作专班,以"保障安全、达到效果、打造品牌、确保成功"为工作方针,重实效、树品牌,为深化落实中国石油人才强企战略,探索行业背景下企业新型学徒制人才培训培养模式作出了积极贡献。

课题承担单位:天津石油职业技术学院

主持人:吴勇

执笔人:肖文平

课题组成员:吴勇、肖文平、冯智、段颖、安丽英、李英波

/ 第二十五章 /

▼

校企合作共建校内生产性实训基地的模式与机制

随着国家对节能减排和绿色发展的高度重视,低碳供热技术逐渐成为供热行业的重要发展方向。双热源耦合供热技术作为一种新型的低碳供热技术,具有节能、环保、高效等优点,得到了广泛的关注和应用。为了适应行业发展需求,培养智慧能源背景下具备先进供热技术的高素质技术技能人才,校企合作共建低碳供热生产性实训基地具有必要性。相关职业学校具有相应的专业建设能力和实际建设需要,在相应企业支持下,建设低碳生产性实训基地具有可行性。

一、相关政策分析

近年来,国家和天津市出台了一系列政策文件,鼓励和支持校企合作共建生产性实训基地。2022年12月,中办、国办印发的《关于深化现代职业教育体系建设改革的意见》指出:"鼓励学校、企业以'校中厂'、'厂中校'的方式共建一批实践中心,服务职业学校学生实习实训,企业员工培训、产品中试、工艺改进、技术研发等。"2024年3月出台的全国首部关于职业教育产教融合发展的地方性法规《天津市职业教育产教融合促进条例》明确提到:"企业等社会力量可以以资本、技术、管理等要素与职业学校依法合作建立实体性的二级学院、产业学院或者生产性实训基地、技能培训基地等办学机构和办学项目。"生产性实训基地作为推动职业教育产教融合的有效载体,是实现培养新时代技术技能人才的重要途径,是实现"产、学、研、创"一体化的实践性创新平台,对于提高师生实践创新能力、职业学校社会服务能力具有不可或缺的作用。如何建设生产性实训基地并有效提升其运行成效,充分发挥基地的实践育人作用、社会服务能力已经成为当前需要解决的突出问题。本研究以天津城市建设管理职业技术学院(以下简称"学院")双热源耦合供热生产性实训基地为典型案例进行剖析,对基地的建设和运行效果进行探索,以为其他院校提供借鉴和参考。

二、建设生产性实训基地的重要意义

2018 年,学院供热系统环保排放及供热效能持续出现问题,供热主要由燃气锅炉经板式换热器换热后供应采暖热水,锅炉房内设备大部分已运行十多年,环保不达标且板式换热器需要更换,实际供暖效果不佳(局部背阴房间室内温度 16℃左右)。经过经费测算,对标学院"十三五"时期"世界先进水平高职院校"建设项目对提高专业发展质量的需求,学院主动与相关企业积极洽谈,结合校内城市热能应用技术专业发展,商定在校内共建国内领先技术的双热源耦合供热生产性实训基地。

(一)共建生产性实训基地建设是经济社会发展的需要

新能源技术是解决当今世界严重的污染问题以及相关资源枯竭问题的有效手段。大力发展新能源,用可再生能源和原料取代生化能源,是未来世界经济发展的重要方向。随着新能源产业发展,供暖形式也在不断发生变化,运用新能源技术进行热力的生产和运行是供热企业未来发展的重要方向。供热问题关乎民生,是社会稳定、人民安居乐业的基础工作。相应地,跨领域复合型人才供给与需求不断增长,就业前景看好,需要大量人才从事相关产业。双热源耦合供热生产性实训基地,通过将学院与企业紧密结合,为学生提供紧贴生产实际的实践场所,使他们能更好地适应工作要求,提高实践能力和职业素养,更好地适应行业发展的需要,提高就业竞争力。

(二)共建生产性实训基地是绿色校园建设的需要

为改变校内供能系统能耗偏高、供热效果不佳的现状,学院迫切需要建设一套适应新能源发展且智能化水平较高的供热系统。而学院的优势专业——城市热能应用技术专业不仅有建设实训基地的需求,也有开发建设这一基地的能力。在这种情况下,建设一套创新的供热系统,将极大提升学院的绿色校园建设水平。

（三）共建生产性实训基地是提高专业人才培养质量的需要

学院城市热能应用技术专业的目标是达到国内顶尖水平,其专业技术技能人才的培养需要将清洁能源利用和工学结合贯穿于教育教学全过程。通过在校内建设国内领先的清洁能源供暖系统,可为专业提供持续性的教学、实践、研究场所,并为学院后期建设多能源综合利用示范中心奠定基础。通过引进企业先进技术力量建设中深层地热井内换热技术的热泵供热系统,也可以建立起技术技能积累创新平台,促进新技术、新材料、新工艺、新装备的应用,积极推动技术成果扩散和学院科研工作发展。

（四）共建生产性实训基地是深化校企合作育人的需要

学院作为能源集团下属的高职院校,与同为能源集团下属二级单位的天津地热开发有限公司（以下简称"地热公司"）建立有良好的合作关系,地热公司作为学院城市热能应用技术协同创新中心的企业成员,与学院共建工学交替的产教融合生产基地是校企双方深化产教融合的又一重要举措。同时采用中深层地热井内换热技术及燃气真空热水锅炉的供暖综合技术,面向国家及天津市重点发展的清洁能源产业开展校企联合攻关,将有效推动能源职业教育与产业建设同步实施,与技术进步同步升级,为天津市"一基地三区"建设提供技术技能人才支撑。

三、双热源耦合供热生产性实训基地的建设策略与管理

（一）基地建设的特点

1. 突出生产性

双热源耦合供热生产性实训基地建在学院北辰校区,校园占地约 400 亩,总建筑面积约 9.7 万平米,共 12 栋建筑,其中白天师生长期停留的建筑有主教学楼、行政楼、图书馆、实训楼、体育馆、党校、食堂;其余宿舍楼均为全天有师生长期停留,该基地承担以上全部建筑的冬季供热。项目应用全国领先的中深层无干扰地热＋热电联产的双热源互补技术,实现双能互补自动调节,有效降低校园内碳排放,采用中深层无干扰地热作为基础热源与市政主热源耦合供热的运行方式,实现

全校多热源协同互补联网调峰的清洁能源的智慧供热。

该系统年供热量可达到 6523.2GJ，较原锅炉房供热系统，在节能减排上每年可节约标煤 186.36 吨，减少排放二氧化硫 3.68 吨、氮氧化物 3.02 吨、二氧化碳 124.85 吨、粉尘 1.79 吨。基地的建设有效验证了地下 2400.68m 深"只取热、不取水"中深层地热系统的可行性，在有效保护生态环境的同时优化了能源供给结构，同时通过对地层的监控可实时读取地层温度的变化，为项目推广应用提供有力的数据支撑；真正做到取热不取水，避免了水热型地热在利用过程中产生的回灌问题，促进了地热利用方式多元化。

这个项目的建设本身就是一个生产过程，其运行也是生产性特点，它对于学院供热实际工作和专业教学的实践环节，都具有"生产性"实训基地所应有的功能。

2. 服务实践教学

该生产性实训基地充分结合校园应用场景，与校内城市热能应用技术、电气自动化技术等专业产教融合，建设了"两室一基地一系统"，即智慧能源仿真实训室、清洁能源实训室、供热生产性实训基地和 DCS 能源管理系统，通过引入真实生产运行流程，校企联合开发了近 30 个实训教学项目，辐射校内 4 个专业近 500 余名学生的实践教学，为校内学生提供实习实训场所，实现校企共同培养综合能源供应的技术技能人才。

表 25-1　基地的实训功能

序号	两室一基地一系统	实习实训项目
1	智慧能源仿真实训室	1. 供暖大数据分析 2. 双能源系统优化与运行 3. 热网水力工况实训 4. 供暖智能控制 5. 工程测量技术 6. 中深层地热井施工工艺 7. 管道焊接技术 8. 管道施工技术
2	清洁能源实训室	1. 燃气锅炉结构 2. 燃气锅炉燃烧过程 3. 换热器结构 4. 锅炉热交换过程 5. 新能源供热发展 6. 地热发展过程 7. 中深层地热原理
3	供热生产性实训基地	1. 中深层地热原理 2. 双螺杆热泵工作原理 3. 热工仪表及控制 4. 物联网技术 5. 供热管网的布置 6. 强弱电技术 7. 板式换热器运行 8. 泵的安装运行 9. 换热站布置 10. 生产车间管理 11. 供热工程

序号	两室一基地一系统	实习实训项目
4	智慧控制系统	1. 物联网技术 2. 传感器技术 3. 无线传输技术 4. 智能控制技术 5. 管网平衡控制

3. 开展培训认定

生产性实训基地的技能认定功能是实训教学功能的延伸。学生依据国家职业资格要求参加职业技能等级认定,有助于确保学生在相应的职业领域中获得必要的技能和知识,达到评估学生技能水平、指导学习和实践、证明学习成果、提供个性化的教育方案、改进和提高教育质量的目的,帮助学生确定自己的职业规划路径、找到工作机会的同时,还认识到需不断更新和提高技能。学院 2023 年向市人社局申请管工职业技能等级认定资质并于 2024 年获批,依托双热源耦合供热生产性实训基地对学生进行中级工、高级工的考核与认定。此外,该基地还面向能源类行业企业员工提供技术技能培训,提升他们的劳动技能和工作能力。2023 年,学院依托该基地承接苏州燃气集团、天津陈塘热电有限公司等企业各类职工技能培训1000 人次,为行业人才技能提升发挥了重要作用。

4. 开展"双碳"教育和创业实践

基地建设中配套搭载低碳供热实体项目的能源发展博物馆,凝炼产业发展历程和能源集团企业文化,描绘全景式能源发展图谱,实现能源文化感知与工作现场体验并行。通过设立"校园双碳协作组织"和"低碳宣传月",让学生在生活、课堂、实践等多方面感受低碳生活和低碳文化,营造"人人讲低碳、处处有低碳"的校园低碳文化氛围。同时,面向全校学生发挥创新和创业教育功能,为学生提供创业培训与指导、创业资源支持、创新项目孵化、创新竞赛和活动等。学院学生在第九届中国国际"互联网 +"大学生创新创业大赛天津赛区中荣获金奖 1 项。

5. 拓展社会服务

面向政府部门、企业、社区和社会其他学校开放,用作科普教育基地,观众通过参观和有效体验而提高绿色低碳意识,并通过了解低碳供热运行模式、原理、方法及历史沿革,学到智慧能源领域新技术,有利于践行"双碳"目标的使命担当。同时,基地由校企合作共建,通过制定合作协议,发挥各自优势,学校与企业联合进行技术创新和研发、实践技术研究、技术咨询和培训,共同推广新技术、新工艺,在促进研究成果转化为生产力的同时,促进生产性实训基地的可持续运行。在基地建设过程中,校企联合攻关形成了专利成果 1 项"一种地埋管换热器传热分析方法及系统",实用新型专利成果 2 项"一种封闭式地热换热装置""一种实时检测地层温度变化的装置",有效提升了专业科技研发水平。

（二）基地的联合管理

1.校企共订基地管理制度

基地的生产性属性决定了必须按企业生产要求管理,在校企共建过程和运行中逐渐形成了完善的基地的规章制度,包括设备管理制度、生产管理制度、人员管理制度、实训考核管理等制度,确保基地的正常运行。如设备管理方面,对所有设备建立仪器档案、做好运行维护记录,仪器上配有明显标识,写明型号、名称、管理责任人。同时对大型设备附有详细操作规程、安全注意事项等。关于生产管理,完全按照供热企业标准,通过 6S 管理、危害分析与关键控制点体系认证（HACCP）,确保生产安全。同时把正确的职业习惯、安全生产意识、工匠精神教给学生。对耗材领用都有记录,便于学生形成成本意识和质量意识。

2.实践教学实行三级管理

在生产性实训基地开展课程实践教学和岗位实习,具体实施分为三阶段：第一阶段为第一学年学习专业认知;第二阶段为第二学年以工学交替、逐步递进的方式,学习专业核心课程实践课程;第三阶段为第三学年岗位实习。在基地建立由校企领导—校企部门负责人—校企指导教师组成的三级管理小组,对校企联合育人进行统筹规划、统一管理。实训基地的管理教师由实训课程指导教师和基地管理员共同组成,担任实训指导教师必须具备相应技术技能职称和职业素养,进入实训基地开展课程实践教学的,要保证有 2 名教师在场,并符合生产车间和实训基地的安全要求。基地管理员定期对基地设备设施进行查看,并参与企业人员的设备维护,交流生产经验。在教学的具体实施过程中,学院对接企业生产实际确立"六定"的产教融合培养模式,即定计划、定内容、定时间、定岗位、定师傅、定目标,并在实习结束时对学生进行全面考核,给出实践课程和岗位实习成绩。

3.创建实践教学评价体系

校企共同制定校企联合培养学生中的实践教学考评标准,建立"3+3"多维评价体系,即"学校＋企业＋社会"三方评价,"教师＋企业指导老师＋岗位考核"共同参与的评价机制。创新考核形式,结合课程特点,核心专业课程采取"5+5"考核模式,即在以任务为导向的理论教学中的过程考核和校内实训企业实训实践考核各占50%。过程考核部分注重学生岗位基础知识掌握程度,分析解决问题提出建设方案能力,对跨课程知识整合运用能力。校内实训和企业实训侧重动手能力、熟练程度、理论实践融会贯通能力以及操作规范、安全管理、职业素养和企业文化等方面的培养。企业课程及企业实习,采取"8+2"考核方式,即企业指导教师评价占80%,双导师实习结束集中考评占20%。考核过程中将学生技能证书通过率、参与企业生产实践评价等纳入考核范畴,完善多元评价。

（三）实现校企联合培养人才

1.创新校企协同育人机制

（1）建立校企共育教学指导委员会,承担专业建设校企相关事宜的议事决策职能。各专业在校企共育教学指导委员会领导下,开展合作专业的教学和人才培养工作。

（2）明确校企共育教学指导委员会工作职责。包括：组织专业建设、改革、发展的研究,提出校企联合培养专业课程调整的原则、意见及发展规划；指导制（修）订校企联合培养专业人才培养方案；指导校企联合培养教学计划的修订和课程体系结构的优化改革工作,指导人才培养目标、培养内容、培养规格的确定；指导开展校企联合培养的教学研究和教学改革工作,研究、推广教学改革经验,提出重大教学改革方案；指导建立和完善各类、各层次教学评价制度和教学质量监控体系,审议各类教学评估指标体系,参与各种教学评估活动,对提高教学质量提出意见和建议。

（3）校企共育教学指导委员会的运行管理。教学指导委员会工作由主任委员主持,秘书协助主任委员处理日常事务性工作;教学指导委员会每学期至少召开一次全体委员会议,根据工作需要,可适时召开专业咨询研讨会,会议规模及次数由主任委员、委员协商决定;教学指导委员会的工作计划在主任委员主持下、由全体委员讨论制定,由各专业委员负责实施;完善校企育人、学生实习实训、参与生产实践、多方评价的双主体育人机制。

2. 共同确定人才培养目标定位

根据岗位所需的专业知识、职业能力、职业素质,校企联合确定培养目标定位:以立德树人、全面发展、系统培养、多样成才为目标,培养德智体美劳全面发展,具有扎实的供热基础知识、较强的职业能力和较高的职业综合素质,熟悉供热系统和供热原理,能面向企业生产一线从事供热生产、运行工作,同时兼顾后续在企业中的岗位调整,面向企业供热设备及系统运行维护、技术支持等岗位储备相应专业知识的技术技能人才。

3. 联合开发人才培养方案

校企共同完成供热生产、运行相关岗位调研工作,共同研制联合培养人才方案,并建立小组工作机制,根据企业人才需求和岗位技能要求、生产过程技术要求等,确定人才培养方案开发要求。采用"工学交替、理实融合的分段培养模式",实现学生的专业理论能力和技术实践能力双提升。根据以上思路,校企共同重新修订人才培养方案及相关专业教学标准,共同制订专业教学标准、课程标准、岗位技术标准、企业师傅标准、质量监控标准及相应实施方案,规范校企联合培养工作,校企共同开展学生职业生涯路径设计,实现毕业生就业"零距离"。

4. 共同构建专业核心课程体系

校企共同完成专业课程体系的开发,共同建设基于工作内容的专业课程和基于典型工作过程的专业课程体系。校企共建2门专业核心课程——热泵技术与应用课与供热工程课,校内教师主要授课理论内容,实训内容由企业导师在实训基地完成,校企双师共同对课程标准、教学内容、教学计划进行商定,将行业标准、生产工艺与流程融入专业教学内容,企业全程参与教学。

增加职业素养企业课程,由企业导师独立承担。该课程以企业职业岗位的素质要求以及学生的个人可持续发展要求为课程主要内容,培养学生的综合职业能力,从职业岗位的需要出发,确定企业实践能力目标,真正实现教学过程与工作过程的融合。

5. 联合开发课程教学资源

在实训类课程教学环节中,为了满足校企联合培养学生的需求,不断完善网络教学平台的建设和应用。把动画演示与实际操作相结合,让学生更好地理解供热生产过程。校企联合开发"双热源耦合供热运行原理""燃气锅炉及烟气回收系统原理"课程资源,并建设能源发展博物馆,凝炼产业发展历程和能源集团企业文化,描绘全景式能源发展图谱,实现能源文化感知与工作现场体验并行。

基于最新技术岗位要求、职业资格标准,将企业标准与教学要求紧密结合,融入岗位职业标准,结合行业企业以及学院援建的塔吉克斯坦鲁班工坊建设,校企联合开发《城市热能管道安装技术》《暖通空调技术》2 本专业教材,使工作内容融入专业教学内容和教材,促进学生职业能力的提升。

针对岗位核心能力,校企联合开发《城市热能管道安装技术》《暖通空调技术》岗位培训手册及数字化教学资源;联合编写出版《综合能源技术应用》活页教材,共同建设配套的课程资源;联合建设热泵技术与应用课程,并打造成精品课程,持续更新完善在线开放课程。

通过系统开发相关理论和实训环节的课程教学资源,有效提高教学质量,通过不断积累和完善,有效促进校企联合培养教育教学水平,为持续教学改革打下良好基础。

6. 创新校企合作教学组织形式

充分利用学校和生产实践基地两种课堂,构建以企业导师指导实训、学校教师主讲理论课程为主要形式的教学组织形式。实施教学组织精细化管理,分工明确又紧密合作,形成育人合力。根据教学过程与工作过程相融合的原则,基于真实生产任务灵活组织教学,工学交替,课程设置以实际生产项目为逻辑主线,以考核生产任务为依托,对供热相关技术领域中的职业岗位技能要求和素质要求,进行具体的岗位职业能力分析和职业素质梳理,合理安排企业导师生产实践课时,实现教学过程与工作过程的融合,形成科学规范的校企合作教学运行机制,打造高质量课堂。根据企业供热岗位对技术技能型人才的工作要求,分析和论证职业岗位所需的专业知识、工作能力和职业素质要求,筛选专业课程的教学内容,采取工学交替和交互训教方式,以完成企业真实项目的工作过程为依托,调整、序化实践课程和理论课程的教学内容,构建基于企业岗位群情境工作过程的课程及其体系。这样通过实训基地培训的学生能够直接上岗并会使用新型设备,实现教学与就业的对接与贯通。

（四）切实打造双师结构教学团队

1.明确企业导师教学职责

企业明确"双热源耦合供热生产性实训基地"负责人,校企选派相关专业技术人员、经营管理人员参加校企联合培养,给予明确的企业导师岗位及承担的专业课程教学任务,指导岗位实践教学。制定《企业人员主要承担专业课程教学情况表》。企业与学校专任教师共同开展提高教学能力的具体规划设计。制定《企业人员与学校专任教师开展教研规划设计任务表》。选拔德能兼备的企业技术人员、管理人员担任学生岗位实习企业导师,进行课程教学、岗位实践指导、评价与考核。

2.强化学校导师实践能力

学院挑选部分在实践能力方面较强的专业教师到企业参加实践,与企业师傅在技术技能方面进行交流,在真实岗位上进行技能、技术和企业管理方面的锻炼,再回到学校担任校企联合培养的各项教学任务。制定《学校专业教师主要承担专业课程教学情况表》。按照《学校专业教师主要承担专业课程教学情况》表中计划安排教师进企业实践。

3.制定双导师管理制度

制订《校企联合培养双导师选聘制度》《热能专业校企联合培养双导师管理办法》《校企联合培养校内教师企业挂职锻炼制度》《校企联合培养双导师评优制度》《校企联合科研课题、技术攻关工作指导意见和奖励办法》。建立双导师资源库。

四、建设成效和提升空间

（一）建设成效

通过"校企共建、校企共定、校企共育、校企共享"，双热源耦合供热生产性实训基地运行取得诸多成果，较好实现了"能生产、能育人、能研创"的功能。

1. 形成了校企合作运行机制

通过校企共建双热源耦合供热生产性实训基地，有效改善了企业转型升级过程中面临的招工难和高素质技术技能人才缺乏的难题。企业对人才的选、育、用、留问题开始出现缓和。通过工学交替、校企合作的培养模式，实现人才培养和岗位需求的零距离对接，为企业可持续发展提供技术技能人才保障，促进了学校与企业、专业与产业、学习场所与实训基地、学校导师与企业导师的全方位融合，促进了职业教育的质量和水平提升。建设过程中成立校企联合建设专班，建立企业调研和联络例会制度，签订校企合作协议，形成岗位需求及岗位职责调研报告以及《校企联合培养双导师选聘制度》《热能专业校企联合培养双导师管理办法》等一系列运行制度，为校企长期合作提供了机制保障。

2. 人才培养成效初显

基地为学生提供了丰富实用的新技术供暖、智慧供暖、清洁供暖的实习实训场地。低碳校园文化建设对于校园内能源结构优化升级，助力"双碳"目标实现，培养新时代综合能源供应产业技术技能人才，发挥了重要作用。在建设基地过程中，校企联合开发《暖通空调技术》岗位培训手册及数字化教学资源，出版《综合能源技术应用》活页教材，校企共同制订《供热运行管理与节能技术》《供热工程》两门课程标准、岗位标准及相应实施方案等专业教学文件，开发了30余个实践教学项目。助力学生掌握供热行业前沿的实用技术，实现高质量就业。企业全程参与人才培养，理论学习、实务操作并重，真正解决学生在校内的实践锻炼能力培养问题，学生通过校企联合培养三年就能较好地完成从理论到实践的衔接，更适应行业、企业的发展要求。学院城市热能应用技术专业近年来人才培养质量不断提升，先后荣获天津市海河工匠杯技能大赛"管道与制暖"赛项第三名，全国职业院校学生技能大赛"新型电力系统技术与应用"赛项二等奖,高职院校学生技能大赛"新型电力系统技术与应用"赛项一等奖等成绩。

3.社会服务功能日渐完备

基地建成后,成为天津市能源行业重点观摩场所,累计接待各类参观人员一万余次,并助力地热公司获批天津市创新型中小企业,凭借新型可再生能源与热电联产耦合供热形成创新应用模式,该基地 2023 年被评为全国"优秀工程项目",形成的多能协同互补示范系统和综合能源管理系统,有效推动了行业技术升级与进步。基地立足低碳文化校园的真实场景和内部先进的设备设施,广泛开展面向社会的培训、观摩、交流、技能认定等工作,既实现了校园内的碳减排,降低用电用热成本,收获低碳效益,引导绿色能源消费,又将文化育人、科研实验等融入其中,真正达到服务校园教育教学、工作生活的实际效果,为培养服务能源产业、面向未来发展的技术技能人才提供有力支撑。

(二)存在的不足

基地在建设和运行过程中,也存在一些不足之处。例如,部分实训设备与技术更新速度较快,导致现有设备与技术存在一定程度的滞后性;基地的运行管理机制仍需进一步完善,以更好地满足教学与社会服务需求。

总的看,该基地的建设和运行充分说明,特定的专业需求、职业学校与企业特定工作的双向配合,是能够将教学与实际生产统一起来的。它作为产教融合、校企合作的一种形式,在一定程度上具有推广应用价值。

课题承担单位:天津城市建设管理职业技术学院

主持人:丁玉

执笔人:张冰

课题组成员:魏旭春、单元太、刘杰、王新华、李博

/ 第二十六章 /

▼

智慧能源行业产教融合共同体建设的实践与探索

　　行业产教融合共同体作为一种新型职业教育形式,通过整合行业、企业、学校等多方资源,共同培养适应社会经济发展需要的高素质人才。本研究以智慧能源产教融合共同体建设为例,探讨这方面的优长、不足、挑战与对策,以促进相关实践健康发展。

一、行业产教融合共同体的建设依据和基本特点

（一）相关政策梳理

　　近年来,国家出台了一系列政策文件支持行业产教融合共同体建设。2022 年12 月中办、国办印发的《关于深化现代职业教育体系建设改革的意见》明确提出:支持龙头企业和高水平高等学校、职业学校牵头,组建学校、科研机构、上下游企业等共同参与的跨区域产教融合共同体。这一政策为行业产教融合共同体建设提供了明确的最重要的政策支持。

　　2023 年 7 月,教育部为贯彻中办、国办的这份文件精神,有序有效推进现代职业教育体系的建设与改革,发布了 11 项现代职业教育体系建设与改革的重点任务,其中之一是"打造行业产教融合共同体",并对其建设的内容、办法提出了具体要求,特别是对"区域性行业产教融合共同体"提出了"赋能区域经济发展、服务地方特色产业"的原则指导意见。

（二）行业产教融合共同体的共性特征

1. 政府主导与政策支持

　　政府在行业产教融合共同体建设中发挥着主导作用。政府需要制定相关政策和规划,明确共同体建设的目标任务、组织架构、运行规则、评价机制等,为共同体

建设和运行提供明确的指导思想和政策支持。同时,政府还需要提供必要的财政投入、税收优惠、土地供应等政策激励,增加对共同体建设和运行的财政支持。

2. 龙头企业牵头与多方参与

行业产教融合共同体通常由一家行业龙头企业牵头组建,联合高水平高等学校和职业学校共同建设。牵头企业应在所属行业有重要影响力和话语权,能够统筹行业产业资源,并在共同体内切实起到统筹、牵头作用。同时,共同体还需要广泛吸收相关行业组织、学校、科研机构、上下游企业等单位参与建设,形成多方参与的格局。

3. 实体化运行机制与利益共享机制

共同体需要建立健全实体化运行机制,包括建立领导小组（理事会或董事会）、商定建设方案、明确组织架构和职责分工等。同时,还需要构建规范合理的利益共享机制,明晰责权分配,保障各方权益。这种实体化运行机制和利益共享机制能够确保共同体的高效运转和持续发展。

4. 产教供需对接与人才培养

共同体需要构建产教供需对接机制,通过政策研究、调查问卷、走访调研、大数据分析等多种形式,开展行业发展趋势、人才需求情况等方面的调研,并编制发布行业发展分析报告、行业人才需求预测报告等。同时,共同体还需要将提升人才培养质量置于首要位置,深入推进校企协同育人,畅通技术技能人才成长通道。

5. 技术创新与资源开发

共同体需要建立健全协同创新机制,校企联合打造科研攻关团队,深入生产一线解决企业实际面临的生产性和技术性难题。同时,共同体还需要有组织地开发教学资源,对标产业实际和发展需要,结合人才培养、专业建设和技术攻关实际,将产业应用的工艺、技术融入教学实践。

6. 跨地域跨组织

行业产教融合共同体具有跨地域跨组织的特点,能够跨区域汇聚产教资源,实现资源的优化配置和高效利用。这种跨地域跨组织的特性使得共同体能够吸引更多的优质资源参与进来,形成更广泛的合作网络和更强大的协同效应。

二、智慧能源行业产教融合共同体的建设实践

（一）智慧能源行业产教融合共同体建设的现实基础

1. 立足区域经济发展

智慧能源行业产教融合共同是以天津城市建设管理职业技术学院（以下简称"学院"）为主要参加单位的服务京津冀相关行业的新型共同体。该共同体紧密围绕天津市"1+3+4"现代化产业体系，依托学院市级"双高"专业群——智慧能源专业群和城市智能管理专业群而建立起来。多年来，学院相关专业紧密对接天津市新能源产业链与信息技术应用创新产业链，与中国能源建设集团天津电力建设有限公司、中国石油天然气管道局第六工程公司、特变电工京津冀智能科技有限公司等国内龙头企业建立了校企合作关系，为区域经济培养大量技术技能人才。

2. 重点服务天津能源行业产业发展需求

天津能源投资集团有限公司（以下简称"能源集团"）作为学院上级主管办学单位，多年来持续支持学院发展。学院通过选拔优秀实习生和毕业生进入集团各单位实习、工作，不仅为能源集团注入了新鲜血液，也为学生提供了宝贵的实践机会。此外，能源集团还设立了"聚能爱心助学金"，累计捐款 173 万元，帮助 2460 名困难学生完成学业。

学院城市热能应用技术专业与天津市热电有限公司开展校企合作育人，针对供暖行业特点，学生在供暖季前，通过岗前培训、岗前测试进入企业进行工学交替学习，教师每周到企业培训半日。学生在一线岗位由企业师傅进行实践教学，学习解决各类供暖问题，有效培养学生职业道德和岗位实践技能，同时也为企业快速充实力量，及时缓解供暖初期群众反映供暖问题信息量激增的情况，保障了群众供暖服务的顺畅运行。

3. 校企合作项目推动人才培养质量提升

教育部现代学徒制试点专业——智能焊接技术专业作为学院智慧能源专业群核心专业，连续七年先后与大港油田第六工程有限公司、中国电建核电工程公司开展现代学徒制模式人才培养。2023 年，该专业在前期合作基础上继续拓展，与

中建钢构天津有限公司合作,并与三家央企合作开展"央企工匠班"招生培养。此外,学院电气自动化技术专业获批"天津市首批现场工程师培养项目"、工程测量专业获批"天津市职业教育首批产教融合专业"、学院与天津地热开发有限公司共建"双热源耦合供热低碳生产实践基地",并获批"天津市 2023 年职业教育校企合作典型生产实践项目"。这些校企合作项目不仅提升了人才培养质量,也为学院的专业发展注入了新的活力。

(二)智慧能源行业产教融合共同体的建立

为更好地服务智慧能源行业发展,促进产教深度融合,2024 年 1 月由天津能源集团有限公司、天津大学、天津城市建设管理职业技术学院牵头,联合多家单位共同成立了智慧能源行业产教融合共同体。通过整合智慧能源行业优质产教资源,优化资源配置,进一步推进职普融通、产教融合、科教融汇,推动智慧能源行业职业教育高质量发展,培养更多高素质技术技能人才。

智慧能源行业产教融合共同体紧密围绕热力生产—供应、燃气输配—应用、制冷、光伏、光热、新兴能源技术等领域的技术设备升级和能源管理精细化、智慧化,针对生产运行、供热管理、燃气管网运营、燃气安全管理、空调制冷等岗位,信息共享,合作开发教学资源、教学装备;联合开展不同层次的人才培养和培训;以技术创新中心为平台建立企业出题—科研解题—院校验证和科研创新—院校验证—企业实战的共同体合作模式,将新技术应用、新项目落地实施驱动产业链升级。

在天津市教委的指导和能源集团党委的领导下,共同体成立理事会,作为决策层。共同体章程明晰责权分配,保障各方权益。能源集团作为理事长单位,天津大学、天津城建大学等单位作为常务副理事长单位,并设置若干副理事长单位和常务理事、理事单位。天津城市建设管理职业技术学院作为秘书处单位,作为常设办事机构、执行机构,负责联络、协调各成员单位。同时,设立社会培训认证、国际合作、专业建设及教学、科技攻关及课题研究、产品研发及技术咨询、人才培养考核、就业创业指导等若干委员会,并组建专家团队。各参与单位设置专门人员负责同秘书处、各单位和各工作委员会日常工作的沟通、衔接。

目前,共同体已联合 19 个省域能源行业相关组织、院校、科研机构、上下游企业共 134 家单位,秉承"资源共享、创新共研、人才共育、发展共赢"的原则,全方位整合产学研资源,为高水平推进人才培养和经济社会高质量发展提供坚实支撑。

共同体成立初期,成员单位已签约多项相互合作项目,包括校企双向互聘及联合培养工程、绿碳综合能源数字云控、教育装备中试车间和研发中心、燃气智能安全装置开发、智能装备联合研发及应用等,并共建了 5 个校企实习实训基地。有效促进了产业链、教育链、人才链、创新链的耦合发展,搭建了人才培养和产业发展的创新平台,实现了产教融合新的跨越。

(三)智慧能源行业产教融合共同体的实体化运行

1. 建立健全实体化运行机制

(1)构建产教供需对接机制。一是深入开展行业企业调研分析。编制《行业发展分析报告》与《行业人才需求预测报告》。二是推动共同体成员单位供需精准对接。编制并发布《智慧能源行业人才供需清单》和《智慧能源行业技术供需清单》。三是发挥共同体资源对接平台优势。整合共同体内各单位资源优势,定期发布人才供求信息,实现高质量就业。

(2)坐实资源共享与优势互补。共同体以"资源共享、创新共研、人才共育、发展共赢"为原则,通过全方位整合产学研资源,实现资源的优化配置和高效利用。其中,华德智慧能源管理有限公司与学院共同研发了"碳控官"综合能源管理平台,不仅提升了能源系统的监测、分析和调度能力,还可创造显著的经济效益。这种资源共享和优势互补的模式,是共同体实体化运行的表现特征,有效促进了产业链、教育链、人才链、创新链的耦合发展。

(3)深度开展产教融合与联合培养。从最初的单一校企合作到如今的深度产教融合,智慧能源行业产教融合共同体经历了"三步走"的历程。第一步是从单一采购到联合开发,如"碳控官"系统的研发与应用;第二步是从招收实习生到校企融合培养,通过现代学徒制定向培养、设立"央企工匠班"等方式,实现了校企双方的深度融合;第三步是全面协同育人,通过共建实习实训基地、双向互聘及联合培养工程等举措,全方位提升学生的专业技能和职业素养。这种深度产教融合的模式也是共同体实体化运行的表现,为培养高素质技术技能人才提供了有力保障。

2.夯实多元主体合作

(1)联合开展人才培养。一是校企协同育人。本年度推动开展"城建学院与津燃华润联合培养项目",持续开展"央企工匠班联合培养项目",深入开展"电力变压器现场工程师培养项目"。二是校企师资互聘。推动共同体内各单位落实"流动岗"教师制度,目前来自共同体各单位88名一线技术骨干受聘成为学院正式"流动岗"教师。落实学院教师前往企业实践锻炼,加强双方交流协作。三是促进学生实习就业。城建学院与陈塘热电、津安热电共建"产教融合实习实训基地",结合企业真实生产环境开展实践教学和岗位实习,加大实习岗位供给,定期举办共同体专项招聘会。四是开展行业企业培训。学院将为能源集团、津能双鹤热力设备公司等企业开展员工培训,打通共同体内中、高、本一体化贯通培养路径,并将与德安科技创新集团联合开展特种作业人员培训考核合作项目。

(2)协同开展技术攻关。一是推动与深化"麒麟工坊"建设项目。与麒麟软件公司合作,通过升级2门专业课程,实施工程化项目式复合型人才培养模式改革,积极承办信创技能大赛,开展麒麟操作系统教学、培训与认证。同时依托"麒麟工坊"的技术资源和平台优势,开展技术研发和成果转化。二是推动"教育装备中试车间和研发中心"建设项目落地。与山东栋梁科技设备有限公司共建"教育装备中试车间和研发中心"项目,深化科技交流与合作,探索新技术和新产品的开发,推动科技成果的转化与应用,为双方事业发展注入新动力。

(3)联合开发教学资源。一是校企联合开发核心课程。学院联合共同体成员单位新道科技股份有限公司、津燃华润燃气有限公司、天津地热开发有限公司共同开发相关专业的核心课程8门。二是校企联合开发教学资源。联合津安热电、天津大港油田第六工程公司、津燃华润燃气有限公司共同录制数字化教学资源,用于专业教学、企业培训以及对外数字化线上资源共享。与亚龙智能装备集团联合开发"中低温热力发电"教学装备;与华德智慧能源公司合作"绿碳综合能源数字云控"项目;与瞰景科技发展(上海)有限公司共建"智慧能源空间地理数据基座",为能源行业管道铺设、巡检等打造集教学、实践、管理于一体的实训平台。三是校企联合开发实践教学项目。学院与津燃华润、地热公司联合开发实践教学项目,推动校内燃气、热能等专业的发展,提升技能人才的实践能力,打通行业企业用人"最后一公里"。

(4)不断拓展合作伙伴和项目。一是访企拓岗,共筑西部发展人才高地。共同体内院校通过"访企拓岗"专项行动积极拓展西部地区企业,鼓励西部地区学生回家乡就业,为西部地区的产业升级和科技创新提供人才支撑。二是深化合作,共建共享促教育提升。共同体内院校与西部院校深化合作,搭建合作通道,建立同类专业资源共享机制,将共同体内院校在线精品课程与西部院校共用共享。三是搭建平台,东西部思政交流促发展。利用学院"天津市思政课协同创新中心主持单位",为西部院校提供思政交流、培训、大赛提升的平台。四是强化协作,产学研融合共促科技创新。加强与西部院校科技创新合作,与城建大学共同申报"青海省自然科学基金项目",探索高海拔地区睡眠热—氧感觉预测研究。

(四)智慧能源行业产教融合共同体建设面临的挑战

1. 技术快速更新与教育体系相对稳定的矛盾

智慧能源行业技术的快速更新迭代要求教育体系必须紧跟行业发展趋势,不断调整教学内容和方法,以培养出符合市场需求的高素质技术技能人才。然而,教育体系的相对稳定性使得其难以迅速适应行业技术的动态变化,这成为产教融合面临的首要挑战。

2. 校企合作深度和广度不足

当前,虽然许多学校和企业已经建立了合作关系,但合作深度和广度仍有待拓展。一些校企合作仅停留在表面层次,未能实现真正的资源共享和优势互补。这既影响了产教融合的效果,也制约了共同体建设的进程。

3. 政策支持与资金投入不足

智慧能源行业产教融合共同体的建设需要政府、学校、企业等多方主体的共同参与和投入。然而,当前政策支持与资金投入仍有不足,难以支撑共同体建设的深入发展。缺乏足够的资金和政策支持,使得一些有价值的合作项目难以开展或难以持续。

4. 人才培养与市场需求相对脱节

在产教融合过程中，由于信息不对称、沟通不畅等原因，往往会出现人才培养与市场需求脱节的情况。学校培养的人才难以适应企业的实际需求，而企业则难以招到合适的人才。这既浪费了教育资源，也制约了行业的发展。

（五）智慧能源行业产教融合共同体发展的对策

1. 加强政策引导，优化政策环境

政府应加强对智慧能源行业产教融合共同体建设的政策引导和支持，制定更加优惠的政策措施，鼓励企业和学校深入开展产教融合合作。例如，可以设立专项基金，支持校企联合开展科研项目和技术创新活动；可以给予参与产教融合的企业和学校一定的税收优惠和资金补贴；可以建立产教融合协调机制，加强各方主体之间的沟通与合作。

2. 推动教育教学改革，适应行业发展需求

学校应积极推动教育教学改革，以适应智慧能源行业的发展需求。首先，要调整课程设置和教学内容，引入行业前沿知识和技术，确保学生所学知识与实践需求相契合。其次，要加强实践教学环节，提高学生的实践能力和创新能力。可以通过与企业合作共建实训基地、引入企业导师等方式，为学生提供更多的实践机会。同时，还需要加强师资队伍建设，提升教师的专业素养和实践能力。

3. 加强信息沟通和交流，确保人才培养与市场需求相匹配

为了避免人才培养与市场需求脱节的情况发生，各方主体应加强信息沟通和交流。学校应定期与企业沟通了解行业发展趋势和人才需求变化，及时调整人才培养方案和教学内容。同时，企业也应积极向学校反馈人才需求和评价信息，帮助学校更好地了解市场需求和人才培养质量。此外，还可以通过举办招聘会、校企交流会等活动，加强学校与企业的互动和了解。

4. 建立长期稳定的合作机制，确保产教融合共同体发展的可持续性

为了确保智慧能源行业产教融合共同体发展的可持续性，各方主体应建立长期稳定的合作机制，特别是切实遵守章程，落实合作协议、开好联席会议，确保各方合作的顺利进行。同时，还需要加强监督和评估工作，及时发现和解决问题，确

保合作效果的最大化。

　　智慧能源行业产教融合共同体建设毕竟是一个新事物,但只要各方主体共同努力、采取切实有效的对策,就一定能够克服诸多挑战,确保共同体得到健康而深入的发展。

　　课题承担单位: 天津城市建设管理职业技术学院

　　主持人: 丁玉

　　执笔人: 魏旭春

　　课题组成员: 张冰、党天伟、张智明、田爽

/ 第二十七章 /

▼

高端装备制造产教融合共同体建设

　　行业产教融合共同体的具体形式,以行业特色为基本划分标准。本研究在阐明行业产教融合共同体建设一般特点的基础上,以天津机电职业技术学院对接天津市高端装备产业链成立的高端装备制造产教融合共同体为例,探讨其"政府支持、本职联合、龙头引领、实体运行、共同组织、共建共管、共享成果"的建设内涵,从构建实体化运行机制、创新人才培养模式、共建开放型产教融合实践中心、共拓国际化影响力等方面,阐明行业产教融合共同体建设和运行的规律性特征。

一、行业产教融合共同体的由来和基本特征

　　"共同体"一词源于社会学,是指具有共同目标、价值观和文化认同的群体,通过共同的活动和交流,建立起一种共享、信任和互助的关系。[①] 共同体组织具有自己的共同目标,在此基础上形成亲密关系和共同精神意识,能够让成员体验到归属感和自主认同感。产教融合共同体起源于社会学共同体,是为协调解决人才培养中产教、校企"两张皮"问题,进一步推动职业教育产教融合的高质量发展而进行的新尝试。

　　(一)产教融合共同体建设的背景

　　从20世纪90年代国家提倡职业教育办学走"工学结合"道路的时间算起,我国职业教育产教融合实践已经持续了近30年。2014年,我国职业教育在校生人数达到峰值,教育规模已经接近普通教育,标志着职业教育已经从外延式扩张阶段进入内涵式提质增效阶段,职业教育发展进入以深化产教融合、构建产教融合共

---

　　① 刘志敏、张闳肆:《构筑创新共同体　深化产教融合的核心机制》,《中国高等教育》2019年第10期。

同体为主线的新时期。

2014 年《国务院关于加快发展现代职业教育的决定》明确提出深化产教融合和校企合作，加快我国现代职业教育体系建设。2017 年 10 月 18 日，习近平总书记在党的十九大报告中指出：要深化产教融合。2017 年《国务院办公厅关于深化产教融合的若干意见》、2018 年教育部等六部门关于印发《职业学校校企合作促进办法》等政策文件密集出台，对产教融合和企业等主体参与职业教育进行部署。2019年初印发的《国家职业教育改革实施方案》，要求营造企业承担职业教育责任的社会环境，推动职业院校和行业企业形成命运共同体。2022 年 12 月中办、国办印发《关于深化现代职业教育体系建设改革的意见》，明确提出职业教育高质量发展的"一体两翼五重点"，行业产教融合共同体即为这个"两翼"中的一翼。

（二）产教融合共同体建设的必要性

"产教融合、校企合作"是我国职业教育的根本特征。进入 21 世纪，随着各国人力资源竞争日趋激烈，职业教育产教融合愈发凸显其重要意义。打造产教融合命运共同体，是落实立德树人的重要基础，是办好人民满意的职业教育的重要手段，是服务中华民族伟大复兴的战略需要。[①]

1. 打造产教融合共同体是落实立德树人的重要基础

以习近平同志为核心的党中央一再强调，要将"落实立德树人"作为各级各类教育的根本任务。职业教育人才培养主要聚焦在实践和应用，使学生在真实的职业环境中获得锻炼，能亲身体验职业生活的挑战和乐趣，从而更好地适应就业市场需求。基于职业教育的这个特点，仅有学校一方落实立德树人根本任务是不够的，只有通过产教融合共同体的构建而整合社会之力，形成多元协同立德树人的育人体系，才能夯实好育人的核心基础。构建职业院校产教融合共同体能够开展多样化的教育实践，促进职业院校学生高质量就业和企业、产业高质量发展。

2. 打造产教融合共同体是办好人民满意职业教育的重要手段

随着我国社会主义进入新时代，人民日益增长的教育需求同教育发展不平衡

① 潘海生：《产教融合命运共同体的时代意蕴、路径选择与行动指南》，《中国职业技术教育》2019 年第 28 期。

不充分之间的矛盾成为主要矛盾。打造产教融合命运共同体，一方面可以增强职业教育的开放性和针对性，使劳动者能够在职业生涯发展的不同阶段通过多次选择、多种方式灵活接受职业教育和培训，满足学习者的多样化需求，助力弘扬劳动光荣、技能宝贵、创造伟大的时代风尚，营造人人皆可成才、人人尽展其才的良好环境。另一方面，教育是阻断贫困代际传递的根本途径。职业教育还要关注到失业人群、农民工转移培训等问题，特别是那些由于技术进步而被替代的低技能劳动力，通过打造产教融合命运共同体，实现"工学结合、知行合一"，努力助推他们获得新技能而重新走上工作岗位。这些正体现了以习近平总书记关于职业教育重要论述为指导的中国特色社会主义职业教育发展观的基本要求。

3.打造产教融合共同体是推进职业教育现代化的需要

习近平总书记在党的十九大报告中指出："建设教育强国是中华民族伟大复兴的基础工程，必须把教育事业放在优先位置，深化教育改革，加快教育现代化，办好人民满意的教育。"职业教育是国民教育体系的重要组成，"没有职业教育现代化就没有教育现代化"。一方面，在加速推进教育现代化2035进程中，需要加快补齐教育短板。职业教育作为国民教育体系和人力资源开发的重要组成部分，是整个教育体系中比较薄弱的环节。另一方面，职业教育的跨界性特征，要求其办学必须紧紧围绕行业企业需求。总之，职业教育的内涵决定了其必须走产教融合、校企合作之路。

（三）产教融合共同体的基本特征

2023年7月，教育部发布的行业产教融合共同体建设指南指出：行业产教融合共同体是由龙头企业和高水平高等学校、职业学校（含中职学校、高职专科学校和本科层次职业学校）牵头，联合行业组织、学校、科研机构、上下游企业等共同组建的，跨区域汇聚产教资源，能够有效促进产教布局高度匹配、服务高效对接、支撑全行业发展的产教融合新型组织形态。经过对已有的产教联合共同体的研究，发现产教融合共同体特征包括：政府支持、本职联合、龙头引领、实体运行、共同组织、共建共管、共享成果。

1. 政府支持

行业产教融合共同体通常跨行政区域,需要产业集聚地区人民政府和教育行政部门协调各方资源参与,即突破行政区域壁垒,围绕产教融合资源配置和政策供给痛点,加强不同市域、省域之间的协同配合。[①] 产教融合共同体作为推动区域经济社会发展的重要组织形式,其核心在于发挥政府的协调作用。这一共同体由政府搭台,以产业、课堂为基础,致力于整合多元要素资源,通过规划制定、政策引领、经费支持等手段,联结政府、学校、行业、企业等各方主体,共同推动职业教育发展,进而促进区域人才培养、创新创业和产业经济的高质量发展。

2. 本职联合

区别于既往职业院校主导的产教融合各种形式,产教融合共同体通常由掌握行业共性关键技术的高水平学校参与,实现"职普融通",即更加注重发挥高水平大学的引领作用,促进新质生产力发展。新质生产力是科技、创新、高质量生产崭新时代的标志,关键是高质量,这决定了行业产教融合共同体需要以整合科技创新资源为基础,走内涵式发展道路,因而必须注重高水平大学的引领作用。一是要吸引掌握行业关键科学技术的高水平大学加盟并牵头共同体建设,把握行业科技革命和产业变革趋势,探索关键科学技术创新;二是依托高水平大学推进行业体系化基础研究,围绕行业高质量发展开展集成性、系统性、前瞻性科研攻关;三是依托高水平大学推进应用性研究,紧跟行业关键共性技术、前沿引领技术,推动教育链、人才链、产业链、创新链的有机衔接;四是联合开展高素质人才培养,通过高水平大学有效统筹教育教学资源,依据新兴产业、未来产业、产业链分工对人才的需求,通过研究生工作站、产业学院、大学科技园等产教融合载体培养行业所需人才;五是通过人才互聘,特别是为本科合作学校设置产业教授和特聘教授等岗位,促进职业院校师资水平的明显提升。

3. 龙头引领

发挥行业龙头企业的主导主体作用,首先是发挥其共同体发起筹备的主导作

① 李玉倩:《新质生产力视角下行业产教融合共同体建设逻辑与路径》,《南京社会科学》2023 年第 12 期。

用。鼓励央企大型企业集团、行业龙头企业作为牵头企业,整合产业链关键企业、高水平大学、职业院校、科研机构等单位参与建设;其次是在组织机构设置运行中突显主导主体作用,推动建立实体化运行机制;再次是以行业竞争力需求为中心,定期发布产业结构报告、行业人才需求预测报告等,确保科技创新资源的精准供给;最后是发挥龙头企业在日常教育教学中的主体作用,特别是在专业群设置规划、专业课程设置、教学资源建设、实习实训教学、教学质量评估等环节中体现主体地位,确保人才培养的规模和质量契合行业高质量发展需要。

4. 实体运行

行业产教融合共同体能否实现其既定的功能和作用,关键在于能否实现实体化运作。为防止行业产教融合共同体不走"职教集团"的老路,必须做好以下方面:

(1)建立多元共建治理模式。鉴于产教融合共同体参与者的多元性、平等性,共同体应实行理事会领导下的事业部制工作机制。由牵头部门、行业企业、学校、科研机构等多方参与,成立产教融合共同体理事会,建立联席会议工作机制,建立健全以章程为核心的各项规章制度,对产教融合共同体的运营进行顶层设计。组织制定产教融合共同体重点任务规划,并将工作分解到相关成员单位。同时,根据产教融合共同体功能定位、目标和主要任务,理事会还应成立人才培养、产业发展和科技创新等实体性的事业部,分别由共同体中不同的单位牵头负责,以推进理事会各项决策的落实。

(2)共同发起和实施产教融合项目,协同完成产教融合发展任务。有目标、有任务,共同谋事、协同干事,把事做成,既是产教融合共同体的价值所在,也是实现产教融合共同体实体化运作的重要内容。因此,推进产教融合共同体的实体化运作,必须在理事会领导下的事业部工作制治理模式下,设立专门的项目任务,以项目式、目标化管理方式,促进各成员单位协同作战、聚力攻坚。

(3)形成有效运行内生机制。产教融合共同体成员单位应充分整合国家政策资源,通过投入资金、技术、设备、场地、管理等方式,共建具有股份制混合所有制性质的现代产业学院、现场工程师学院、工匠学院、开放型区域产教融合实践中心、生产性实训基地、技能培训基地、技术服务中心等机构(平台),并按照股份占比、贡献度等依法进行效益分配,实行真正意义上的"实体化"运作。

5. 共同组织

产教融合共同体不是各要素简单合作相加,而是围绕共同的愿景和目标而开展的紧密的、深层次的、全方位的合作共建。设计具体的组织结构来实现共同体的职能和目标,是构建产教融合共同体的组织保障。在产教融合共同体中,企、校、行、研等多方通过协议等方式明确权利义务关系,创新组织形式,共建组织机构,如理事会、管委会等,共同选派相关人员组建管理团队,负责统筹、协调、处理、解决产教融合共同体运行过程中的相关事项,保障产教融合共同体的健康持续运行。

6. 共建共管

产教融合共同体是紧密型的合作实体,在共同组织的基础上,共同投入;共同负责专业人才培养方案制定和修订、新专业开发、教材建设、基地建设、师资建设、课程建设;共同组织教学、评价教学质量,实现专业设置与产业需求、课程内容与职业标准、教学过程与生产过程的有机衔接;共同组建运行团队,制定各项规章制度,充分调动政校企的积极性,维护各方权益,促进资源从共享到共有、人员从互派到融合、责任从分担到共担。

7. 共享利益

产教融合共同体的组织形式虽然多种多样,但首先要以满足共同体内的多方需求为前提。虽然企业、学校、行业、研究所等属于不同的社会组织,有着不同的价值要求,但事实上存在着相互依存的关系和共同的利益基础。如没有学校提供人才,企业和行业将难以发展;没有企业的参与学校教学,则学校的教学将偏离产业发展需求,无法满足社会发展需要。因此,共享利益把政校企的利益紧紧地捆绑在一起,是构建产教融合共同体的根本点。

二、高端装备制造产教融合共同体建设的实践案例

2023 年,教育部、天津市人民政府印发《关于探索现代职业教育体系建设改革新模式实施方案》,明确天津机电职业技术学院(以下简称"学院")等校企共

同组建高端装备制造产教融合共同体。

紧贴产业发展趋势和人才需求,学院牵头推动高端装备(工业机器人)产教融合共同体建设。同联想(北京)有限公司、天津大学共为牵头单位,联合天津市装备制造龙头企业天津百利机械装备集团有限公司、自动化行业龙头企业和利时自动化公司及多所行业相关职业院校、行业组织共建高端装备(工业机器人)产教联合共同体,发挥职业院校面向行业、连接行业、服务行业的独特优势,着力培养行业紧缺的高端技术技能型人才、开展行业应用技术研发及其转化、开发行业优质共享职业教育资源,增强高职教育适应性,赋能产业高质量发展。

(一)健全机制体制,构建"牵头 + 核心 + 推广"三层级运行体制

为做好顶层设计,明确各方建设任务,提高各方参加产教融合共同体的积极性,成立高端装备(工业机器人)产教融合共同体组织机构,细化运行机制,建立共同体章程、议事制度、工作流程等管理制度。共同体建立"牵头 + 核心 + 推广"三层级运行体制,以联想(北京)有限公司、天津大学和学院为第一层级牵头单位,负责统筹共同体内所有组织资源、规划共同体发展方向、制定共同体运行章程;以天津市百利机械装备集团、和利时自动化公司、天津轻工职业技术学院、河北机电职业技术学院、天津理工大学、天津市机电工艺学院等8至10所行业相关职业院校、行业组织为第二层级核心单位,负责协同牵头单位共同落实各项建设任务,共同制定教学标准、共建开放型产教融合实践中心、开展技术研发等;以其他院校和企业为第三层级推广应用单位,负责集中推广应用共同体建设成果,深入开展校企合作培养企业所需应用型和技术技能型人才。用 1 年左右时间,初步建成组织健全、管理规范、运行高效的行业产教融合共同体。

1. 产学研主体深度融合

"牵头 + 核心 + 推广"三层级各主体在政府主导和引领下明确各自权利、义务和违约责任,保障产教融合有序开展。围绕产业需求开展顶层设计,推动产教融合体系从单维管理向多元治理转变,构建有益于多方参与的实践教学体系,共建产教融合型专业。优化产教融合"动态发展"路径,将专业结构、人才培养方案、课程体系、师资队伍的动态发展融入产教融合全过程,动态提升产教融合纵向和横

向发展质量。

2. 形成资源共建共享机制

产教协同制定教学目标、开发课程、完善教学内容、保障实践条件、共建实验室和实训基地等精准对接企业和行业需求。依托工业机器人专业职业教育教师创新团队建设项目"引企入教",共建共享"双师双能型"教师团队。协同搭建人才信息交流平台与用人机制,通过现场工程师计划、订单培养和顶岗实习等方式开展校企合作,提高企业参与人才培养、教学改革和专业建设等环节的积极性,提升人才培养质量。

3. 建立和不断优化评估体系和标准

由政府、院校、企业代表和行业专家等建立一个独立的评估机构或委员会,对共同体的组织结构、运行机制、项目实施情况、成效评估等方面,进行每年至少一次的评估和监督。对收集的相关数据与信息,包括共同体成员的参与情况、项目执行情况、成效评估数据等,进行深入分析,找出存在的问题和改进的空间,及时向共同体成员反馈评估结果,并提出改进建议和措施。

(二)汇聚多方智囊,共研行业标准创新"工程式 + 项目化"人才培养模式

产教融合共同体将育人主体的功能同步赋予了行业企业,这样才能最大限度地调动行业企业的育人积极性,通过企业在产业发展方面的灵敏触角紧贴市场和就业形势,校企共同制定符合产业发展需求的行业标准,共同创新符合行业、企业需求的人才培养模式。[①]

校企共同制定岗位规范和行业标准,按照专业设置对接产业需求、课程内容对接职业标准、教学过程对接工作过程的"三对接"思路,将育人过程搬到产业园区或将企业产业生产过程引入学校,专业建在产业链上,课堂设在生产服务第一线。将企业工程生产过程拆分成若干个项目实践项目,强化学生技术技能实习实训,探索"工程式 + 项目化"的人才培养模式,制定具有专业特点、行业特色的人才培养方案,提升复合型技术技能人才的培养质量。

---

① 张金环、汪艳丽、汪雪莉:《职业教育校企协同育人的现实壁垒、优化思路及实现路径》,《教育科学论坛》2024 年第 15 期。

将"工程式＋项目化"人才培养思路运用到与天津大学的高本贯通培养上。结合研究型本科院校的学科优势和高职院校的实践特色，培养既具备理论基础，又擅长应用创新的复合型人才。通过点—线—面"的分步实施策略，先以一门课为试点，逐步拓展到专业乃至整个专业群。

（三）协同技术转化，建设技术创新中心、开放型产教融合实践中心以服务教学科研

产教融合共同体基于行业人才需求、技术技能型人才培养和创新研发需求，在共同体内部协同各方进行技术攻关，建设技术创新中心和开放型产教融合实践中心。

1. 建立高水平产教融合基地

共同体深入生产一线，瞄准产业需求，以引企驻校、引校进企、校企一体等方式，校企共建国家级生产性实训基地、国家级"双师型"教师培养培训基地、天津市高技能人才培训基地、高端装备开放型产教融合实践中心。立足"黑灯工厂"给中国"智造"带来的改变，共同体在学院尝试建设"数字孪生＋智能制造示范线"，实验从原材料到成品主要由智能机器人和自动化设备按照指令完成相关生产、存储、搬运、检测等环节的自行操作。

2. 校企联合打造科研攻关团队

共同体围绕企业实际生产性和技术性难题，在共同体内联合组建以岗位"技术链"和"技术模块"为单位的专业科研攻关团队，以院校特聘岗、流动岗和企业科技特派员等形式推动校企人员"双向流动"联合开展科研项目申报与研究工作，进行"基于机器视觉系统的工业互联网实训设备二次开发"等项目研发。

3. 力推科研成果的转化

共同体将企业典型项目融入专业教学过程中，把最新的科研成果转化为教学案例和教学资源，形成"企业遇难题，学校来解题，协同共转化"的科研服务企业、企业反哺教学的良性互动。

（四）推进国际合作，以共同体为支撑拓展鲁班工坊建设成果

依托鲁班工坊建设项目，推动共同体内普通高等教育、职业教育伴随企业和

技术标准"走出去",更好地发挥鲁班工坊的辐射作用。校企共同开发国际化教学标准、课程、教材、资源库,充分展现中国高端装备的先进性;校企共同开发高端装备类教学装备,推动中国制造企业拓宽海外市场。发挥鲁班工坊在共同体内的辐射作用,推广工程实践创新(EPIP)教学模式,研发构建"国际化＋本土化"的人才培养标准体系,实现企业出海、教育出海、教随产出、校企同行的新局面。

面向共同体成员组织基于鲁班工坊国际品牌的理论研究、标准制定、经验推广活动;组织第二届世界职业院校技能大赛,建设智能产线装调世校赛中外集训基地,创建国际交流与合作新载体,广泛交流分享各国职业教育发展经验,充分展现中国职业教育改革成果,助力提升中国职业教育的国际影响力和引领力。

（五）优化要素配置,创新赋能新质生产力

依托共同体建设,整合各方优质资源,构建"产业—行业—企业—职业—专业—课程—就业"的闭环育人链条,做好供需匹配对接,完善区域发展、产业升级、学校提升、优质就业的良好生态环境,不断提高人才培养质量,适应先进生产力人力资源要素优化配置需求。课程、教材、师资、实训基地等人才培养关键要素对接支撑新质生产力高级别人力资源要素的优化提升需求。

选取产业园区、头部企业典型工作任务,融入体现新质生产力劳动工具、劳动资料升级的新技术、新工艺、新装备、新材料,将企业项目任务、生产场景、工艺流程、操作规范、产品规格作为资源,在区域和重点领域的产业边界中形成集中开发、共建共享的产教融合育人生态,构建反映企业前沿技术、职业岗位能力的人才培养要素供应链。

加大技术创新研发与应用平台培育建设力度,汇聚企业技术创新需求,搭建集科研攻关、技术研发、成果转化、人才培养于一体的创新平台,针对产业生产技术难题开展有组织的靶向研发,在基础研究—应用开发—成果转化创新链条中定位研究方向,更加注重生产技术革新、工艺流程改造、科技成果应用、产品开发设计,推动新技术、新工艺、新产品研发和推广,提升创新成果产业化能力。

聚焦具有创新密集、跨领域融合、高附加值等特征的工业机器人产业,系统开展关键技术创新、路径模式探索、产业链价值链治理和市场推广应用,形成韧性稳健的新型工业化产业体系。面向中小微企业开展技术服务,探索职业院校融入区域应用技术服务体系的对接机制,构建具有区域特色的技术转移和科技成果转化体系。

面向区域新质生产力发展特征,以数智化、绿色化驱动课程开发和教学内容重构,融入 5G+、人工智能、大数据、云计算、区块链等数字技术赋能的新质生产工具使用场景,系统构建数字化新形态教材、在线精品课程、专业教学资源库,以及集教学科研于一体的生产性实践基地和虚拟仿真实训中心等教学资源。借助人工智能、虚拟现实、虚拟仿真等技术手段搭建教学和管理平台,创新与真实场景相结合的混合式教学模式和评价方式,全面提升办学能级和人才培养质量。

课题承担单位: 天津机电职业技术学院

主持人: 王兴东

执笔人: 徐磊

课题组成员: 赵迪、赵轩、童相彬

/ 第二十八章 /

▼

智能感知与能源装备行业产教融合共同体建设

当前,行业产教融合共同体建设正迅速发展,但也存在一些问题,需要在理论与实践两个方面深化探索。天津海运职业学院牵头成立的智能感知与能源装备行业产教融合共同体,在这方面提供了一个具有典型性意义的案例。

一、产教融合共同体的由来和发展

"共同体"(community)一词最早源于德国社会学家斐迪南·滕尼斯(Ferdinand Tnnies)的社会学著作《共同体与社会:纯粹社会学的基本概念》[①]。滕尼斯认为,共同体其本质是通过自然的、积极正面的关系结合,形成统一对外发挥一致作用的群体。共同体成员相互理解包容,个人利益服从于共同利益,与共同体休戚与共、表里相依,是一种持续的、非表面化的共同生活。滕尼斯的论点引发了社会学界的关注,"共同体"的概念内涵及形成条件在时代的洪流中不断演变,成为学界的研究重点之一。一般来说,建立共同体需要具有"共同利益"、需要具备"公共精神"。

（一）我国产教融合共同体的发展过程

随着职业教育产教融合实践不断发展,我国职业教育产教融合共同体的建设呈现不同的形态。从纵向来看,产教融合理念提出后,共同体最初的形态是在新世纪初产生的比较单一的院校与企业开展校企合作的校中厂、厂中校,此后逐步发展为当前现代产业学院、产教融合型企业、县域经济产教聚合体、市域产教联合

[①]《共同体与社会:纯粹社会学的基本概念》采用二分法的概念,从人类结合的现实中,抽象地概括出共同体与社会这两种类型,提出在人类的发展史上,共同体这种结合的类型早于人们有的放矢建立的社会类型。书中的基本思想与概念,对社会学研究产生了深远的影响。

体、行业产教融合共同体等五类组织形态并存的局面。大体上看,产教融合共同体经历了三个阶段。

1. 初级阶段: 基于项目合作的共同体

进入新世纪以来,我国加大了对职业教育的投入和支持力度,提出了"职业教育优先发展"的战略方针,我国职业教育迎来蓬勃发展期。在培养高水平应用型人才的改革实践中,企业参与职业教育的必要性和紧迫性进一步凸显。2005 年 10月,国务院发布《关于大力发展职业教育的决定》,提出大力推行工学结合、产教融合的培养模式,建立和完善有中国特色的现代职业教育体系。随后,《中共中央办公厅、国务院办公厅关于进一步加强高技能人才工作的意见》等文件相继出台,在国家和教育部门的大力推动下,职业教育大力提倡工学结合、校企合作,倡导企业参与职业教育。产教融合开启了校中厂、厂中校等产教融合型组织的初步探索。

由于缺乏产教融合的实践经验,共同体建设通常是以一个或者多个特定的项目为基础组建形成,合作形态较为松散,是一种初级阶段的产教融合共同体。在此阶段,合作内容多是与企业开展一些实践教学和实训项目,参与项目的企业只局限于少数行业和领域。因此,校企合作范围和深度比较有限,企业在人才培养方面的投入相对较少。此阶段共同体组织形态具有以下特点:

一是合作主体单一。产教融合共同体主要是由某个行业的企业与彼此"熟悉"的相关院校进行项目合作,只有少数企业、院校和政府等组织共同参与。各合作主体之间缺乏深度的沟通协作,合作相对独立,这导致共同体成员的合作潜力和整体效益未能得到充分挖掘。

二是合作关系松散。院校和企业之间的合作通常是因为某个具体项目而成立,并可能在项目结束后解散,此类合作缺乏长期合作规划和稳定的合作机制。

三是合作领域狭窄。限于合作项目的规模和方向,校企开展联合研发、提供实习机会的合作目标通常是为了解决某个具体问题或满足某个特定需求,此类项目合作的领域相对狭窄。

四是管理机制匮乏。由于合作关系松散和合作领域狭窄,合作产出率不高,合作主体对合作的重视程度相对不高。因此,初级阶段的产教融合共同体的管理和运营较为简单,缺乏统一的管理运行机制,而无法充分发挥各方优势和潜力。

2. 中级阶段:基于校企联盟的共同体

党的十八大以来,校企合作的深度不断扩展。2017 年以来,《国务院办公厅关于深化产教融合的若干意见》《职业学校校企合作促进办法》《国家产教融合建设试点实施方案》等文件相继出台,进一步明确了校企合作的方向和目标,为校企联盟式共同体的形成和发展提供了政策依据。2019 年 4 月,中国特色高水平高职学校和专业(群)建设计划更明确提出"形成'校企命运共同体'"。由此,"共同体"一词正式出现在产教融合政策中,"校企命运共同体""职教共同体""产教融合共同体"等相关表述陆续出现。校企联盟式共同体主要包含职教集团、现代产业学院、产教融合型企业等多种组织形态。以职教集团为例,在教育部的积极推动下,截至 2021 年底,全国组建了 1500 多个职教集团(联盟),成员单位涵盖了企业、学校、行业组织、科研机构等 4.5 万余家。

校企联盟式共同体一般由同一区域或附近区域内一定数量的院校和企业组成。相比于初级阶段的基于项目合作的共同体,校企联盟式共同体的成员通过签署合作协议或框架协议等形式明确合作的内容、方式和责任,管理机制得到了一定程度的健全;由于具有了明确的目标和责任,联盟成员的合作关系更加紧密;集合学校的教育资源和科研,以及企业的技术支持和实践场所的优势,促成了资源的共享和互补;通过联合研发、技术转移、创新创业,推动校企合作的合作领域进一步扩大。校企联盟式共同体在推动校企合作起到重要的作用,但从实践来看,行业企业等主体参与职教集团化办学程度却较低,职业院校服务企业创新能力不强,使得基于校企联盟的共同体在推动行业和产业发展上动能不足,此阶段共同体组织形态具有以下特点:

一是合作主体原始创新能力不强。职业院校的教师具有较高的应用技术能力,但"从零到一"的原始创新能力不足,而企业发展需要的原始创新能力在职业院校得不到有效回应,这挫伤了行业企业参与产教融合的积极性。

二是企业主体的联盟定位不明确。行业企业参与职教集团化办学的目的是为企业发展寻求智力和人才支持,获得有益于行业企业发展的技术、信息和人才等。

然而,校企联盟的共同体牵头方多是高职院校,行业企业在职教集团只是参与专业设置、课程建设、实习实训等人才培养环节,自身需求难以被满足。

三是合作主体的运行规范性不足。校企联盟共同体的规范性不足,章程不完善,重组建形式而轻实际运行,参与各方尚未形成利益共同体,对各方积极性的调动不明显,运行效果欠佳。

四是合作主体之间沟通渠道不通畅。校企联盟共同体的沟通渠道多限于每年一两次的联盟会议,平时企业找学校解决问题多限于企业人员与职业院校教师或领导的单线联系,沟通效果难以被跟踪和评价,使得"小问题"容易被积累和放大,影响校企双方的合作。

3.高级阶段:融合产业链的行业产教融合共同体

2022年12月,中办、国办印发《关于深化现代职业教育体系建设改革的意见》,提出"打造行业产教融合共同体。支持龙头企业和高水平高等学校、职业学校牵头,组建学校、科研机构、上下游企业等共同参与的跨区域产教融合共同体"。行业产教融合共同体是由牵头单位联合其他组织组建的一种跨区域汇聚产教资源的新型组织形态,本质是一种超组织,以相互依赖和有组织性为核心特征。它能够有效促进产教布局高度匹配、服务高效对接、支撑全行业发展的产教融合新型组织形态,为当前职业教育产教融合制度创新和实践改革提供了政策依据。自那时起,国家级、区域级的各种样式的行业产教融合共同体不断成立,成为职业教育产教融合共同体的最新形态。

二、行业产教融合共同体建设的基本状况分析

(一)行业产教融合共同体建设的主要内容

按照工作任务划分,行业产教融合共同体至少应包含供需对接、资源聚集、人才培养、技术攻关、教学改革五个维度的基本工作。这五个维度构成"五位一体"的责任共同体。

1.供需对接

行业产教融合共同体的供需对接主要是行业人才和产业发展需求与学校的人才培养及供给的对接。教育部2023年7月发布的《行业产教融合共同体建设指南》(以下简称《指南》)中明确提出了共同体每年要组织工作专班完成此项任务,但是并没有明确谁来负责完成。按照工作性质来划分,与行业人才和产业发展需求相关的工作任务应该由本行业的龙头企业牵头,其他企业积极配合并参与完成行业发展分析报告、人才需求预测报告和行业人才与技术需求清单编制工作,学校牵头完成人才和技术供给清单编制工作,并将编制的报告和清单提交给共同体工作领导小组,由工作领导小组审议后发布。每年按时发布一次,让学校和相关培训机构及时了解行业人才需求和技术发展情况,做好专业人才调整和培养工作。此项工作中,人才需求预测难度比较大,龙头企业需要承担好主导型责任,通过企业在行业中的地位,准确把握行业发展动态,结合行业发展趋势准确作出人才需求预测,并将预测的可信度作为检验报告质量的重要标准之一;政府将报告质量纳入对企业的年度工作业绩考核范畴,考核结果作为政府支持企业的重要参考依据之一。

2. 资源聚集

行业产教融合共同体的资源聚集主要是指各参与主体有责任为共同体建设投入一定的资金、人力、技术、文化、管理等资源,以供共同体内成员共享,这是作为共同体一员的社会责任,同时也是应尽的义务。有研究者提出,产教融合缺少资源有效整合和利益共享平台,存在资源难共享的症结,直接削弱融合的广度和深度。《指南》中,关于资源整合的监测点重点放在建设单位优质多元以及跨省域分布情况,这种粗放式的监测对于真正的资源聚集远远不够,还需要监测各主体提供为共同体建设投入的可利用资源清单,以便于后期开展对资源投入效益的评估和管理,避免资源浪费。共同体中此项工作的牵头单位责任尤其重大,因其可利用资源的多少直接关系到后续其他工作的推进,其他参与主体也需要积极履行资源投入的责任。对于以各种理由推卸责任的主体,共同体领导小组有权力根据共同体章程责令其履责,并对其不履责行为给予相应的处罚。

3. 人才培养

人才培养是指共同体内所有成员都应承担为行业培养人才的责任。该责任可以分为主体责任和协助责任。其中,学校是人才培养的主阵地,也是人才培养的牵头单位和主要责任方,承担的是主体责任,企业等其他参与者则是责任的协助方,承担必不可少的协助责任。所有协助责任均围绕主体责任的完成而进行,可根据企业或产业发展趋势及其对人才素质的要求,采用多种形式开展校企协同育人工作。其中,需要监测的重点是共同体中的主体联合职业学校开展人才培养的情况,即为学校提供人才培养的资源、联合职业学校培养学生的数量和质量、企业或本科学校录用共同体内职业学校学生的比重等。培训机构或企业培训部门作为人才培养的辅助场所,则要做好短期培训工作,主要监测其联合培训人员的数量和质量,在共同体内形成育训结合、良性循环的人才培养模式。

4. 技术攻关

技术攻关是共同体的重要责任,具有特殊性和复杂性。第一,中小企业面临的技术困难,共同体的其他参与主体可以通过共享技术平台,分享解决办法或成功的解决方案,尤其是有强大技术团队的龙头企业,有责任将行业的先进技术无偿分享给共同体内下游企业。或以享受共同体最优惠待遇形式获取,解决企业的难题,以减轻下游企业的技术研发负担。第二,龙头企业面临的现实技术难题,由龙头企业牵头组建团队,下游企业和有技术研发能力的学校有责任全力支持,共同研发;共同体领导小组有责任将共同体内资源向此类项目倾斜,搭建技术攻关平台或相关研发基地,为研发提供有效的支持。第三,行业面临的前沿技术难题,由领导小组牵头,整合共同体内资源,集体攻关。共同体内无偿共享技术攻关成果,为企业的技术改造、工艺改进、产品升级以及企业转型服务。职业学校主要承担技术攻关中的“中试”任务,为技术在行业相关企业大规模投入生产的可行性及其预期成效提供可参考数据。第四,在技术供需清单中,不同主体有责任根据技术创新难易程度,主动承担起清单中的任务,并在规定期限内完成。

5. 教学改革

首先,提高教师的产教融合研究水平。其中,企业有责任为教师的产业实践提供场所,学校有责任为教师的教学研究提供支持,让教师熟悉产业的技术发展和应用,并将产业实践融入教学改革的理论和实践中。其次,研发一批承载行业最新技术、工艺、方法或标准的教材、教学项目或者课程。作为企业,有责任将对员工的知识、能力、素养等要求及时在供需清单中告知人才培养机构,学校或者培训机构则根据需求有针对性地研发教学项目或者教材,以便教学改革围绕产业发展实践进行。职业学校承担开展教学方法改革的主要责任,扭转现在普遍存在的"学后再做",即先学理论再去实践的现象,落实好"项目驱动"教学方法改革,真正将"在做中学"这一重要理念落实在教法改革行动中。这一行动的落实需要企业的大力支持,共同体中承接了相关任务的企业,有责任接纳学生不同程度参与生产实践,为学生提供见习、观摩、模拟和操作的机会。

（二）行业产教融合共同体的组建类型

虽然《指南》对行业产教融合共同体的组建和建设的牵头单位有明确的规定,但实际操作与规定还存在一定差异。根据产教融合共同体组建单位的不同,责任共同体可以分为四类。

第一类,国家级龙头企业、本科高校和职业院校负责牵头组建。如国家轨道交通装备行业产教融合共同体,由中国中车、有关高水平大学和职业院校共同牵头,真正体现了"政、行、校、企"协作。教育部单独发布了支持其建设的文件,目前教育部也只对这一行业产教融合共同体以正式的文件形式给予支持,并对其提出了很高的要求,在1年之内要产出系列成果,打造行业产教融合共同体的标杆。

第二类,行业组织和职业学校负责牵头组建。如全国鞋服行业产教融合共同体,其由中国纺织工业联合会牵头发起,以中国纺织服装教育学会、温州职业技术学院等单位为核心成员。成立大会上,发布了《全国鞋服行业产教融合共同体章程》和理事会成员名单。教育部职业教育与成人教育司领导到会并发表讲话,希望共同体能形成新时期可复制、可推广的建设经验。全国新一代信息技术产业产教融合共同体,由中国电子学会担任理事长单位,联合11家重点职业院校和9家领军企业组建而成,并成立了20个工作组,推出了23个开放性项目,每个项目都确定了牵头单位,并欢迎其他学校、企业等参与。

第三类,职业学校和小企业负责牵头组建。如全国婴幼儿照护服务产教融合共同体,由职业学院与小微企业牵头组建,首批成员单位 384 个,并通过了共同体章程和年度工作计划。为支持共同体发展,湖南省妇女儿童发展基金会为其捐赠了经费。

第四类,职业学校负责牵头组建。如长三角新能源汽车行业产教融合共同体,由安徽交通职业技术学院牵头,联合 34 所职业院校,37 家新能源汽车制造、零部件企业和相关组织、机构组建。

(三)行业产教融合共同体建设过程中的问题解析

从教育部发布建设行业产教融合共同体的号召,并亲自主持了标杆式的国家轨道交通装备行业产教融合共同体之后,各类行业产教融合共同体陆续成立,现在难以统计出准确数量,相当一部分共同体有"赶时髦"的嫌疑。这决定了行业产教融合共同体发展中的一些共性问题,必须引起重视。

安徽商贸职业技术学院与三只松鼠股份有限公司打造电子商务产教融合共同体,探索出"双主体治理、一体化培养、同频率发展、战略性布局"建设路径,采用"校长—董事长"负责制,形成校企各部门常态对接体制;成立专业建设专家委员会,共同制定"双师型"教师标准、人才培养质量监控标准;通过"松鼠电商产业学院"等校企合作平台和载体,实现了学校、企业和行业的同频共振发展;通过打通相关专业的底层能力,关注通用技能和核心素养,注重学生个性成长,实现立体式培养。但是该行业共同体忽略了头部"双一流"等重点高校的加入,原始创新能力有待进一步提高;受限于空间和时间,校企双发的常态对接体制的时效性和可评价性有待进一步加强。

宁夏现代物流与供应链产教融合共同体是由原来的宁夏物流职教集团发展而来,其没有明确的龙头企业牵头,基本沿用了职教集团的模式,只是参与企业的数量有一定增加,工作职责与任务也没有新的说明,运行机制也没有新的变革,很显然,仅仅靠转换成了共同体的名头难以取得建设成效。

总体上看,行业产教融合共同体的理论探索和应用实践虽然取得了一定的成绩,但还存在政策理解不到位、多方主体权责不清晰、运行机制体制不健全、助推行业发展能力不足等问题,难以满足企业、行业和高校等多方主体所关注的供需对接、资源聚集、人才培养、技术攻关、教学改革的利益诉求。

三、案例分析：一所高职院校的有益实践

由天津海运职业学院（以下简称"学院"）联合中国能源建设集团天津电力建设有限公司和天津大学共同发起,面向能源装备行业,以学校和科研机构智能感知技术研发能力为基础,以校企联合开展人才培养、开发教学资源和协同技术攻关为重点,以科技创新引领产业升级,精准匹配行业需求与教育供给,发挥职业教育类型优势,整合能源装备行业优质资源,组建全行业、跨区域的智能感知与能源装备行业产教融合共同体。共同体"管理与运行机制先行、产教要素双向转化、教企师资双向流动、畅通人才成长通道、协同推动产业升级"的建设路径,有效破解了校企产教融合难、融合浅的难题,实现了高校、企业和行业协会等多方利益的最大化,为国内其他行业产教共同体的建设提供了有益借鉴。

（一）首发"两报告,两清单"蓝皮书,赋能共同体发展

2024年4月,联合企业、高校和行业协会对行业进行深入研究,联合发布《全国智能感知与能源装备行业发展报告（征求意见稿）》（以下简称《行业发展报告》）以及《全国智能感知与能源装备行业人才发展报告（征求意见稿）》（以下简称《人才发展报告》）。《行业发展报告》梳理了2023年全国电力供需情况、解读了传统电力装备和新能源电力装备发展概况,并对我国中长期能源装备及智能感知领域进行了发展预测,明确了行业的发展脉络和发展方向;《人才发展报告》梳理了能源装备行业人才需求和人才供给,明确了智能感知行业人才需求情况和人才发展困境,并对能源装备行业人才发展进行了展望。这两个报告对于凝聚能源装备与智能感知行业共识,助推行业发展和人才培养起到了积极的推动作用。

通过对企业和高校深入调研,联合发布《全国智能感知和能源装备产教融合共同体技术供需清单》（以下简称《技术供需清单》）和《全国智能感知和能源装备产教融合共同体人才供需清单》（以下简称《人才供需清单》）。《技术供需清

单》梳理了企业的优势技术,为企业充分利用优势技术帮助第三方企业开展技术服务提供了展示平台;《技术供需清单》同时明确了企业的短板技术和瓶颈技术,为高校联合科研院所开展技术攻关提供了项目来源。《人才供需清单》展示了相关院校的专业和毕业生人才供给数量,为共同体企业开展人才招聘提供了详细的人才数据;《人才供需清单》同时明确了企业的专业人才需求数量,为共同体相关院校调整人才培养方向提供了根本遵循。

通过"两报告,两清单"蓝皮书,进一步梳理了行业发展脉络,凝聚了行业发展共识,同时可有效帮助企业与企业之间开展技术合作、企业与高校之间开展技术公共和人才培养,进一步赋能行业发展。

(二)管理与运行机制先行,明确多方主体权责

理事会是共同体的最高权力机构,由各成员单位组成,中国能源建设集团天津电力建设有限公司、天津大学和天津海运职业学院为理事长单位。常务理事会是议事决策机构,决策各类业务层面事项。常务理事会下设人才培养事业部、资源开发事业部和科技创新事业部三个事业部,推进理事会各项决策的落实。秘书处是日常办事机构,办公室设在中国能源建设集团天津电力建设有限公司产教融合部。共同制定《全国智能感知与能源装备行业产教融合共同体章程》。

共同体采用实体化运作机制,跨区域的行业组织、学校、上下游企业和科研机构通过与牵头单位建立联系开展价值共创,根据成员单位投入资金、技术、设备、场地的比例、贡献度依法进行利益分配。形成"理事会→常务理事会→事业部"管控模式,并对应"战略决策管控层 + 业务决策层 + 操作执行层"权责体系和绩效管理体系,明确各层级的定位和主要职责,避免纵向职能交叉重叠。落实授权机制,激发事业部经营活力。完善激励和约束机制,围绕事业部职能开展项目规划和实施,从科研成果项目数、教学资源开发数、学生实习就业数等多维度制定激励和考核措施。

与121家合作单位形成共同体建设的"集体共识"和"行动纲领",确定共同体重点任务规划,建立以章程为核心的规章制度,对共同体的运营进行顶层设计。定期开展共同体建设研讨会,事业部中的3个分支机构围绕"技能人才培养、教学

资源和教学装备开发、技术创新和继续教育"等任务,牵头组织项目实施工作,以项目式、目标化管理方式推进项目实施。建立常态沟通机制、共享共建机制、实践育人机制等,打通管理壁垒,形成完善的工作机制。

（三）产教要素双向转化,共建共享优质教学资源

共同体内成员单位具有良好的产业资源要素和教育资源要素。天津大学拥有以精密测试技术及仪器为核心的多个国家重点实验室,设置数字系统设计、算法设计、数据分析、敏感材料等多门核心课程。中国能源建设集团天津电力建设有限公司是集电力和能源规划、装备制造、投资运营于一体的特大型骨干企业,具有完备的职业培训体系。天津海运职业学院与天津市特检院共建特种设备产业学院,拥有丰富的教学资源。依托牵头单位优质资源,深化共同体内产教要素双向转化融合,组建高水平教科研队伍,对标智能感知与能源装备行业发展需要,结合各单位优势学科群和专业群,将产业应用的工艺和技术融入教学实践,创建开放型区域产教融合实践中心,完善实践教学条件。

整合学校资源、企业资源、校际共享资源,综合培养实际和工作过程,对接能源装备产业智能化、数字产业化需求,对教学资源进行数字化配套提升,校企联合开发能源装备智能感知技术教材、教学资源和装备,涵盖数字化教材、在线课程、虚拟仿真场景、智能感知仿真系统等。通过在共同体内共享资源,降低开发和维护成本,提高资源质量和使用效率。建设期内,开发专业核心课程 27 门,实践能力项目 53 个,数字资源平台 1 个。跟踪行业新技术、新工艺、新方法、新标准,研制优质教学装备 18 套并推广应用。

（四）校企师资双向流动,共育高素质应用型人才

校企互派工程一线管理技术人员和骨干教师共同担任"双导师",为学生实训实习提供全程指导。校企共同研制教师到企业进行岗位实践的计划,明确实践时间、实践内容。学校导师每学期参与生产运行和技术研发的项目和任务,提升学校导师工程实践和技术攻关能力。制定《共同体"双导师"制管理办法》,明确校企双导师教学规范和标准要求。信息共享平台定期发布教师企业岗位实践计划、企业兼职教师聘任计划,实现共同体院校与企业间师资资源的"共建、共享、共赢"。

人才培养事业部以校企共建智能感知工程、测控技术与仪器、理化测试与质检技术等专业为基础,推动中国能源建设集团天津电力建设有限公司、株洲时代新材料科技股份有限公司等龙头企业与学校联合招生,开展订单培养和学徒制培养,实施现场工程师专项培养计划。共建高水平生产性实训基地,为师生提供实践锻炼平台,承接能源装备行业核心业务项目,创设真实工作环境。

建设期内,联合开展订单培养、学徒制培养、现场工程师培养项目3个/年,参与项目的学生规模达到1240人/年;校企双岗师资互聘160人/年;共同体内企业接受共同体内学校毕业生就业人数1240人/年;培养人才在本行业内就业人数3000人/年;面向行业企业员工开展岗前培训、岗位培训、继续教育等6500人次/年。

(五)畅通人才成长通道,满足多方主体利益诉求

共同体内学校开放培训机构和继续教育机构,基于智能感知与能源装备行业员工网络培训平台和智慧职教网络教学平台,根据企业培训需求,面向企业提供新进人员岗前培训、在岗技术技能人员能力提升培训、安全生产管理人员培训,特种作业人员和其他从业人员培训等培训项目。开发在线培训课程资源,创新培训模式,定制化培训方案、培训标准和评估体系。

支持天津大学等高水平高等学校联合中国能源建设集团天津电力建设有限公司等企业为共同体内职业学校学生和企业一线优秀职工制定专项招生招工政策,面向智能感知与能源装备行业工程实际,培养具有宽实基础和解决复杂工程技术问题的高层次工程技术领军人才。项目制、订单式开展工程硕士、博士联合培养、"卓越创新班"本硕博贯通培养。实现企业全过程参与,形成与企业联合培养高素质复合型工程人才的有效机制。支持共同体内高水平大学招生政策向共同体内职业院校倾斜,实现中高职贯通培养、专硕衔接培养。

(六)协同推进产业升级,共同发力新质生产力

遴选组建科研攻关团队,分析行业发展现状和未来趋势,深入生产一线进行考察。信息共享平台实时更新科研院所、企业、学校的科研成果和企业面临的实际技术性和生产性难题。通过政府组织,企业"发榜出题"、科研团队"揭榜挂帅"、

卡壳技术难题沙龙等形式将科研团队活动有组织地与企业生产实践紧密结合,打通校企通力科技攻关的"最后一公里"。

科研攻关团队将职业院校的实训室作为"中试车间",利用数字化制造与流程工业国家级虚拟仿真实验教学中心、电子工程实训室、可编程控制器实训室、3D打印实训、智慧电力系统实训室、智慧能源管理实训室中的实训设备为技术攻关和科研创新提供开发和测试的实验室环境。"中试车间"不仅可以给技术攻关提供试错的时间和空间,降低时间成本和生产风险,还能为职业院校的学生提供真实的实践项目,并推动职业院校的教师提升科研能力,激发创新和创造力。

整合科技创新资源,引领发展战略性新兴产业和未来产业,加快形成能源装备行业新质生产力。依托现有的智能制造与装备协同创新中心、天津市高端装备与制造业协同创新中心、人工智能产业技术研究院和精密测试技术技仪器、光电信息技术等国家重点实验室,整合协同高校与企业二十余个研究与实验基地等科技创新资源,围绕火电、核电、太阳能、水利水电等国家重大能源需求,聚焦加工与装备、精密加工与检测、3D打印等高端制造装备,服务行业企业技术改造、工艺改进、产品升级。以重大产品任务为牵引,通过基础研究、应用研究和工程技术等各类人才的合理配置,围绕目标产品开展相关研究工作,产出一批前沿领域的创新成果,提升服务水平,推动行业转型升级。

课题承担单位: 天津海运职业学院

主持人: 胡春亮

执笔人: 丁敬保

课题组成员: 潘丽红、丁敬保、齐向前、李欣、王颖、李睿

/ 第二十九章 /

智能供应链产教融合共同体建设

建设智能供应链产教融合共同体是教育部和天津市人民政府共同确定的重要任务。为此,有必要梳理这个共同体提出的依据和背景、其发展的各个阶段及各个阶段具体任务。通过阐述和剖析智能供应链产教融合共同体,可为国内产教融合共同体提供一套典型做法。

一、产教融合共同体的提出、内涵和特征

(一)产教融合共同体建设任务的提出

中办、国办 2022 年印发的《关于深化现代职业教育体系建设改革的意见》(以下简称《意见》)提出打造行业产教融合共同体等战略任务,以此推动政行企校协同破解制约产教深度融合的机制性障碍。为落实两办《意见》,教育部和天津市人民政府共同探索中国现代职业教育体系建设改革新模式,于 2023 年 5 月联合发布《教育部、天津市人民政府印发关于探索现代职业教育体系建设改革新模式实施方案的通知》(以下简称《通知》)。该《通知》明确了教育部与天津市的重点任务,提出组建产业链产教融合共同体,其中包括组建智能供应链产教融合共同体。2023 年 7 月出台的《教育部办公厅关于加快推进现代职业教育体系建设改革重点任务的通知》中将打造行业产教融合共同体列为重点任务,并提出指导建设一批全国性跨区域行业产教融合共同体,以此带动地方建设一批赋能区域经济发展、服务地方特色产业的区域性行业产教融合共同体。

上述情况表明,国家对教育与产业紧密结合的重视在产教融合共同体的政策演进中得到了清晰体现。通过出台一系列政策和推行创新性的改革举措,目标是打造更紧密的产学合作共同体,进而推动教育品质与产业发展的协同提高。

（二）产教融合共同体的内涵

产教融合共同体是指产业界、教育界和政府部门等各方共同参与，以实现产业和教育的有机融合，提高人才培养质量，促进经济社会发展。这是将校企合作提升至新高度的先进理念。在政府、学校、企业等多方利益主体的共同推动下，基于产教融合的原则，旨在促进校企之间全方位、多层次的合作。以产业升级为契机，以共同的价值认同为纽带，以双方互利共赢为驱动力，以培养高素质人才为核心目标，充分发挥各自的资源优势，形成你中有我、我中有你、和谐共生的深度合作方式和多元化办学模式，表现出跨领域协同、多元主体共同参与的基本特征。[①]

就智能供应链产教融合共同体来说，其成立宗旨是坚持服务智能供应链相关行业发展，依托行业企业最佳的技术优势，深化高等教育和职业教育供给侧改革，汇聚行业产教资源，搭建核心课程体系，建设开放型实践中心，促进职普融通、产教融合、科教融汇，提高智能供应链相关行业高技能人才培养质量。其目标是通过共同体成员共同努力，用三年时间，在智能供应链行业产教融合共同体内部，全面实施面向企业真实生产环境的任务式培养模式，建成百所产业学院，形成新型产教育人体系，实现院校专业布局与产业结构布局基本匹配，院校人才培养与企业人才需求精准对接；全面建成产学研深度融合的供应链全链条技术创新基地，形成围绕数字零售、智能物流等供应链领域关键技术、核心工艺和共性问题的研发、转化、应用体系，实现技术协同创新成果有力支撑产业智慧化、低碳化转型；全面服务供应链企业海外产业布局，拓展鲁班工坊建设成效，实现企业出海、职教出海、教随产出、校企同行。到 2025 年，有效运行供需对接、响应及时、产教联动的共同体信息共享平台，建成国家示范性产融合共同体，服务于货网、仓网、云网"三网通"的链网融合高效供应链，带动产业链上下游企业数字化转型和降本增效。

产教融合共同体在职业教育中的实施路径为以技术为纽带，建立组织实体的方式，整合职业教育与行业产业两大领域的技术、人力、物力等优质资源，有机融合产业链、创新链、人才链、教育链，实现产业、行业、企业、职业、专业的五业联

---

① 汤慧芹、周斌：《产教融合共同体建设：形态演进、现实审视与路径优化》，《中国职业技术教育》2024 年第 3 期。

动,从产业生产对实际技术技能的真实需求出发,将专业与产业、职业岗位对接,对标职业标准建设专业课程内容,企业真实生产"本土化"移植到教学过程中,赓续行业认证与继续教育的社会服务,深化产教融合,强化协同育人。[①]

(三)智能供应链产教融合共同体的基本特征

1.结合智能供应链行业特点

智能供应链是利用先进的技术和人工智能算法来改进供应链管理,通过数据分析、预测建模、自动化和智能决策等方法来实现供应链的高效运作、降低成本、提高效率和灵活性。智能供应链利用大数据分析和数据挖掘技术来实时监测和分析供应链各个环节的数据,以帮助企业做出更准确的决策。利用机器学习和人工智能算法对供应链数据进行预测,提前发现潜在问题并采取相应的行动。基于人工智能技术实现供应链的自动化执行和智能决策,减少人为干预和提高效率。实现供应链各个环节的实时监控和反馈机制,使企业能够及时调整和优化运营策略。[②]

智能供应链产教融合共同体共建设将结合智能供应链行业特点,加强校企合作,共建智能供应链实训基地,为学生提供实践机会,增强实际操作能力。根据智能供应链的特点和需求,调整和完善相关专业的课程体系,增加大数据分析、数据挖掘等与智能供应链相关的课程,并在传统专业课程和实验环节中增加智能供应链相关内容,提高学生的专业素养和创新能力。引进具有丰富智能供应链实践经验的企业导师,与校内教师共同承担教学任务,提高教学质量。同时,鼓励校内教师积极参与企业的相关实践项目,提高实际操作能力和应用能力,合作开展科研项目,共同研发新技术、新产品和新模式,推动智能供应链的发展和创新。

2.政府指导与政策支持

全国智能供应链行业产教融合共同体是由教育部和天津市人民政府支持指导,京东集团联合行业内普通高校、职业院校共同牵头,汇聚科研机构、京东上下

---

① 邓琳佳、宋志平:《高职产教融合共同体建构的价值逻辑、实践难点及推进路径》,《职业技术教育》2023 年第 28 期。

② 文欢、陈丽芳:《基于物联网的智能物流供应链管理应用研究》,《商业经济研究》2023 年第 22 期。

游企业、行业组织、国家物流枢纽所在地政府等共同参与的全国性、行业性产教融合型社会组织。鼓励智能供应链产业集群所在地的天津教育行政部门、智能供应链领域科研机构、高校、职业院校、规模以上企业、行业龙头企业和骨干企业申请加入共同体。在政策方面，从政府财政补助、受委托项目资助或其它资助上予以财政支持；通过报纸杂志、网络新媒体、经验交流会、行业研讨会等多种方式加强服务供应链产业典型事迹与人物的宣传和推广，树立典型，形成示范强化典型宣传。

3. 结合产业需求的实战化运行

智能供应链产教共同体将智能供应链技术与具体产业的需求和特点相结合，开展实战化运营。智能供应链的产业需求体现在：一是现代供应链管理对数据实时性的高要求，包括订单状态、库存水平、物流位置等，智能供应链通过物联网技术实时收集并更新上述数据，提供准确的供应链信息；二是利用大数据和人工智能技术分析历史数据，预测未来的市场需求、库存需求等，从而帮助企业制定更加精准的生产计划和库存策略；三是通过智能供应链系统实时监控供应链的运行状态，一旦发现异常或潜在风险，能够迅速发出警报并启动应急预案，减少损失。根据上述需求，在产教融合实体化运行中，可邀请合作企业共同制定人才培养方案，增加企业实践比例，调整课程设置，使学生在学习供应链专业传统课程外，掌握大数据分析技术、RFID 和传感器等物联网技术、机器学习等人工智能技术，能够利用相关软件系统对供应链数据进行实时监控、预测和优化。

二、智能供应链产教融合共同体的建设方案

（一）组织机构

为了保障共同体的健康运行和可持续发展，共同体在教育部和天津市政府的领导下，按照"有序发展、服务产业、系统联动"方式，成立全国智能供应链行业产教融合共同体领导小组，全面领导共同体各项工作。由天津市委常委、教育工委书记担任组长，京东集团副总裁、职成司领导、天津大学校长担任副组长。领导小组办公室设在京东集团和市教委，采用双主任制，由京东高管和市教委主任担任。共

同体设理事会、常务理事会和战略咨询委员会。共同体领导小组确定共同体成立期间理事会组成单位。常务理事会下设秘书处。凭借首批国家级产教融合型企业享有的"金融+财政+土地+信用"组合式激励政策优势,吸引行业企业、院校和机构参与,形成覆盖不同教育层次和企业需求的广泛联盟。

(二)对接机制

领导小组定期组织召开工作协调会,统筹研究解决有关建设发展的重大事项。共同体实行理事会制,每年召开一次理事大会,审议共同体章程、发展规划、年度报告等。常务理事会负责拟定共同体相关决议,编制共同体发展规划、工作规划、年度计划等。常务理事会秘书处负责日常工作,围绕标准研制、课程开发、技术创新、人才培养、国际交流、师资与技能培训等工作,形成产教供需对接工作专班,并开通共同体信息共享平台,构建线上线下多种形式融合的沟通机制,定期发布智能供应链人才蓝皮书及行业发展分析报告,指导共同体成员开展工作。共同体企业成员设立专门的负责部门或在现有部门增设相关职能,研究落实产教融合相关任务。共同体成员院校建立行业和企业深度参与的高校治理结构,主要负责人靠前指挥,协调校内相关资源支持校企合作项目落实。

(三)建设任务

1.深化党建共建引领与发挥思政共同育人作用

落实"把党的政治建设摆在首位"的根本要求,积极开展党建共建活动,推广"互联网+党建"工作模式。深入挖掘京东集团在攻坚克难、乡村振兴等方面的先进案例,将京东物流基地打造成劳动教育实践基地。充分发挥京东集团在民营企业中党建工作的领先优势,深入挖掘京东集团党建在创新发展、人才选拔、困难帮扶、攻坚克难、乡村振兴等方面的先进案例,积极开展党建共建活动,推广"互联网+党建"工作模式,利用京东物流在全国各地建设的大型无人仓"亚洲一号"建设劳动教育实践基地,为共同体内院校思政教育、劳动教育提供实践场地和项目。发挥京东党建展馆功能,将"当选二十大代表的京东快递小哥""在世界屋脊为村民送快递""抗疫防汛救灾物资驰援"等典型事迹融入共同体单位育人过程,为共同体成员单位提供红色教育资源,推进行业特色课程的课程思政建设。

2. 立足技术与产业趋势与研制供应链行业人才标准

围绕智慧采购、智能仓储、精益生产、网络货运、绿色城配、数智化运营、供应链规划等智能供应链关键岗位群,梳理智能供应链行业的典型岗位、能力标准、人才需求,搭建人才职业能力体系和职业发展通路模型,研制供应链行业人才职业能力标准,升级智能仓储大数据分析等岗位能力认证培训内容,构建共同体内人员岗位能力互认体系。支持共同体内院校围绕企业供应链数智化转型下的新知识、新技术、新工艺、新材料、新设备、新标准,构建卓越工程师、现场工程师、技术人员和产业工人梯度培养体系、贯通式专业课程体系。支持共同体内中高职院校联合开展五年一贯制人才培养,探索京津冀职业院校跨省市中高职"3+2"联合培养,鼓励共同体内本科院校招收优秀中高职毕业生就读。

3. 汇聚产教资源与搭建供应链核心课程体系

联合共同体内企业开放供应链"生产、采购、分销、零售、履约"全链条的典型工作岗位、技术研发项目,发挥天津大学主持的国家级教学成果特等奖"新工科教育"效应,在共同体内院校推广新时代卓越工程师培养模式;发挥天津市"打造新时代职业教育创新发展标杆"优势,支持共同体内职业院校率先探索形成紧跟技术迭代需要的现场工程师培养模式和教学资源。在共同体内面向供应链运营、电子商务、商务数据分析与应用、现代物流管理、采购与供应管理等相关专业,基于工程实践创新项目(EPIP)"核心技术一体化"专业建设模式,合作开发、共同研制人才培养方案,引入生产服务、技术革新项目,建设 10 门专业核心课程,开发实践实训项目 50 个,申报省级以上精品在线开放课程 5 门,省级以上教学资源库3 个,省级以上虚拟仿真实训基地 3 个,探索一体化教科研机制和评价体系,引领课堂革命,全面提升智能供应链领域技术技能人才培养质量。

4. 对标产业发展前沿与建设开放型产教融合实践中心

支持共同体内院校依托京东集团在供应链、物流、电商等实体产业中的产业项目、案例、场景和业务,构建基于人才培养和创新需求的开放型智能供应链产教融合实践中心,提升实习实践教学环境生产性功能,将智慧电商运营、数字营销实践、无界零售实战、智慧物流实训、工业互联网、智能生产运作基础实践、虚拟制造实践、装备数字化、工业大数据实训、C2M 智能制造实战、智能供应链规划及运营、供应链虚拟仿真等场景融入人才培养全过程。充分发挥京东集团等企业在智能供应链领域的产业技术优势,探索行业、产业、企业与职业、专业、课程之间深度耦合机制,创新 1+1+N（即高校 + 企业 + 地方产业集群）多主体间的合作体系,提升产教融合体系中产、教之间的关联度,引导与支持共同体成员单位分专业、分领域建设和升级实践中心,打造融中高本教学、师资和社会培训、技术创新和服务、技能竞赛和创新挑战赛、科普教育等功能于一体的"特色各异、类型互补、覆盖全域"的国家级产教融合实训基地群。通过建设开放型产教融合实践中心,促进产教融合、高质量教育、市场化发展和社会化服务。

5. 完善师资培养机制与提升双师教师队伍水平

作为全国职业教育教师企业实践基地,京东集团将全面开放产业实践场景,面向共同体内院校提供教师岗位体验、入仓实践、项目挂职等多种形式的实践项目,共同探索以工程实践为导向、以实践创新能力培养为目标的"双师"培养新模式。比如,搭建课程改革研学平台,提升教师教学改革能力;联合行业头部企业,搭建企业实践平台,提高教师实践能力;搭建科研创新平台,引导课程团队积极参与科研创新和技术推广,提升其技术创新和服务行业企业能力。

依托天津大学等高校两院院士、国家级领军人才、国务院特贴专家、国家级青年人才、教学名师、国家级职业教育教师教学创新团队等资源,开放京东认证讲师库,构建共同体"师资库",打通校企人员双向流动渠道,落地校企互融的"双导师制",有效实施面向企业真实生产环境的任务式培养模式。联合共同体成员单位共同建设教师实践流动站、"双师型"教师培训基地、全国职业教育教师企业实践基地等,开展教师能力认证体系研究,建立专业教师培养培训体系,持续开展教师分层分类培训和认证,每年不少于 500 人次。

6. 共建产业学院与打造新型产教育人体系

围绕京东集团在智能供应链、数字商业、智能制造、乡村振兴等领域产业优势,共建百所京东产业学院,实行校企"联合招生、共同管理、共同承担、共同投入、联合培养"。大力推进委托培养、订单培养和学徒制培养等多种形式结合的人才培养模式,组建"科学家 + 工程师""专业教师 + 产业导师"的导师团队,根据企业生产任务工学交替组织教学与实践,年培养规模不少于 10000 人。积极推广京东集团讲师进校园举办专家讲座、名师讲堂、大咖直播、八点一课等,与院校教师开展联合教研,全面提升院校对内进行学生培养、对外赋能社会人才培训的能力,为高质量培养人才提供有力保障。通过"新锐之星""未来之星"等面向本专科应届毕业生打造人才储备项目,提供京东生态体系的实习及高质量就业通道,对毕业生提供线上线下融合的就业指导及就业推荐服务,面向共同体院校提供招聘需求不少于 1000 人。

7. 创新赛项设计与形成智能供应链竞赛体系

基于智能供应链行业关键技术、智能装备等领域前沿技术、关键岗位标准、职业能力认证、协同创新,设计智能供应链领域的新赛项,搭建面向共同体成员的创新赋能赛道和职业技能赛道,形成校级、行业级、省级、国家级、国际级智能供应链领域赛事体系。通过"双赛道、五层级"赛事体系设计和实施,形成政行企业校联动的赛事举办机制,形成赛项装备研发、技术创新与应用、教学资源开发、实践教学项目联动的赛项成果转化机制,实现以赛促学、以赛促教、以赛促就业。京东集团联合共同体成员单位,广泛支持开展校内赛推动技术技能创新和人才培养改革,联合中国物流与采购联合会、中国仓储与配送协会、教育部高等学校物流管理与工程类专业教学指导委员会、全国物流职业教育教学指导委员会等组织举办行业赛遴选优秀团队,依托京津冀省级教育主管部门举办省级和跨省域赛事选拔优秀人才,支持共同体成员院校申报、承办国家级和世界职业院校技能大赛,将大赛打造成为传承和弘扬工匠精神的重要载体、中高本贯通人才培养的选拔通道、赛证融通的标杆、供应链数智化转型的样板和世界各国技能领域交流互鉴的平台。

8. 加强社会服务与推进行业认证和继续教育

共同体成员单位面向供应链物流行业、中小企业,充分利用院校实训教学资源与京东的实践场景,共同开发培训项目,采用送教进企、引训入校、校企共建班等途径,开展多形式、多层次、多工种、多区域的技术技能创新应用和在岗培训等服务,为行业企业提供立足岗位需求的教育培训服务,年培训不少于 1000 人次。

设计规划智能供应链领域行业认证标准,开发5—8个具有较高社会认可度的技能证书。紧密结合区域经济发展需要,产业升级需求和职工学历提升的需求,以在职学习为主面向行业企业开展多种形式的学历继续教育。共同体内普通高校,面向共同体成员企业招收符合本科,硕士、博士研究生报名条件的人员入学深造,并在提高技能学习的同时,推进继续教育,加强社会化培训,提供多样化服务。

9. 赋能创新能力与推动科技成果转化服务产业升级

发挥京东集团多年深耕的核心领域"数智化社会供应链"优势,围绕数字零售、智能物流等供应链产业关键技术、核心工艺和共性问题,用好"揭榜挂帅"机制,优先支持共同体成员联合打造科研攻关团队,开展协同创新,加快基础研究成果的技术转化。支持共同体成员单位发挥企业科研人才与院校专业/学科带头人优势,建设5—8个智能供应链技术创新中心、15—20个联合实验室,开展技术攻关、产品研发、成果转化、项目孵化等工作,共享研究成果;建设产学研深度融合的技术研发体系,联合发起应用课题申报,开展横向课题研究;建设供应链全链条技术创新基地,协同推动科技成果转移转化与产业化,做好数字化、智能化新技术、新方法和新产品的应用示范与成果推广工作,为产业发展提供技术供给;围绕数字零售、智能物流等供应链产业的关键技术、核心工艺和共性问题开展协同创新,为供应链各环节的中小企业孵化、培育和发展提供技术创新与成果转化服务。

10. 推进职教国际合作与打造中国职教国际品牌

全力落实"元首外交"成果清单任务,发挥天津承办世界职业技术教育发展大会的辐射作用,助力天津建成我国职业教育国际交往中心。进一步拓展鲁班工坊建设成效,根据海合会国家经济社会和产业需求,支持推动共同体内院校伴随产能"走出去"。推广工程实践创新(EPIP)教学模式,明确开发国际化专业教学体系的基本技术路径,即实现我国专业教学标准与国际化专业教学标准的对接;结合研究成果,重组课程体系设置,优化课程内容、教学方法、教学评价等方面,最终在充分借鉴共同体职业技能人才培养方面经验的基础上,研发构建"国际化 + 本土化"的人才培养标准体系,通过专业国际化教学体系的建设,打造国际通行的技术标准、服务标准、教学标准。支持基于鲁班工坊的国际品牌建设,遵循因地制宜和产教协同的原则,开展理论研究、标准制定、经验推广。组织举办职业教育国际论坛、中外产能合作与职业教育研讨会等,创办国际交流品牌活动,培养熟悉中国技术、了解中国工艺、认知中国产品的智能供应链产业人才。通过广泛交流分享各国职业教育发展经验,充分展现中国职业教育改革成果,助力提升中国职业教育的国际影响力和引领力。

（四）实施步骤

第一阶段,夯实基础、完善机制。成立共同体组织机构,细化运行机制,建立共同体章程、议事制度、工作流程等管理制度。以京东集团及所属企业、3—5所高水平大学、8—10所行业相关职业院校、行业组织为核心,整合专家团队,加强顶层设计研究策划,制定共同体建设规划和推进计划,做好任务分解并推动实施。用1年左右时间,初步建成组织健全、管理规范、运行高效的行业产教融合共同体。

第二阶段,强化功能、培育成果。共同体成员面向全国进一步拓展,在智能供应链行业产教融合共同体内部,协同开展职业教育关键能力建设和教育教学改革。用1年左右时间,打造一批符合产业转型升级要求的新专业、新课程、新教材、新标准,落地校企互融的"双导师制",共建百所产业学院,打造新型产教育人体系,推动岗课赛证融合发展,培育一批新时代工匠人才,形成教育教学和人才发展相适应,职业教育与智能供应链产业相匹配的工作机制。

第三阶段,创新驱动、树立标杆。深入推进共同体建设,进一步建立健全共同体协同创新机制,聚焦国际化战略、领军人才培养和创新团队打造等,协同开展前端基础研究、应用基础研究,促进教育链、产业链、创新链深度融合。用1年左右时间,集聚一批行业高端人才,产出一批产学研用协同创新成果,建立行业产教融合共同体评价评估体系,引导促进行业共同体持续健康发展,全面打造行业产教融合共同体标杆和示范,聚力形成高等教育和职业教育建设改革的国家级教学成果。

课题承担单位:天津交通职业学院

主持人:李泽

执笔人:李泽

课题组成员:李泽、孙捷、孙祎卓

/ 第三十章 /

▼

基于"中文＋职业技能"的职业教育数字化教材建设

　　"中文＋职业技能"是国家对职业院校对外开展合作特别是建设海外职业学校、系统开展职业教育"走出去"的一个基本要求。这项工作在实际操作中有很大难度。天津铁道职业技术学院在三个鲁班工坊的建设和运行中,在数字化教材建设方面积累了初步经验,对解决这一问题有一定的启示。

一、"中文＋职业技能"视角的职业教育数字化教材建设的相关问题

　　(一)"中文＋职业技能"项目与新型数字化教材建设的关系

　　"中文＋职业技能"教育是伴随对外汉语教学事业发展而来,发轫于"专门用途汉语"教学。随着"汉语热"与"一带一路"建设的兴起,"中文＋职业技能"迎来新的发展机遇。2021 年 12 月,中办、国办印发的《关于深化现代职业教育体系建设改革的意见》明确提出:"推广'中文＋职业技能'项目,服务国际产能合作和中国企业走出去,培养国际化人才和中资企业急需的本土技术技能人才,提升中国职业教育的国际影响力"。中文＋职业技能"教育是面向以中文作为第二语言或外语的学习者,培养既能够熟练运用中文,又具有较高职业素养和职业技术技能,同时了解中国企业文化,兼具国际视野,适应中资企业发展需要的高素质、复合型、国际化技术技能人才的跨界教育。"中文＋职业技能"从语言学习的供给侧入手,将单纯的语言学习拓展到复合型技能人才培养,其本质在于将职业技能作为中文的附加能力,实现语言学习的经济价值,其不仅有利于国际中文教育提质增效、增强中国职教标准话语权,而且能够满足本土学员职业规划需求,为当地提供经济动能和智力支持,有利于增进中外双方产业合作,实现经济互利共赢和双循环相互促进。

职业教育新型数字化教材,有别于传统教材,是利用多媒体技术将职业教育传统纸质内容进行数字化处理,转化为适用于各类电子终端的互动性教材。新型数字化教材充分发挥信息技术优势,融合了文字和音频、视频、图片及动画等元素,具有表达更加生动形象、有利于互动交流、有利于对学情不同的学生分层施教、有利于修订完善等优越性。新型数字化教材涵盖了多媒体数字教材、互动式数字教材和集聚式数字教材。多媒体数字教材,即多媒体的电子教材,包含音频、视频、动画等种形式。教师不仅仅引导学生阅读和练习,还包括倾听和观察;互动式数字教材是能够实现互动的数据式教材,它能够支持读者与数字教材的互动、师生互动、学生之间互动,以及教师、学生与数字教材的作者之间的互动,引导对话、交流、分享成为必要的教学方式;集聚式数字教材,是数字资源集聚的数据式教材,是纸质教材数字化、多媒体数字教材、互动式数字教材的整合和提升,是最高形态的数字教材。教师的教学方式在于以学习终端为载体、以学习云平台为支撑,实现多主体、多维度、多层次的高效互动。数字教材的发展将引领学生学习方式变革和促进教师工作方式变革。[①]

鲁班工坊作为一种新型的国际职业教育模式,不仅为中国文化的国际传播提供了一个有效的平台,也为全球职业教育的发展注入了新的活力。通过鲁班工坊这个窗口,世界可以更加深入地了解中国文化的丰富内涵和独特魅力。同时,这也是一个互利共赢的过程。通过学习和传播汉语和中国文化,学员们不仅提升了自身的综合素质和竞争力,也为自己的国家和民族的文化传承和发展做出了贡献。

(二)"中文 + 职业教育"新型数字化教材建设的内涵

新时代高质量数字化教材建设是国家教材体系现代化的重要板块,实施新时代高质量数字化教材需要把握数字化教材建设的时代方位,并逐步形成数字化教材与纸质教材互通互构的内容体系、数字化教材与个性化发展需求互动互进的服务体系、数字化教材与技术互融互联的应用体系。数字化教材建设凸显时代性、公平性、开放性特征,是对终身化、个性化学习方式变革的一种回应。高质量数字化

---

① 费建光、刘世清:《论数字化教材的基本特征与开发原则》,《湖州师范学院学报》2022年第6期。

教材体系建设是推进教育数字化转型的重要抓手,有利于促进教育资源的共建与共享。教育数字化是将数字技术整合到教育的各个层面,充分利用数字技术的优势促进教育系统的结构、功能、文化发生创变。面对知识形态、认知方式以及新技术应用的变革,新时代高质量数字化教材建设应以技术助力学生更高质量发展为宗旨,会为教材体系建设创造新的动能。

数字化教材的本质内涵,包括育人属性、内容属性和技术属性,其建设过程彰显其育人性、职业性、学术性、融合性、系统性等基本原则,并搭建出具有知识、技能、方法、智慧、人格和素养等多个要素的整体构架。

因此,新时代高质量数字化教材建设在推进"中文 + 职业技能"教育实践中的高阶站位毋庸讳言,借此整体提升"中文 + 职业技能"教育项目水平亦是实然,又是应然。"中文 + 职业教育"新型数字化教材既不是简单意义的电子书,也不是一般性的资源库,更不仅仅是具有技术属性的展示平台,它有别于传统教材,是依据人力资源需求和人才培养方案、课程标准以及教学实践的需要,利用多媒体技术将传统纸介质内容进行数字化的处理,转化为适用于各类电子终端的互动性教材,并呈现出可视听、可体验、可交互、可测评、可生成等诸多特点。"中文 + 职业技能"教材因面向对象的多层次与多样化,所呈现的形式需打破传统教材的"文字"局限,不仅要以图片、图示、图解等形式对教材所涉及的专业核心词汇、术语、安全规范、技能要点进行辅助说明,更要直观地展示中国设备、产品及标准,降低知识内容的认知难度,帮助学习者记忆与掌握。

二、案例分析:一所高职院校基于"中文 + 职业教育"的"六位一体"数字化教材建设的实践

天津铁道职业技术学院(以下简称"学院")立足于服务中国高铁和职业教育"走出去"的需求,依托自身深厚的行业背景,以鲁班工坊为主要实施载体,依循习近平总书记强调的"用心打造培根铸魂、启智增慧的精品教材"和"教育数字化是我国开辟教育发展新赛道和塑造教育发展新优势的重要突破口"要求,以基于

"中文＋职业技能"的汉语言教育教学与产业对接、岗位衔接、课程重构、教法更新、资源配置"六位一体"相融合的新型数字化教材建设路径的研究与实践,有效破解了境外铁路行业国际汉语教育资源不足和专业培养、技能培训与语言环境分离,以及提升汉语言语境下职业技能教育与培训水准等问题。

数字化教材加持"中文＋职业技能"教育项目,是以中文教育教学实践为运行载体,继而进行产业行业对接、职业岗位融合、课程体系重构、教师教法改革、平台资源整合的多路径聚合即"六位一体"建设路径,从而实现新时代数字化教材加持"中文＋职业技能"教育的实践价值,进一步凸显"鲁班工坊"建设载体的品牌效应。

（一）汉语言教学嵌入——助推"中文＋职业技能"教育项目

目前,学院国际技能人才培养主要面向三类目标群体:一是在中国境内接受学历教育的来华留学生,如东南亚留学生等;二是职业院校境外办学招收的国际学生,如在境外建立的三个鲁班工坊即泰国鲁班工坊、吉布提鲁班工坊、尼日利亚鲁班工坊,以及通过鲁班工坊招收的本土国际学生;三是在海外本土接受中文及职业培训的中国"走出去"企业外籍员工,如承接的埃塞俄比亚铁路公司员工培训、雅万高铁运维人员资格性培训班、亚吉铁路高层管理人员培训班等。

1. 锁定服务对象

上述三类群体已成为"中文＋职业技能"人才培养的主要对象。其中,"引进来"的职业院校来华留学生、职业院校境外办学的国际学生两者大多为"双零"基础,即中文零基础、职业技能零基础,他们通过本地招生进入当地鲁班工坊或者中国接受学历教育;而"走出去"的中国企业雇佣的外籍本土员工中除一部分为"双零"基础外,还有一部分已经了解相关工作岗位必备的专业知识和职业技能,但并不具备用中文进行沟通交流的能力。三类群体学生均表现出对中国文化积极的学习态度,他们希望在中文和职业技能学习的过程中了解中国文化,特别是中华优秀传统文化、中国企业管理文化等。在此过程中,汉语和中国文化的广泛传播,使得"中文＋职业技能"成为职业教育国际化的重要内容与基本形式。

2. 确定服务路径

鲁班工坊的建设与运维本身就是中文出海的绝佳载体,也是中国职业教育出海的实施项目,更是为国际交流与合作提供了新的思路和方法路径。在依托鲁班工坊特别是在其轨道交通类专业"中文 + 职业技能"教育项目的建设进程中,学院采用产学联盟助推、搭建运行平台、建设标准引领、创建开发机制、构建学习模式、营建教学场域等多类型与多层面的运行方法,加大了"中文 + 职业技能"教育项目与促进数字化教材建设的实施力度。学院为实现多维协同、多措并举的合作机制共同推进数字化教材建设,进而深入且长久化地推动"中文 + 职业技能"教育项目的运行,与相关合作国、中外企等建立了以资源共享为载体的合作共赢长效机制,进而进一步强化了政府间的教育合作,就此共同组建了旨在推动中外"校企行"职教合作联盟。通过联盟助力以及配套相关政策实施,学院以汉语言服务为切入点,以"中文 + 职业技能"资源共建共享为关键点,采用联合培养、学生互访、技能大赛、研究论坛、师资培训等多种方式,为成员单位搭建了协同育人载体,借此形成了长期稳定的合作交流大平台。

3. 确立服务载体

"中文 + 职业技能"教育兼具国际中文教育和职业教育的基本属性,体现着"以多方需求为基础、以内容依托为理念、以职业场域为特色、以语言能力为旨归"的开发取向,核心在于培养契合海外中资企业高质量发展需要的"精技术、通语言、晓文化、强素养"的复合型国际技术技能人才。因此,在教育内容与方法方面需兼顾企业用人标准、学生学习动机与院校培养目标等多方诉求,既注重国际中文教育的交际性与实用性,又注重职业教育的专业性与实操性,也注重素养养成的趣味性与指向性。优质的教材无疑是其实现的重要基础,对于培养目标的达成和教学效果的提升起到至关重要的作用。这就要求"中文 + 职业技能"教材的开发思路与模式上充分体现专业技术能力、语言沟通能力、跨文化交际能力和职业素养以及数字化技术融入的相互融通与联动。中文 + 职业技能"教学的目标要求明确了其适配教材既要突出语言教授功能,又要具有专业技术技能的指导功能,在教材内容的选取与设计上要符合海外轨道类中资企业的技术沟通需求,充分发挥中文的桥梁功能,有效衔接国际中文教育既有知识库以及海外中资企业一线岗位典型技能指标点,重组"岗位＋任务＋情境"的"中文＋职业技能"教学内容,重构"职场＋会话＋操作"的教学设计。

4.扩展服务空间

在鲁班工坊实施过程中,学院从多种渠道了解到当地人对到自贸区中资企业工作持积极态度,当地有专门中文频道播出中文歌曲和中文教学课程,为学院建成建好鲁班工坊提供了基础条件和必要条件。自 2001 年起,学院先后为坦赞铁路、亚吉铁路等项目培养本土化技术技能人才 1100 余名。2017 年,学院确定了"建国际品牌,树国内名牌"的办学思路,以鲁班工坊为切入点,依据行业标准、岗位标准、能力要求,全面推进国际化办学进程,学院为泰国鲁班工坊、吉布提鲁班工坊、尼日利亚鲁班工坊制定了国际化人才培养方案 7 个,校企共同编写双语教材、实训指导书 70 余本。

(二)行业化标准引入——融合"中文＋职业技能"教育项目

行业化标准的开发引导着"中文＋职业技能"教育项目向纵深展开。截至目前,学院已建成的三个鲁班工坊均已开发出《车站调车作业技术》《接发列车作业技术》《普通货物运输作业技术》《铁路机车车辆设备运用技术》等多本中法双语教材。

1.行业需求导向

以中国高职院校铁道交通运营管理专业所对应的货运员、客运员、连结员、车站助理值班员等核心岗位的国家职业技能标准、职业中文能力等级标准作为教学标准(大纲)制定的参照依据,进行专业标准以及数字化教材的开发与应用;遵循成果导向的理念,以"完成、执行、实现"作为"教"与"学"成功的标志;设定语言能力、技术能力和职业素养目标;围绕目标建立以"行业场景＋工作情境＋岗位任务"构成的语言交际教学情境,通过定位专业工种(岗位)分类,分解工作过程,筛选典型任务,确定教材章节(单元)话题;在明确教学情境基础上,充分考虑语言难度和技能复杂度在同国际汉语教学研究、等级的匹配度和适切度,收集、梳理典型工作情境的话题,建立原始语料库,构建核心词库。

2. 行业标准导引

以引入铁道行业标准进行专业教学标准、专业实训条件建设标准的融合,规范每门课程以及资源建设,引领鲁班工坊数字化教学资源建设。针对不同学习者实际情况、高铁检修作业的标准规范以及"三高三难"问题,开发资源,设计资源类型标准,资源数量标准,资源质量标准,共完成了17门课程建设。所建设的教学资源类型包括文本类素材、演示文稿类素材、图形(图像)类素材、音频类素材、视频类素材、动画类素材和虚拟仿真类素材等,文本型演示文稿类和图形(图像)类和文本类资源数量占比小于50%。提高库内视频类、动画类的占比,视频类素材注重叙事性和完整性,以"微课程"为主要形式,用于讲解知识点或技能点;动画类素材注重逻辑规律运动的形象表达,将抽象微观的概念可视化,用于演示抽象概念、复杂结构、复杂运动等。建设双语资源2238个,类型包括文本类、PPT类、图形图像类、微课类、视频类等,其中文本类886个、非文本类1352个,文本类资源数量占比39.6%(小于60%),微课、动画等视频类资源占比60.4%。

3. 中文循序导入

以《铁路客运组织与服务》为例,"中文 + 职业技能"教材秉持"讲好中国铁路故事、传播好中国声音"的编制理念,充分挖掘"典型工作任务"和"典型工作场景",科学性、实用性强,体现"国际化"和"数字化"发展趋势。在内容上以中国铁路旅客运输智能化发展新设备、新技术应用模式为背景,在铁路车站组织、列车组织、安全与应急处置以及高端客运服务等方面,介绍最新应用设备、组织方法与服务标准,展现中国铁路旅客运输运用先进技术装备、优化乘降组织方案、服务国内外旅客方面的先进成果。教材以技能为主线,依据一线岗位工作过程序列编排章节目录;以语言学习为架构,基于"听、说、读、写、做"五个维度循序渐进、螺旋提升的教学目标,设计服务于铁路客运员岗位、列车员岗位、售票员岗位的交际与交流的单元内容板块,以满足学习者在不同职场环境下的岗位交际与工作交流需要。教材内容有机融合"中文 + 职业技能"知识要素,选取如"购票""改签""软卧""硬卧""问讯处"等核心词汇、筛选高频短语和技术术语等梳理实操常用语等作为语料源,协作构建可用于教学的职场会话情境,实现以中文为载体促技能提升、以岗位为情境促中文习得的教学目标。

（三）岗位性规范进入——助力"中文＋职业技能"教育项目

1. 岗位规范入课

泰国鲁班工坊"铁院中心"（高铁）动车组维修技术专业开展"中泰 1+1"人才培养，准确对接中泰高铁和泰国铁路用人需求，融入高铁智能化、数字化发展，结合动车组机械师职业培训包、动车组机械装置检修标准"四必"作业法、"合"字作业法，乘务作业标准"五字"作业法等标准规范的中国标准，开发"三层次递进式"课程体系，编制《动车组总体技术与驾驶》《转向架和轮对车厢链接》《动车组电机电器检修与维护》等多门核心课程双语教材，推动泰国及周边国家高铁建造和运营维护技术技能人才培养质量提升。

2. 技能要求入教

尼日利亚鲁班工坊以"鲁班工坊产教融合发展联盟"为平台，学院与尼日利亚阿布贾大学合作，对接尼日利亚阿布贾城轨企业，建设完善车辆工程专业嵌入式专业教学标准，嵌入四门城市轨道车辆应用技术专业核心课。探索形成了"三化"国际化标准设计思路，开发与实际岗位作业有效结合的教学项目，依照"基础技能—核心技能—综合技能"递进式三层次培养目标构建知识体系开展课程建设，开发 4 门专业核心课程的双语教材《城市轨道交通设备系统》《城市轨道交通信号基础》《城轨轨道交通车辆结构与原理》《城市轨道交通车辆电气设备》。

3. 工作流程入训

吉布提鲁班工坊铁道交通运营管理专业以铁路运输系统、铁路旅客运输组织、铁路货物运输组织、铁路接发列车工作、铁路车站调车工作等涉及铁路运输相关专业汉语词汇及应用场景为授课重点，培养学生对铁道运输类专业汉语资料的阅读、理解能力和技能应田能力。在内容取向上以传授铁道运营专业客运、货运、行车专业知识、服务专业技能学习为第一要义，以提升中文应用能力为旨归，秉持内容为先的开发理念，注重真实的语言材料，充分关注职业内容学习和汉语能力训练的融合设计，构建职业导向的教学场域，整合中文与专业知识，构建教材内容知识框架，形成"语言架构、技能主线"的教材结构。教材依据《铁路特有工种培训规范》《铁路技术管理规程》《铁路旅客运输规程》《铁路货物运输规程》《接发列车作业标准》《中华人民共和国铁道行业标准》等,根据课程培养目标,以中职、高职学生智力发展水平,铁道运输专业学生已有运输设备、通信信号基础知识作为基础进行设计。

4.职业素养入育

随着"一带一路"倡议的深入实施,"一带一路"国家重大项目建设的步伐逐步加快,"走出去"企业与"落地国"企业急需大量既懂先进技术和设备标准、又懂中国语言和管理文化的技术技能型一线工人,以降低企业人力资源成本,同时关注提升企业员工忠诚度,获得本地化文化认同,促进经济共荣与民心相通。学院在开发适应本土化需求的"中文+职业技能"教育资源的同时,搭建起具有开放性、融合化、复合型的国际化中文育人平台,提升了国际服务能力,更好地服务于"走出去"企业,推进了中国职业教育的国际化发展水平。

(四)对接型课程融入——拉升"中文+职业技能"教育项目

构建以数字化教材为内涵的轨道交通专业多层次课程体系,是根据鲁班工坊合作国的定位,对从业人员"会一通二知三"的要求,搭建起面向高铁、普铁、城轨的专业基础—专业核心—专业拓展的三类能力递进课程体系,突出了基于检修岗位作业标准和工作流程,开发了项目化课程17门,将轨道交通专业核心技能纳入资源库碎片化的知识点,为数字化教材建设提供聚焦点。

1.对接职业领域需要,优化课程体系建构逻辑

产教融合共同开发企业岗位群典型工作项目构建模块级资源,包括项目学习指南、实训指导书、教学课件、虚拟仿真实训项目等;融入职业道德、工匠精神等元素,升级组件级资源,着重学生知识、技能和素质的培养,包括以知识点或技能点为积件单位呈现的立体化教学资源,如微课、教学录像、教学动画、单元测试题、实训项目操作示范视频等;深化课程改革,拓展素材级资源,为教师组课、学生拓展学习提供大量资源,包括大量图形图像素材、文献资料素材、音频视频素材、案例素材等。

2. 对照岗位能力标准,重构专业(群)课程体系

学院涉外的人才培养方案以职业技能本土化为目标,跟进中国铁路在国外的发展路径,实现铁路行业"中文 + 职业技能"的大范围推广,并基于此目标构建"中文 + 职业技能"双线贯通的课程体系。以吉布提鲁班工坊铁道工程专业为例,其在课程体系与核心课程中的课程体系的架构和说明中有如下表述:根据线路维修岗位的特殊性要求,设置汉语言文化、土木工程概论等素质教育课程项目,共同完成从"初级工"到"中级工"再到"高级工"的专业化成长路径,适应现场对应用型技能人才的要求。通过平衡设置中文相关课程和职业技能课程的课时,确保学生在掌握专业知识的同时,也具备一定的中文表达能力。

3. 对标核心能力要求,打造综合课程关键点

在课程体系内容的设计与开发方面,其中一个关键目标是打造一个既注重中文教学,又能培养实际职业技能的综合性课程。以确保学生在语言学习的同时获得丰富的职业技能,提高他们在实际工作中的应用能力。综合课程设计中引入相关职业技能的知识和实践,在中文教学的听、说、读、写基础上,融合职业技能的关键要素,构建系统完备的综合性课程体系。中文课程不仅注重语言知识的传授,更强调语言应用能力的培养;职业技能课程则围绕轨道交通行业的实际需求,注重实践操作和问题解决能力的提升。通过这些课程设计与开发,能够在中文教学和职业技能培养之间取得平衡,使学生在学习的过程中既能够获得深厚的语言底蕴,又能够具备实际的职业技能,为他们未来的职业发展提供坚实的支持。

4. 对接培养与培训需要,拓展多类别学习模块

切实服务合作国经济社会发展和"走出去"中资企业需求,基于"线上线下、虚实结合"的混合教学模式,开发建设教学资源、实训基地,使学生学习和职工培训有机结合。学院依托泰国、吉布提、尼日利亚三个鲁班工坊,与中国企业中国土木工程集团有限公司等企业携手合作,共同出海。工坊从人才培养方案,到课程设置都邀请了相关专家或工作人员进行沟通,力求实现能力对口、岗课互通。根据企业人才需求和当地行业发展需求,学院开发了多个特色课程模块,涵盖高铁、普铁、地铁等职业领域的多个岗位技能要求。这些特色课程模块包括中文 + 通信信

号、中文＋机车车辆、中文＋车务运输、中文＋工务工程、中文＋城轨交通等。这些课程既满足了个性化学习需求，又提升了学习者的综合素质和就业能力。通过这些特色课程，学院为中资企业和当地国输送了大量懂中文的高素质技术技能型人才。

（五）行动教学法切入——提升"中文＋职业技能"教育项目

学院在人才培养方案制定之初就特别考虑到"中文＋职业技能"双线并行的重要地位，注重行动导向教学方法的实践应用，并重点强调中文相关内容的实施推进，将其提高到了与职业技能学习同等重要的地位。

1. 教学与学习并举

以岗位技术技能为导向的职业教育"教"与"学"本质上是基于工作过程展开的，更适用于线上线下相结合的行动导向教学法，其混合式教学方式教学实践以及数字化教材建设实际成效均已充分证明，在提升鲁班工坊以及企业培训学生、学员的职业认知行为能力和教学及培训活动满意度方面均有突出的效果。职业教育数字化教材适应新时代教育服务国际合作并具备利教便学的突出特点，契合了职业教育教学改革的根本方向与实施要求，更能助力于教师开展翻转课堂、职场教学等混合式教学实践，从而实现做中学、做中教等行动导向教学方式，收获到更佳与优化的教育教学效果。

2. 技能与素养统一

对于像吉布提这样一个铁路行业相对落后，在鲁班工坊之前甚至没有职业教育门类的国家，客观上有利于"中文＋职业技能"模式在该国实施。比如人才培养模式中写道："学工融合、知行并进"是在结合铁路发展变化与企业实际需求，校企共同创新的人才培养模式，即"学工融合"为教学内容与工作任务相融合、课程标准与铁路行业标准相融合、课程考核与技能鉴定相融合、校园文化与企业文化相融合。"知行并进"是指在培养过程中注重知识与技能的融通，强调学生职业行动能力的培养，最终实现将学生培养成"懂设备、精业务、强技能、会管理"的技术技能人才目标，其中明确提出"校园文化与企业文化"建设要求，其校园文化指的是天津铁道职业技术学院的校园文化，企业文化指的是中国铁路行业的企业文化,这样就进一步促进了中国文化走出国门,让世界各国进一步了解中国,从而消除偏见,促进人类命运共同体的构建。

3. 研究与实践同步

在鲁班工坊建设实践中,学院边建设边研发边推进,注重建设研发虚拟教育教学以及培训资源,并注重开展虚实对接、工学结合的教学实践活动。针对合作国家自然情况,对极端天气造成病害问题以及供电高空、高压危险因素对接新技术、新装备、新工艺、新标准,校企共同研发虚拟仿真资源,积极开展线上 – 线下混合以及任务驱动、项目导向的教学模式。

(六)大平台资源加入——支撑"中文 + 职业技能"教育项目

学院以"中文+职业技能"双轨运行为目标,引入国际化教学理念,培养学生跨文化交流能力,使他们能够适应全球化发展趋势。以鲁班工坊为运行平台,聚力本土化培养,整合整体化资源,确保学生掌握与轨道交通行业紧密相关的核心技能,实现中文与技能协同推进并跟进数字化教材建设与发展步伐。

1. 数字赋能,打造高水平数字化教材资源体系

数字化教材的开发与应用是教育信息化发展的重要组成部分,是利用多媒体技术将传统纸质内容进行数字化处理,转化为适用于各类电子终端的互动性教材,以实现网络应用和同步更新的新形态教材。同时,优化建设逻辑,科学规划工坊数字化教学资源。首先注重提升颗粒化教学资源的建设实践。素材是最基础的、颗粒化的资源单体 2388 个;组件是以知识点、技能点为单位,由多个内在关联的素材组合形成 544 个;模块以工作任务、技能训练项目等为单位,由多个知识点、技能点的组合形成 85 个;课程由多个工作任务、技能训练项目等组合形成,包括逻辑合理、内容完备、周期完整的标准化课程以及可提供满足不同需要、用户自行搭建的个性化课程。

2. 校企共建,形成"中文 + 职业技能"数字立体化教材

高等职业教育的职业性和实践性决定了高等职业教育的教材建设应基于职业资历框架,与职业需求和实践需求相对应,兼顾多元性与统一性。针对当前教材建设中存在内容陈旧、所学与所需相脱节等的问题,充分统筹和发挥企业、学校的

资源优势,合作开发"中文 + 职业技能"立体化教材。[①] 立体化教材开发以培养"完整的职业人"为建设目标,如高铁汉语教材的开发着重考虑学习者的学习需求、学习时限、汉语水平等因素,将汉语水平与高铁专业学习需求相结合,教材以涌现在高铁行业的鲜活人物先进事迹或者重大历史事件为篇章,结合汉语等级大纲,巧妙纳入汉语词汇、语法及中华文化知识,提高学生学习专业理论、学习汉语的兴趣。此外,传统纸质教材受篇幅等因素限制,教材的趣味性及可视化程度不高,人工智能时代对数字化教材提出了更高要求,利用 AI 等技术,针对专业特点开发情境化教材。情境化教材建设以可视化为主要特征,针对课程预设学习重难点,当学生遇到难题时,只需通过点击教材内容,就可呈现高铁运行场景及汉语应用场景,学生在情境中学,能培养和提高其专业学习兴趣。

3. 职业对接,依托鲁班工坊开发轨道交通类专业数字化教学资源库

学院针对三家鲁班工坊合作国的轨道交通本土化人才需求,对接合作国民教育体系和合作国轨道交通人才需求与运营特点,编制个性化人才培养方案,重构课程体系,建设教材与课程资源。为中资企业尽快培养本土化技术技能人才,搭建面向轨道交通全领域的"高铁 + 普铁 + 城轨"特色教学资源库,为服务"一带一路"国家轨道交通建设培养高素质技术技能人才。以电子资源和实训资源为例,学院均已筹建完毕并具有相当数量的专业资源,从而有效保证了鲁班工坊教学与培训活动的顺利展开,促进了合作国之间的人文与技术交流。泰国鲁班工坊资源建设:人才培养方案 2 本,国际化专业标准 17 个,中英双语教材 17 本,实训指导书 8 本,师资培训教材 10 本,在线精品课 7 门,微课 299 个,题库 17 套。吉布提鲁班工坊资源建设:人才培养方案 2 本、课程标准 27 个、双语教材 25 本、实训指导书 16 本、双语录播课程 554 学时。尼日利亚鲁班工坊资源建设:人才培养方案 3 个、课程标准 10 个、双语教材 10 本、视频资源 718 分钟、PPT46 个。

---

① 王良存、胡德明:《"中文 + 职业技能"新形态教材建设研究》,《国际中文教育研究》2024年第 1 期。

三、基于"中文＋职业技能"数字化教材发展的启示

学院基于"中文＋职业技能"数字化教学资源的建设在短短的几年时间里取得了长足发展,但整体上看这一领域的教学资源研发还远远不能满足实际需求,教学资源普遍存在着缺乏实用性和针对性的弱项,未能充分遵循语言学习的规律,也未对学习者在特定环境下的特定需求进行充分了解。从数量上看,教学资源需要面向不同国家和地区、文化背景、语言水平与职业领域,存在覆盖范围有限、推陈出新速度慢等实际问题。全面解决这些问题将是一个庞大的系统工程,需要长期的投入和持续不断的创新,继续在以下方面发力。

（一）跟进需求走势,确立数字化教材赋能理念

"中文＋职业技能"教育方兴未艾,数字化教材建设更待深化。在组织实施"中文＋职业技能"教育项目中,其中一项重要的活动是要将数字化技术应用于教材建设全过程之中。为此,需要更新理念认知,跟进时代步伐,在瞄准本土化技能型人才培养目标上,实现三个重点环节的链接:一是加快数字化教学资源开发,使"中文＋职业技能"数字化融合发展并通过提高学员中文应用能力和职业技能水平进而实现高水平就业,整体体现教育教学与社会价值;二是加速数字化教学平台的建设,使数字化教学平台成为实现"中文＋职业技能"深度融合的核心支撑要素;三是加强数字化实训新模式的创立,通过"中文＋职业技能"与数字化技术融合发展,凸显以学员中文语言能力和职业技能提升为主线,构筑与之相适应的数字化实训新模式,实现企与校、育与训、学与教以及语言与技能的互融互通,从而生成丰富的语言服务内涵,助力提升复合型应用型人才培养效能。

（二）注重需求监测,深化数字化教材资源精确供给

"中文＋职业技能"数字化教学资源的显著特点在于其面向海外劳动市场,涉及众多职业领域,需要促进学习者同步提升语言能力与职业技能。与此同时,了解在海外市场哪些职业和工种需要具备"中文＋职业技能",以及这些工作岗位需要学习者达到怎样的语言和职业能力。需求分析是解决这些问题的关键环节:一是作做出精准数据需求分析,通过大数据挖掘分析特定区域或国家哪些职业领域比

较热门,从而准确地锚定"中文 + 职业技能"教学资源的建设重点;二是找准海外企业的需求,深入了解"走出去"企业面临的挑战以及员工的学习需求,针对性地开发适合企业实际情况的教学资源,提高资源研发的有效性;三是聚焦从业人员的需求,了解海外热门职业领域从业人员的汉语水平、学习动机、学习难点以及学习期望等信息,量身定制"中文 + 职业技能"教育资源,满足职业发展实际需求,提高其语言技能和职业竞争力。

(三)加速资源集成,加快数字化教学评一体化平台建设

经过几年的资源建设,"中文 + 职业技能"教学资源已然初具规模,亟须将分散各处的、内容和形式各异的教学资源进行整合和集成,为优质资源搭建多模态、多领域、多语种、多功能的教学平台,最大程度地惠及不同国家和地区、不同职业和技术领域、不同语言背景和水平的学习者,实现优质资源的共建和共享。教学平台通常是指包含多种形式和媒介的教学资源集合,主要有文字、图像、音频、视频、互动模拟、虚拟实验等形式。这些资源可以通过视觉、听觉、触觉等多种感知方式进行传递和接收,能够为"中文 + 职业技能"教育发挥重要的支持作用。

课题承担单位:天津铁道职业技术学院

主持人:李志慧

执笔人:周庆东

课题组成员:刘立雪、王丹、王炳者、张国帅

/ 第三十一章 /

职普融通机制创新

在现代职业教育体系构建中，横向的普职融通是提升现代职教体系开放性、多元性的根基。[①] 因此，我国新修订的《中华人民共和国职业教育法》明确规定"职业教育与普通教育相互融通"。职普融通并不是一个新词，很多省市早在多年前就开展了有关工作并积累了一定的经验。为探索职业教育与普通教育多元立交的培养机制，天津于 2018 年颁布了《关于进一步推进普职融通的指导意见》。基于此，本研究将先对职普融通基本内涵理论展开探讨，随后对天津职普融通特色案例展开分析，希望为职普融通机制的完善提供可借鉴的经验。

一、职普融通的内涵和外延

关于职普融通的概念界定，国内论者一方面呈现出某些共性，另一方面也存在明显的误区。其共性主要体现在都认同职业教育与普通教育是两种不同类型的教育，应当加强交流联系；误区则表现在将"职普融通"与"职普融合"等相似概念等同起来，甚至有意识或无意识地将二者混为一谈。因此，有必要对已有认识进行分析概括，还要对职普沟通、职普衔接以及职普融合等相近概念进行辨析。

（一）职普融通及与其相近概念关系的辨析

1. 职普融通与职普沟通

"融通"一词在字典中有三种含义：一是使（资金）流通，二是融会贯通，三是相互沟通；使融洽。而在《新华字典》中"沟通"是指"使双方能够连通"。[②] 从字面上来，"融通"与"沟通"的区别在于是否强调双方融洽，也就是说"沟通"仅强调双方联系，不需要思考是否和谐融洽，而"融通"不仅需要双方联系，还强调双

---

① 丁乐声、叶海：《"普职融通"的误区澄清与实现路径》，《中国职业技术教育》2023 年第 3 期。

② 新华汉语词典编委会：《新华汉语词典》，商务印书馆国际有限公司，2007，第 346 页。

方要融洽相处。基于此,再看"职普融通"和"职普沟通"的联系区别。"职普沟通"最早出现是在 1985 年颁布的《中共中央关于教育体制改革的决定》中,该决定提出要建立"一个从初级到高级、行业配套、结构合理又能与普通教育相互沟通的职业技术教育体系"。[①] 然而到 2014 年,"职普沟通"内涵才逐渐明确,即"推进两类教育体系的双向沟通和衔接,通过开展课程互选、学分互认,以及学生在普职办学主体之间转学和联合普职开展人才培养等方式实现。"[②]

"职普融通"最早出现在 1994 年唐山市委市政府《深化教育综合改革 推动农村早日实现文明富裕》一文中,该文提出"促进普教、职教以及成教相互融通。"[③] 对比"职普沟通",从涵盖面上看"职普融通"包含的内容更加丰富,即涵盖职教衔接、职业培训、终身学习、产教融合等内容,因而在文件表述中,"职普融通"逐渐取代了"职普沟通"。"职普融通"最初发生在高中阶段,并开始向初中、小学以及高等教育学段延展。"职普融通"与"职普沟通"一脉相承,前者是对后者的升华。"职普沟通"侧重解决普通教育与职业教育之间过程的沟通,是个纯教育问题。"职普融通"不仅强调普通教育与职业教育之间过程的双向转轨,而且更强调两者结果的等值,这就使得"职普融通"不仅是一个教育问题,还是个社会问题。"职普融通"经历从学者倡导到国家政策的转变,更切合我国当前经济社会发展的新要求,也是构建新时代中国特色高质量教育体系的现实需要。

2. 职普融通与职普衔接

"职普融通"与"职普衔接"是较为容易区分的两个概念。一般而言,"衔接"意为后一事物与前一事物相连接,包括时间与空间两个层面。有研究者认为"衔接"有三层含义:一是表面上的继续;二是性质上的连续;三是时间上的深化。[④] 就

---

① 《中共中央关于教育体制改革的决定》,《中华人民共和国国务报公报》1985 年第 15 期。

② 于乐声、叶海:《"普职融通"的误区澄清与实现路径》,《中国职业技术教育》2023 年第 24 期。

③ 中共唐山市委唐山市人民政府:《深化教育综合改革 推动农村早日实现文明富裕》,《人民教育》1994 年第 11 期。

(4) 陈鹏、肖龙:《跨界与进阶——普职教育衔接研究》,中国社会科学出版社 2021 年版,第 185 页。

教育领域而言,"职普衔接"主要是从时间层面的前后衔接,即义务教育阶段的初中教育与中等职业教育的衔接、普通高中教育与高等职业教育、高等职业教育与研究生阶段的衔接。换言之,"职普衔接"可简单表述为职普两种教育类型在不同层次间的纵向连接。[①] 而"职普融通"则不仅强调职业教育和普通教育两种不同类型教育的地位,更强调两者要积极联系形成一种融洽关系,有利于双方发展的状态。由此可见,"职普融通"与"职普衔接"有着很大的不同:一是"职普衔接"问题其实是"职普融通"问题的一部分,"职普融通"除了强调时间和空间的衔接,还强调职业教育和普通教育要互相沟通;二是"职普融通"特别强调职业教育和普通教育要和谐发展。

3. 职普融通与职普融合

"融合"在字典中的解释是"几种不同的事物混合成一体"。[②] 据此,职普融合就是将职业教育和普通教育合为一体。因此,有研究者认为"职普融合"是"指职业教育与普通教育相互渗透地形成一个和洽、通达、高效的系统"。[③] 对比"职普融通"中"融通"的含义来看,其是指使学习者在不同类型教育(职业教育和普通教育)以及不同层次教育(高中阶段教育和高等教育)之间实现自由流动。可见职普融通与职普融合有实质区别:它们的立场和理念不同。"职普融合"是将普通教育与职业教育合二为一,不再区分普通教育和职业教育;"职普融通"则是在肯定普通教育与职业教育是两种不同教育类型的基础上,强调两者之间的双向沟通和等值。在我国加快建设教育强国、扎实推进中国式现代化的背景下,"职普融通"已经超越了高中教育阶段的中等职业学校与普通高中间的融通,而是成为一个具有宏阔视角的问题,其代表了我国职业教育与普通教育两种教育类型间关系的新方向,指向职业教育与普通教育两个教育类型间的融通,成为我国构建高质量教育体系、推进教育现代化、加强教育体系内循环及实现教育结构与经济结构、社

---

① 马延伟:《论普职融通的价值导向与制度路径》,《职业技术教育》2023年第4期。

② 新华汉语词典编委会:《新华汉语词典》,商务印书馆国际有限公司,2007,第824页。

③ 林玥茹、石伟平:《职业教育与普通教育融合的内涵诠释与典型模式》,《职教论坛》2017年第34期。

会结构交融促进过程中亟待解决的关键问题。因此，在国家职业教育改革背景下，"职普融通"一词更适合我国当下国情。

（二）职普融通的界定

基于上述分析，本研究认为："职普融通"是指职业教育与普通教育在明确二者不同类型教育属性的前提下，通过共同目标确立、课程衔接、培养模式、学制学分、校际合作以及资源整合等举措，双方打破壁垒、深度沟通，最大程度发挥职业教育和普通教育各自的育人价值，实现学生多样化和个性化发展。具体而言，包括三层内容：一是在范畴上，要推进各类型职业院校与各类型普通学校实现沟通、衔接与融通，并在基础教育阶段融入职业启蒙教育、基础技能教育；在教育层次上，职普融通涉及从基础教育、高中阶段教育到高等教育；二是在内容上，涉及教育机构、教育内容以及学习者等多方面的融通，其最终目标是为学习者提供更为丰富、更加多元、更多通道的成长机会和路径，实现促进学习者个体全面发展和人生出彩的教育现代化目标；三是在功能上，职普融通不仅是教育体系的特征，其还是一种重要的社会经济现象，具有促进人力资本有效供给、人才流动、公平机会、社会包容等重要功能。

二、职普融通的已有实践

（一）国外职普融通实践

从国际比较视角来看，职普融通历经多年实践形成职普课程渗透式、职普互转式、彻底融通式等三类主流模式，每类模式优缺点、适用范围不尽相同。[1]

1. 职普课程渗透式

职普课程渗透式是在分轨制下职普呈现相对独立的状态，德国和法国作为典型的分轨制国家，职业教育较为明显地独立于普通教育且自成体系，职普融通呈现出课程渗透的基本特点，以共同开设职普课程、普通教育开展职业教育课外活动

① 匡瑛、李欣泽：《从国际比较的角度看高中阶段职普融通的三大主流模式》，《苏州大学学报》（教育科学版）2023 年第 2 期。

等形式展开,职业教育元素渗透普通教育是该模式的主要特征。

德国拥有制度完善、体系健全的双元制职业教育,促使普通教育学校主动开设职业类相关课程,实现职业教育与普通教育的相互渗透。[①] 德国在探索职普融通的过程中,劳动教育课程作为普通教育中劳动技术知识渗透的重要环节,一度成为职普融合课程改革的核心内容,改革过程中逐渐形成完善的劳动教育课程体系,课程设置凸显综合性、模块性以及跨学科性,内容涉及范围广泛,以行动力为导向,旨在培养学生解决职业、生活问题的劳动能力。[②]

法国自 20 世纪 20 年代实施义务职业教育,学生自高中开始分流至普通类、技术类、职业类,近年来面对为提升职业教育吸引力、满足经济社会发展需求、匹配国际投资转型计划等,法国开始探索职普融通的改革道路。通过改革招生与培养制度,建立校企合作网络,加强专业课程与普通课程的联系。其核心措施是进行课程改革,强调跨学科和创新性,引入"共同干预"的概念,即一名普通教育教师和一名职业教育教师共同承担一个联合教育项目的教学任务,使普通教育学科和技术课程之间建立联系。[③]

2. 职普互转式

职普互转式在职普分流的前提下,学生可以在职业教育和普通教育中选择当前更加适合自己的教育模式。此种模式发展较为成功的国家有英国,以资历框架为核心,通过与之配套的学分认证等机制为学生转轨提供机会,并且通过成熟的资历框架,给予学生转轨的制度保障,从而使学生实现自由全面发展。

宏观上,从历史沿革和制度建设上看,英国自 20 世纪 80 年代起,逐步推动职业教育与普通教育的融合,通过以中等教育增加职业课程为起点,建立国家职业资格证书制度,形成职业教育、普通教育相对应衔接的课程体系,开始直面英国普通教育与职业教育发展不均衡的问题。至 90 年代,推行普通国家职业资格证书制

① 李欣泽:《我国高中阶段职普融通的案例研究及其制度优化策略》,硕士学位论文,华东师范大学教育学部,2023,第 83 页。

② 任平、贺阳:《从"劳作学校"到"职普融合":德国劳动教育课程建设的价值嬗变、特征与启示》,《全球教育展望》2020 年第 10 期。

③ 万年、阚阅:《法国职业高中改革:动因、举措和特点》,《职业技术教育》2021 年第 22 期。

度,形成普通教育、职业教育、学术教育融合的立体式国家资格框架体系。为解决学术教育与职业教育融合程度低的问题,将 NQF5 升级为 NQF9 级,细化原有国家资格框架体系。为响应终身学习理念,资格与学分框架(QCF)将资格认证范围扩展到校外,进行学分互换,证书互相认定,突破学校框架基础建立范围更加广阔的资格认证体系。[①]

微观上,主要体现在三个方面:一是综合高中兼顾普通教育和职业教育课程体系,开设两套课程供学生选择;二是职业高中逐渐建立独立的普通教育课程体系;三是一些学校选择折中的方式开展普通教育与职业教育课程兼修的"拼盘式课程",部分学校会对自身学校优秀的普通教育及职业教育课程资源进行共享,为更多的学生享受多样化的优质资源提供便利。[②]

3. 彻底融通式

职普融通更为深入的模式是彻底融通式,主要表现为以综合课程体系为依托的综合高中,其特点是通过统一的制度统筹职业教育与普通教育发展,具有更高的包容性。

美国作为彻底融通式的代表,在发展过程中通过不断立法推动职业教育发展。1918 年颁布的《中等教育的基本原则》报告提出:"将所有的课程包容在一个统一的综合高中之中,教育的实施在组织统一、包容所有课程的综合高中进行。"这标志着综合高中制度在美国确立下来,[③]美国成为典型的单轨制国家。近年来,美国陆续颁布《每位学生成功法案》和《加强 21 世纪生涯与技术教育法》对综合高中课程提出更高要求,课程设置的多样化发展是综合高中的核心,从课程结构上看分为必修课、选修课以及独立的研究计划,其中包含不同水平层级以适应不同能力水平的学生在一定范围内的自由选择,丰富的选修课可以满足学生个体兴趣及不同学习进度的差异和需求。同时中考制度、高中课程、高考科目、高校招生入

---

① 陈鹏:《英国普职融通的历史演进与经验启示》,《职教发展研究》2023 年第 1 期。

② 余晖:《英国高中阶段教育普职融通的基本经验与现实挑战》,《湖南师范大学教育科学学报》2015 年第 2 期。

③ 周京树:《高中阶段普职融通的实现路径研究》,硕士学位论文,南京师范大学教育科学学院,2013,第 134 页。

学等多种制度统一为综合高中提供政策保障。[①]

通过对以上职业教育发达国家三种职普融通类型的分析,各国的职业教育都是在颁布法律条文后迅速发展的,即通过建立法律法规明确各方责任、约束各方行为、保证各方权益,政府、各级教育主管部门统筹协调处理发展过程中的各种问题。我国幅员辽阔,应针对不同地区经济发展、人才需求等特点建立适合本地区的职普融通模式,保障当地职普融通政策的有效落实。另外,在职普融通实施过程中还要加大社会宣传力度,从思想观念和价值观上进行影响,增加社会对职业教育的认同,为职普融通的实现奠定文化基础。

（二）国内职普融通实践

我国一些省市包括江苏、浙江、上海、河南、湖南等多个地区开展过职普融通试点工作。由于各地经济发展水平差异,职普融通模式各有不同,目前已有的职普融通模式主要有三类:一是职普渗透式,包括设置职业教育课程、开展职业体验活动等;二是职普互转式,开设职普融通班级;三是综合高中试点,涉及多种制度的结合。

1. 职普渗透式

部分省市颁布文件,通过职业院校向普通高中提供技能基础和技能实操等课程,以职业教育课程为载体实现职普元素的相互渗透,促进职普融通。

2010 年,上海市要求"推动普通教育与职业教育互相渗透,充分利用职业教育开放实训基地、课程和师资,发展高中学生的职业技术能力。"随后每年上海市基础教育工作要点以及职业教育工作要点中都对普通教育与职业教育相互渗透提出明确要求,"积极利用开放实训中心的资源优势,开展面向普通中学并适合学生特点、职普渗透的劳技教育。""努力构建与市场需求和劳动就业紧密结合、校企合作、职前职后并举、职普渗透、中高职协调发展,结构合理、功能多样的现代职业教育体系。"加强职普渗透,继续开展职业体验日活动,吸引中小学生进职校体验,促进与普通教育融合。进一步促进普通学校增加职业体验课程,重视职业生涯教育,同时

---

① 李天鹰、杨锐:《美国普通高中多样化发展的经验与启示》,《东北师大学报》(哲学社会科学版)2019 年第 3 期。

职业学校向普通学校开放实训中心、课程、师资等教育教学资源,充分实现彼此资源共享。为后续探索课程互选、学分互认、资源互通,为学生奠定坚实的基础。①

2. 职普互转式

2011 年 8 月,南京市下发了《关于启动普通高中多样化特色化建设工程的通知》,开展综合改革高中、学科创新高中、职普融通高中和国际高中等四种模式的改革,以改变传统普通高中的单一办学模式。其中职普融通试点班的学生可兼有普高、职高两种身份,实行学分互认、双学籍制管理。根据不同学校办学基础与条件,制定灵活多样化的办学的策略,做到一校一策因校制宜。探索招生改革突破,进行"中职与普通本科 3+4 分段培养专业班"招生,在职业学校学习后通过转段考试升入市属本科院校相关专业,为普通高中就读一年的学生提供二次选择就读职业教育院校的机会。②

浙江省宁波市也是我国较早开展职普融通试点的地区之一,2013 年,宁波开始职普融通改革试点,出台《宁波市职普融通育人模式改革试点的实施办法》,统筹优化全市职业教育布局结构,加大力度协调职业学校与职业教育发展,深化普通高中和中职双向融通,共同开发职普融通课程,互设选修课程,通过学分互认和学籍互转改革,为已经就读普通高中和中职的学生提供再次选择接受不同教育的机会,拓展学生发展通道,为学生搭建成才"立交桥"。2015 年扩大到全大市范围,至2016 年,共 13 所中职学校、17 个专业与普通高中开展职普融通班试点工作。

3. 综合高中式

自 2012 年起,湖南、北京、山东等地纷纷颁布建立综合高中试点学校的文件《湖南省综合高中建设标准(试行)》《关于公布 2014 年职高综合高中班改革试点学校和专业的通知》、北京市教育委员会《关于调整在职业高中开展综合高中班试点工作的通知》《关于高中阶段普职融通联合育人的指导意见》等,所涉及的职普

---

① 徐峰、石伟平:《新世纪以来上海市关于普职融合教育政策:回顾、特征和展望》,《职教通讯》2018 年第 1 期。

②《改革让高中生自主选择未来——江苏省南京市普通高中多样化办学改革纪实》,《中国教育报》2013 年 10 月 11 日。

融通改革主要有课程体系的建立、课程和师资队伍的配备、学分认证、学籍管理等众多领域。

江苏省自 2018 年颁布《省教育厅关于试办综合高中班的指导意见》探索综合高中班职普融通模式,苏州市教育局陆续发布《关于举办综合高中班的工作意见》《2021 年市区普通高中综合高中班建设实施方案》《2022 年直属普通高中综合高中班建设实施方案》《关于进一步推进苏州市普通高中多样特色发展的指导意见》《关于进一步优化综合高中班建设的工作意见》等文件,推进建立综合高中班的试点改革工作。选取具备条件且有意愿的普通高中学校承担综合高中班试点任务,制定符合区域、学校实际的招生计划,优化招生制度。在报名录取阶段,学校按分录取为原则进行自主报名;在录取确认阶段,则以学生与家长现场确认的方式确保学生自主入学的意愿得以实现。

综合高中主要做好课程设置及整合,将普通高中必修课程与相关职业教育课程进行整合,形成综合高中班的基础课程体系,切实保障职普选择前后课程衔接,充分保证学生的课程选择权,根据学习兴趣自由选择。综合高中班的普通教育课程执行普通高中新课程方案,课程学习内容在普通高中文化课的基础上,增加职业教育、通用技术与应用技术及生涯规划教育;职业教育课程按所办班的职业培养需要设置专业课程体系。入学后统一注册为普通高中学籍,在高一年级第二学期结束时根据测试结果,与学生协商并根据意愿选择职普分流。选择就读普通高中的学生,继续学习普通高中课程;选择就读职业学校的学生学习职业教育课程。学生在学习过程中拥有"二次选择"的机会,畅通职普之间的升学途径,消除学生的升学顾虑。

三、职普融通机制创新的依据和探索

（一）职普融通机制创新的天津方案

2023 年 5 月,教育部和天津市人民政府共同印发《关于探索现代职业教育体系建设改革新模式实施方案》(以下简称《实施方案》),支持天津率先探索中国现代职业教育体系建设改革新模式,并明确将建立健全促进职业教育产教融合法规

制度作为重要保障措施。文件第六部分主要讲"职普融通机制创新",这是天津市开展职普融通机制创新工作的重要依据。其具体内容包括以下几方面:

1. 普通高等教育与高等职业技术教育融通

以往研究者讨论职普融通问题,习惯于将聚焦点放在普通高中和中等职业教育之间的融通,而忽略高职与普通高等教育之间的融通问题,其实后者更为重要,因为这在一定程度上会影响拔尖的技术技能人才培养的问题。《实施方案》要建设高水平职业技术大学和新型产业学院,这其实是要求高等职业技术教育与普通高等教育融通。具体来看包括两个方面:一是提出以产业升级需求为导向,进一步优化教育结构布局,整合优质职业教育资源,开展本科层次职业教育,提升技术技能人才培养层次和水平;二是支持多所普通高等学校与多所高职合作,聚焦科技创新到技术应用全流程,支持多所本科院校与高等职业院校共建学院,构建卓越工程师、现场工程师、技术人员和产业工人梯度培养体系。

2. 中等职业教育与普通高中融通

中等职业教育和普通高中之间的融通一直是各方都比较关注的问题,不少学者都站在普通教育视角探讨了如何在普通高中阶段融入职业教育。国家也和一些地方政府发布的相关文件关注这一点,要求普通高中必须开设通用技术这门课程,以此来弥补技术技能知识缺失这一问题。关于如何促进两者融通,《实施方案》提出试办综合高中的决定,即遴选 3 至 5 所学校试办综合高中。除此之外,还提出支持 20 所左右优质中等职业学校和 15 所左右高水平高等职业学校开展中高职系统化人才培养;选择有基础、有条件的中等职业学校联合高等职业学校,开展中高职五年一贯制人才培养;研究制定一体化人才培养方案,构建贯通式专业课程体系,探索一体化教科研机制和评价体系。

3. 创新拔尖技术人才选拔培养机制

第一,适当放宽本科、专业硕士的报名条件:支持与高等职业院校共建学院的本科院校招收优秀中高职毕业生、生产一线优秀员工就读职教本科专业;联合重点行业企业招收符合硕士研究生报名条件,且在生产一线工作 3 年及以上、特别优秀的高职毕业生,以校企合作项目制方式培养专业硕士学位研究生。第二,培养"准工匠"：发挥中国（天津）职业技能公共实训中心高技能人才培养示范引领作用，选拔优秀中高职毕业年级学生，实施"工匠涵养创新工程"，培养一批新时代"准工匠"。

（二）职普融通全方位实施的探索

职普融通全方位实施的前提是需要回答我们到底需要怎样的职普融通。对此，有学者认为当前的职普融通教育体系改革要坚持职业教育类型定位这一前提，形成立体化、多层次的融通体系，并把增强职业教育的教育性和选择性作为重点。[①]

1.课程衔接

课程是各级各类学校教育教学工作的重要内容，也是学校各项教育活动中一个不可或缺的组成部分。加快构建普职融通的课程体系，不仅是促进普职融通教育改革取得突破性进展的关键环节和核心议题，也是搭建人才培养立交桥、促进普通高中多样化发展的重要内容。[②]课程衔接作为普通融通实施的重要环节，就是在职业学校强化公共基础课程和专业理论课程，在普通学校增加职业教育课程，并在职业学校和普通学校之间实现横向跨校选课、学分互认、资源共享。这是最为初级、最容易实施的职普融通。

在职业院校中，第一，应该整合专业课程，适当减少专业课的总课时，提高专业基础课课时比重，精心选择新技术、新材料、新工艺、新方法作为课程内容。第二，强化公共基础课，扩展学生的文化素养。具体而言，必须保证公共基础课的课时数，开齐开全必需课程。同时还应该注重公共基础课师资培养；因为进入新时代以来，要求开设了包括劳动教育在内的更多新公共基础课，那么如何迅速选择适合的教师担任这些课程主讲教师就摆在了职业院校面前，因此，必须思考这一问题。

在普通教育领域，改革的重点是增加职业技术教育元素，包括三方面：一是

---

① 徐国庆、余韵：《职普融通的当代涵义与实践框架——基于技术及职业关系演变的分析》，《教育研究》2024 年第 2 期。

② 常宝宁：《高中阶段普职课程融通研究》，《课程·教材·教法》2024 年第 3 期。

增加职业技术类课程,当下已经在高中开设的通用技术课程就属于这类课程,后期可以将一些有助于加强学生动手操作的课程纳入课程计划。二是在物理、化学甚至是数学、英语课程中增加职业技术背景,通过场景加强学生知识应用性,例如天津经贸学校与天津市第二南开学校建立职普教育合作关系,在作为天津市第二南开学校"校外职业体验实践基地"的基础上,进一步发挥职业学校专业特色优势,结合普教学生学情特点及需求,以经贸学校五大特色专业系部为基础,结合职业岗位技能特点,采用"模块设计、多元组合、能力递进"课程开发模式,从初中学生的认知水平和发展需要出发,使学生从真实项目发现问题,转化为活动主题。① 天津复兴中学制定了职普融通的《课堂教学评价标准》,开展"普职结合录评课"展示、"在课堂教学中加强普职结合,推进学校特色发展"等专题研讨活动。三是在初中、高中阶段开设职业规划课程,引导学生了解世界,培养学习应用技术知识的兴趣。例如,天津复兴中学开展职业教育主题活动,对学生渗透职业理想教育。

2. 培养模式

培养模式上最具实质意义的职普融通是在纯粹职业学校和纯粹普通学校之间创建兼具职业学校和普通学校属性的新形态学校,或通过职业学校与普通学校之间合作机制的建立创建职普联合学校。因此,《实施方案》特别提出"遴选 3 至 5 所学校试办综合高中""支持 20 所左右优质中等职业学校和 15 所左右高水平高等职业学校开展中高职系统化人才培养"。综合高中是普通高中与中等职业学校并行但又区别于两者的高中阶段教育学校类型。② 关于综合高中,我国在上世纪 90 年代开始试点,遗憾的是基本以失败告终。在国外,不少国家解决职业院校和普通高中培养模式问题就是采取设立综合高中的办法,在这种高中同时设置职业教育课程和普通教育课程。然而就我国国情而言,设立这类综合高中还存在一定难

---

① 张家荃、武美双、葛立清:《EPIP"课赛融通—职普融通"教学实践改革创新》,《天津职业院校联合学报》2022 年第 12 期。

② 王福建、王阳:《我国综合高中发展的价值向度、现实问题与路径突破》,《教育理论与实践》2023 年第 14 期。

度。关键难点在于,在强大的高考压力下,很难引导学生在职业教育课程与普通教育课程之间做出合理选择,除非建立起适合不同选课模式的高考升学制度,否则综合高中最终很可能演变成实施普通教育的职业学校。[①] 因此《实施方案》提出在天津建立 3 至 5 所综合高中。事实上,天津已经施行了一系列的普职融通改革,开展 EPIP 工程实践创新项目（Engineering Practice Innovation Project）。这个项目是天津市近年来积极提倡的一种富有中国特色的先进教育思想的结晶:它将普通高中和职业高中在教育资源、教学方式、师资分配、课程知识等方面进行创新与融合,探索高职院校与普通院校的横向贯通,为学生多元发展搭建成长平台。[②] 未来,建立综合高中可以借鉴 EPIP 的教学思想。

3. 学制学分

中职和普通高中融通、高职和普通本科融通,需要解决在不同教育层次、教育类型和学校之间建立起纵向和横向的贯通机制,主要是形成学制学分互认,打通人才成长通道。可以说,这是职普融通实施难度最大的一个环节。

关于中职和普通高中学制学分融通问题,重点应当放在学生如何从中职转入普通高中或从普通高中转学进入中职,即给予学生在职业教育和普通教育之间再次进行选择的机会。需要考虑的问题是,避免因为转学而将精力过度放在学生的转学辅导,造成学生课业压力,扭曲了职普融通的本质。对高职院校和普通高等学校而言,应当探索一种贯通学制,实现专本研一体化,对在上一阶段学习过的课程应给予免修。在学校管理体系方面,要在学校本位的条线管理模式基础上,强化课程本位的交叉管理模式,创办联合学校、混合型学校,均内在地要求构建项目形式的课程本位管理模式,为职普融通的实施提供宽松的学校管理环境。同时,还应当探索职教高考制度,实施公平科学考试,让职教学生有机会升入普通高等学校。

---

①　徐国庆、余韵:《职普融通的当代涵义与实践框架——基于技术及职业关系演变的分析》,《教育研究》2024 年第 2 期。

②　冯雪艳、宋洋、刘方恬:《普职协调发展探究》,《职业教育研究》2022 年第 10 期。

课题承担单位：天津工艺美术职业学院

主持人：马忠庚

执笔人：李博、顾雯雯、高培培、秦晓蕾

课题组成员：马忠庚、李博、顾雯雯、高培培、秦晓蕾

/ 第三十二章 /

技师学院学生综合素质和通用能力的培养及评价标准

技师学院学生的综合素质和通用能力培养,在职业教育人才培养中有其特殊性。这方面既要遵循国家的指导方针,也要结合学生实际进行细化而得到切实有效的实施,更要通过科学的评价过程而确保这两种培养的准确性。

一、技师学院学生综合素质和通用能力的基本内涵

（一）学生综合素质的基本内涵

通过搜索期刊网站现有论文及查阅相关文献发现,针对技师学院学生综合素质的研究主要集中在以下几个方面:

1. 关于学生综合素质培养方面的问题、建议及影响因素。王志暐认为,在现代学徒制的框架下,学校培养学生侧重于职业技能的提升,忽视综合素质的培养;重视绩效考核,轻视综合素质评价。对此必须设计系统完善的综合素质培养体系,构建"动态化"综合素质培养评价体系,建设"三师型"师资队伍等。[1]

2. 关于学生综合素质培养模式与培养途径的探索。张梅等提出"一贯制"与"分段式"相结合的综合素质培养模式,即一以贯之地引领学生全面发展,分层次分阶段开展主题教育活动,充分利用系列主题教育、党团建设、职业生涯规划、注入园区文化底蕴、开展心理健康等方式。[2]郭嫱提出以创新思维、团队协作和跨文化交流为核心要素的跨学科与实践教学相融合的综合素质培养模式。[3]夏云峰认

① 王书暐:《现代学徒框架下综合素质培养问题研究》,《教育教学论坛》2017 年第 12 期。

② 张梅、南德红、吴冉:《专业认同和适应性视域下的中高职贯通学生综合素质研究》,《职业教育研究》2017 年第 11 期。

③ 郭嫱:《学生素质教育与职业学院综合素养培养模式创新》,《华章》2023 年第 10 期。

为通过重视入学教育、加强校风学风建设、加强校园文化建设、加强就业观教育来形成学生综合素质。[①]

3.关于学生综合素质的测评、评价体系。吴晓芬在厘清学生综合素质评价体系存在的问题、应遵循的原则及该体系意义的基础上,提出建设学生综合素质评价体系的策略。[②]张越等三位作者从用人单位需求的角度指出中职生的综合素质现状,立足学校指出其综合素质评价现状及误区,进而构建基于职业教育特点的综合素质评价体系。在评价体系中,学生综合素质通常被概括为三个层次:以思想品德为主的基本素质,以专业理论技能为主的文化素质以及以职业道德为主的职业素质。[③]虽然各位学者的划分标准不一样,但是都力求全面并突出职业院校的特点,并且提倡根据学生的自身发展实际调整以上三类素质所占比例。

根据《人力资源和社会保障部印发技工教育"十四五"规划》明确提出的技工教育的总体要求:突出综合素质和通用能力培养;把劳动教育纳入公共课必修课程,加强学生劳动实践和实习实训;开足开齐体育、美育课程,规范开展心理健康教育和服务。综合相关论者的研究成果,可以将素质界定为个体在先天基础上通过后天的教育训练和环境影响而形成的能够顺利从事某种活动的基本品质或基础条件。相应地,可将本研究的核心概念之一"技师学院学生综合素质"的内涵作出以下界定:学生通过专业的技能学习和训练以后所具备的思想品德素质、专业知识素质、身心素质、审美素质及职业素质的综合。

(二)学生通用能力的基本内涵

国内学者对于技师学院学生通用能力的研究成果,主要集中在以下几个方面:

1.关于通用能力课程的开发。王红梅在其论文中详细论述了通用能力课程开发路径的五个阶段,并强调在这一课程开发过程要与专业课程区别开、与专业工

---

① 夏云峰:《职业学校学生应具备的综合素质及教育途径》,《文教资料》2007年第5期。

② 吴晓芬:《"双高计划"背景下高职学生综合素质评价体系研究》,《湖北开放职业学院学报》2023年第36期。

③ 张越、程起翎、黄立晖:《构建基于职业能力的中职学生综合素质评价体系研究》,《基础教育论坛》2018年17期。

作接轨、合理选择学习任务三个问题。[①] 屈溪则强调通用能力课程开发要建立在充分的市场调研的基础上,落实职业实践、模拟职场文化氛围等。[②]

2. 关于通用能力培养的路径和方法。周婷婷提出通过产学研一体化路径来实现对高技能人才的通用能力培养,将企业和技工院校紧密结合,共同进行教育和科研活动,旨在提高技工院校毕业生的就业能力和适应能力。[③] 秦从英等则树立科学开放的课程观及树立学生自主学习的活动观两个方面阐述培养学生通用能力的方法。[④]

3. 关于通用能力培养中存在的问题。安海涛等认为在现有通用能力培养过程中,存在培训资源不充足、专业知识的教学方式不适用于通用能力的培养、针对不积极参与活动的学生培养办法不多等问题。[⑤]

通用能力一词虽然在学界早已有过讨论,但在技工教育的研究范围内还是一个新名词。人力资源和社会保障部 2010 年全国一体化课程交流会上,确定启动"9+1"项目,即 9 个专业一体化课程改革试点和通用能力课程改革试点。这时"通用能力"才明确应用于技工教育范围内,自然关于它的研究成果并不丰富。由人力资源和社会保障部教材办公室开发的技工院校通用职业素质课程框架方案明确指出通用职业能力包括自我管理和调适能力、自主学习能力、语言理解和表达能力、信息处理能力、人际交往能力、团队合作能力、分析推理能力、创新能力。这里的通用职业能力是与专业能力相对应的,旨在帮助高技能人才在多种职业环境下更好地适应变化,提高自身发展的竞争力。"通用"的意思是指在一定范围内普遍使

① 王红梅:《基于技工院校学生通用能力培养课程开发的技术路径探索》,《中国职协 2016年度优秀科研成果获奖论文集》2016 年。

② 屈溪:《技工院校通用职业能力培养课程的开发和实践》,《中文科技期刊数据库(文摘版)教育》2021 年第 6 期。

③ 周婷婷:《"三高四新"视域下技工院校高技能人才通用能力培养路径》,《锻压装备与制造技术》2023 年第 58 期。

④ 秦从英、任宏伟、周士敏:《基于社会需求的高职大学生通用能力提升研究》,《河北交通职业技术学院学报》2014 年第 11 期。

⑤ 安海涛、蒋蒙安:《视频交互教学系统在高职学生通用能力培养中的应用研究》,《中国信息技术教育》2015 年第 20 期。

用,通用能力则指任何人完成任何一项任务所必须具有的基本技能。在此基础上,本研究将"技师学院学生通用能力"的概念界定为:学生在日常生活中必备的基本能力,包括自我管理能力、沟通能力、适应能力、团队合作能力以及创新能力。

二、技师学院学生综合素质和通用能力培养的意义和价值

（一）适应社会发展的需求

随着社会的快速发展和多元化需求,个体需要具备广泛的通用能力,如沟通能力、团队合作、批判性思维等,以适应不断变化的工作和生活环境。同时,综合素质的培养能够帮助学生形成全面的个人品质,更好地适应社会的多元需求。

1. 适应多元化的职业环境

具备综合素质和通用能力的学生能够迅速适应不同的工作环境和职位要求,因为他们具备跨领域的知识和技能,可以灵活地应对各种挑战。通用能力如创新思维、解决问题的能力等,使学生在面对新兴行业和职业时能够迅速找到新的解决方案,推动行业发展和创新。

2. 满足复杂的社会需求

良好的沟通技巧是现代社会中不可或缺的能力,有助于学生在工作、学习和生活中与他人建立良好的关系,有效传递信息。在团队中协作、共享资源和信息,已经成为许多工作的基本要求。培养学生的团队合作精神,可以使他们更好地融入集体,实现共同目标。

3. 培养终身学习的习惯

通用能力中的自主学习能力,使学生具备持续学习和自我提升的能力,以适应不断变化的社会需求。在信息爆炸的时代,培养学生的信息处理能力,使他们能够筛选出有价值的信息,提高学习效率。通过参与社会实践和志愿服务等活动,学生可以将所学知识应用于实际,增强公民意识,为社会发展贡献力量。

（二）促进个人全面发展

综合素质和通用能力的培养不仅关注学生的学术成绩,还关注其在道德、智

力、体力、美育、劳动等方面的全面发展。这有助于学生形成健全的人格,提高其生活质量,并为终身学习打下基础。

1. 塑造完整的人格

通过教育引导,学生不仅学习知识,还能培养正确的道德观念和价值观,形成健全的人格。综合素质的培养涉及学生的情感教育和态度塑造,使学生具备积极向上的情感态度和良好的心理素质。

2. 提升个人竞争力

综合素质和通用能力的培养使学生具备多种技能,如沟通能力、团队协作能力、创新能力等,这些技能在求职和工作中都具有很强的竞争力。面对复杂多变的社会环境,具备综合素质和通用能力的学生能够更快地适应新环境、新挑战,保持个人竞争力。

3. 促进个人成长

通用能力中的自主学习能力使学生具备持续学习和自我提升的能力,有助于他们在个人成长的道路上不断前进。培养学生的批判性思维,使他们能够独立思考、判断信息的真伪和价值,做出明智的决策。

(三)提高学生的就业竞争力

在就业市场中,具备综合素质和通用能力的学生往往更具竞争力。这些能力使他们能够在多种工作环境中快速适应,解决问题,创新思考,从而提高其在职场中的表现。

1. 增加就业机会

综合素质和通用能力的培养使学生具备跨领域的知识和技能,从而能够胜任更多的职位和工作领域,增加就业机会。通过参与各种活动和社交场合,学生能够结交更多的朋友和合作伙伴,拓展人脉资源,为未来的职业发展打下坚实基础。

2. 塑造良好形象

通过人文教育和艺术修养的培养,学生能够提高文化品位和审美情绪,塑造良好的个人形象,增强吸引力。面对激烈的就业竞争和职场压力,学生需要具备良好的心理素质和抗压能力。通过综合素质和通用能力的培养,学生能够更好地应对各种挑战和压力。

（四）促进学生的心理健康

1.提升自我认知与情绪管理能力

综合素质的培养强调学生的自我认知，包括了解自己的优点、缺点、兴趣和价值观等。这种自我认知有助于学生建立更加积极、健康的自我形象，从而提高心理健康水平。通用能力中的情绪管理能力，使学生学会正确地识别、表达和调节自己的情绪。这有助于减少负面情绪的影响，保持心理平衡，提升工作水平和生活质量。

2.增强社会适应与人际交往能力

综合素质和通用能力的培养使学生更加具备社会适应能力，能够更好地应对生活中的各种挑战和压力。这种能力有助于降低学生的焦虑、抑郁等心理问题，提高心理健康水平。人际交往能力是学生综合素质和通用能力的重要组成部分。通过培养学生的沟通、合作和领导能力，可以帮助学生建立更加和谐的人际关系，减少孤独感和社交焦虑，促进心理健康。

3.培养积极心态与应对压力的能力

综合素质和通用能力的培养有助于学生形成积极的心态，更加乐观地面对生活中的困难和挑战，更加有效地应对生活中的各种压力。这种能力使学生具备更强的心理韧性，能够在面对困难时保持冷静和乐观。

三、技师学院学生综合素质和通用能力培养的基本思路和方法

（一）基本思路

1.需求分析

通过对企业、行业的需求进行调研，收集企业对技师学院毕业生的期望和要求，特别是期望技师学院学生应具备的综合素质和通用能力，以便更好地制定和调整培养方案。可以选择不同行业、不同规模的企业作为调研对象，以获得广泛的意见和需求。开展企业访谈，与企业的人力资源部门、技术部门和管理层进行深入访谈，了解他们对技师学院毕业生的具体要求，收集他们对学生综合素质和通用能力

的期望。调研企业中与技师学院专业相关的岗位,收集这些岗位的核心职责、技能要求和工作挑战。同时,了解未来对技能人才的需求变化。将调研结果反馈给技师学院,构建学生应具备的综合素质和通用能力框架。建立校企合作机制,让企业参与到课程设计和教学过程中,确保教育内容与企业需求紧密结合。

2. 实践导向

技师学院的教育以培养学生的实践能力为主,因此研究思路应注重实践导向。将实际工作过程和学习过程相结合,使学生能够在模拟或真实的工作环境中学习和掌握技能;与企业合作,让企业参与到课程设计、教学内容和评价标准的制定中,确保教学内容和企业需求与实际工作紧密对接;加强学生的实习实训环节,通过校内外实训基地、企业实习等方式,让学生在实践中学习和应用理论知识;采用项目驱动的教学方法,让学生在完成具体项目的过程中,学习相关知识和技能,培养解决问题的能力;运用企业实际案例进行教学,让学生分析和解决实际问题,提高其职业判断和决策能力;鼓励学生参加各类技能竞赛,通过竞赛激发学生的学习兴趣和创新精神,同时检验和提升其实践能力;在教学中融入职业道德、团队合作、沟通协调等职业素养的培养,提高学生的综合素质;开发与行业紧密相关的教学资源,如工作手册式、融媒体式教材,以及教学案例库等,以满足实践教学的需要;加强师资队伍的建设,提升教师的实践教学能力,鼓励教师参与企业实践,获取最新的行业知识和技能;与企业合作开展真实生产项目教学,让学生在企业环境中进行实际操作,体验企业文化和工作流程;通过职业技能等级认定,让学生在实践中获得职业技能认证,增强其就业竞争力;培养学生的终身学习能力,鼓励他们在职业生涯中不断学习和提升,以适应快速变化的工作环境。

3. 跨学科思考

综合素质和通用能力的培养涉及到多个学科领域,如教育学、心理学、社会学等。通过运用跨学科思维,可以让学生不仅能够获得专业知识,还能接受批判性思维训练。同时,也要对教师进行跨学科教学培训、建立跨学科资源共享平台。此外,支持学生成立跨学科社团和组织、鼓励学生参与国际交流项目等。

（二）培养方法

1. 实践教学

通过实际操作、亲身体验和参与实践等方式,使学生能够将理论知识与实践技能相结合,提高其解决实际问题的能力。例如,通过模拟或真实的工作环境让学生体验和学习。通过设定具体的工作任务或项目,引导学生主动学习和应用相关知识技能。在企业或实训基地进行现场教学,让学生直接参与到生产和服务过程中。安排学生到企业进行实习,让学生在实际工作中学习和应用专业技能。使用模拟软件或设备,让学生在没有风险的环境中练习操作技能。组织学生参与社区服务、开展科研项目等。

2. 项目学习

以项目为基础的学习方式,可以培养学生的解决问题能力、团队合作能力和创新能力。例如,让学生参与到真实的科研项目或者企业项目中,完成从设计到实施的全过程。通过项目学习,学生能够在真实的工作环境中应用所学知识,培养解决复杂问题的能力,为将来的职业生涯做好准备。同时,项目学习也有助于激发学生的学习兴趣和主动性,提高其综合素质和通用能力。

3. 职业素养教育

在专业技能培训的同时,也要注重培养学生的职业行为习惯、职业道德、职业态度和职业能力,以帮助学生更好地适应未来的工作环境和职业发展。职业素养教育要做到理论与实践相结合,通过职业规划课程、职业发展讲座、教授职业形象塑造、建立职业素养评价、企业实习及反馈等途径,培养学生的职业素养,提高他们的职业认知和职业适应能力。

4. 构建科学评价体系

除了传统的考试评分外,还必须对学生进行专业技能、职业素养、创新能力、团队合作、沟通能力等多维度评价,建立全面、多元的评价体系。评价主体多元化,结合学生自评、同伴之间的互评、教师的评价和企业专家评价,以获得更全面的评价视角。实行过程性评价与终结性评价相结合,更加注重学生学习过程的评价。

5.加强教师培训

综合素质和通用能力教育的深入推进,必然要求教师的素质越来越高。传统教学模式下,以教师讲解示范为主,但是要使学生真正具备高技能人才所必备的综合素质和通用能力,从专业课、公共基础课到实训课,都要转变为以学生为中心,教师需要从学生需求出发,分析学生的学习特点与个性特征,制定适合学生的教学方案与措施,创新教学手段和方法,锻炼学生自主学习的能力,强调发挥学生的主观能动性。因此,要加强教师的专业培训,例如组织教师参与专业研讨会、进行教学观摩和交流等,以提高教师在学生综合素质和通用能力培养方面的教学水平和能力。

四、技师学院学生综合素质和通用能力的评价

（一）评价标准

对综合素质和通用能力的评价标准分别列表如下:

表 32-1　综合素质评价标准表

	评价要素	评价标准	满分	得分
综合素质	道德素养	具有良好的道德品质和行为习惯	30	
		尊重他人,关爱弱势群体,具有社会责任感	30	
		遵守法律法规,诚实守信,遵循职业道德	40	
	知识掌握	掌握所学科目的基本理论和知识	30	
		能够将所学知识运用到实际问题中	30	
		主动学习新知识,具有终身学习的意识	40	
	技能水平	具备专业技能和操作技能,能够胜任相关工作	30	
		能够运用现代数字技术手段解决问题	30	
		具备创新意识和实践能力,能够改进和优化现有技术	40	
	创新能力	具有独立思考和批判性思维	30	

续表

评价要素		评价标准	满分	得分
综合素质	创新能力	能够提出创新性的观点和解决方案	30	
		勇于尝试新方法,不畏失败,具备挫折应对能力	40	
	团队协作	具备良好的沟通和协调能力,能够与他人合作	30	
		能够在团队中发挥自己的专长,为团队目标作出贡献	30	
		尊重和支持团队成员,能够处理团队内部的冲突	40	
	社会实践	积极参与社会实践活动,关心社会问题	30	
		在实践中能够动手解决问题,锻炼自己的能力	30	
		具备较强的社会适应能力,能够在不同环境中发挥作用	40	
	艺术素养	具备一定的艺术鉴赏能力和艺术特长	30	
		积极参与艺术活动,展现自己的艺术才华	30	
		能够理解艺术作品的文化内涵,提升自己的审美水平	40	
	身心健康	保持良好的生活习惯,注重身体健康	30	
		具备良好的心理素质,能够应对生活压力	30	
		积极参加体育锻炼,提高自己的体质水平	40	

表 32-2 通用能力评价标准表

评价要素		评价标准	满分	得分
通用能力	沟通能力	能够清晰、准确地表达自己的观点和想法	30	
		能够有效地倾听和理解他人的意见和需求	30	
		能够在团队中进行有效的协调和沟通,确保信息的传递畅通	40	
	团队协作	能够与团队成员建立良好的合作关系,共同完成任务	30	
		能够在团队中发挥自己的专长,为团队目标作出贡献	30	
		能够尊重和支持团队成员,有效解决团队内部的冲突	40	

续表

评价要素		评价标准	满分	得分
通用能力	问题解决	能够分析问题,识别问题的根本原因	30	
		能够制定并实施有效的解决方案,解决问题	30	
		能够对解决方案进行评估和反思,不断优化和改进	40	
	自我管理	能够合理安排时间,提高工作效率	30	
		能够控制情绪,保持积极的心态	30	
		能够自我激励,保持学习和工作的动力	40	
	领导能力	能够引导和激励团队成员,使团队朝着共同的目标前进	30	
		能够作出明智的决策,管理团队资源	30	
		能够建立良好的团队氛围,提升团队的凝聚力和战斗力	40	
	持续学习	能够主动获取新知识、新技能,不断提升自己的能力	30	
		能够适应变化,调整自己的学习和工作方式	30	
		能够将所学知识应用到实际工作中,实现自我和组织的成长	40	

在实际评价过程中,每个指标可以根据学生的表现赋予相应的分值,最后将各项指标的分值加总,得到学生的综合素质总分和通用能力总分。这种评价方法可以提供量化的结果,便于比较和分析学生的能力水平。需要注意的是,实际应用中具体的评价标准和分值设置可能会有所不同,应根据具体情况进行调整。

(二)评价方法

1. 定量评价:通过考试成绩、完成项目数量等量化指标进行评价。

2. 定性评价:通过观察、访谈、案例分析等非量化手段进行评价。

3. 自我评价:学生自我反思,评价自己在综合素质和通用能力方面的表现。

4. 同伴评价:同学之间相互评价,了解彼此在团队协作等方面的表现。

5. 教师评价:教师根据学生的表现给出评价,包括课堂表现、实践操作等。

（三）评价工具

1.问卷调查：设计问卷，收集学生、教师、企业等多方对学生在综合素质和通用能力方面的评价。

2.绩效表：制定详细的绩效评价表，记录学生在各项活动中的表现和成果。

3.面试和答辩：通过面试和答辩的方式，评估学生的综合素质和通用能力。

4.实践报告：评估学生在实习、实践过程中的表现和成果。

5.综合素质档案：建立学生的综合素质档案，收集和记录学生在学习、实践、社团活动等方面的信息和成果。

学生综合素质和通用能力评价工作内涵丰富，其评价标准需要不断提高认识，深入研讨，再实践，再探索，不断进行调整和完善。只有这样，才能保证学生综合素质和通用能力评价标准更加科学、有效，更加全面贴近市场经济对人才的要求。

课题承担单位：天津市电子信息技师学院

主持人：王超

执笔人：朱蒙

课题组成员：徐嫚、杜健鹏

/第三十三章/

▼

技工教育实施专业、教材、教师、一体化教学联动发展的实践与研究

在人社部印发的技工教育"十四五"规划中,特别强调推进工学一体化教学。然而,技工教育快速发展下也存在亟待解决的问题,如专业建设与市场脱节、教材内容更新滞后、教师队伍发展动力不足等,这些问题制约着我国技工教育改革与发展。为解决这些问题,推动技工教育高质量内涵式发展,实施专业、教材、教师、一体化教学的联动发展势在必行。

一、技工教育实施专业、教材、教师、一体化教学联动发展的政策文件梳理和解读

在技工教育历史上,2021 年具有特殊的意义。这年 4 月,习近平总书记对职业教育作出重要指示:职业教育前途广阔、大有可为。加快构建现代职业教育体系,培养更多高素质技术技能人才、能工巧匠、大国工匠。[①]

2021 年 5 月,国家发展改革委、教育部、人力资源和社会保障部印发《"十四五"时期教育强国推进工程实施方案》,强调"学科专业设置与区域发展需求、地方产业结构特点高度契合。探索构建行业企业参与学校治理、专业建设、课程设置、人才培养和绩效评价制度"。该文件为实现专业、教材、教师、一体化教学联动发展提出了具体目标和可行措施。

2021 年 10 月,中办、国办印发《关于推动现代职业教育高质量发展的意见》,明确指出:"职业教育应坚持面向市场、促进就业,推动学校布局、专业设置、人才培养与市场需求相对接。通过提升教师素养、创新教学模式、改进教学内容等路

---

① 习近平:《强调加快构建现代职业教育体系,培养更多高素质技术技能人才、能工巧匠、大国工匠》,新华社,2021 年 4 月 13 日。

径深化教育教学改革,推动现代职业教育高质量发展。一体化设计职业教育人才培养体系,推动各层次职业教育专业设置、培养目标、课程体系、培养方案衔接。"同时还指出:"要深化教育教学改革。强化双师型教师队伍建设。加强师德师风建设,全面提升教师素养。推动现代信息技术与教育教学深度融合,提高课堂教学质量。改进教学内容与教材。完善'岗课赛证'综合育人机制,按照生产实际和岗位需求设计开发课程,开发模块化、系统化的实训课程体系,提升学生实践能力。"这里对专业、教材、教师、一体化教学联动发展提出了详实的建设意见和发展要求。

2021年11月,人力资源和社会保障部印发《技工教育"十四五"规划》。该文件指出:"技工教育必须围绕国家重要战略部署,瞄准科技革命、产业变革和促进就业需求,从已有条件和自身特点出发,科学规划,深化改革,创新发展,加快技能人才培养,满足高质量发展需求。技工教育办学模式更加成型,专业设置、课程开发和教材建设更加符合企业需求。"该《规划》还指出:"推动技工教育高质量发展,需加强内涵建设,统筹推动技工教育质量提升。组建全国技工教育和职业培训教学指导委员会,推进优质教材和数字资源共建共享,实施一体化师资专项培训计划,建设全国统一的技工教育数字资源服务平台,实现专业、教材、教师、一体化教学等联动发展。"这是首次在官方文件中明确提出技工教育实施专业、教材、教师、一体化教学等联动发展的要求。

2022年3月,人力资源和社会保障部印发《推进技工院校工学一体化技能人才培养模式实施方案》。该文件指出:"工学一体化培养模式是依据国家职业技能标准及技能人才培养标准,以综合职业能力培养为目标,将工作过程和学习过程融为一体,培育德技并修、技艺精湛的技能劳动者和能工巧匠的人才培养方式。"同时进一步明确了技工教育培养技能人才的新模式,以技师学院为重点,以一体化课程教学改革试点工作为基础,加强工学一体化课程标准、教学资源、教师培养工作,将企业典型工作任务转换为学校教学内容,根据工作过程设计教育过程,实现"在工作中学习、在学习中工作"。专业的发展、教材内容的更新、教师队伍的建设,都是采用工学一体化教学模式的基础和前提,是一体化教学的重要组成部分。

技工教育是国民教育体系和人力资源开发的重要组成部分,承担着为经济社会发展培养高素质技能人才的重要任务。新修订的《中华人民共和国职业教育法》，明确规定："国家采取措施，大力发展技工教育，全面提高产业工人素质，技工教育的地位和作用得到进一步的彰显。为实现技工教育高质量发展，必须立足于提高人才培养质量和满足产业需求的核心目标，基于工学一体化人才培养模式，以专业建设与更新、教材开发与创新、师资建设与提升为路径协同发展，深化技工教育改革，提高教育质量。

二、技工教育实施专业、教材、教师、一体化教学联动发展的实践成果

（一）联动发展的一般情况

2009 年起，人力资源和社会保障部开始逐步推进工学一体化课程教学改革，加强工学一体化课程标准、教学资源、教师培养工作，将企业典型工作任务转换为学校教学内容，组织修订工学一体化课程标准和课程设置方案，将试点中形成的课程成果加以整理、提炼，开发、出版了一系列一体化教材，积极建设工学一体化教师培训基地，组织工学一体化建设院校和专业的教师参加工学一体化教师培训，通过技工教育数字资源服务平台将所有课程标准、教材资源进行共享。

各技工院校正积极响应人社部要求，按照国家技能人才培养工学一体化课程标准和课程设置方案组织教学，并参照《技工院校工学一体化课程教学实施指导手册》实施教学，不断完善相关配套制度，积极开展工学一体化课堂、课程、专业、院校建设等工作。淄博市技师学院深耕校企合作，创新校企协同育人新模式，通过共建企业教学工作站，将教学搬进企业，引导企业深度参与课程建设，根据企业需求定制人才培养方案，确定人才培养目标，将培训教学搬到企业等形式，探索形成了"教学工作站—学习工作一体化""产业学院—教学生产一体化""订单培养—入学就业一体化""学徒培养—学生员工一体化"的高技能人才培养体系，打造了"淄博技师"品牌。广州市轻工技师学院依托 2 个专业试点先行、示范辐射，带动 7 个主体专业复制经验，10 个专业分批推进的策略，形成工学一体化技能人才培养模式规模化建设局面，系统化完成 20 个专业 31 门课程国标转化，打造"在课程设

计的方法路径上突出规范性、在课程内容的选择和组织上突出高阶性、在学习成果的显性化设计上突出挑战性、在学习任务的选择和描述上突出课程通用性"的"四性"课程,筑牢了工学一体化模式内核。

截至到目前,累计组织开发103个专业的国家技能人才培养工学一体化课程标准和课程设置方案;累计建设54个工学一体化教师培训基地,4个工学一体化教师研修中心,培训教师5000余人次;累计开发14个专业工学一体化课程教学资源;累计组织574所技工院校参与工学一体化教学模式改革试点。

(二)案例分析:一所技师学院的有益探索

天津市电子信息技师学院(以下简称"学院")开设的电气自动化设备安装与维修专业自2010年入选人社部技工院校一体化课程改革试点专业,学院先后开展了四个专业的一体化课程教学改革,在开展一体化教改过程中,通过搭建校企合作运行机制,深度融合校企合作,在专业建设、师资培养,资源开发等方面均取得了丰硕成果。以工业机器人应用与维护专业为例,探索总结学院在实施专业、教师、教材、一体化教学联动发展方面的实践经验。

1.专业建设构筑教育之基

为稳步推进学院高质量发展的建设目标,学院成立了工业机器人专业创新小组,经过广泛的行业企业调研后,充分了解了工业机器人行业企业的用工需求、工作岗位、岗位要求等内容,于2016年12月参与了人社部第三批一体化课程改革,开启工业机器人应用与维护专业的一体化教学改革建设工作。在开展一体化教改过程中,主动对接企业,深化校企合作,形成了"校企共管、人才共育、责任共担"的校企深度融合运行机制,在专业建设、课程与教学资源开发、培训与就业等多方面展开深入合作,为企业培养了更多更好的技术人才,同时在此基础上积极探索适应本地区经济方式转变,推动本地区产业优化升级所需要的技能人才培养的基本规律。2017年,学院正式开设了以培养产业发展具有工匠精神的高技能型人才为目标,主要为传统制造业转型、智能制造业等产业的工业机器人系统操作、工业机器人系统运维、自动控制等领域培养高素质从业人员的"工业机器人应用与维护专业"。

2. 教师培养提升教学质量

在专业创办之初,学院就预先展开师资培养,派出大量教师以培训学习和企业实践的形式到相关企业单位进行学习实践。仅 2016 年就有三位教师取得 ABB 工业机器人国际认证证书,获得 ABB 工业机器人培训师资质,十余位教师参加了为期一个月的工业机器人工作站装调岗的企业顶岗实习,提升了教师的专业能力,深化了教师对企业实际工作的流程和要求的理解。自 2022 年学院成功申报国家级工学一体化师资培训基地以来,先后有 18 名教师参加电工电子大类工学一体化教师培训,均通过考核顺利结业。为进一步提升教师的教育研究能力、课程改革能力及课程开发能力,学院邀请工学一体化教学专家到校指导,为工业机器人专业的教师进行培训讲解;定期组织教师进行工学一体化课程教学公开课,邀请学院的学术带头人、骨干教师等进行观摩点评;以大师工作室为依托建立工学一体化教师教研小组,定期开展工学一体化教师之间的讨论与教研;建立和完善教师培训制度,定期组织教师参加新知识、新技术、新工艺、新方法等专项技能培训,提高教师专业技能。这一系列培养措施大大提升了工学一体化教师课程教学实施能力。

3. 教材开发支撑教学活动

开办工业机器人专业前期,学院进行了企业行业调研、企业实践专家访谈、典型工作任务提取与描述、人才培养目标的确定、课程标准的制定、课程方案的编制等工作。并牵头主编了对接世界技能大赛标准创新教材技工院校一体化课程教学改革工业机器人应用与维护专业教材《工业机器人多工作站联调》,参编了《工业机器人本体安装》《工业机器人维护与保养》《工业机器人工作站安装与调试》等教材。同时制定了定期调研周期性完善的专业发展建设工作计划,要求每年要针对相关行业企业进行调研,掌握企业变化,并最多两年进行一次专业人才培养目标、课程设置方案、课程标准和教材的完善调整。为适应市场发展和行业企业需求的变化,学院又多次对工业机器人系统集成、使用企业进行了再次走访和调研,与天津博诺机器人技术有限公司、宜科(天津)电子有限公司、天津容信睿有限公司等进行了多次一体化课程标准专题研讨会。并以国家一体化课程标准为依据,按照天津市地方产业特点,结合学院的实训基地条件对《工业机器人工作站维护与保养》《工业机器人工作站安装与调试》等多门课程的一体化课程标准进行了二次开发,依据课程标准提升完善了相关课程的教材,并为其配套制作了大量的课程资源,扩展了学生的学习渠道,丰富了学生的学习手段,使专业内容、标准和企业实际工作的内容、要求相一致,大大增强了毕业生的企业适应性和就业竞争力,企业对试点班毕业生的认可率和接收率远远高于普通班。

4. 工学一体提升综合能力

人力资源和社会保障部颁布的《推进技工院校工学一体化技能人才培养模式实施方案》为工学一体化课程教学改革的发展指出了明确的发展方向和培养目标。按照该文件要求,将《工业机器人应用与维护》专业纳入一体化试点专业,全面落实工学一体化人才培养模式。借鉴 2009 年参加的人力资源和社会保障部首批一体化课程改革《电气自动化设备安装与维修》专业建设工作的经验,以第三批一体化课程改革《工业机器人应用与维护专业》的建设为契机,大力发展建设专业内涵。2021 年申办了工业机器人应用技术方向的天津市技能大师工作室,并以技能大师工作室为平台,携手相关企业,对工业机器人装调、集成、编程等方面进行了深入的探索与研究,并及时将研究成果回馈到企业和学校,在服务地方产业经济发展的同时,不断提升与完善工业机器人应用与维护专业的教学目标、课程内涵、教学资源内容、师资队伍建设,使工业机器人应用与维护专业的人才培养质量得到进一步的提升。2022 年初学院技能大师张冬柏被聘请为技工教育和职业培训教学指导委员会机器人技术专业群分委会成员,进一步规范和完善了工学一体化专业的设置和专业内涵的建设。

此外,为帮助学生实现从学校学习到就业工作的紧密衔接,让"工学一体"的理念真正落实到课堂,学院进一步完善了工业机器人应用与维护专业的人才培养实施方案,将学历证书和工业机器人系统操作员职业技能等级证书相结合,利用行业企业在专业人才培养和评价方面的先进经验和成熟标准,把新技术、新工艺、新规范及时纳入教学,提升学生职业素养和职业技能。在对相关工业机器人企业行业调研的基础上,建设一个以工业机器人设备制造、使用、维护等企业实际的典型工作为载体,以工作过程为学习过程,以实训项目为中心,理论服务于实训的一体化模块式的培养模式,即围绕一个实训项目,分析完成该项目所需的理论知识,在完成实训的过程中进行理论知识的学习,这样既可以实现理论指导实训,又可以完成实训对理论的验证。理论知识包含所培训工种的专业课程与核心专业课程,将课程内容融合进每一个实训项目中去。最终构建了以典型工作任务为载体、基于工作过程的工学一体化课程体系。同时也建立起与一体化教学相适应的过程性考核和终结性评价相结合的课程考核评价体系,课程考核评价体系由学院和企业共同参与,以国家工业机器人系统操作员职业标准、机电一体化设备安装与调试等世界技能竞赛相关赛项的标准为依据,以企业用人要求为本位,构建了以能力为核心的全方位考核评价体系。以此基本形成校企对接建专业、市场导向确内容、岗位要求化标准、实际工作进教材、工学结合培训教师的工学一体化人才培养模式。

5. 四位联动发展初见成效

专业的建设与发展为技能人才的培养提供了温床,但如何提高温床的性能,紧密对接市场需求,培养出符合行业产业发展所需的高质量技能型人才,是学院实现长足发展必先解决的问题。经过系统研究,学院通过进一步加强校企合作,深化产教融合,建设了专业、教师、教材、一体化教学四位一体协同发展的"随动系统"。

伴随着专业、教师、教材、一体化教学四位一体协同发展的"随动系统"的建设,学院始终坚持立足服务地方产业,与企业携手实时调整专业布局,优化专业结构,实现专业建设内涵式发展。通过开发工学一体化课程标准和教学资源,学校培训和企业实践"双轨"并行,"双线"培养,不断提高学院师资队伍的综合素质和工学一体化教学能力,加快了学院工学一体化教学模式的落地,人才培养的质量和社会服务能力得到显著提升。2016年,学院两位教师在全国技能大赛天津市工业机器人技术应用技能大赛中获得三等奖;2017年,学院教师在全国技能大赛天津市工业机器人技术应用技能大赛中获得一等奖;2022年两位专业教师在天津市人社局举办的全国教师职业能力技能竞赛天津市选拔赛中分获一等奖和二等奖,并且在随后的全国比赛中分取得一个二等奖和一个三等奖的好成绩;2022年11月派出教师参加金砖国家技能竞赛获服务机器人赛项比赛,两位教师分获二等奖和优秀专家;在第三届海河工匠电工赛项技能竞赛中获第四名进入天津市集训队集训资格和优秀指导教师。参加 2022 年天津市职业院校技能竞赛"电气设备安装与维修"赛项的比赛的两名学生分获一等奖和二等奖的好成绩；2022 年 4 月在 2022 年全国智能制造虚拟仿真大赛资格赛中，三名学生从全国 830 名中职学生选手中脱颖而出，分获全国第 2 名、第 44 名和第 129 名的好成绩，在预选赛中两位选手分获得二等奖和三等奖，其中一名同学获得晋升全国决赛资格，并在全国总决赛中获得二等奖。以"赛"促长，专业、教师、教材、一体化教学四位一体协同发展的机制在学院的实践探索中已初见成效。

三、技工教育实施专业、教材、教师、一体化教学联动发展中的问题分析

（一）专业设置与产业需求脱节

专业建设是提高教育质量的核心要素，为人才培养目标和人才培养规格确定了发展的方向和层次，是丰富教材内容、发展教师队伍、改革教学方法的引领者。但由于市场需求的变化和升级，技工教育的专业设置和市场工种需求之间存在着脱节问题。这种脱节现象产生的原因主要包括两个方面：一是自 2021 年起，就业市场对高级技工的需求日益加大，老牌产业面临数字化转型，需求更多具有"数字化"素养的技能人才。新兴产业（如新能源汽车行业）的迅速崛起，相关技术等人才需求（如电池工程师、芯片设计师）缺口进一步扩大，甚至出现"多岗求一人"的局面。这一现象表明学生所学专业与市场实际所需工种不完全对接，从而直接影响毕业生的就业发展和待遇水平。二是专业内涵建设存在滞后性，科学技术的快速发展带来的"四新"知识的广泛应用对已定型的培养目标、课程体系建设、设施建设等方面带来一定冲击，由于专业课程设置调整周期过长，导致教育供给与市场实际需求出现不匹配，专业建设与市场变化较难做到同频更新，从而影响人才培养结构与产业结构之间的适切。

（二）教材内容更新滞后

当前技工教育所采用教材一般为国家级规划教材，教材内容不能及时更新，

不能完全匹配现代社会对学生知识体系的要求,对培养学生的综合素养造成一定影响。一是部分教材内容理论性过强,难以应用于实际的课堂教学;二是缺乏与实际工作紧密结合的案例和实践指导,教师在使用教材时,也易陷入"以书为纲"的误区,课堂教学内容与实际工作内容存在一定差距,因此学生无法将学习过程与实际工作有效连接起来;三是教材编写缺乏时效性。社会发展日新月异,教材内容的更新和教学体系的变化也应该与时俱进,而当前教材的更新速度往往不能满足学生不断变化的需求与技术进步的现象,尤其在推行一体化课程改革后,传统教材已无法满足一体化教学的需求,而新型"工作页"教材的开发需要一定周期,当下也仅能满足专业部分课程的教学需要,因此部分专业在推行工学一体化教学模式时不可避免地陷入"老书老办法、新书新办法"的窘境。这些问题不仅影响学生对知识的理解和学习效果,还阻碍着符合社会需求的高素质技能型人才的培养进程。

(三)教师队伍发展后劲不足

目前技工教育教师队伍建设存在以下问题:一是教师队伍整体偏重理论型。定期到企业实践,是促进职业学校教师专业发展、提升教师实践教学能力的重要形式和有效举措。然而由于多种因素的影响,教师们很难真正走进企业。因此教师们虽具备扎实的理论知识,但一线生产实践经验不足,导致教学内容和实际工作脱节,难以真正提高学生的综合职业能力。二是部分教师缺乏专业发展的理念及规划,自我提升与发展的后劲不足,知识更新较慢,缺乏使用现代技术所需要的知识和技能,使得部分教师素质能力难以适应现代化人才培养的需要。三是工学一体化教师数量不足。目前推行的工学一体化人才培养模式需求更多具备一体化教学能力的教师,一体化教学对教师的专业能力要求更高,要求教师能胜任融理论知识、专业实践技术、实际生产和管理于一体的工作系统化课程的教学,而当前一体化师资体量与能力明显"求大于供",难以支撑一体化教学需要。

(四)一体化教学落实不深入

当前部分院校已积极在专业建设中尝试开展一体化教学改革,但大多都停留在表面。综合考察多个院校实施的一体化教学,发现在一体化教学落实中存在以下问题:一是院校与企业缺乏实质性合作。一体化教学立足于真实的工作背景和工作任务,要求在教学中融入真实的企业需求和情境。然而当下的校企合作深度不够,仅仅停留参观实习、讲座等形式,缺乏对教学过程的实质性参与和指导。二是实践教学资源不足。现有的实践教学设备陈旧或功能缺失,限制了实践教学的创新和效果,无法提供与真实工作环境相符的训练,也就导致学生难以适应实际工作中的要求和压力。三是传统的教学评价体系与当前的人才培养模式不适应。传统的教学体系在评价内容和方式存在单一性,评价内容上仅局限于对知识和技能的评价,缺乏对学生创新能力、团队合作等社会能力的评价,评价结果不能很好地反映企业的实际需求,培养出来的人才也就难以满足企业的期望。

四、完善技工教育实施专业、教师、教材、一体化教学联动发展的关键措施

(一)完善专业建设,激发专业建设活力

在专业建设方面,紧密围绕国家产业发展战略和区域经济发展需求,根据市场需求和社会发展趋势,建立专业设置与产业发展随动系统。适时调整专业结构,增加适应新兴产业和紧缺人才领域的专业,淘汰与落后产能相应的过时专业。同时强化专业的内涵建设,提高专业质量。构建以职业需求为导向、以典型工作任务为载体、以实践能力培养为重点、以工学结合为途径的课程体系。强化教材建设,编写或选用符合人才培养目标的教材,注重教材的理论性与实践性相结合,突出教材的针对性、实用性和创新性。同时采取切实措施,不断激发专业建设的活力,提升专业建设水平。

(二)加强师资建设,打造协同育人机制

技工教育的持续发展需要更多“一体化”教师,需要更多兼具理论教学能力和实习实训能力的教师。通过健全管理制度和考核评价机制,增强教师自我发展和管理的自觉性,充分调动教师的积极性和潜能,激励教师立足岗位,不断提升自我;通过学历进修、师资培训、产学研合作等多种渠道不断提升师资队伍整体水平,着力提高教师的综合素质和育人能力;引进、培养具有丰富实践经验和教育教

学能力的企业教师,打造协同育人机制,造就一支师德高尚、技艺精湛、充满活力的高素质"一体化"教师团队,以满足各专业人才培养目标的要求,推动技工教育高质量发展。

(三)立足全面发展,推进教育教学改革

通过积极探索和实施项目教学、案例教学等新型教学模式,加大实践教学环节的比重,提高学生的实践操作能力和创新能力;通过完善教学质量保障体系,建立全方位、全过程、全员参与的教学质量监控与评价机制,确保教育教学质量和培养目标的实现;通过建立产学研合作机制,与企业、科研院所建立紧密的合作关系,为学生提供更多的实践和就业机会;通过思想政治教育,引导学生关心国家大事,关注社会问题,培养学生的社会责任感和职业道德素养。

(四)深化校企合作,实现校企双元育人

建立学校、企业、行业三位一体的利益共同体,协同发展,实现多方共赢。通过加强与企业的沟通与合作,了解企业对技能人才的需求和标准,以便对教育教学进行有针对性的调整;通过推动校企共同制定人才培养方案,推进校企一体化教学,实现人才培养与企业需求的紧密对接;通过整合校内外资源,为学生提供实习实训基地、企业兼职教师等资源,注重培养学生的实践能力,助力教育教学质量的提高;通过引入企业实际案例和生产场景,使教学内容更加贴近实际,提高人才培养的针对性和学生的就业竞争力。

课题承担单位:天津市电子信息技师学院

主持人:张冬柏

执笔人:董陈琦岚

课题组成员:郭运宝、阎霞、高夕庆、陆成举

后 记

本书系天津市 2023 年度哲学社会科学规划重点课题"现代职业教育体系的建设与改革研究"（原名为"天津推进职普融通、产教融合、科教融汇，促进科技成果加速转化为现实生产力的路径研究"，批准号 TJJY23-004）的主要成果。

在本课题获批立项之后，即成立以荣长海、赵丽敏、李维利为牵头人的课题组，将本课题细化为 33 个子项课题并征求本市各主要高职院校和技师学院的意见，共有以下 16 所学校和 1 所研究机构参加集体攻关：天津医学高等专科学校、天津轻工职业技术学院、天津电子信息职业技术学院、天津现代职业技术学院、天津交通职业学院、天津渤海职业技术学院、天津商务职业学院、天津海运职业学院、天津机电职业技术学院、天津铁道职业技术学院、天津城市建设管理职业技术学院、天津滨海职业学院、天津工业职业学院、天津石油职业技术学院、天津工艺美术职业学院、天津市电子信息技师学院（排名不分先后）和天津市三方现代职业教育发展研究院。以上各单位派出精兵强将参与研究工作，有的学校主要负责人直接领衔参与研究。经过全市 100 余名研究人员的共同努力，在一个年度之内完成了研究任务。

本书的编写坚持以习近平总书记关于职业教育发展的重要论述为指引，以党中央、国务院各部门所发布的有关职业教育的文件精神为依据，从天津市作为全国职业教育发展高地和职业教育服务天津市经济社会发展的实际出发，全面深入探讨职业教育体系建设与改革的基本理论问题、重大实践问题以及天津市、天津市各主要职业院校实施产教融合、校企合作和提升办学能力等方面具有代表性的具体问题，力求在实践中拿出具体的落实和实施办法。所有这些成果均由各参与研究单位共同享用。

现代职业教育体系的建设与改革

　　本课题研究工作始终在本书编委会指导下开展。编委会在拟定本书研究大纲时,各参与研究单位大都选择并建议将所在单位急需研究或正在研究的重要问题列入研究内容,因而在"分论"部分出现了同一子项课题有两个单位共同研究的情况,考虑到各单位研究的角度和侧重点不同,最后确定各自独立单列为研究子项。特别是为了确保研究成果质量,本课题严格按教育课题研究思路认真开展了开题、中期检查和结题三个阶段的工作,其中每个阶段都邀请社科专家、职教研究专家、市教委相关负责同志参与把关,先后共有 50 余位专家参与。在此,课题组对各位编委会成员、课题研究人员和评审专家,一并表示衷心的感谢!

　　本书的成稿经历了作者撰写初稿、经中期检查专家提出修改意见后作者再修改、经结题专家评审后主编、副主编共同修改这三个阶段,最后由主编定稿。对于这部书稿,有两点必须说明:一是全书从结构上看,"总论"部分偏重理论阐述、"分论"部分偏重实践分析、"专论"部分偏重具体工作研究,它们之间难免会出现文字上的交叉重复现象,这个问题只能以全书观点和内容相一致来初步解决;二是我国职业教育体系建设与改革仍在推进过程之中,涉及这个体系建设与改革的内容非常繁杂,其中一些判断和思考难免只能作为"一家之言"放在历史过程中去看待,但对本书的任何批评意见,项目课题组都乐于接受。

《现代职业教育体系的建设与改革》课题组

2024 年 10 月 10 日